॥ श्रीः ॥

जयकृष्णदास आयुर्वेद ग्रन्थमाला
१८९

रचना शारीर विज्ञान

(भारतीय चिकित्सा केन्द्रीय परिषद् पाठ्यक्रमानुसार)

लेखक :
डा० महेन्द्र सिंह
बी.ए.एम.एस, एम.डी. (शरीर रचना)

प्रथम भाग

(प्रथम प्रश्नपत्र)

चौखम्भा ओरियन्टालिया
प्राच्यविद्या, दुर्लभ एवं आयुर्वेदीय ग्रन्थों के प्रकाशक एवं वितरक
वाराणसी

प्रकाशकः

चौखम्भा ओरियन्टालिया

पो० बाक्स नं० १०३२

गोकुल भवन, के० ३७/१०९, गोपाल मंदिर लेन

गोलघर, मैदागिन

वाराणसी - २२१००१ (उ०प्र०) **(भारत)**

E-mail: co@chaukhambha.com • info.covns@gmail.com

टेली. : ०५४२-२३३३४७६, २३३४३५६ टेलीफैक्स : ०५४२-२३३४३५६

पुनर्मुद्रित संस्करण : **२०१९**

मूल्य : **₹ २७५-००**

ISBN : 978-81-7637-143-8 (Vol.I)

ISBN : 978-81-7637-154-4 (Set)

मुद्रक : चारू प्रिन्टर्स, गोपाल मन्दिर लेन, वाराणसी

JAIKRISHNADAS AYURVEDA SERIES
No. 189

RACHNA SHARIR VĪJNĀNA

Author :
Dr. Mahendra Singh
B.A.M.S., M.D. (Sharir Rachna)

Vol.- I
(First Paper)

CHAUKHAMBHA ORIENTALIA
A House of Oriental Antiquarian and Ayurvedic Books
VARANASI

Publishers :
CHAUKHAMBHA ORIENTALIA
Post Box No. 1032
Gokul Bhawan, K. 37/109, Gopal Mandir Lane
Golghar, Maidagin
VARANASI - 221001 (U.P.)
(India)
E-mail: co@chaukhambha.com • info.covns@gmail.com

Telephone: 0542-2333476, 2334356 Telefax: 0542-2334356

Reprint Edition : 2019

Also can be had From :
CHAUKHAMBHA AYURVEDA PRATISHTHAN
K. 37/109, Gopal Mandir Lane
Golghar, Maidagin, Varanasi- 221001

ISBN : 978-81-7637-143-8 (Vol.I)
ISBN : 978-81-7637-154-4 (Set)

Printed by: Charu Printers, Gopal Mandir Lane, Varanasi-

This Book

Dedicated

To

My Teachers

and

Parents

भूमिका

''इह खलु आयुर्वेद प्रयोजनं व्याध्युपसृष्टानां व्याधिपरिमोक्षः स्वस्थस्य रक्षणं च ।

(सु.सू. १/२२)

व्याधि (Disease) होने पर शरीर को व्याधि से मुक्त करना तथा स्वस्थ शरीर को स्वस्थ ही बनाए रखना यह आयुर्वेद का प्रयोजन है ।

प्राचीन काल की सुश्रुत संहिता, चरक संहिता, काश्यप संहिता, अष्टांग संग्रह एवं अष्टांग हृदय आदि सभी चिकित्सा ग्रन्थों में शरीर स्थान का वर्णन किया गया है । प्राचीन काल में शारीर विषयों में सुश्रुत शारीर सर्वश्रेष्ठ माना जाता था । यथा–

शारीरे सुश्रुतः श्रेष्ठः, चरकस्तु चिकित्सिते,
सूत्रस्थान तु वाग्भटः, निदाने माधवः श्रेष्ठः ।

सुश्रुत शारीर स्थान में शरीर की रचना के सम्बन्ध में सम्पूर्ण जानकारी दी गई है एवं शवच्छेदन (Dissection) का विस्तृत वर्णन किया गया है । शारीर विषय की उपयोगिता का वर्णन करते हुए आचार्य सुश्रुत ने लिखा है कि –

शरीरे चैव शास्त्रे च दृष्टार्थः स्याद् विशारदः ।
दृष्टं श्रुताभ्यां सन्देहमवापोह्याचरेत् क्रियाः ।। (सु.शा.५/६३)

यदि कोई चिकित्सक आयुर्वेद चिकित्सा में निपुण होना चाहे, तो शारीर तथा शास्त्र दोनों में दक्ष होना चाहिए और दर्शन (Practical or Dissection) तथा अध्ययन के द्वारा अपनी शंकाओं को दूर करके उसके बाद चिकित्सा या शास्त्रक्रम करे ।

इसलिये शरीर रचना के सम्पूर्ण ज्ञान के बिना चिकित्सा में निपुण होना असम्भव है ।

''रचना प्रतिपादकं शारीरं रचनाशारीरम् ।।''

जिस विज्ञान के अन्तर्गत शरीर के अवयवों की रचना (Structure) के सम्बन्ध में सम्पूर्ण अध्ययन किया जाता है, उसे रचना शारीर कहा जाता है ।

प्रस्तुत पुस्तक रचना शारीर भारतीय चिकित्सा केन्द्रीय परिषद् (C.C.I.M.) द्वारा B.A.M.S. के लिए निर्धारित नवनीतम पाठ्यक्रमानुसार लिखी गई है ।

इस पुस्तक की विषय वस्तु को आयुर्वेद एवं आधुनिक दोनों मतानुसार अतिसरल एवं सुस्पष्ट ढंग से प्रस्तुत करने का प्रयास किया गया है ।

प्रारम्भ में शरीर रचना तथा शरीर के परिचय के साथ पारिभाषिक शब्दावली (Terminology) का वर्णन किया गया है तथा अन्त में सम्पूर्ण विषय को सारांश के रूप में प्रस्तुत किया गया है, जिससे विद्यार्थियों को परीक्षा की दृष्टि से पढ़ने में तथा ज्ञान वृद्धि में सुगमता रहे।

मैंने मेरे अध्ययन एवं अध्यापन काल में अनुभव किया कि आयुर्वेद के विद्यार्थियों को आयुर्वेद एवं आधुनिक शरीर रचना विज्ञान का अध्ययन करने में बहुत ही कठिनाई महसूस होती है। इसी को ध्यान में रखते हुए मैंने आयुर्वेद एवं आधुनिक दोनों मतानुसार सरल ढंग से इस पुस्तक को प्रस्तुत करने का प्रयास किया है।

मुझे आशा ही नहीं पूर्ण विश्वास है कि स्नात्तक स्तर के विद्यार्थियों के लिए यह पुस्तक बहुत ही उपयोगी सिद्ध होगी।

प्रस्तुत पुस्तक रचना शारीर के लेखन में, मैं मेरे गुरूजनों, माता-पिता, मित्रों, शुभचिन्तकों एवं विद्यार्थियों का हार्दिक आभार व्यक्त करता हूँ।

प्रकाशक चौखम्भा ओरियन्टालिया वाराणसी, उत्तर प्रदेश का मैं आभारी हूँ, जिन्होंने इस पुस्तक को प्रकाशित किया।

मेरा पाठकों से विनम्र निवेदन है कि इस पुस्तक में भूलवश कोई त्रुटि हो तो, वो उन त्रुटियों को सुधार कर अध्ययन करने का कष्ट करें एवं मुझे उन त्रुटियों से अवगत कराएँ, जिससे कि आगामी संस्करण में सुधार हो सके।

श्री गंगानगर (राजस्थान)
दिनांक : २७-४-२००९
अक्षय तृतीया

डॉ० महेन्द्र सिंह

प्रथम प्रश्न पत्र

विषयानुक्रमणिका

भाग-क

अध्याय- १

शरीर रचना परिचय

१. शरीर रचना की परिभाषा

"रचना प्रतिपादकं शरीरं इति रचना शारीरम् ।"

जिस शास्त्र में शरीर के अंग-प्रत्यंगों की रचना का अध्ययन किया जाता है, उसे शरीर रचना विज्ञान कहते हैं।

2. Definition of anatomy

- Anatomy→ Ana + Tomy

  Ana ↓ Continuous; Tomy ↓ Cutting

Continuous cutting is called anatomy.

- Anatome– To cutting up → It is greek word.
- Synonym of anatomy is → Dissection

1. The body structure.
2. The structure of an organism.
3. The branch of science dealing with the structure of organism.
4. Anatomy is the science that deals with the structure of the human body.
5. Anatomy is the study of structure and the relationships among structures. Although anatomy was first studied by dissection of cadavers.
6. The science of the structure of living organism.

3. Sub-divisions of anatomy

1. Cadaveric anatomy

Cadaveric anatomy is studied on dead bodies usually with the naked eye.

It is also called macroscopic or gross anatomy. It is divided into two parts–

(A) Regional anatomy– Study of a specific regions of the body. Such as the head or chest.

(B) Systemic anatomy– Study of a specific systems of the body. Such as the skeletal system (osteology), muscular system (myology), articulatory system (arthrology), vascular system (angiology), nervous system (neurology), respiratory system, digestive system, urinary system and reproductive system.

The locomotor system includes– osteology, arthrology and myology.

2. Living anatomy

Living anatomy is studied on living human beings, by inspection, palpation, percussion, auscultation, endoscopy, (bronchoscopy, gastroscopy, sigmoidoscopy, cystoscopy) radiography, electro-myography (E.M.G.), electro cardiography (E.C.G.) computed tomography (C.T. Scan), magnetic resonance imaging. (M.R.I.)

3. Surface anatomy

- Study of the form and marking of the surface of the body.

or

- Surface anatomy is the study of deeper parts of the body in relation to the skin surface.

It is helpful in clinical practice & surgical operations.

4. Topographic anatomy

Study of the structure and form of a portion of the body with particular emphasis on the relationships of the parts to each other.

- Surface anatomy= Topographic anatomy.

5. Developmental anatomy

Study of development from the fertilized egg to adult form.

(A) Intrauterian (B) Extrauterian

(A) Intrauterian– 1. Embryology 2. Foetology

1. Embryology– Early stage of the foetus.

Study of development from the fertilized egg through the eighth week (two months) in utero.

Egg – 8 Weeks

2. **Foetology–** 8 Weeks – 8 months

(B) Extrauterian– Child development to adult form.

6. Histology (Microscopic anatomy)

Microscopic study of the structure of tissues.

7. Cytology

The science of cell formation and cell life.

8. Physical anthropology

Physical anthropology deals with the external features and measurements of different races and groups of people and with the study of the prehistoric remains.

9. Radiographic anatomy (Skiagraphy)

Radiographic anatomy is the study of deeper organs by plain and contrast radiography.

10. Pathológical anatomy (Morbid anatomy)

The anatomy is the diseased organs.

11. Applied anatomy (Clinical anatomy)

Application of anatomy to diagnosis and treatment esp. surgical treatment but medical treatment.

12. Dental anatomy

One concerning teeth, their location, position and relationship.

13. Comparative anatomy

Comparison of homologus structures of different animals.

14. Veterinary anatomy

Anatomy of the domestic animals.

४. गर्भ की परिभाषा

''शुक्र शोणितं जीव संयोगे तु खलु कुक्षिगते.गर्भ संज्ञा ।'' (च.शा. ४/५)

स्त्री के शरीर में (गर्भाशय, कुक्षि, Uterus) पुरुष का शुक्र, स्त्री का आर्त्तव और जीवात्मा इनका मिलन होने पर उसे गर्भ कहा जाता है।

५. शरीर की परिभाषा

''शुक्र शोणितं गर्भाशयस्थं आत्मप्रकृतिविकार संमूर्च्छितं गर्भ इत्युच्यते ।

तं चेतनावस्थितं वायुर्विभजति, तेज एनं पचति, आपः क्लेदयन्ति, पृथ्वी संहन्ति, आकाशं विवर्धयति, एवं विवर्धितः स यदा हस्त पाद जिह्वा घ्राण कर्णनितंबादिभिरंगैरुपेतः तदा शरीरं इति सज्ञां लभते ।।'' (सु.शा. ५/३)

स्त्री के शरीर में (गर्भाशय, Uterus) शुक्र-शोणित का मिलन होकर उसमें आत्मा, प्रकृति और विकार इन सबका संयोग होता है, तब उसे गर्भ कहते हैं। इस चेतन गर्भ का वायु तत्व द्वारा विभाजन और वृद्धि होती है। तेज (अग्नि) तत्व द्वारा पाचन होता है, आप (जल) तत्व द्वारा द्रवीभवन होता है अर्थात् जल क्लिनता पैदा करता है, पृथ्वी तत्व से संहनन और घनता उत्पन्न होती है। और आकाश तत्व द्वारा रिक्तता निर्माण होकर उसका आकार बढ़ता है। इस प्रकार पाँचों महाभूतों द्वारा उस पर (गर्भ पर) कार्य होने से जब उसे हाथ, पैर, जिह्वा, नाक, कान, नितम्ब आदि अंग-प्रत्यंग निर्माण होते हैं, तब ही उसे शरीर कहा जाता है।

6. Definition of body

Body is the organization of trunk with various organs and systems assemble in it which works in co-operation & co-ordination with each other.

७. षडङ्ग शरीर (Sub-division of body)

''तच्च षडङ्गं, शाखाश्चतस्रो, मध्यं पञ्चमं, षष्ठं शिर इति ।'' (सु.शा. ५/३)

शरीर के छः अंग होते हैं– चार शाखाएँ, पाँचवा मध्य शरीर और छठा शिर होता है।

१. दक्षिण ऊर्ध्वशाखा–	Right upper extremity
२. वाम ऊर्ध्वशाखा–	Left upper extremity
३. दक्षिण अधः शाखा–	Right lower extremity
४. वाम अधः शाखा–	Left lower extremity
५. मध्य शरीर–	Trunk (Thorax + Abdomen)
६. शिर और ग्रीवा–	Head and neck

8. Anatomical position of the body

The subject stands erect facing the observer, with feet flat on the floor, arms at sides and palms, turned forward.

शरीर को बिल्कुल सीधा खड़ा करके दोनों बाहु को पार्श्व (sides) में लटके हुए. हथेली (palm), सिर (Head, face) और आँखे (Eyes) सामने की ओर रखने से जो स्थिति (Position) बनती है, उसे Anatomical position कहते हैं।

9. Planes of the body

Planes= Imaginary flat surface.

1. Sagittal plane-(Vertical plane)

A sagittal plane is a vertical plane that divides the body or an organ into right and left sides.

2. Mid- sagittal plane-(Median plane)

A plane passes through the midline of the body or organ and divides it into equal right and left halves.

3. Para- sagittal plane-(Para- median plane)

A vertical plane to the right or left of the median plane and parallel to the latter, are called paramedian or para sagittal planes.

4. Frontal (Coronal plane)

A frontal or coronal plane divides the body or an organ into anterior (front) and posterior (back) portions.

5. Transverse (Horizontal plane)

A transverse plane divides the body or an organ into superior (top) and inferior (bottom) portions.

6. Oblique plane

A plane that passes through the body or an organ at an angle B/W the transverse plane and either the midsagittal, para sagittal or frontal plane.

10. Axis of movements

- **Angular**

There is an increase or decrease at the angle B/W bones.

1. Flexion (Bending)– Involves a decrease in the angle B/W the surface of the articulating bone.

2. Extension (Straightening)– Involves an increase in the angle B/W the surface of the articulating bone.

3. Hyper extension– Continuation of extension beyond the anatomical position.

4. Abduction (Taking away)– Movement of a bone away from the midline.

5. Adduction (Bringing near)– Movement of a bone towards the midline.

6. Circumduction– A combination of flexion, extension and adduction-abduction in rotation, in which the distal end of a part of the body moves in a circle.

This movement the hand moves in a circle.

Rotation

Movement of a bone around its longitudinal axis; may be medial or lateral.

1. Medial rotation– Inward rotation.

2. Lateral rotation– Outward rotation.

3. Protraction– Movement of the mandible **forward** on a plane parallel to the ground.

4. Retraction– Movement of the mandible backward on a plane parallel to the ground.

5. Elevation– Movement of a part of the body upward.

6. Depression– Movement of a part of the body downward.

Special movements related specifically to the foot and hand

1. Inversion– Movement of the sole inwards.

2. Eversion– Movement of the sole outwards.

3. Dorsiflexion– Bending the foot in the direction of the dorsum.

4. Plantar flexion– Bending the foot in the direction of the plantar surface.

5. Supination– Movement of the forearm in which the palm is turned anteriorly or superiorly.

6. Pronation– Movement of the forearm in which the palm is turned posterioly or inferiorly.

11. Basic terminology to understanding the body

1. Superior (Cephalic, cranial)

Towards the head or the upper part of a structure. Exm.– The heart is superior to the liver.

2. Inferior (Caudal)

Away from the head or towards the lower part of a structure or towards the feet.

Exm.– The stomach is inferior to the lungs.

3. Anterior (Ventral)

- Towards the front.
- Towards the belly.
- Front of the body.

Exm.– The sternum is anterior to the heart.

4. Posterior (Dorsal)

- Towards the back.
- Back of the body.

Exm.– The oesophagus is posterior to the trachea.

5. Medial (Mesial)

- Towards the median plane.
- Nearer to the midline of the body or a structure.

Exm.– The ulna is on the medial side of the forearm.

6. Lateral

- Away from the median plane.
- Farther from the midline of the body or a structure.

Exm.– The radius is on the lateral side of the forearm.

7. Intermediate

- B/W two structure.

Exm.– The ring finger is intermediate B/W the little and middle finger.

8. Ipsilateral

- On the same side of the body.

Exm.– The gall bladder and ascending colon of the large intestine are ipsilateral.

9. Contra lateral

- On the opposite side of the body.

Exm.– The ascending colon and descending colon of the large intestine are contra lateral.

10. Proximal

- Nearer to the attachment of a limb to the trunk.
- Nearer to the point of origin.

Exm.– The humerus is proximal to the radius.

11. Distal

- Farther from the attachment of a limb to the trunk.
- Away from the trunk.

Exm.– The phalanges are distal to the carpals.

12. Superficial

- Towards or on the surface on the body.
- Towards the surface.

Exm.– The muscles of the thoracic wall are superficial to the organ in the thoracic cavity.

13. Deep

- Away from the surface of the body. • Inner to the surface.

Exm.– The ribs are deep to the skin of the chest.

14. Supine

- The supine position of the body is lying on the back.

15. Prone

- The prone position is lying face downward.

16. Internal– Interior or inner.

17. External– Exterior or outer.

18. Radial– The outer border in the upper limb.

19. Ulnar– The inner border in the upper limb.

20. Tibial– The inner border in the lower limb.

21. Fibular– The outer border in the lower limb.

22. Palmar **Dorsal**

↓ ↓

Anterior Posterior

In describing the hand, the terms palmar and dorsal surface are used in place of anterior and posterior.

23. Plantar – **Dorsal**

↓ ↓

Lower or sole Upper

In describing the foot, the terms plantar and dorsal surface are used instead of lower and upper surface.

24. Pre-axial border

The outer border in the upper limb, and the inner border in the lower limb.

25. Post-axial border

The inner border in the upper limb, and the outer border in the lower limb.

26. Flexor surface

The anterior surface in the upper limb, and the posterior surface in the lower limb.

27. Extensor surface

The posterior surface in the upper limb, and the anterior surface in the lower limb.

28. Invagination– Inward protrusion.

29. Evagination– Outward protrusion.

30. Belly– The fleshy and contractile part of a muscle.

31. Tendon– The fibrous, non contractile and cord-like part of a muscle.

32. Aponeurosis– The flattened tendon.

33. Raphe (seem)– The line of union of the halves of various symmetrical parts.

34. Ligament– Connective tissue that attaches bone to bone.

35. Ala– A wing like structure.

36. Cornua– A horn-like bony projection.

37. Spine– A sharp pointed projection.

38. Trochlea– Pulley shaped structure.

39. Trochanter– A non-articular large projection.

40. **Tubercle–** A small rounded thickening.
41. **Ridge–** A linear elevation.
42. **Sulcus–** A groove.
43. **Foramen–** An opening.
44. **Pit or fovea–** A small depression.
45. **Process–** A localized projection of large size.
46. **Fossa–** A large depression.
47. **Linea–** Line.
48. **Lip–** Raised margin of a crest.
49. **Lingula–** A tongue shaped projection.
50. **Pterygoid–** A wing shaped projection.
51. **'Itis'–** Inflammation
52. **'Ectomy'–** Removal from the body.
53. **'Oma'–** Tumour
54. **'Otomy'–** Open and then close a hollow organ.
55. **'Ostomy'–** Open hollow organ and leave it open.
56. **Sinus–**A blind track (open at one end) lined by epithelium.
57. **Fistula–**A track open at both the ends and lined by epithelium.
58. **Afferent–** Coming towards
59. **Efferent–** Going away
60. **Bulbar–** Medulla oblongata
61. **Caput–** Head
62. **Coxa–** Hip
63. **Crural–** Leg
64. **Cubitus–** Elbow
65. **Cutis–** Skin
66. **Glottis–** Tongue
67. **Gluteal–** Buttock
68. **Wirsung–** Pancreatic duct.
69. **Whitlow–** Painful swelling in finger.
70. **Uvula–** A little grape.

71. Vulva– To roll
72. Volar– Palm of hand
73. Vesica– Bladder
74. Naval– Umbilicus
75. Uterus– Womb
76. Nephr– Kidney
77. Oculus– Eye
78. Ophth– Eye
79. Peri– Around
80. Prodo– Anus
81. Pterion– Wing
82. Ramus– Branch
83. Pulvinar– Cushion
84. Retro– Behind
85. Sacrum– Holy
86. Saphenous– Easily seen
87. Sural– Calf of leg
88. Taenia– Rope like structure
89. Trabeculae– A little beam
90. Trigone– Triangle
91. Soma– Body
92. Meatus– Canal
93. Malady– Illness
94. Malacia– Softness
95. Lithos– A stone
96. Lienal– Spleen
97. Lanugo– First soft hair of beard.
98. Fetus– Offspring
99. Gall– Bile
100. Colostrum– First milk secreted by breasts.
101. Colpotomy– Cutting through vagina.

अध्याय- २

शारीरोपक्रम

शारीरोपक्रम का अर्थ होता है– शरीर के सम्बन्ध में सम्पूर्ण विवरण।

शरीर की उत्पत्ति, स्थिति, निर्माण, वृद्धि और क्षय, इनके सम्बन्ध में सभी प्रकार का ज्ञान करना। जब शरीर में कोई व्याधि (Disease) या विकृति उत्पन्न होती है, तो उसकी चिकित्सा करने के लिए मनुष्य के शरीर का सम्पूर्ण ज्ञान होना आवश्यक है। अत: हमें शरीर का विस्तार से अध्ययन करना चाहिए।

I. शरीर की व्याख्या

शरीर शब्द की व्याख्या करने से पहले शरीर की उत्पत्ति के सम्बन्ध में ज्ञान करना आवश्यक हो जाता है। यथा–

''शुक्र शोणितं जीव संयोगे तु खलु कुक्षिगते गर्भ संज्ञा भवति ।'' (च.शा. ४/५)

पुरुष शुक्र (spermatozoa) और स्त्री शोणित (ovum) इनका स्त्री के गर्भाशय (कुक्षि, uterus) में संयोग होने पर जब जीवात्मा प्रवेश करती है, तब ही मनुष्य शरीर के अंकुर की उत्पत्ति होती है। और उसे गर्भ (Embryo) की संज्ञा दी जाती है।

आयुर्वेद शास्त्र के अनुसार संसार में उपलब्ध सभी पदार्थ, सभी वस्तुएँ, सभी प्राणी पंचमहाभूतों द्वारा निर्मित हुए हैं। इसलिए मनुष्य के गर्भ की निर्मिति भी पांचभौतिक ही होती है।

१. **''शुक्र शोणितं गर्भाशयस्थं आत्म प्रकृति विकार संमूर्च्छितं 'गर्भ' इति उच्यते।**
तं चेतनावस्थितं वायुर्विभजति, तेज एनं पचति, आप: क्लेदयन्ति, पृथिवी संहन्ति, आकाशं विवर्धयति; एवं विवर्धित: स यदा हस्तपादजिह्वाघ्राणकर्णनितम्बादिभिरंगैरूपेत: तदा 'शरीरं' इति संज्ञां लभते ।

तच्च षडङ्गं शाखाश्चतस्रो, मध्यं पंचमं, षष्ठं शिर इति ।।'' (सु.शा. ५/३)

शुक्र (Spermatozoa) और शोणित (Ovum) का गर्भाशय (Uterus) में संयोग होने पर उसमें आत्मा, आठ प्रकृतियों (अव्यक्त, महान्, अहंकार, पंच तन्मात्रा) और विकारों (एकादश इन्द्रियाँ, पंचमहाभूत) इन सबका संयोग होता है। तब उसे गर्भ कहते हैं। उसमें चेतना का वास हो तो **वायु** (वात) उसे विभाजित करती है, **तेज** (पित्त) इसे पचाता है, **जल** क्लिनता पैदा करता है अर्थात् जल तत्त्व द्वारा द्रवीभवन होता है, **पृथ्वी** तत्व से संहनन और घनता उत्पन्न होती है, और **आकाश** तत्व द्वारा रिक्तता निर्माण होकर उसका आकार बढ़ता है।

इस प्रकार पाँचों महाभूतों द्वारा गर्भ पर कार्य होने से जब उसे हाथ, पैर, जिह्वा, नाक, कर्ण, नितम्ब आदि अंग-प्रत्यंग निर्माण होते हैं, तब ही उसे शरीर कहा जाता है।

यह शरीर षडंग होता है। जैसे- चार शाखाएँ, पाँचवा मध्य शरीर और छठा सिर। इस प्रकार प्रथम इसे गर्भ और अंग-प्रत्यंग निर्माण के बाद शरीर कहा जाता है।

२. **''तत्र शरीरं नाम चेतनाधिष्ठानभूतं पञ्चमहाभूतविकार समुदायात्मकं समयोगवाहि ।''** (च.शा. ६/४)

चेतना (आत्मा) का अधिष्ठान और पंचमहाभूत रुपी विकारों का समुदाय शरीर कहलाता है। यह शरीर समयोगवाही होता है, अर्थात् सप्तधातु, तीन दोष एवं मलों के समावस्था में रहने पर ही गति करता है।

३. **''दोषधातुमल मूलं हि शरीरम् ।''** (सु.सू. १५/३)

दोष-धातु तथा मल ही शरीर के मूल कारण हैं।

तीन दोष, सप्त धातुएँ और तीन मल ये प्राकृतावस्था में शरीर का धारण करते हैं, इसलिए इन तेरह तत्वों के समूह को शरीर कहते हैं।

४. **''शीर्यतेऽनेन् इति शरीरम् ।''**

प्रतिपल क्षीण अथवा नष्ट होते रहने के कारण ही इसे शरीर कहते हैं। शरीर शब्द का अर्थ है- टूटना। जिसमें टूट-फूट चलती रहती है, उसे शरीर कहते हैं।

''शीर्यते हिनस्ति आत्मानम् इति शरीरम् ।''

जो निरन्तर गति करने के कारण अपने आपको नष्ट करता रहता है, उसे शरीर कहते हैं। शीर्ण होना, विश्रृंखल होना, विघटित होना आदि सभी अर्थ शरीर की अपचय की प्रक्रियाओं (Katabolic processes) का ज्ञान कराने वाले हैं, इसलिए इसे शरीर कहते हैं।

इस प्रकार शक्ति या ऊर्जा (Energy) को उत्पन्न करने के लिए धातुओं का क्षय (Katabolism) होता है। उस क्षय की पूर्ति हम आहार (Food) से करते हैं। आहार को अग्नि पचाती है, फिर वह आहार रस में परिवर्तित होकर सम्पूर्ण शरीर का पोषण करता है। यह उपचय की प्रक्रिया (Anabolic process) है।

काय– यह शरीर का पर्याय (Synonym) है।

'चीयतेऽनेन् इति कायः ।''

जिसका पोषण होता रहे, उसे काय कहते हैं। काय शब्द अग्नि वाचक है। सभी प्रकार के रासायनिक परिवर्तन (Chemical changes) अग्नि द्वारा होते हैं। अतः इससे क्षय और वृद्धि दोनों क्रियाओं का ज्ञान होता है।

इन अपचय (Katabolism, क्षय) और उपचय (Anabolism, वृद्धि) की प्रक्रियाओं का संयुक्त नाम चयापचय (Metabolism) है। जब यह चयापचय अर्थात् कायाग्नि व्यापार (Metabolism) अच्छी तरह से सही अनुपात में चलता है, तब शरीर का सम्यक् धारण होता है। क्योंकि तब दोष, धातु और मल साम्यावस्था अर्थात् प्राकृतावस्था में रहते हैं।

देह– यह शरीर का पर्याय है।

"धार्यतेऽनेन् इति देहः ।"

जिससे धारण हो, उसे देह कहते हैं।

देह का अर्थ है– वृद्धि या विकास। ये सभी क्रियाएँ (अपचय, उपचय, चयापचय) चेतन (सजीव) शरीर में ही होती हैं।

5. गर्भोपनिषद् के अनुसार शरीर की परिभाषा

"शरीरमिति कस्मात्, अग्नयोह्यत्र श्रयन्ते-ज्ञानाग्निः दर्शनाग्निः कोष्ठाग्निः इति । तत्र कोष्ठाग्निः नाम अशितपीतलेह्यचोष्यं पचति ।

दर्शनाग्निः रूपाणां दर्शन करोति । ज्ञानाग्निः शुभाशुभम् च कर्म करोति ।" (गर्भोपनिषद)

मानव शरीर को चेतनावस्था में शरीर इसलिए कहा जाता है, क्योंकि इसमें ज्ञानाग्नि, दर्शनाग्नि एवं कोष्ठाग्नि, ये तीन प्रकार की अग्नियाँ निरन्तर गतिशील रहती हैं।

ज्ञानाग्नि– शरीर के सभी शुभ-अशुभ कर्म ज्ञानाग्नि द्वारा होते हैं।

दर्शनाग्नि– यह दर्शन का कार्य करती है। आयुर्वेद में इसे आलोचक पित कहा है।

कोष्ठाग्नि– शरीर में मुख द्वारा ग्रहण किए हुए सभी प्रकार के अन्न का पाक करती है। उसे जठराग्नि अथवा कोष्ठाग्नि कहते हैं।

6. गर्भाशयगतं शुक्रं आर्त्तवं जीवसंज्ञकम् । प्रकृतिः सा विकारा च तत्सर्वं गर्भसंज्ञकम् ।।
कालेन वर्धितो गर्भो यद्यङ्गोपाङ्गसंयुतः । भवेत् तदा स मुनिभिः शरीरं इति निगद्यते ।।

(भा.प्र.प्रथम खण्ड, गर्भ प्रकरण/६३-६४)

शुक्र, आर्त्तव, जीवात्मा, अष्ट प्रकृति और सोलह विकार इन सबका संयोग जब गर्भाशय में होता है, तो उसे गर्भ कहते हैं। अवस्था पाकर बढ़ा हुआ गर्भ जब अंग और प्रत्यंगों से युक्त हो जाता है। तब उसे मुनि लोग शरीर कहते हैं।

7. आधुनिकों के अनुसार शरीर की परिभाषा

(A) **Trunk–** Main part of any structure.

(B) The principle mass of any structure.

(C) The largest or most important part of any organ.

(D) Body is the organization of trunk with various organs and systems assemble in it, which works in co-operation and co-ordination with each other.

II. शारीर की व्याख्या

१. **''शरीरं चिन्त्यते सर्वं दैव मानुष सम्पदा । सर्वभावैः यतः तस्मात् शारीरं स्थानं उच्यते ।।''** (च.शा. ८/६९)

समस्त शरीर का दैव (अलौकिक) और मानवीय साधनों द्वारा किया गया चिन्तन (विचार) और उसके सभी भावों को जहाँ पर व्यक्त किया जाता है, उसे शारीर स्थान कहते हैं।

२. **''इत्यत्र जन्ममरणं यतः सम्यक् उदाह्यतम् । शरीरस्य ततः स्थानं शारीरं इदं उच्यते ।।''** (अ.हृ.शा. ६/७३)

ऐसे स्थान को जहाँ शरीर (मानव) के जन्म-मरण दोनों का भलीभांति वर्णन हो, उसे शारीर कहते हैं।

३. **''शारीरिकभावं अधिकृत्य कृतो अध्यायः शारीरः ।''** (डल्हण)

शरीर के सभी भावों को ग्रहण करके जो अध्याय या ग्रन्थ लिखा जाए, वह शारीर है। ये भाव दो प्रकार के होते हैं– १. रचनाकर भाव (Structural)– अंग-प्रत्यंग आदि का ज्ञान। २. क्रियाकारक भाव (Functional)– दोष-धातु-मल आदि का ज्ञान।

४. **शरीरं अधिकृत्य कृतो ग्रन्थः शारीरः ।''** (अरुणदत्त)

शरीर को आधार मानकर लिखे गए ग्रन्थ को शारीर कहते हैं।

५. **''शरीरं अधिकृत्य कृतं तन्त्रं शारीरम् ।''**

शरीर को आधार मानकर उसी के सम्बन्ध में सम्पूर्ण ज्ञान जिस तन्त्र में या शास्त्र में वर्णित है, उसे शारीर कहते हैं।

शारीर में रचना शारीर और क्रिया शारीर इन दोनों विषयों का अंतर्भाव होता है। अतः शरीर शब्द से शरीर की रचनाओं (Structures) तथा शरीर में होने वाली क्रियाओं (Functions) का सम्पूर्ण ज्ञान होता है।

III. शरीरि की व्याख्या

''पंचमहाभूत शरीरि समवायः पुरूष इति; स एष कर्मपुरुषः चिकित्सा अधिकृतः ।'' (सु.शा. १/२१)

शरीरि का अर्थ है– आत्मा।

''शरीरं अस्य अस्तीति शरीरि ।''

अतः पंचमहाभूत और आत्मा इनका समुदाय ही पुरूष कहलाता है। इसे कर्म पुरुष कहते हैं। यही पुरूष चिकित्सा करने के लिए योग्य माना है।

जीवात्मा

चिकित्सा का अधिकरण पुरूष, कर्मपुरूष आदि शब्दों से जीवात्मा को जाना जाता है। यह परमात्मा का ही अंश है। परमात्मा अनादि है क्योंकि इसकी किसी से उत्पत्ति नहीं होती है। इसका अस्तित्व सदैव रहता है। अनादि और कारणरहित होने के कारण वह नित्य है। उसे अव्यक्त, आत्मा, क्षेत्रज्ञ, शाश्वत, विभु कहा गया है। जीवात्मा प्राणियों को जीवित रखता है। जब तक शरीर में यह रहता है, उतने ही काल तक वह प्राणी जीवित रहता है। जीवन का आधार होने के कारण इसे जीवात्मा कहते हैं। यह जीवात्मा, आत्मज्ञान, इन्द्रियव्यापार, प्राण-अपान, सुख, दु:ख, इच्छा, द्वेष, चेतना, धृति, बुद्धि, स्मृति तथा अहंकार आदि का मूल कारण है। यह सगुण है और कर्मफल उपभोक्ता है। जब यह एक शरीर छोड़कर दूसरे शरीर में जाता है, तो यही इसकी मृत्यु कही जाती है, वस्तुतः न यह मरता है और न जन्म लेता है।

आत्मा का स्वरूप अत्यन्त सूक्ष्म है, उसका स्वरूप सूर्य के समान प्रकाशमय है। जीवात्मा ज्ञान का अधिकरण है। जीवात्मा प्रतिशरीर में भिन्न तथा अनन्त है।

आत्मा का लक्षण और गुण

प्राणापानौ निमेषाद्या जीवनं मनसो गतिः । इन्द्रियान्तरसंचारः प्रेरणं धारणं च यत् ।।
देशान्तरगतिः स्वप्ने पञ्चत्वग्रहणं तथा । दृष्टस्य दक्षिणेनाक्ष्णा सव्येनावगमस्तथा ।।
इच्छा द्वेषः सुखं दुःखं प्रयत्नश्चेतना धृति । बुद्धिः स्मृतिरहङ्कारो लिङ्गानि परमात्मनः ।।
यस्मात् समुपलभ्यन्ते लिङ्गान्येतानि जीवतः । न मृतस्यात्मलिङ्गानि तस्मादाहुः महर्षयः ।।

(च.शा. १/७०-७३)

प्राणवायु-अपानवायु (उच्छ्वास-निःश्वास), निमेष-उन्मेष, जीवन, मन की गतियाँ, मन का एक इन्द्रिय को छोड़कर दूसरी इन्द्रिय में चले जाना, मन का इन्द्रियों को कार्य करने की प्रेरणा (आज्ञा) देना, इन्द्रियों को अनिष्ट विषयों की ओर जाने से रोकना, स्वप्न में देशान्तर गमन करना, शरीर में पंचमहाभूतमात्र का रह जाना (मृत्यु का होना), दक्षिण नेत्र से देखी हुई वस्तु को वाम नेत्र से देखने पर यह वही वस्तु है, ऐसा ज्ञान करना। और सुखकर वस्तुओं को प्राप्त करने की इच्छा, दुःखकर वस्तुओं के प्रति द्वेष का होना, अनुकूल (प्रिय) वस्तुओं के प्राप्त होने पर सुख, प्रतिकूल (अप्रिय) वस्तुओं की प्राप्ति पर दुःख, इष्ट की प्राप्ति तथा अनिष्ट की अप्राप्ति के लिए प्रयत्न, ज्ञानेन्द्रियों द्वारा अपने विषयों का ग्रहण, धैर्य धारण करना, ज्ञान का होना, स्मृति, अहंकार आदि का होना ही आत्मा के लक्षण हैं।

इस कारण से ये प्राण-अपान आदि लक्षण जीवित प्राणियों में ही प्राप्त होते हैं, मृत प्राणियों में नहीं। इसलिए महर्षिगण (आचार्य) इन्हें आत्मा का लक्षण मानते हैं।

IV. शारीर ज्ञान का प्रयोजन या शारीर ज्ञान की उपयोगिता

शरीर ज्ञान के प्रयोजन से पहले आयुर्वेद का प्रयोजन जानना आवश्यक है।

आयुर्वेद का प्रयोजन

"**प्रयोजनं चास्य स्वस्थस्य स्वास्थ्य रक्षणं आतुरस्य विकार प्रशमनं च ।**" (च.सू. ३०/२६)

स्वस्थ व्यक्ति के स्वास्थ्य की रक्षा करना और रोगी व्यक्ति के रोग को दूर करना, ये दो आयुर्वेद के मुख्य प्रयोजन हैं।

"**इह खलु आयुर्वेद प्रयोजनं- व्याध्युपसृष्टानां व्याधिपरिमोक्षः स्वस्थस्य रक्षणं च ।**"
(सु.सूत्र १/२२)

व्याधि (Disease) होने पर उस शरीर को व्याधि से मुक्त करना तथा स्वस्थ शरीर को स्वस्थ ही बनाए रखना, यह आयुर्वेद का प्रयोजन है।

अत: शरीर में उत्पन्न हुई व्याधियों (Diseases) की चिकित्सा (Treatment) करने के लिए उस शरीर की प्राकृत रचनाओं (Normal structures) का तथा क्रियाओं (Normal functions) का सर्वप्रथम उत्पन्न होना आवश्यक है। तब ही शरीर के प्रत्यंगों (organs) में हुई विकृति, उनके स्थान, कार्य आदि की प्राकृत तथा विकृत अवस्थाएँ, स्थानानुसार होने वाले लक्षण, इन सभी को जानने के लिए शरीर की स्थूल तथा सूक्ष्म रचनाओं और उनकी क्रियाओं का सम्यक् ज्ञान होना आवश्यक हो जाता है।

आयुर्वेद यह शास्त्र मनुष्य की आयु के सम्बन्ध में पूरा विवरण देने वाला शास्त्र है। शरीर में होने वाली व्याधियाँ (Diseases), उनके कारण (Causes) तथा उनके लक्षण (Symptoms), चिह्न (Sign), इनको समझकर व्याधियों का निदान (Diagnosis) करना तथा उसके बाद उनकी चिकित्सा (Treatment) के लिए विभिन्न उपक्रम कर उस व्याधिग्रस्त शरीर को स्वस्थ बनाना तथा उसकी स्वस्थावस्था में भी विभिन्न आहार-विहार, दिनचर्या, ऋतुचर्या इनके नियमों का पालन कराकर और अनेक उपक्रमों द्वारा शरीर को स्वस्थ ही बनाए रखना, व्याधिग्रस्त नहीं होने देना, ऐसे दोनों तरह के कार्य आयुर्वेद शास्त्र करता है।

शरीर विषय की उपयोगिता का वर्णन करते हुए आचार्यों ने कहा है कि–

शरीरं सर्वथा सर्वं सर्वदा वेद यो भिषक् । आयुर्वेदं स कार्त्स्न्येन वेद लोकसुखप्रदम् ।।
(च.शा. ६/१९)

जो चिकित्सक सदैव सम्पूर्ण रूप से शरीर शास्त्र को जानता है। वही चिकित्सक संसार को सुख देने वाले आयुर्वेद शास्त्र को पूर्ण रुप से जानता है।

शरीरे चैव शास्त्रे च दृष्टार्थः स्याद् विशारदः । दृष्ट श्रुताभ्यां सन्देहमवापोह्य चरेत् क्रियाः ।।

(सु.शा. ५/६३)

यदि कोई चिकित्सक आयुर्वेद चिकित्सा में निपुण होना चाहे, तो शरीर तथा शास्त्र दोनों में दक्ष होना चाहिए। और दर्शन तथा अध्ययन (देखा हुआ और सुना हुआ) के द्वारा अपनी शंकाओं को दूर करके उसके बाद चिकित्सा या शस्त्र कर्म करे।

आयुर्वेदीय शरीर में दार्शनिक और प्रत्यक्ष दोनों विषयों का ही समावेश होता है। आयुर्वेद के अनुसार उत्तम चिकित्सक (Physician) या शल्यहर्त्ता (Surgeon) वह समझा जाता है, जो दार्शनिक तथा प्रत्यक्ष दोनों विषयों का ज्ञाता हो।

आधुनिक में प्रत्यक्ष ज्ञान वाला ही उत्तम चिकित्सक या शल्यहर्त्ता हो जाता है। उसमें दार्शनिक शरीर के लिए कोई स्थान नहीं है।

शारीर ज्ञान की उपयोगिता के सम्बन्ध में विशेष तथ्य इस प्रकार हैं

१. विकृति के ज्ञान से पहले प्रकृति का ज्ञान होना आवश्यक है– विकार शरीर में उत्पन्न होते हैं। अतः विकृति के ज्ञान से पहले प्रकृति का ज्ञान होना आवश्यक है। शरीर के अंग-प्रत्यंगों की प्राकृतिक संरचना का ज्ञान शारीर स्थान से प्राप्त होता है। अतः चिकित्सा के लिए इसका अध्ययन अत्यन्त आवश्यक है।

२. आयुर्वेदीय शारीर में गर्भावक्रान्ति शारीर (Embryology), रचना शारीर (Anatomy), क्रिया शारीर (Physiology) तीनों का वर्णन किया गया है– अतः चिकित्सा की दृष्टि से शारीर विषय का ज्ञान आवश्यक है।

३. स्थूल शरीर के ज्ञान से पहले सूक्ष्म शरीर का ज्ञान आवश्यक है– आयुर्वेदीय शारीर में सृष्टि की उत्पत्ति का विस्तार से वर्णन किया गया है। सूक्ष्म शरीर का ज्ञान इसी से प्राप्त होता है। अतः शरीर का ज्ञान होना आवश्यक है।

४. किसी भी अवयव की पांचभौतिक रचना के ज्ञान के लिए शारीर का ज्ञान आवश्यक है– किसी भी दोष, धातु तथा अवयव की पाँचभौतिक रचना का ज्ञान कराने के लिए भी शारीर विषय का ज्ञान अति आवश्यक है।

५. शरीर के अंग-प्रत्यंगों की क्रियाओं एवं विपरीत क्रियाओ का ज्ञान आवश्यक है– अंग-प्रत्यंगों की स्वस्थ अवस्था में क्या क्रियाएँ होती हैं, एवं अस्वस्थ अवस्था में क्या विपरीत क्रियाएँ होती हैं। यह सभी प्रकार का ज्ञान प्रत्यक्ष पर आधारित है। यह ज्ञान शारीर शास्त्र से प्राप्त होता है। अतः शारीर अध्ययन की बहुत उपयोगिता है।

६. शरीर के अंग-प्रत्यंगों के पारस्परिक सम्बन्ध का ज्ञान आवश्यक है– शरीर में किसी प्रकार की व्याधि या विकृति उत्पन्न होने पर यह जानना आवश्यक है, कि विकृति किस स्थान पर उत्पन्न हुई है। एवं किस अंग को विशेष प्रभावित करती है। इसलिए प्रत्येक अंग-प्रत्यंग के पारस्परिक सम्बन्ध का ज्ञान शरीर द्वारा ही किया जाता है। अत: शारीर अध्ययन की उपयोगिता है।

७. विधिवैद्यक (Jurisprudence) की दृष्टि से शरीर का ज्ञान आवश्यक है– चिकित्सा का एक विषय विधिवैद्यक भी है। जिसमें मृत शरीर की (Dead body) परीक्षा (Post-mortem) की जाती है। जिसमें शरीर के अंग-प्रत्यंगों की जाँच करके यह पता लगाया जाता है, कि मृत्यु किस प्रकार हुई है। अत: शरीर विषय का ज्ञान आवश्यक है।

८. शल्य कर्म (Surgery) की दृष्टि से शारीर का ज्ञान आवश्यक है– शल्य कर्म में प्रत्येक अंग-प्रत्यंग, अस्थि, सन्धि, मांसपेशी, सिरा, धमनी, स्नायु आदि के सम्पूर्ण ज्ञान की आवश्यकता है।

मर्म शरीर के प्राण कहे जाते हैं। अत: स्थान भेद से इन सभी की रचना का ज्ञान होना आवश्यक है। अत: शारीर का ज्ञान आवश्यक है।

९. शरीर के किसी भी अंग-प्रत्यंग की परीक्षा के लिए शारीर का ज्ञान आवश्यक है– शरीर के किसी भी अंग-प्रत्यंग की आयुर्वेदिक परीक्षा एवं आधुनिक परीक्षा (Modern investigation) के ज्ञान के लिए शारीर शास्त्र का अध्ययन आवश्यक है।

चिकित्सा शास्त्र शारीर के ज्ञान के बिना अधूरा है। इस प्रकार शारीर ज्ञान का प्रयोजन या शारीर ज्ञान की उपयोगिता सिद्ध होती है।

V. षडङ्ग शारीर या शरीर का षडङ्गत्व

मानव शरीर का अध्ययन करने के लिए उसके छ: विभाग किए गए हैं। इसी को षडंग शरीर कहा जाता है।

"**तच्च षडङ्गं- शाखाश्चतस्रो, मध्यं पञ्चमं, षष्ठं शिर इति ।**" (सु.शा. ५/३)
"**द्वौ बाहू, द्वे सक्थिनी, शिरोग्रीवम्, अन्तराधिः, इति षडङ्गमङ्गम् ।**" (च.शा. ७/५)
"**शिरोऽन्तराधिः द्वौ बाहू सक्थिनीति समासतः ।**" (अ.हृ.शा. ३/१)

शरीर के छः विभाग

१. दक्षिण ऊर्ध्वशाखा– Right upper extremity
२. वाम ऊर्ध्वशाखा– Left upper extremity

३. दक्षिण अध: शाखा– Right lower extremity
४. वाम अध: शाखा– Left lower extremity
५. अन्तराधि या मध्य शरीर– Trunk (Thorax and abdomen)
६. शिर और ग्रीवा– Head and neck

षडंग शरीरम् (Sub-division of the body)

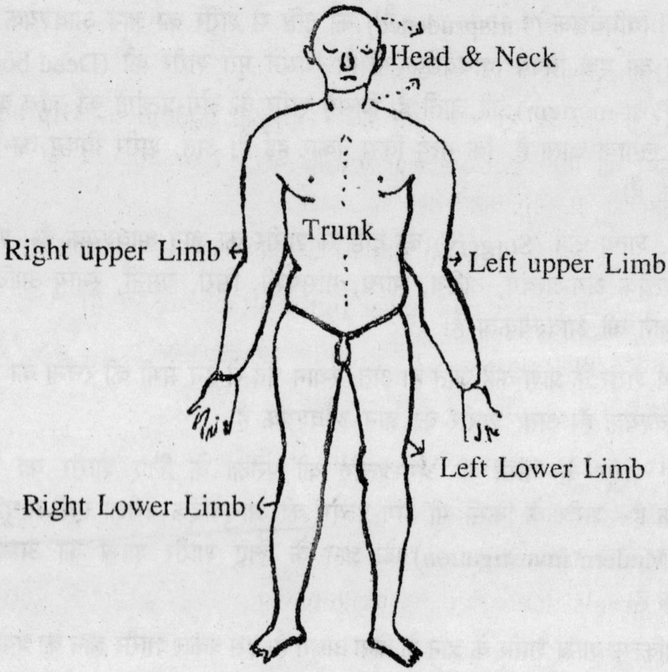

Fig. 2.1 Sub- division of the body

आचार्य चरक, सुश्रुत एवं वाग्भट के समय में शरीर की रचनाओं का ज्ञान छ: अंगों के आधार पर किया जाता था। लगभग साढ़े तीन हजार वर्ष पुरानी पद्धति के अनुसार आज भी शरीर का प्रत्यक्ष ज्ञान प्राप्त करने के लिए इन्हीं छ: विभागों का अलग-अलग विच्छेदन (Dissection) कर प्रत्यक्ष ज्ञान प्राप्त करते हैं।

आधुनिकों के अनुसार षडङ्ग शरीर (Sub- division of body)

१. शरीर (Body) का ऊपरी भाग (Upper most part) शिर (Head) होता है।

- The face is part of the head.
- Forehead, eyes, cheeks, chin ये सभी Face में Include होते हैं।
- Below the head there is neck.

- The junction of the head with the neck is oblique because the neck extends higher up on the back than in front.

२. Neck के नीचे chest है, इसको Thorax कहते हैं।

- Thorax- bony cage से ढका हुआ रहता है और इसके अन्दर heart and lungs रहते हैं।
- Thorax के नीचे abdomen है।
- Abdomen में अनेक organs हैं।
- Abdomen के दो भाग होते हैं– 1. Upper abdomen– Hip bone के ऊपर का भाग। 2. Lower abdomen– Hip bone के नीचे का भाग। इस भाग को Pelvis कहते हैं।
- Thorax और Abdomen दोनों को मिलाकर Trunk कहा जाता है।

3. Trunk के Upper and lower limbs attached रहते हैं।

- इनको Upper and lower extremity भी कहते हैं।
- प्रत्येक Extremities के तीन भाग होते हैं।
- **Rt. and lt. upper extremities** के तीन भाग होते हैं।

1. (Brachial) Brachium
2. (Radio ulnar) Antebrachium
3. (Carpals, metacarpals, phalanges) Wrist, palm & digits

- **Rt. and lt. lower extremities** के तीन भाग निम्न प्रकार से हैं।

1. (Femoral) Thigh
2. (Tibio-fibular) Leg
3. (Tarsals, metatarsals, phalanges) Ankle & foot

अंगों का नामकरण पहले लोक प्रचलित नामों के आधार पर हुआ, फिर कुछ Bones के नामों के आधार पर हुआ। तो कुछ प्रचलित नामों के आधार पर, जिनमें उन्हीं के नामों की Muscles and artery निकलती हैं।

Term of upper limbs– Shoulder, Elbow, Hand, Palm, Fingers, Thumb.

1. **Arm–** B/w the shoulder and elbow.
2. **Forearm–** B/w the elbow and wrist.

3. **Manus–** Hand, the distal portion of the sup. limb, comprising of carpus, metacarpus and phalanges.
4. **Digit–** Finger and thumb are also called digit.

Term of lower limbs– Hip, Knee, Ankle, Foot, Toes, Great toe.

1. **Thigh–** The region B/w the hip and knee.
2. **Leg–** The region B/w the knee and ankle.
3. **Pedis–** Foot, the terminal portion of the lower extremity. The bones of the foot include the tarsus, metatarsus and phalanges.
4. **Toe–** Finger like are also called digit.
5. **Great toe–** The innermost and largest toe is the great toe.

Digits–	1. I[st] Digit	–	Thumb	–	अंगुष्ठ
	2. IInd Digit	–	Index finger	–	तर्जनी
	3. IIIrd Digit	–	Middle finger	–	मध्यमा
	4. IVth Digit	–	Ring finger	–	अनामिका
	5. V[th] Digit	–	Little finger	–	कनिष्ठिका

VI. शारीर शास्त्र के विभाग

मानव शरीर के छ: विभाग एवं अनेक उपविभाग व अंग-प्रत्यंग हैं। उन अंगों की रचना एवं क्रिया सम्बन्धी ज्ञान के लिए शारीर शास्त्र को दो भागों में विभक्त किया है–

१. रचना शारीर   २. क्रिया शारीर

१. रचना शारीर

"रचनाप्रतिपादकं शारीरं रचनाशारीरम् ।"

जिस विज्ञान के अन्तर्गत शरीर के अवयवों की रचना (Structure) के सम्बन्ध में अध्ययन किया जाता है, उसे रचना शारीर (Anatomy) कहा जाता है।

इस विज्ञान से हमें विशेष रूप से अस्थियाँ (Bones), मांसपेशियाँ (Muscles), सन्धियाँ (Joints), सिराएँ (Veins), धमनियाँ (Arteries), नाड़ियाँ (Nerves), अंग (Part), प्रत्यंग (Organ) आदि की स्थिति (Position), आकार (Size), स्वरुप तथा किस अंग के साथ किस अवयव या प्रत्यंग का सम्बन्ध (Relation) है, आदि का ज्ञान होता है।

२. क्रिया शारीर

"क्रिया प्रतिपादकं शारीरं क्रिया शारीरम् ।"

जिस विज्ञान के अन्तर्गत शरीर के अवयवों की क्रिया (Function) के सम्बन्ध में अध्ययन किया जाता है, उसे क्रिया शारीर कहते हैं।

इस विज्ञान से हमें विशेष रूप से दोष, धातु, मलों का निर्माण और सूक्ष्म क्रिया तथा अवयव (organ) और संस्थान (System) किस प्रकार कार्य करते हैं; आदि का ज्ञान होता है।

आयुर्वेद की संहिताओं में अध्ययन की दृष्टि से शरीर विषय का "शारीर स्थान" में अलग से वर्णन किया गया है। शारीर स्थान में सूक्ष्म शरीर का वर्णन विस्तार से किया गया है, किन्तु शरीरावयवों का संक्षिप्त वर्णन किया गया है।

सुश्रुत संहिता इस विषय में विशेष वैज्ञानिक ग्रन्थ है।

"शारीरे सुश्रुतः श्रेष्ठः ।"

सुश्रुत संहिता शारीर विषयक ग्रन्थों में सर्वश्रेष्ठ माना जाता है। सुश्रुत संहिता के शारीर स्थान को दस अध्यायों में विभक्त किया गया है।

१. सर्वभूतचिंता शारीरं
२. शुक्र शोणित शुद्धि शारीरं
३. गर्भावक्रान्तिशारीरं
४. गर्भव्याकरण शारीरं
५. शरीर संख्या व्याकरण शारीरं
६. प्रत्येक मर्म निर्देश शारीरं
७. सिरा वर्णन-विभक्ति शारीरं
८. सिरा व्यध विधि शारीरं
९. धमनी व्याकरण शारीरं
१०. गर्भिणी व्याकरण शारीरं

१. सर्वभूत चिंताशारीरं– इस अध्याय में सृष्टि की उत्पत्ति का विस्तार से वर्णन किया गया है। सभी प्रकार के पदार्थों की उत्पत्ति, स्थिति और कार्य का चिन्तन अर्थात् विवरण किया गया है।

२. शुक्र शोणित शुद्धि शारीरं– इस अध्याय में जीव उत्पत्ति के सिद्धान्तों का प्रतिपादन किया गया है। शुक्र शोणित के संयोग से जीव की उत्पत्ति होती है। शुद्ध शुक्र और शोणित का लक्षण, दोष आदि का वर्णन इस अध्याय में किया गया है।

३. गर्भावक्रान्ति शारीरं– गर्भावक्रान्ति का अर्थ है– गर्भ की परिवृद्धि (Development of the fetus) शुक्र शोणित के संयोग के पश्चात् इस अध्याय में गर्भ की नौ महिने तक जो मासानुमासिक वृद्धि होती है, उसका वर्णन किया गया है।

४. गर्भ व्याकरण शारीरं– व्याकरण का अर्थ है– विस्तार। इस अध्याय में गर्भ के अंगों का विस्तार से वर्णन किया गया है। प्रकृतियों का वर्णन किया गया है।

५. शरीर संख्या व्याकरण शारीरं– इस अध्याय में सम्पूर्ण अंग-प्रत्यंगों की संख्या का विस्तार से वर्णन किया गया है। इसमें अस्थियों, अस्थि संधियों, मांसपेशियों की रचना तथा कार्यों का वर्णन किया गया है। इसमें मृतशोधन की पद्धति अर्थात् शवच्छेदन (Dissection) का वर्णन किया गया है।

६. प्रत्येक मर्म निर्देश शारीरं– इस अध्याय में जीवस्थानों (Vital part) का वर्णन किया गया है। यह आयुर्वेदीय शारीर का विशेष अध्याय है।

"मर्माणि शल्यविषयार्धमुदाहरन्ति ।" (सु.शा. ६/४४)

मर्मों का ज्ञान आधा शल्यशास्त्र (शल्य विषयार्ध) कहलाता है। इसमे शरीर के उन स्थानों का निर्देश किया गया है, जहाँ पर आघात लगने से शीघ्र अथवा कालान्तर में मृत्यु या किसी अंग की विकृति या लगातार पीड़ा (Pain) होने का भय रहता है।

७. सिरा वर्णन-विभक्ति शारीरं– इस अध्याय में सिराओं (veins) की रचना और क्रिया का विस्तार से वर्णन किया गया है।

८. सिरा व्यध विधि शारीरं– इस अध्याय में सिरावेध विधि का वर्णन किया गया है। रक्तमोक्षण की विधि, देश, काल, रोगी और रोग का प्रमाण बताया गया है। रक्त विस्रावण के विविध उपाय बताए गए हैं।

९. धमनी व्याकरण शारीरं– इस अध्याय में धमनियों (Arteries) का विस्तार से वर्णन किया गया है। इसमें स्रोतसों (Channels) का भी विस्तार से वर्णन किया गया है।

१०. गर्भिणी व्याकरण शारीरं– इस अध्याय में गर्भिणी से सम्बन्धित विषयों की व्यवस्था का वर्णन किया गया है। इसमें बाल विकारों, स्तन्यदोष, स्तन्य शुद्धि, सूतिकागार, सूतिका की परिचर्या आदि का वर्णन किया गया है।

आचार्य चरक ने चरक संहिता के शारीर स्थान को आठ अध्यायों में विभाजित किया है–

१. कतिधा पुरूषीय शारीर	५. पुरूष विचय शारीर
२. अतुल्य गोत्रीय शारीर	६. शरीर विचय शारीर
३. खुड्डिका गर्भावक्रान्ति शारीर	७. शरीर संख्या शारीर
४. महती गर्भावक्रान्ति शारीर	८. जाति सूत्रीय शारीर

आचार्य वाग्भट ने अष्टांग संग्रह के शारीर स्थान को बारह अध्यायों में विभक्त किया है—

१. पुत्रकामीय शारीर
२. गर्भावक्रान्ति शारीर
३. गर्भोपचरणीय शारीर
४. गर्भव्यापद् शारीर
५. अंग विभाग शारीर
६. सिरा विभाग शारीर
७. मर्म विभाग शारीर
८. प्रकृति भेदीय शारीर
९. विकृताङ्ग विज्ञानीय शारीर
१०. विकृति विज्ञानीय शारीर
११. विकृत व्याधि विज्ञानीय शारीर
१२. दूतादि विज्ञानीय शारीर

आचार्य वाग्भट ने अष्टांग हृदय के शारीर स्थान को छः भागों में विभक्त किया है—

१. गर्भावक्रान्ति शारीर
२. गर्भ व्यापद् शारीर
३. अंग विभाग शारीर
४. मर्म विभाग शारीर
५. विकृति विज्ञानीय शारीर
६. दूतादि विज्ञानीय शारीर

महर्षि वात्स्य ने काश्यप संहिता के शारीर स्थान को आठ भागों में विभक्त किया है—

इसमें चार अध्याय ही उपलब्ध हैं। शेष चार अध्याय खण्डित हैं।

१. असमान गोत्रीय शारीर
२. गर्भावक्रान्ति शारीर
३. शरीर विचय शारीर
४. जाति सूत्रीय शारीर

श्री दामोदर शर्मा गौड़ ने 'अभिनव शारीरम्' में शरीर के भागों का उल्लेख निम्न प्रकार से किया है

१. अभिनिवृत्ति शारीरम् (Developmental anatomy)
   (i) धातुभेद शारीरम् (Componental anatomy)
   (ii) गर्भावक्रान्ति शारीरम् (Embryology)
२. विचय शारीरम् (Gross anatomy)
   (i) अंग विभाग शारीरम् (Topography)
   (ii) संख्या शारीरम् (Systametic enumeration)

३. अंग विनिश्चय शारीरम् या मृतशोधन शारीरम् (Practical anatomy)

४. व्याकरण शारीरम् (Descriptive anatomy)

(i) अस्थि शारीरम् (Osteology)

(ii) सन्धि शारीरम् (Arthrology)

(iii) स्नायु शारीरम् (Syndesmology)

(iv) पेशी शारीरम् (Myology)

(v) स्रोतो शारीरम् (Tractology)

(vi) कोष्ठांग शारीरम् (Splanchnology)

(vii) उत्तमांग शारीरम् (Neurology and sensory organs)

५. मर्म शारीरम् (Surgical & applied anatomy)

६. प्रमाण शारीरम् (Metrical anatomy)

(i) अंगुली प्रमाण शारीरम् (Somatometry)

(ii) अंजली प्रमाण शारीरम् (Volumetry)

७. दोष धातु मल शारीरम् (Physiology or functional anatomy)

८. विकृति विज्ञानीय शारीरम् (Morbid anatomy or pathological physiology)

आयुर्वेदीय और आधुनिक मतों का समन्वय

१. सर्वभूत चिन्ता शारीरम्– Histology

२. शुक्र शोणित शुद्धि शारीरम्
३. गर्भावक्रान्ति शारीरम्
४. गर्भ व्याकरण शारीरम्
} Embryology

५. शरीर संख्या व्याकरण शारीरम्– Anatomy of the body-osteology, myology, arthrology and dissection.

६. प्रत्येक मर्म निर्देश शारीरम्– Surgical anatomy, vital part of the body.

७. सिरा वर्णन-विभक्ति शारीरम्
८. सिरा व्यध विधि शारीरम्
९. धमनी व्याकरण शारीरम्
} Angiology

१०. गर्भिणी व्याकरण शारीरम्– Midwifery and pediatrics

VII. मृत शोधन एवं संरक्षण या मृत शरीर का शोधन और संरक्षण

- **शव संरक्षण (Preservation of dead body)**
- **मृतशोधन या मृतसंशोधन या मृत शरीर विच्छेदन (Dissection or practical anatomy)**
- शरीर के अंग-प्रत्यग विभाग, संख्या शारीर, व्याकरण शारीर आदि के लिए एक और जहाँ शास्त्र ज्ञान (Theoriatical knowledge) आवश्यक है।
- वहीं दूसरी ओर प्रत्यक्ष कर्माभ्यास के लिए शारीर ज्ञान (Practical knowledge) भी उपयोगी है।
- विशेष तौर से शल्य शास्त्री (Surgeon) के लिए तो यह बहुत ही उपयोगी है। इसलिए शरीर का प्रत्यक्ष ज्ञान करने के लिए शवच्छेदन (Dissection) आवश्यक है।
- आज के आधुनिक युग की अपेक्षा आचार्य सुश्रुत के काल में आज से लगभग साढ़े तीन हजार वर्ष पहले मृत शरीर (Dead body) का शवच्छेदन (Dissection) करना इतना आसान नहीं था।
- अनेकों साधनों का तथा यंत्र शस्त्रों का अभाव, शवविच्छेदन गृह (Dissection-hall) का अभाव, समाज की पारम्परिक रचना, उनके सामाजिक नियम आदि। इनके अनुसार मृत शरीर (Dead body) को स्पर्श करना (Touch) भी अच्छा नहीं माना जाता था। उसका विच्छेदन (Dissection) करना तो एकदम ही निकृष्ट कर्म था।
- अत: उस काल में मृत संशोधन एवं संरक्षण की जो पद्धति अपनायी जाती थी, वह आधुनिक पद्धति से बिल्कुल अलग थी।

प्राचीन संरक्षण पद्धति

(i) शव का संरक्षण, शवच्छेदन कर्म से पूर्व ही करना आवश्यक होता है। प्राचीन काल में शव संरक्षण के अनेक उदाहरण देखने को मिलते हैं, जिनसे सिद्ध हो जाता है कि भारत में ही नहीं अपितु मिश्र आदि अन्य देशों में भी शव संरक्षण विधि समाज में प्रचलित थी। रामायण एवं महाभारत काल इस प्रमाण की पुष्टि करते हैं। महाराजा दशरथ के मृत शरीर को भरत के आने तक तैल द्रोणी में सुरक्षित रखा था। मिश्र में भी अनेक राजा एवं उच्च अधिकारियों के शवों को सुरक्षित रखने के लिए औषधियों के लेप में संरक्षित किया जाता था। जिस स्थान पर शवों को सुरक्षित रखा जाता था, उन्हें पिरामिड कहा जाता है। आज भी विश्व में Pyramids of Egypts प्रसिद्ध हैं। जहाँ शताब्दियों पूर्व के शव आज भी संरक्षित हैं।

(ii) सुश्रुत संहिता के शारीर स्थान 5/61 में शरीर के अंग-प्रत्यंगों का प्रत्यक्ष ज्ञान प्राप्त करने हेतु शव को संरक्षित करना तथा उसके बाद शवच्छेदन का विधान बताया है।

''तस्मात् समस्तगात्रमविषोपहतमदीर्घव्याधिपीड़ितमवर्षशतिकं निःसृष्टान्त्रपुरीषं पुरूषम-वहन्त्यामाप गायां निबद्धं पञ्जरस्थं मुञ्जवल्कलकुशशणादीनामन्यतमेनावेष्टिताङ्गप्रत्यङ्गमप्रकाशे देशे कोथयेत्, सम्यक् प्रकुथितं चोद्धृत्य ततो देहं सप्तरात्रादुशीरबालवेणुवल्कलकूर्चानामन्यतमेन शनैः शनैरवघर्षयंस्त्वगादीन् सवनिव बाह्याभ्यन्तराङ्गविशेषान् यथोक्तान् लक्षयेच्चक्षुषा ।।''

(सु.शा.५/६१)

शव संरक्षण एवं शवच्छेदन की पद्धति

अत: शरीरगत अंग-प्रत्यंगों का प्रत्यक्ष ज्ञान प्राप्त करने के लिए, जिसके शरीर में सम्पूर्ण अंग-प्रत्यङ्ग हों, जिसकी मृत्यु विष (Poison) से न हुई हो, जो दीर्घकाल तक व्याधि से पीड़ित न हुआ हो, जिसकी आयु सौ वर्ष से कम हो, शरीर पर लगा हुआ आन्त्रगत मल साफ किया गया हो, ऐसे मृत शरीर को तेज़ी से न बहने वाली नदी में, पिञ्जरे में बाँधकर, मुञ्ज (वृक्षों की छाल), वल्कल (पेड़ का छिलका), कुश, सन (शण) इनमें से किसी एक वस्तु से अंग-प्रत्यंगों को लपेटकर अप्रकट स्थान (अन्धेरे) में सड़ावें। फिर सात दिन के बाद भली-भाँति सड़े हुए उस मृत शरीर को नदी से बाहर निकालकर पिञ्जरे तथा मुञ्जादि आवरण को हटाकर, उशीर (खस), बाल, वेणु (बांस), वल्कल (वृक्ष की छाल), इनमें से किसी एक से तैयार की हुई कूँची से धीरे-धीरे खुरचते (घिसते) हुए पूर्वोक्त सब त्वचाओं को बाह्य तथा आभ्यन्तर अंग-प्रत्यंगों को आँखों से देखें।

''न शक्यश्चक्षुषा द्रष्टुं देहे सूक्ष्मतमो विभुः । दृश्यते ज्ञान चक्षुर्भिस्तपश्चक्षुभिरिव च ।।''

(सु.शा. ५/६२)

इतना करने पर भी आचार्य सुश्रुत कहते हैं, कि शरीर में जो भी सूक्ष्म से सूक्ष्म रचनाएँ हैं, उन्हें हम अपनी आँखों से (चर्म चक्षु= Naked eye) नहीं देख सकते, इसलिए ऐसी सूक्ष्म रचनाओं का ज्ञान गुरू या आचार्य द्वारा ही प्राप्त हो सकता है। अर्थात् ज्ञान चक्षु (तपश्चक्षु, दिव्यचक्षु, Microscope, lens, magnifying glass) से देखना चाहिए।

आचार्य सुश्रुत के समय में संरक्षण एवं मृतशोधन पद्धति

१. संरक्षण से पूर्व मृत शरीर की परीक्षा व सावधानियाँ या पूर्वकर्म–

(i) जिस शव में पूर्ण अंग-प्रत्यंग हों।

(ii) जिसकी मृत्यु दीर्घकालीन व्याधियों से न हुई हो।

(iii) जिसकी मृत्यु विष प्रयोग से न हुई हो।

(iv) जिसकी आयु सौ वर्ष से कम हो।

२. संरक्षण विधि (Preparation of the dead body)– ऐसे मृत शरीर को मूंज, छाल, कुश अथवा शण आदि के द्वारा भलीभाँति लपेटकर, पिंजरे में रखकर तेज न बहने वाली नदी के जल में डुबोकर बाँध देना चाहिए।

३. शवच्छेदन (Dissection)– सात दिन बाद भलीभाँति फूले हुए शव को नदी से बाहर निकालकर और पिञ्जरे तथा मूंज आदि के आवरण को हटाकर खस, बांस, छाल अथवा बालों द्वारा निर्मित कूची से धीरे-धीरे घर्षण कर, त्वचा आदि बाह्य और आभ्यन्तर अंग-प्रत्यंगों को प्रत्यक्ष करना चाहिए। इस विधि को हम अकर्त्तनक शवच्छेदन (Blunt dissection) के नाम से जान सकते हैं। जो सूक्ष्म रचना को भी बिना क्षति के देखने या खोज लेने की सर्वोत्तम विधि है। उपर्युक्त विधि से चर्मचक्षुओं द्वारा शरीर के स्थूल अंग-प्रत्यंगों का देख सकना तो सम्भव है, परन्तु शरीरगत सूक्ष्म भावों का ज्ञान तपश्चक्षुओं द्वारा ही सम्भव है।

आधुनिक समय में संरक्षण एवं मृतशोधन पद्धति

आधुनिक युग में विभिन्न शास्त्रों में जो प्रगति तथा उन्नति हुई, उसके अनुसार मृत शरीर के संरक्षण तथा रंजन की व्यवस्था का भी आविष्कार हुआ। अत: आज शव संरक्षण के लिए हमें किसी नदी की तलाश करना आवश्यक नहीं है। विज्ञान की प्रगति के कारण, आज हम मृत शरीर प्राप्त करने पर, शवच्छेदन गृह में सूचिवेध द्वारा उसमें संरक्षक द्रव भर देते हैं। जिससे वह मृत शरीर सड़ नहीं सकता और शव की विभिन्न अन्तर्रचनाएँ नष्ट नहीं होती। तथा रंजक (Staining) द्रव भी शरीर में प्रविष्ट किया जाता है। जिससे धमनी, सिरा आदि रचनाओं का अन्य रचनाओं से सुलभता से व्यवच्छेद कर सकते हैं।

(१) संरक्षण से पूर्व मृत शरीर की परीक्षा व सावधानियाँ या पूर्वकर्म–

१. इस प्रक्रिया में मृत्यु होते ही शव को ग्रहण करके संरक्षित कर लिया जाता है। शीतकाल में मृत्यु होने के समय से लेकर लगभग ३० घण्टे तक शव में दूषित परिवर्तन नहीं होते। ग्रीष्मकाल में मृत्यु होते ही शव के बाहर बर्फ लगा देनी चाहिए, लगभग २४ घण्टे तक शव में दूषित परिवर्तन नहीं होते।

२. जिस शव में पूर्ण अंग-प्रत्यंग हों।

३. अंग-प्रत्यंग कटे-फटे न हो।

४. जिसकी मृत्यु दीर्घकालीन व्याधियों से न हुई हो।

५. मृत शरीर किसी संक्रामक रोग से पीड़ित न हो।

६. जिसकी मृत्यु विष प्रयोग से न हुई हो।

७. Post-mortem की हुई Body न हो।

८. जिसकी आयु लगभग ५५-६० वर्ष से अधिक न हो।

(२) संरक्षक द्रव्य (Preservative fluid)–

Carbolic acid or phenol	–	1 Lt.
Formaline	–	4 Lt.
Glycerine	–	2 Lt.
Spirit	–	3 Lt.
Terpentine oil	–	300 ml.
Water	–	3 Lt.

रंजक द्रव्य (Staining fluid)–

Red lead	–	200 mg
Water	–	2 Lt.

इन सभी को मिलाकर संरक्षक द्रव्य तैयार करते हैं।

(३) संरक्षण विधि (Preservation of dead body)– मृत शरीर को शवच्छेदन कक्ष (Dissection hall) में शवच्छेदन मेज (Dissection table) पर उत्तान स्थिति (Supine position) में लेटाकर उसके दक्षिण (Rt.) या वाम (Lt.) भाग में Ant. sup. iliac spine और Pubic tubercle के बीच Inguinal ligament होता है। उसके 4 cm. नीचे Incision लगाते हैं। वहाँ Femoral sheath मिलती है, जिसके अन्दर Lateral side में Femoral artery और Medial side में Femoral vein मिलती है। Femoral artery के द्वारा हम Preservative fluid body में पहुँचाकर Dead body का Preservation करते हैं। या Lt. common carotid artery से Dead body को Preserve करते हैं।

(I) Ant. sup. iliac spine– **Inguinal ligament**– Pubic tuberele

↓

Below 4 cm. cut

↓

Femoral sheath

↓

Femoral A. (Lateral side)

↓

Femoral V. (Medial side)

(II) Arch of aorta

↓

Brachio cephalic A. Lt. common carotid A. Lt. subclavian A.

(४) संरक्षण करते समय सावधानियाँ–

१. नाक, कान एवं गुदा आदि के मार्गों में रूई (Cotton) भर देनी चाहिए ताकि द्रव बाहर न निकल सके।

२. Femoral artery में Canula की Direction पहले ऊपर की ओर होनी चाहिए और जब लगभग एक ली॰ Preservative fluid शेष रहे तब Canula की Direction नीचे की ओर कर देनी चाहिए। जिससे सम्पूर्ण मृत शरीर में Preservative fluid अच्छी तरह पहुँच जाये।

(५) द्रव संरक्षण पहचान–

१. जब Formalin की Smell शव की नासिका (Nose) और कानों (Ears) में आने लगे।

२. ललाट (Fore head) एवं अंगुलियों के अन्तिम पर्वों के अग्र भाग (Head of distal phalanx) में आल पिन से भेदन करने पर द्रव रिसने लगे।

(६) रंजन (Staining)– संरक्षण प्रक्रिया के सात दिन बाद धमनी संस्थान को विरंजित करना चाहिए।

- Red lead– 200 mg. • Water– 2 Lt.

दोनों को मिलाकर रंजक द्रव बनाकर रंजन करना चाहिए।

(७) शवच्छेदन (Dissection)– संरक्षण एवं रंजन (Preservation and staining) के पूर्ण हो जाने के बाद शवच्छेदन कक्ष में (Dissection hall) शवच्छेदन (Dissection) का कार्य प्रारम्भ करते हैं।

मृतशोधन का महत्व (Importance of dissection)

१. शारीरिक अवयवों की गणना हेतु।
२. अंग-प्रत्यंगों की रचना की दृष्टि से ज्ञान हेतु।
३. विभिन्न अवयवों के अवस्थानुसार परिवर्तन एवं उनकी स्थिति (Position) के ज्ञान हेतु।
४. चिकित्सा एवं शल्य कर्म में सफलता प्राप्ति हेतु।
५. मृत शरीर अवयवों के ज्ञान से जीवित प्राणी की प्रक्रियाओं के ज्ञान हेतु।
६. शरीर क्रिया, शरीर रचना एवं शल्य शास्त्र के ज्ञान हेतु।
७. व्यवहार आयुर्वेद एवं विधिवैद्यक के ज्ञान हेतु।
८. सैद्धान्तिक ज्ञान के साथ क्रियात्मक ज्ञान प्राप्ति हेतु।

इस प्रकार हम नि:सन्देह कह सकते हैं कि मृतशोधन का एक चिकित्सक के लिए चिकित्सा हेतु ज्ञान प्राप्त करना महत्वपूर्ण है।

VIII. शरीर की मौलिक संरचनाओं का सामान्य परिचय
(General introduction of basic structure of body)

- शरीर की मौलिक संरचनाओं का अध्ययन करने के लिए मानव शरीर के अंगों और प्रत्यंगों का अध्ययन करते हैं।
- आचार्य चरक ने मानव शरीर में ६ अंग और ५६ प्रत्यंग बताए हैं।
- आचार्य सुश्रुत ने मानव शरीर में ६ अंग और बहुत से प्रत्यंग बताए हैं।
- इस प्रकार मानव शरीर के ६ विभाग एवं अनेक उपविभाग व अंग-प्रत्यंग हैं।

१. षडङ्ग शरीर

मानव शरीर का अध्ययन करने के लिए उसके छः विभाग किए गए हैं। इसी को षडङ्ग शरीर कहा जाता है।

"तच्च षडङ्गं-शाखाश्चतस्रो, मध्यं पञ्चमं, षष्ठं शिर इति ।"(सु.शा. ५/३)

शरीर के छः विभाग निम्न प्रकार से हैं–

१. दक्षिण ऊर्ध्वशाखा–	Right upper limb.
२. वाम ऊर्ध्वशाखा–	Left upper limb.
३. दक्षिण अधःशाखा–	Right lower limb.
४. वाम अधःशाखा–	Left lower limb.
५. मध्य शरीर–	Trunk (Thorax and abdomen)
६. शिर और ग्रीवा	Head and neck.

२. संस्थान के अनुसार

इसमें शरीर के प्रत्येक अवयव (Organ) का पृथक्-पृथक् रूप से संस्थानों (Systems) के अनुसार अध्ययन किया जाता है। जैसे– अस्थि विज्ञान (Osteology), मांसपेशी विज्ञान (Myology), सन्धि विज्ञान (Arthrology), रक्तवह संस्थान या सिराधमनी विज्ञान (Vascular system or angiology, नाड़ी विज्ञान (Nerves system or neurology), श्वसन वह संस्थान (Respiratory system), पाचन वह संस्थान (Digestive system), मूत्रवह संस्थान (Urinary system), प्रजनन वह संस्थान (Genital system or reproductive system), अंतरांगीय विज्ञान (Splanchnology), ज्ञानेन्द्रियाँ (Sensory organs)।

इस प्रकार शरीर की मौलिक संरचनाओं के परिचय के लिए षडङ्ग शरीर और संस्थान के अनुसार शरीर के अवयवों का अध्ययन करते हैं।

अध्याय- ३
अभिनिवृत्ति शारीर
(Developmental anatomy)

- अभिनिवृत्ति का अर्थ होता है– निष्पन्नता या पूर्ति।
- जिन तत्त्वों की सहायता से शरीर के अवयवों का सूक्ष्म से स्थूलावस्था तक निर्माण हो, उनका वर्णन जिस शारीर में किया गया हो, उसे अभिनिवृत्ति शारीर कहा जाता है।
- अभिनिवृत्ति शारीर को दो भागों में विभाजित करते हैं।

१. धातु भेद शारीर (Componental anatomy)

२. गर्भावक्रान्ति शारीर (Embryology)

इस अध्याय में हम धातुभेद शारीर (Componental anatomy) का अध्ययन करेंगे।

धातु भेद शारीर (Componental anatomy)

- **धातु– "धारणात् धातवः ।"**

शरीर को धारण करने वाले एवं नित्य वृद्धि करने वाले सभी तत्वों को धातु कहते हैं।

- **पुरूष– "पुरि शेते, पुरौ शेते, पुर्याम् शेते, इति पुरूषः ।"**

जो भौतिक शरीर में वास (रहता है) करता है, उसे पुरूष (आत्मा) कहते हैं। यह दो प्रकार का होता है। १. शुद्ध पुरूष, २. कर्म पुरूष

१. शुद्ध पुरूष– चेतनाधातुरप्येकः स्मृतः पुरूषसंज्ञकः । (च.शा. १/१६)

शुद्ध पुरूष केवल चेतना धातु से उत्पन्न होता है।

२. कर्म पुरूष–

पञ्चमहाभूत शरीरि समवायः पुरूष इति ।
स एष कर्मपुरूषः चिकित्साधिकृतः ।। (सु.शा. १/१७)

यह पंचमहाभूत और आत्मा इन छः धातुओं का पुरूष है।

आचार्य सुश्रुत ने इसी कर्मपुरूष को चिकित्सा करने के लिए उपयुक्त माना है। यह सुख और दुःखों का आश्रय है।

I. धातु भेद से पुरूष का संगठन

पुरूष शरीर का संगठन जिन तत्वों से या धातुओं से बना होता है, उनकी गणना के सम्बन्ध में आयुर्वेद के आचार्यों में मत-मतान्तर रहे हैं। अतः इसी पुरूष का अलग-अलग प्रकार से बर्णन किया जा सकता है।

१. एक धात्वात्मक पुरूष

"चेतना धातुरप्येकः स्मृतः पुरूष संज्ञकः ।" (च.शा. १/१६)

शुद्ध पुरूष केवल चेतना धातु से उत्पन्न होता है। **चेतना = १**

२. द्विधात्वात्मक पुरूष

(A) "अग्नि और सोम" **अग्नि + सोम = २**

सभी द्रव्य पांचभौतिक हैं। इनमें अग्नि एवं सोम की बहुलता होने से पुरूष को "अग्नि सोमात्मक" कहा है। आचार्य सुश्रुत ने गर्भ प्रकरण में शुक्र को सौम्य तथा आर्त्तव को आग्नेय बताया है। अतः गर्भ भी "अग्निसोमात्मक" होता है।

(B) "क्षेत्र (शरीर) तथा क्षेत्रज (आत्मा)" **क्षेत्र + क्षेत्रज = २**

- जो क्षीण होता रहे अथवा क्षत से बचाता रहे, वह क्षेत्र रूपी शरीर है।
- इस क्षेत्रीय शरीर में जो आकर स्थित होता है, उसे क्षेत्रज्ञ (आत्मा) कहते हैं।

३. त्रिधात्वात्मक पुरूष

(A) त्रिदण्डात्मक पुरूष–

सत्वमात्मा शरीरं च त्रयमेतत् त्रिदण्डवत् ।
लोकः तिष्ठति संयोगात्तत्र सर्वं प्रतिष्ठितम् ।। (च.सू. १/४६)

इस लोक (जीवात्मा) का आधार तीन दण्डों के समान सत्व (मन), आत्मा और शरीर हैं। इनके संयोग से यह लोक अर्थात् जीवात्मायुक्त शरीर रहता है। और इसी शरीर में सब कुछ प्रतिष्ठित है।

जिस प्रकार तिपायी (त्रिपादिका) के तीन दण्ड होते हैं, उसी प्रकार लोक भी सत्व, आत्मा और शरीर नामक तीन दण्डों से बना है।

इस प्रकार त्रिदण्डात्मक पुरूष– "सत्व (मन), आत्मा, शरीर"।

सत्व + आत्मा + शरीर = ३

(B) त्रिगुणात्मक पुरूष– "सत्व, रज, तम ।"

सत्व + रज + तम = ३

(C) त्रिदोषात्मक पुरूष– "वात, पित्त, कफ।"

वात + पित + कफ = ३

ये दोष जब प्राकृत अवस्था में रहते हैं, तब शरीर का धारण करते हैं। अत: वे धातु कहलाते हैं।

४. पंचधात्वात्मक पुरूष

"महाभूतानि खं वायोरग्निराप: क्षितिस्तथा।" (च.शा. १/२७)

आकाश, वायु, अग्नि, जल, पृथ्वी इन पाँच महाभूतों के समुदाय से बने पुरूष को पञ्चधात्वात्मक पुरूष कहते हैं।

पंचमहाभूत = ५

५. षड्धात्वात्मक पुरूष

(A) पंचमहाभूत शरीरि समवाय: पुरूष इति।
स एष कर्मपुरूष: चिकित्साधिकृत:।। (सु.शा. १/१७)

पाँच महाभूत–आकाश, वायु, अग्नि, जल, पृथ्वी और आत्मा इन छ: धातुओं का पुरूष षड्धात्वात्मक पुरूष कहलाता है। इसी को **कर्मपुरूष** और **चिकित्स्य पुरूष** कहते हैं।

पंचमहाभूत + आत्मा = ६

(B) "खाद्यश्चेतना षष्ठा धातव: पुरूष: स्मृत:।" (च.शा. १/१६)
"खंवायोरग्निराप: क्षितिस्तथा।" (च.शा. १/२७)

खाद्य का अर्थ है– "खंवायोरग्निराप: क्षितिस्तथा" आकाश, वायु, अग्नि, जल और पृथ्वी ये पंचमहाभूत और चेतना (आत्मा) इन छ: धातुओं का पुरूष षड्धात्वात्मक पुरूष कहलाता है।

पंचमहाभूत + चेतना = ६

(C) "तत्र गर्भस्य पितृज मातृज रसजात्मज सत्वज सात्म्यजानि।" (सु.शा. ३/३१)

मातृज, पितृज, आत्म्यज, सात्म्यज, रसज, सत्वज शरीर की सभी रचनाएँ इन छ: भावों से होती हैं। अत: इनके समुदाय को षड्धात्वात्मक पुरूष कहते हैं।

भाव = ६

६. सप्तधात्वात्मक पुरुष

"रसासृङ्मांसमेदोऽस्थि मज्ज शुक्राणि धातव:।" (अ.हृ.सू. १/१३)

रस, रक्त, मांस, मेद, अस्थि, मज्जा और शुक्र से सप्तधात्वात्मक पुरुष बनता है।

धातु = ७

७. द्वादशधात्वात्मक पुरूष

"आत्मेन्द्रियमनोर्थानां योऽयं पुरूषसंज्ञक:।" (च.सू. २५/४)

आत्मा, पंच इन्द्रियाँ, (पंच ज्ञानेन्द्रियाँ– श्रोत्र, त्वक्, चक्षु, जिह्वा, घ्राण) मन और पाँच अर्थ (शब्द, स्पर्श, रूप, रस, गन्ध) इन बारह तत्वों के समुदाय को द्वादशधात्वात्मक पुरूष कहते हैं।

मन + आत्मा + पंच ज्ञानेन्द्रियाँ + पाँचअर्थ = १२

८. त्रयोदशधात्वात्मक पुरूष

"दोष धातुमलमूलं हि शरीरं ।" (सु.सू. १५/३)

तीन दोष– "वात, पित्त, कफ"

सात धातु– "रस, रक्त, मांस, मेद, अस्थि, मज्जा, शुक्र"

तीन मल– "मूत्र, पुरीष, स्वेद"

इन तेरह तत्वों का पुरूष त्रयोदशधात्वात्मक पुरूष कहलाता है।

| तीन दोष + सप्त धातु + तीन मल = १३ |

९. सप्तदशधात्वात्मक पुरूष

"आत्मेन्द्रियमनोर्थानां योऽयं पुरूषसंज्ञकः ।" (च.सू. २५/४)

आत्मा, दश इन्द्रियाँ- पंच ज्ञानेन्द्रियाँ– श्रोत्र, त्वक्, चक्षु, जिह्वा, घ्राण और पंच कर्मेन्द्रियाँ– वाक् (वाणी), हस्त (हाथ), उपस्थ (जननेन्द्रिय या लिंग), पायु (गुदा), पाद (पैर)।

मन और **पाँच अर्थ** (शब्द, स्पर्श, रूप, रस, गन्ध) इन सत्रह तत्वों के समुदाय को सप्तदशधात्वात्मक पुरूष कहते हैं।

| आत्मा + दश इन्द्रियाँ + मन + पाँच अर्थ = १७ |

१०. चतुर्विंशति धात्वात्मक पुरूष

(A) **पुनश्च धातुभेदेन चतुर्विंशतिकः स्मृतः ।**
मनो दशेन्द्रियाण्यर्थाः प्रकृतिश्चाष्टधातुकी ।। (च.शा. १/१७)

धातु भेद से यह पुरूष चौबीस तत्वों का समुदाय है। मन, दश इन्द्रियाँ और पांच अर्थ और अष्ट धातुओं से युक्त प्रकृति इस प्रकार चौबीस तत्वों का समुदाय है।

मन

दश इन्द्रियाँ– पाँच ज्ञानेन्द्रियाँ– श्रोत्र, त्वक्, चक्षु, जिह्वा, घ्राण
पाँच कर्मेन्द्रियाँ– वाक्, हस्त, उपस्थ, पायु, पाद

अर्था– अर्थ से यहाँ पंच महाभूतों का ग्रहण किया गया है। पंचमहाभूत– आकाश, वायु, अग्नि, जल, पृथ्वी। इस प्रकार मन + दश इन्द्रियाँ (एकादश इन्दियाँ) और पंच महाभूत मिलाकर सोलह विकार कहे जाते हैं।

| ८ प्रकृति + १६ विकार = २४ |

अष्ट प्रकृति– अव्यक्त, महान्, अहंकार, और पंच तन्मात्रा (शब्द, स्पर्श, रूप, रस, गन्ध) ये अष्ट प्रकृति कहे जाते हैं। अतः १६ विकार और ८ प्रकृतियों का समुदाय चतुर्विंशति धात्वात्मक पुरूष कहलाता है।

(B) **बुद्धीन्द्रियमनोऽर्थानां विद्याद् योगधरं परम् ।**
चतुर्विंशतिको ह्येष राशिः पुरूष संज्ञकः ।। (च.शा. १/३५)

बुद्धि, इन्द्रिय, मन, अर्थ इनके योग को धारण करने वाले को 'पर' जानना चाहिए। इस चतुर्विंशति तत्व की राशि को 'पुरूष' कहते हैं।

बुद्धि का अर्थ है–	महान्, अहंकार और पंच तन्मात्राएं (शब्द, स्पर्श, रूप, रस, गन्ध)।	= ७
इन्द्रिय का अर्थ है–	पाँच ज्ञानेन्द्रियाँ और पाँच कर्मेन्द्रियाँ	= १०
मन–	एक है।	= १
अर्थ–	अर्थ से यहाँ पाँच महाभूतों का ग्रहण किया है।	= ५
पर–	पर से यहाँ अव्यक्त ग्रहण किया है	= १
		२४

इस प्रकार कुल २४ तत्वों का समुदाय है। जिसे राशिपुरूष कहते हैं।

१६ विकार + ८ प्रकृति = २४

११. सांख्य दर्शन के अनुसार

(A) १. मूल प्रकृति	– अव्यक्त	–	(१)
२. प्रकृति-विकृति	– महान्, अहंकार, पंचतन्मात्रा	–	(७)
३. विकृति (विकार)	– एकादश इन्द्रियाँ, पंचमहाभूत	–	(१६)
४. न प्रकृति, न विकृति	– पुरूष	–	(१)
			२५ तत्व

- **"अव्यक्त महानहङ्कारः पञ्च तन्मात्राणि चेत्यष्टौ प्रकृतयः, शेषा षोडश विकाराः ।"** (सु.शा. १/९)
- **"श्रोत्रत्वकचक्षुर्जिह्वाघ्राण पञ्च बुद्धीन्द्रियाणि ।"** (सु.शा. १/६)
- **"वाग्घस्तोपस्थपायुपाद पञ्च कर्मेन्द्रियाणि ।"** (सु.शा. १/६)
- **"मन उभयात्मकं ।"** (सु.शा. १/६)

११(B) पंचविंशति तत्वात्मक पुरूष

"शुक्र शोणितं गर्भाशयस्थं आत्म प्रकृति विकार संमूर्च्छितं गर्भ इति उच्यते ।" (सु.शा. ५/३)

गर्भाशय में शुक्र और शोणित मिलने पर वहाँ आत्मा, आठ प्रकृति और सोलह विकार इन सबका संयोग होता है तो उसे गर्भ कहते हैं।

अष्ट प्रकृति– अव्यक्त, महान्, अहंकार, पंचतन्मात्रा

सोलह विकार– एकादश इन्द्रियाँ और पंचमहाभूत

आत्मा– चेतना

इन २५ तत्वों के संयोग को पंचविंशति धात्वात्मक पुरुष कहा है। यहाँ पर आचार्य सुश्रुत सांख्य दर्शन का अनुकरण करता है।

८ प्रकृति + १६ विकार + आत्मा = २५ तत्व

१२. असंख्य तत्वात्मक पुरूष

पुरूष शरीर अनेक अवयवों का बना हुआ है। ये अवयव सूक्ष्म तथा स्थूल होते हैं। उन्हीं को अपरिसंख्येय और संख्येय भी कहा जाता है।

शरीरावयवाः तु परमाणु भेदेन अपरिसंख्येयाः भवन्ति;
अति बहुत्वात्, अति सौक्ष्म्यात्, अतीन्द्रियत्वाच्च । (च.शा. ७/१७)

शरीर की अंतः रचना के अवयव बहुत अधिक संख्या में हैं। अति सूक्ष्म हैं, अतः हमें दिख नहीं सकते तथा हमारी इन्द्रियों से उनका ज्ञान नहीं होता। अतः उनकी गणना करना असम्भव है।

''प्रत्यक्षं हि अल्पम्, अनल्पं अप्रत्यक्षं अस्ति, यत् आगम, अनुमान, युक्तिभि रूपलभ्यते ।''
(च.सू. ११/७)

दिखने वाले अवयव कम हैं, अपितु न दिखने वाले सूक्ष्म अवयव असंख्य हैं। इसलिए इन्हें आगम (आप्तोपदेश), अनुमान तथा युक्ति से ही जाना या गिना जा सकता है।

न शक्यश्चक्षुषा द्रष्टुं देहे सूक्ष्मतमो विभुः ।
दृश्यते ज्ञान चक्षुर्भिस्तपश्चक्षुभिरेव च ।। (सु.शा. ५/६२)

शरीर के अन्तर्गत कुछ अत्यन्त सूक्ष्म तत्व होते हैं, जो अपनी आँखों (चर्मचक्षु) से दिखते नहीं हैं। उन्हें अनुभव (ज्ञान चक्षु, तपश्चक्षु) से ही जाना जा सकता है।

इस प्रकार २५ तत्वों के अतिरिक्त भी विभिन्न असंख्य अवयवों के अस्तित्व के सम्बन्ध में विभिन्न आचार्यों ने बताया है। असंख्य तत्व

II. कर्म पुरूष

षड्धात्वात्मक पुरूष को ही कर्म पुरूष कहते हैं।

पंचमहाभूत शरीरि समवाय: पुरूष इति । स एष कर्मपुरूष: चिकित्साधिकृत: ।।
(सु.शा. १/१७)

पंचमहाभूत + आत्मा इन छ: धातुओं के पुरूष को कर्म पुरूष कहते हैं। इसी कर्म पुरूष की चिकित्सा की जाती है। अत: इसे चिकित्स्य पुरूष भी कहते हैं।

कर्म पुरूष के गुण

''तस्य सुखदु:खे इच्छाद्वेषौ प्रयत्न: प्राणापान उन्मेषनिमेषौ बुद्धिर्मन:सङ्कल्पो विचारणा स्मृति विज्ञानं अध्यवसायो विषयोपलब्धिश्च गुणा: ।'' (सु.शा. १/२२)

१. सुख	९. निमेष (पलक खोलना)
२. दु:ख	१०. बुद्धि (व्यवहारिक ज्ञान)
३. इच्छा	११. मन: संकल्प (संकल्प करके मानसिक कार्य)
४. द्वेष (काम, क्रोध)	१२. विचारणा (सोच विचार कर प्रमाणों के द्वारा परीक्षा करना)
५. प्रयत्न (कायिक, वाचिक, मानसिक कर्म में प्रवृत्ति)	१३. स्मृति (भूतकाल का ज्ञान)
६. प्राण (श्वसन लेना)	१४. विज्ञान
७. अपान (निर्हरण क्रिया)	१५. अध्यवसाय (कार्य करने का निश्चय कि यही करना है)
८. उन्मेष (पलक बन्द करना)	१६. विषयोपलब्धि (इन्द्रियों द्वारा विषयों का ज्ञान)

ये सोलह गुण कर्म पुरूष के होते हैं। शरीर में अगर चेतना धातु (आत्मा) हो, तब ही इन गुणों का अनुभव होता है। चेतना का अगर अभाव है, तो वह मृतशरीर या मृतपुरूष कहलाता है।

III. चिकित्स्य पुरूष

इसी षड्धातुज पुरूष को ही चिकित्स्य पुरूष कहते है।

पंचमहाभूत + आत्मा

षड्धातुज पुरूष = कर्म पुरूष = चिकित्स्य पुरूष

IV. राशि पुरूष

बुद्धीन्द्रियमनोऽर्थानां विद्याद् योगधरं परम् ।
चतुर्विंशतिको ह्येष राशि: पुरूष संज्ञक: ।। (च.शा. १/३५)

चतुर्विंशति पुरूष को राशि पुरूष कहते हैं।

८ प्रकृति + १६ विकार

V. शरीर की सूक्ष्मता या सूक्ष्म शरीर का वर्णन

- शरीर के मुख्य रूप से दो विभाग किए गए हैं। १. सूक्ष्म शरीर २. स्थूल शरीर
- स्थूल शरीर के ज्ञान से पूर्व शरीर की सूक्ष्म रचना का ज्ञान आवश्यक हो जाता है।
- आधुनिक वैज्ञानिक भी शारीरिक ज्ञान से पूर्व सूक्ष्म शरीर का ज्ञान आवश्यक समझते हैं।
- Histology में cell की रचना एवं क्रिया का प्रारम्भिक रूप से ज्ञान किया जाता है, यहाँ सूक्ष्म शरीर के ज्ञान का वर्णन दार्शनिक विचारों द्वारा किया गया है।
- सृष्टि की उत्पत्ति अव्यक्त से होती है। अव्यक्त से महान् या बुद्धि तत्व तथा इसी से अहंकार की उत्पत्ति होती है। अहंकार की उत्पत्ति से त्रिगुण भिन्न-भिन्न हो जाते हैं।

  सात्विक गुण → (वैकारिक), राजस गुण और → (तैजस) तामस गुण। → (भूतादि)
- राजस अहंकार की सहायता से सात्विक अहंकार से एकादश इन्द्रियों की उत्पत्ति होती है।
- राजस अहंकार की सहायता से तामस अहंकार से पांच तन्मात्राओं की उत्पत्ति होती है।
- और इन पाँच तन्मात्राओं से पंचमहाभूतों की उत्पत्ति होती है।

अव्यक्त
↓
महान्
↓
अहंकार

सात्विक (वैकारिक) | राजस (तैजस) | तामस (भूतादि)

सात्विक + राजस → एकादश इन्द्रियाँ

राजस + तामस → पंच तन्मात्रा– शब्द स्पर्श रूप रस गन्ध

पंच तन्मात्रा–	शब्द	स्पर्श	रूप	रस	गन्ध
पंचमहाभूत–	आकाश	वायु	अग्नि	जल	पृथ्वी

- पाँच ज्ञानेन्द्रियाँ- श्रोत्र, त्वक्, चक्षु, जिह्वा, घ्राण
- पाँच कर्मेन्द्रियाँ- वाक्, हस्त, उपस्थ, पायु, पाद
- उभयेन्द्रिय- मन
- इन सभी को निम्न प्रकार से लिखते हैं–

मूल प्रकृति– अव्यक्त- जो किसी से उत्पन्न न हो, किन्तु सृष्टि की उत्पत्ति करे, वह मूल प्रकृति है।

प्रकृति विकृति– महान्, अहंकार, पाँच तन्मात्राएँ- जो किसी से उत्पन्न न हों, एवं दूसरे को उत्पन्न भी करे, वह प्रकृति विकृति है।

विकृति या विकार– एकादश इन्द्रियाँ, पंच महाभूत- जो किसी से उत्पन्न न होते हों, किन्तु तत्व परम्परा में आगे किसी तत्व की उत्पत्ति न करते हों, वह विकृति या विकार हैं।

- महाभूतों को विशेष तथा तन्मात्राओं को अविशेष या सूक्ष्म कहा जाता है।
- महान्, अहंकार, एकादश इन्द्रियाँ तथा पंच तन्मात्राओं का समूह अर्थात् ये १८ तत्व मिलाकर सूक्ष्म (लिङ्ग) शरीर कहे जाते हैं।
- स्थूल शरीर को हम देख सकते हैं।
- सूक्ष्म शरीर में बहुत सी रचनाएँ देख नहीं सकते, उन्हें आगम, अनुमान तथा तर्क से समझा जाता है।

VI. शरीर की पांचभौतिकता

- आधुनिक वैज्ञानिकों ने जिस प्रकार विश्व की प्रत्येक इकाई का निर्माण तत्वों (Elements) से बताया है। उसी प्रकार प्राचीन महर्षियों ने इस सृष्टि की प्रत्येक इकाई का निर्माण पंचमहाभूतों से बताया है। दोनों में मात्र नाम की ही भिन्नता है, किन्तु वास्तविकता यह है, कि पंचमहाभूत (पंचतत्व) और तत्वों (Elements) में भिन्नता नहीं है। अतः शरीर रचना ज्ञान से पहले शरीर के पाँचभौतिक स्वरूप एवं संगठन का ज्ञान करना भी आवश्यक हो जाता है।

''सर्वं द्रव्यं पांचभौतिकम् ।''

- आयुर्वेद के सिद्धान्तों के अनुसार तथा दर्शन शास्त्र के अनुसार भी, संसार की सभी वस्तुएँ पंचमहाभूत तत्वों के ही बने होते हैं।
- रसरक्तादि धातुओं की तथा शरीर की अन्य रचनाओं की उत्पत्ति भी इन्हीं 'पंचमहाभूतों से होती है।

पंचमहाभूतों के गुण

आचार्य सुश्रुत के अनुसार–

आन्तरिक्षास्तु– **शब्दः शब्देन्द्रियं सर्वच्छिद्रसमूहो विविक्तता च ।**

वायव्यास्तु– **स्पर्शः स्पर्शेन्द्रियं सर्वचेष्टासमूहः सर्वशरीरस्पन्दनं लघुता च ।**

तैजसास्तु– **रुपं रूपेन्द्रियं वर्णः सन्तापो भ्राजिष्णुतापक्तिरमर्षस्तैक्ष्ण्यं शौर्यञ्च ।**

आप्यास्तु– **रसो रसनेन्द्रियं सर्वद्रवसमूहो गुरूता शैत्यं स्नेहो रेतश्च ।**

पार्थिवास्तु– **गन्धो गन्धेन्द्रियं सर्वमूर्त्तसमूहो गुरूता चेति ।।** (सु.शा. १/२६)

१. आकाश– शब्द, श्रोत्र, शरीरगत अवकाश और विविक्तता (एक का दूसरे के साथ पृथक्त्व)।

२. वायु– स्पर्श, त्वचा, सम्पूर्ण चेष्टाएँ, सर्वशरीरगत स्पन्दन और लघुता (हल्कापन)।

३. अग्नि– रुप, चक्षु, वर्ण, उष्णता, शरीरगत तेज, पाचनकार्य, क्रोध, तीक्ष्णता और शौर्य।

४. जल– रस, जिह्वा, शरीरगत सम्पूर्ण द्रवभाग, भारीपन, शीतता और स्निग्धता।

५. पृथ्वी– गन्ध, घ्राण, शरीरगत समस्त ठोस भाग और गुरूता।

आचार्य चरक के अनुसार–

खरद्रवचलोष्णत्वं भूजलानिल तेजसाम् ।
आकाशस्याप्रतीघातो दृष्टं लिंङ्ग यथाक्रमम् ।। (च.शा. १/२९)

- पृथ्वी - खरत्व (खुरदरापन)
- जल - द्रवत्व (बहना)
- वायु - चलत्व (गति)
- अग्नि - उष्णत्व (उष्ण)
- आकाश - अप्रतिघात (स्पर्श का न होना अर्थात् गति में बाधा न देने वाला) ये सभी महाभूतों के भौतिक गुण हैं।

भाव प्रकाश के अनुसार–

- आकाश - लघु
- पृथ्वी - गुरू
- जल - स्निग्ध
- वायु - रूक्ष
- अग्नि - तीक्ष्ण

इन गुणों का शरीर ज्ञान तथा चिकित्सा की दृष्टि से विशेष महत्व है।

(A) त्रिगुण-पंचमहाभूत सम्बन्ध–

आकाश	- सत्व	गुण की अधिकता रहती है।-	"तत्र सत्व बहुलमाकाशं,
वायु	- रज	,, ,,	रजो बहुलो वायु:,
अग्नि	- सत्व, रज	,, ,,	सत्व रजोबहुलोऽग्नि:,
जल	- सत्व, तम	,, ,,	सत्व तमोबहुला आप:,
पृथ्वी	- तम	,, ,,	तमो बहुला पृथ्वीति ।"

(सु.शा. १/२७)

"दोषधातुमल मूलं हि शरीरम्" इस सूत्र को शरीर का आधार मानें, तो भी शरीर पाँचभौतिक ही कहलाता है।

(B) त्रिदोष-पंचमहाभूत सम्बन्ध–

वात	- वायु, आकाश	तत्वों से वात का निर्माण होता है।–	"वाय्वाकाशधातुभ्यां वायु,
पित्त	- अग्नि	तत्व से पित का निर्माण होता है।–	पित्तं आग्नेयं,
कफ	- जल, पृथ्वी	तत्वों से कफ का निर्माण होता है।–	अम्भ: पृथ्वीभ्यांश्लेष्मा:।"

(अ.सं.सूत्र २०/३)

(C) धातु-पंचमहाभूत सम्बन्ध–

रस	- जल	तत्व से उत्पन्न होता है।
रक्त	- अग्नि	,, ,,
मांस	- पृथ्वी	,, ,,
मेद	- जल	,, ,,
अस्थि	- पृथ्वी	,, ,,
मज्जा	- जल	,, ,,
शुक्र	- जल	,, ,,

(D) मल-पंचमहाभूत सम्बन्ध–

पुरीष - पृथ्वी, मूत्र - जल, स्वेद - जल

(E) शुक्र आर्त्तव स्तन्य– पंचमहाभूत सम्बन्ध–

शुक्र - जल (सौम्य) आर्त्तव - अग्नि (आग्नेय) स्तन्य - जल

इस प्रकार सभी पदार्थ पांचभौतिक हैं। जिसमें जिस महाभूत की प्रधानता रहती है। उसी महाभूत के नाम से वह जाना जाता है।

VII. शरीर की त्रिगुणात्मकता

- सृष्टि की उत्पत्ति अव्यक्त से होती है, अव्यक्त से महान् और महान् से अहंकार की उत्पत्ति होती है। अहंकार की उत्पत्ति से त्रिगुण भिन्न-भिन्न हो जाते हैं। सात्विक, राजस और तामस गुण।
- राजस अहंकार की सहायता से सात्विक अहंकार से एकादश इन्द्रियों की उत्पत्ति होती है।
- राजस अहंकार की सहायता से तामस अहंकार से पंच तन्मात्राओं की उत्पत्ति होती है। और इन पंच तन्मात्राओं से पंचमहाभूतों की उत्पत्ति होती है। इसलिए पुरूष शरीर को त्रिगुणात्मक कहा जाता है, और पंचभूतात्मक कहा जाता है।

कारण--

"तत्र सत्व बहुलमाकाशं	- आकाश	- सत्व	प्रधान है।
रजो बहुलो वायुः,	- वायु	- रज	,,
सत्वरजो बहुलोऽग्नि	- अग्नि	- सत्व रज	,,
सत्वतमो बहुलाआपः,	- जल	- सत्व तम	,,
तमो बहुला पृथ्वीति।, (सु.शा.१/२७)	- पृथ्वी	- तम	,,

इस सूत्र में पंचमहाभूतों का संगठन त्रिगुणों के अनुसार किया गया है।

१. आकाश - प्रकाशक होने से सत्व बहुल माना गया है।

२. वायु - चल होने से रजो बहुल माना गया है।

३. अग्नि - प्रकाशक और चल होने से सत्व रजो बहुल माना गया है।

४. जल - स्वच्छ, प्रकाशक, गुरू होने से सत्वतमो बहुल माना गया है।

५. पृथ्वी - अत्यन्त गुरू होने से तमो बहुत माना गया है।

शरीर स्थित तीन दोष भी इन्हीं तीन गुणों से ही उत्पन्न होते हैं।

"रजोगुणमयो वायुः,	- वात	- रज
सत्त्वगुणोत्तरं पित्तम्,	- पित	- सत्व
तमोगुणाधिकः कफः।"	- कफ	- तम

सचेतन मनुष्य में उसका स्वभाव, उसके आचार-विचार, उसका रहन-सहन, उठना, बैठना, बोलना आदि क्रियाओं में इन्हीं तीन गुणों के कम या अधिक लक्षण पाये जाते हैं। और उन्हीं के अनुसार मनुष्य की गुणमयी प्रकृति जानी जाती है।

सात्त्विकास्तु– **आनृशस्यं संविभागरूचिता तितिक्षा सत्यं धर्म आस्तिक्यं ज्ञानं बुद्धिर्मेधा स्मृतिर्धृतिरनभिषङ्गश्च ।।** (सु.शा. १/२३)

१. सात्विक गुण– दयावान (अक्रूरता), दान करने की प्रवृति, क्षमा, सत्य धर्म, आस्तिक्यज्ञान, बुद्धि, ग्रन्थों के धारण करने की शक्ति, स्मृति, धृति, अनासक्ति (निरिच्छापूर्वक अच्छे कार्यों को करना), ये सात्विक गुण हैं। अच्छे गुणों का समूह सात्विक मन में रहता है।

राजसास्तु– दुःखबहुलताऽटनशीलताऽधृतिरहङ्कारआनृतिकृत्वमकारूण्यं दम्भो मानो हर्षः कामः क्रोधश्च ।। (सु.शा. १/२४)

२. राजस गुण– दु:ख की अधिकता, भ्रमण की प्रवृत्ति, अधीरता, अहंकार, असत्य बोलने की प्रवृत्ति, क्रूरता, कपट, मान, हर्ष, काम और क्रोध, ये राजस गुण हैं। दुर्गुणों का समूह राजस मन में होता है।

तामसास्तु– विषादित्वं नास्तिक्यमधर्मशीलताबुद्धेर्निरोधोऽज्ञानं दुर्मेधस्त्वमकर्मशीलता निद्रालुत्वं चेति ।। (सु.शा. १/२५)

३. तामस गुण– विषाद, नास्तिक, अधर्म की ओर प्रवृत्ति, बुद्धि का उपयोग न करना, अज्ञान, दुष्ट बुद्धि, आलस्य और निद्रालु, ये तामस गुण होते हैं। तामस गुण प्रायः सत्व गुणों के विरुद्ध तथा राजस गुणों से निम्न कोटि के होते हैं।

VIII. शरीर की त्रिदोषमयता

आयुर्वेद चिकित्सा विज्ञान का यह सर्वविदित सिद्धान्त है कि जन्म से मृत्यु पर्यन्त शरीर त्रिदोष की समता पर आधारित रहता है एवं विषमता से ही विनाश को प्राप्त होता है। प्राकृत अवस्था में रहते हुए त्रिदोष शरीर के निर्माण, पोषण एवं वर्धन में सहायक होते हैं, अत: उन्हें धातु कहते हैं। तथा विकृत अवस्था में ये शरीर की धातुओं और मलों को दूषित करने लगते हैं, तब इन्हें दोष कहते हैं।

त्रिदोषों की उत्पत्ति

कार्यकारण भाव की सैद्धान्तिक परम्परा में कारण के अनुरूप ही कार्य की उत्पत्ति होती है। शरीर को मूल रूप में पाँचभौतिक स्वीकार करते हुए भी शरीर के क्षय अथवा वृद्धि में दोषों का ही विशेष उल्लेख किया गया है, इसका कारण यही है कि पंचमहाभूतों का संक्षिप्त रूप ही त्रिदोष है।

शरीर रूपी क्षेत्र में त्रिदोष पंचमहाभूतों का प्रतिनिधित्व करते हैं, यही कारण है कि उनके विशेष गुणों को धारण करने वाले त्रिदोष भौतिक शरीर की सभी प्रकार की क्रियाओं में सक्रिय भाग लेते हैं।

"वाय्वाकाशधातुभ्यां वायुः - वायु एवं आकाश तत्वों से वात का निर्माण होता है।
पित्तं आग्नेयम् - अग्नि तत्व से पित्त का निर्माण होता है।
अम्भःपृथ्वीभ्यां श्लेष्माः।" - जल और पृथ्वी तत्व से कफ का निर्माण होता है।
(अ.सं.सू. २०/३)

वात - वायु + आकाश

पित - अग्नि

कफ - जल + पृथ्वी

"दोषधातुमलमूलं हि शरीरम् ।" (सु.सू. १५/३)

इस सूत्र के अनुसार मनुष्य शरीर वात, पित्त और कफ इन तीन दोषों का ही बना हुआ है, ऐसा भी माना जाता है। शरीर का सम्पूर्ण ज्ञान प्राप्त करते समय उसकी अन्तः रचना, अंग-प्रत्यंग तथा सूक्ष्म और स्थूल अवयवों का ज्ञान हम ग्रहण करते ही हैं। उसी प्रकार शरीर में होने वाली क्रियाओं का भी ज्ञान प्राप्त करना आवश्यक हो जाता है। क्योंकि पंचमहाभूतों से तथा उनके विकारों से शरीर में अन्यान्य रचनाओं का निर्माण होता है।

परन्तु त्रिदोषों (वात, पित्त, कफ) से विशेष रूप से शरीर में क्रियाएँ होती हैं। अतः इन दोषों की उपस्थिति या उनका अभाव, उनसे की जाने वाली क्रियाओं द्वारा ही जाना जाता है। ये क्रियाएँ (कर्म) निम्न प्रकार से हैं।

प्राकृत वात का कार्य

उत्साहोच्छ्वासनिःश्वास चेष्टा धातुगतिः समा ।
समो मोक्षो गतिमतां वायोः कर्माविकारजम् ।। (च.सू. १८/४९)

कार्य करने में उत्साह, श्वास वायु का बाहर निकलना और अन्दर ले जाना, शारीरिक और मानसिक चेष्टाओं को प्रवृत्त करना, धातुओं की गति को शरीर में ठीक रखना, धातुओं को सम रखना, गतिशील मल-मूत्रादि के वेगों को बाहर निकालना, ये प्राकृत (अविकृत) वात के कार्य हैं।

प्राकृत पित्त के कार्य

दर्शनं पक्तिरूष्मा च क्षुतृष्णा देहमार्दवम् ।
प्रभा प्रसादो मेधा च पित्तकर्माविकारजम् ।। (च.सू. १८/५०)

देखना, पचना, शरीर में ऊष्मा (ताप के अंश) को नियमित रखना, भूख-प्यास लगाना, शरीर में कोमलता बनाये रखना, शरीर की कान्ति, मन की प्रसन्नता और धारण शक्ति को बनाए रखना, ये प्राकृत पित के स्वाभाविक कार्य हैं।

प्राकृत कफ के कार्य

स्नेहो बन्धः स्थिरत्वं च गौरवं वृषता बलम् ।
क्षमा धृतिरलोभश्च कफकर्माविकारजम् ।। (च.सू. १८/५१)

शरीर में स्नेह को बनाए रखना, सन्धि बन्धनों को ठीक रखना, शरीर में या सन्धियों में शिथिलता का न होना, शरीर में गुरूता बनाए रखना, मैथुन करने की शक्ति और बल को स्थिर रखना, सहनशक्ति, धीरता और लोभ का न करना, ये प्राकृत कफ के स्वाभाविक कार्य हैं।

इसलिए इन सब कार्यों को करने के लिए तीनों दोषों की शरीर में सम्यक् उपस्थिति आवश्यक है। इसी से शरीर को त्रिदोषमय माना जाता है। और तीनों दोष शरीर के धारक कहे जाते हैं।

IX. शरीर की दोषधातुमलमूलकता

''दोषधातुमलमूलं हि शरीरम् ।'' (सु.सू. १५/३)

- दोष, धातु और मल शरीर के मूल हैं।
- सम्पूर्ण शरीर का धारण तीन दोष (वात, पित्त, कफ), सात धातु (रस-रक्त-मांस-मेद-अस्थि-मज्जा-शुक्र) और तीन मल (पुरीष, मूत्र, स्वेद) इन तेरह तत्वों से होता है।
- अतः ये भाव प्राकृत अवस्था में रहते हैं, तब शरीर का धारण करने से धातु कहलाते हैं।
- मूल का अर्थ यहाँ कारण लिया गया है। अर्थात् इनके संयोग से शरीर बना हुआ है।
- जैसे वनस्पतियों की उत्पत्ति तथा वृद्धि में स्वस्थ मूल कारण होती है। उसे आहार प्रदान कर बढ़ाती हैं। तथा विनाश में विकृत मूल ही कारण होती है।
- उसी प्रकार स्वस्थ एवं समावस्था में जो दोष, धातु एवं मल शरीर की वृद्धि एवं सम्पूर्ण क्रियाओं की निरन्तरता में कारण होते हैं।
- वे ही दोष, धातु एवं मल विकृत अवस्था में रोग एवं मृत्यु के कारण बनकर शरीर को विकृत एवं नष्ट करने में कारण होते हैं।
- इसी कारण दोष, धातु एवं मलों को शरीर की उत्पत्ति, स्थिति एवं विनाश में कारण माना गया है। अतः ये शरीर के मूल हैं।
- आयुर्वेद में शरीर रचना एवं शरीर क्रिया में भाग लेने वाले द्रव्यों को तीन वर्गों में विभक्त किया गया है।

१. दोष वर्ग   २. धातु वर्ग   ३. मल वर्ग

१. दोष वर्ग

- प्रथम वर्ग में आने वाले तीन दोष (वात-पित्त-कफ) हैं। ये तीनों अपनी प्राकृत अवस्था में रहते हैं, तब शरीर को धारण (वृद्धि) करते हैं। अत: शरीर को धारण करने से इन्हें धातु कहते हैं।
- जब विकृत अवस्था में होते हैं, तब ये शरीर को दूषित करते हैं, तो इन्हें दोष कहते हैं।
- जब ये शरीर धारण के लिए अनुपयुक्त होते हैं और शरीर को मलिन करते हैं, तब इन्हें मल कहते हैं। अर्थात् अवस्था भेद से ही इनको दोष, धातु एवं मल नाम दिया है।

२. धातु वर्ग

दूसरे वर्ग में सात धातुएँ (रस-रक्त-मांस-मेद-अस्थि-मज्जा-शुक्र) आती हैं। ये सातों धातुएँ शरीर को धारण करती हैं, अत: इन्हें धातु कहते हैं। इनकी विकृति से अन्य धातुओं पर प्रभाव पड़ता है। अत: ये भी दोषों के समान शरीर को दूषित करने लगती हैं।

३. मल वर्ग

तीसरे वर्ग में तीन मल (पुरीष-मूत्र-स्वेद) आते हैं।

- ये तीनों मल शरीर को मलिन करते हैं, अत: इन्हें मल कहा जाता है।
- इनका शरीर से नियमित एवं उचित निष्कासन भी शरीर की स्वस्थता में सहायक है। अत: ये भी शरीर के धारक हैं।
- इनकी अनियमितता से शरीर दूषित हो जाता है, अत: ये भी दोष का रूप धारण कर लेते हैं।
- मल अर्थात् शरीर के त्याज्य होने के कारण ये शरीर को मलिन करते हैं। अत: इन्हें मल संज्ञा दी गई है।
- अपने-अपने स्थान पर रहते हुए नियमित क्रियाओं को करते हुए दोष, धातु, एवं मल शरीर की वृद्धि में सहायक होते हैं। तथा अपनी स्थिति को छोड़कर विकृत अवस्था में शरीर का क्षय करते हैं।
- अत: वनस्पति की मूल की तरह क्षयवृद्धि में सहायक होने से ही इनको शरीर का मूल कहा गया है।

●

अध्याय- ४

गर्भावक्रान्ति शारीर

(Embryology)

गर्भ + अवक्रान्ति

- **गर्भ** का वास्तविक अर्थ है– शुक्र शोणित संयोग (Fertilized ovum or embryo).
- **अवक्रान्ति** का अर्थ है– परिवृद्धि

इस प्रकार गर्भावक्रान्ति का अर्थ है– गर्भ की परिवृद्धि- Process of fertilization and development of the foetus.

- इसके लिए आचार्य सुश्रुत ने सुश्रुत शारीर स्थान में गर्भावक्रान्ति शारीर नाम से वर्णन किया है।
- और आचार्य चरक ने चरक शारीर स्थान में खुड्डिका गर्भावक्रान्ति एवं महती गर्भावक्रान्ति शारीर नाम से वर्णन किया है।
- सर्वप्रथम गर्भ अवस्था के ज्ञान हेतु- गर्भ की परिभाषा, शुक्र शोणित के स्वरूप का ज्ञान, इसके संयोग की प्रक्रिया, संयोग के उपरान्त उत्पन्न करने वाले भाव, आनुवंशिक सिद्धान्त, शुक्रशोणित में बीजभाग, उनका परिवर्तन, लिंग भेद के कारण, आकृति देने वाले कारण एवं अंग-प्रत्यंगों का उत्पत्ति क्रम तथा गर्भ की पोषण प्रक्रिया एवं सिद्धान्तों का वर्णन जिस शारीर में किया गया है, उसे गर्भावक्रान्ति शारीर कहा जाता है।

१. गर्भ की परिभाषा

१. **"शुक्र शोणितं जीव संयोगे तु खलु कुक्षिगते गर्भ संज्ञा भवति ।"** (च.शा. ४/५)

पुरूष शुक्र (Spermatozoa) और स्त्री शोणित (Ovum) इनका स्त्री के गर्भाशय में संयोग होने पर, जब जीवात्मा प्रवेश करती है, तब ही मनुष्य शरीर के अंकुर की उत्पत्ति होती है। और उसे गर्भ (Embryo) की संज्ञा दी जाती है।

आयुर्वेद शास्त्र के अनुसार संसार में उपलब्ध सभी वस्तुएँ पाँचभौतिक हैं। इसलिए मनुष्य के गर्भ की निर्मिति भी पाँचभौतिक ही होती है।

२. शुक्र शोणितं गर्भाशयस्थं आत्म प्रकृति विकार संमूर्च्छितं 'गर्भ' इति उच्यते ।

(सु.शा. ५/३)

शुक्र (Spermatozoa) और शोणित (Ovum) का गर्भाशय (Uterus) में संयोग होने पर उसमें आत्मा, आठ प्रकृतियों (अव्यक्त-महान्-अहंकार-पंच तन्मात्रा) और सोलह विकारों, (एकादश इन्द्रियाँ-पंचमहाभूत) इन सबका संयोग होता है, तब उसे गर्भ कहते हैं।

३. "तं चेतनावस्थितं वायुर्विभजति, तेज एनं पचति, आपः क्लेदयन्ति, पृथिवी संहति, आकाशं विवर्धयति; एवं विवर्धितः स यदा हस्तपादजिह्वाघ्राणकर्णनितम्बादिभिरंगैरूपेतः तदा 'शरीरं' इति संज्ञालभते । तच्च षडङ्ग शाखाश्चतस्रो, मध्यं पंचमं, षष्ठं शिर इति ।।

(सु.शा. ५/३)

उसमें चेतना का वास हो तो वायु उसे विभाजित करती है, तेज (पित) इसे पचाता है, जल क्लिनता पैदा करता है, पृथ्वी तत्व से संहनन और घनता उत्पन्न होती है, और आकाश तत्त्व द्वारा रिक्तता निर्माण होकर उसका आकार बढ़ता है। इस प्रकार पाँचों महाभूतों द्वारा गर्भ पर कार्य होने से जब उसे हाथ, पैर, जिह्वा, नाक, कान, नितम्ब आदि अंग-प्रत्यंग निर्माण होते हैं, तब ही उसे शरीर कहा जाता है। यह शरीर षडङ्ग होता है, जैसे– चार शाखाएँ, पाँचवा मध्य शरीर और छठा सिर। इस प्रकार प्रथम इसे 'गर्भ' और अंग-प्रत्यंग निर्माण के बाद 'शरीर' कहा जाता है।

४. आधुनिकों के अनुसार–

Embryology– It is the study of the development of an indi vidual before birth.

(A) Embryo– Fertilized egg to eight weeks.

(B) Fetus– Eight weeks to eight months.

२. सूक्ष्म शरीर

शरीर के मुख्य रूप से दो विभाग किए गए हैं–

१. सूक्ष्म शरीर   २. स्थूल शरीर

- स्थूल शरीर के ज्ञान से पूर्व शरीर की सूक्ष्म रचना का ज्ञान आवश्यक हो जाता है। आधुनिक वैज्ञानिक भी शारीरिक ज्ञान से पहले सूक्ष्म शरीर का ज्ञान आवश्यक समझते हैं। उत्तक विज्ञान (Histology) में कोशिका (Cell) की रचना एवं क्रिया (Structures and functions) का प्रारम्भिक रूप से ज्ञान किया जाता है, जबकि आयुर्वेद में सूक्ष्म शरीर के ज्ञान का वर्णन दार्शनिक विचारों द्वारा किया गया है।

- सृष्टि की उत्पत्ति अव्यक्त से होती है। अव्यक्त से महान् या बुद्धि तत्व तथा इसी से अहंकार की उत्पत्ति होती है। अहंकार की उत्पत्ति से त्रिगुण भिन्न-भिन्न हो जाते हैं। सात्विक गुण (वैकारिक), राजस गुण (तैजस) और तामस गुण (भूतादि)। राजस अहंकार की सहायता से सात्विक अहंकार से एकादश इन्द्रियों की उत्पत्ति होती है। राजस अहंकार की सहायता से तामस अहंकार से पंचतन्मात्राओं की उत्पत्ति होती है। और इन पंचतन्मात्राओं से पंचमहाभूतों की उत्पत्ति होती है।
- महाभूतों को विशेष तथा तन्मात्राओं को अविशेष या सूक्ष्म कहा जाता है। महान्, अहंकार, एकादश इन्द्रियाँ तथा पंचतन्मात्राओं का समूह सूक्ष्म शरीर कहलाता है। स्थूल शरीर को हम देख सकते हैं। सूक्ष्म शरीर में हम बहुत सी रचनाएँ देख नहीं सकते, उन्हें आगम, अनुमान तथा तर्क से समझा जाता है।

३. धातुओं-अवयवों का सूक्ष्म रचनात्मक परिचय

कोशिकाएँ (धातुएँ-Cells) एकत्रित होकर रचनात्मक संगठन का निर्माण करती हैं। कोशिकाओं के सामूहिक रुप को ऊतक (Tissue-धातु) कहते हैं। जो कि एकत्रित होकर अंगों को (अवयवों-Organs) बनाते हैं। अनेक अंगों के सामूहिक रूप एक तन्त्र या संस्थान (Systems) को बनाते हैं। विभिन्न संस्थानों से शरीर (Body) बनता है।

आधुनिक दृष्टि से धातुओं के चार भेद होते हैं। अर्थात् चार प्रकार की विशिष्ट कोशिकाएँ (Cells) होती हैं।

Cells
↓
Tissues
↓
Organs
↓
Systems
↓
Body

1. Epithelium - आवरक धातु या कोशिकाएँ
2. Connective tissue or cells - संयोजक धातु या कोशिकाएँ
3. Muscular tissue or cells - मांस धातु या कोशिकाएँ
4. Nerves tissue or cells - नाड़ी धातु या कोशिकाएँ

१. आवरक धातु– शरीर के बाह्य एवं आभ्यन्तर पृष्ठ को आच्छादित कर उनकी रक्षा करते हैं।

२. संयोजक धातु– शरीर के बाह्य धातु संयोजन एवं सहयोगी तत्वों का निर्माण एवं नि:सरण (Formation and secretion) करते हैं।

३. मांस धातु– शरीर में शक्ति एवं गति को उत्पन्न करती हैं।

४. नाड़ी धातु– इस प्रकार की धातुएँ विशिष्ट रूप में शरीर के दूरवर्ती स्थान तक गति एवं विद्युत प्रवाह का अभिवहन (Conduction) करते हैं।

– इस प्रकार बताये गए धातुभेद से प्रत्येक धातु के स्तर अपनी-अपनी धातु की रचना एवं सुरक्षा करने में सहायक होते हैं।

– धातु द्वारा शरीर रचना को समझने के लिए कपास एवं तन्तुओं का उदाहरण विशेष रूप से समझ लेना चाहिए।

– जैसे– कपास आदि के तन्तुओं से सूत्र, सूत्रों से विभिन्न प्रकार के वस्त्र, विभिन्न वस्त्रों से पोशाक (Dress) बनती हैं, उसी प्रकार कोषों से धातु, धातुओं से अंग-प्रत्यंग एवं अंग-प्रत्यंगों से संस्थान और संस्थानों के योग से शरीर बनता है। ये कोष भी उन मूल द्रव्यों से बने हैं, जिनसे सृष्टि के अन्य द्रव्य बनते हैं। प्रतिदिन इन सभी का निर्माण एवं क्षय आहार की चयापचय प्रक्रिया (Metabolic process) द्वारा निरन्तर होता रहता है।

४. स्त्री एवं पुरूष जननांगों का सूक्ष्म रचनात्मक परिचय

(Histology of male and female reproductive organs)

Male-reproductive organs

1. Penis	5. Vas-deferens	9. Spermatic cord
2. Scrotum	6. Seminal vesicles	10. Prostate.
3. Testis	7. Ejaculatory duct	
4. Epididymis	8. Male urethra	

Penis– Copulatory organ.

The shaft of the penis consists of two dorsal and one ventral cylinders of erectile tissue. Dorsal-corpora cavernosa and ventral-corpus spongiosum. Surrounded by connective tissue and skin.

The skin of the penis is thin, hairless distally and the dermis is devoid of adipose tissue.

Testis–
- The testis is enclosed by a dense connective tissue capsule. (The tunica albuginea)
- On the inner aspect the connective tissue become loose and very vascular. (The vasculosa)

- The outer surface of the tunica albuginea is lined by a serous epithelium. The tunica albuginea is thickened by a serous epithelium. The tunica albuginea is thickened posteriorly as the mediastinum testis. The mediastinum also contains smooth muscles fibres.
- The mediastinum testis sends fibrous septa to divide the interior in to about 250 pyramid-shaped testicular lobules.

- Each testicular lobule contains- seminiferous tubules, which form the sperm. Interstitial tissue connecting leyding cells which secrete the hormone, testosterone.

A seminiferous tubule is divided into three parts–

1. Convoluted part 2. Straight part- The tubuli recti
3. Network of tubules- The rete testis.

Epididymis– The epididymis is lined by pseudo stratified epithelium, whose surface cells bear long irregular non motile stereocilia.

Vas deferens–

1. Inner mucous coat– The epithelium is similar to epididymis but is usually folded longitudinally with a narrow, often star shaped lumen.

2. Intermediate muscular coat– It consists three layer of smooth muscles- Thin inner longitudinal, thick middle circular, thick outer longitudinal.

3. Outer fascial coat– This is the spermatic fascia with rich plexus of blood vessels, lymphatics, nerves and bundles of striated muscles.

Seminal vesicles–

1. Mucous coat– It is lined by pseudo stratified epithelium. Consisting of a discontinous layer of rounded basal cells and protein secreting columnar surface cells which secrete the viscid component of the seminal fluid.

2. Muscular coat– Similarly arranged and continuous with that of the ductus deferens.

3. Connective tissue adventia– It contains a rich plexus of nerves and sympathetic ganglia.

Ejaculatory duct– It is lined by columnar epithelium which becomes transitional near its opening.

Prostate gland– The prostate is composed of a series of branched tubulo-alveolar glands set in a dense fibro-elastic stroma containing some smooth muscle fibres.

The glands are arranged three layers– Innermost layer of short mucosal glands open directly into the urethra, sub-mucosal and outermost layer of main glands secrete by a number of ducts on either side of the colliculus seminalis into the urethra.

Female-reproductive organs

1. Ovary	4. Vagina	7. Labia minora
2. Fallopian tubes	5. Mons pubis	8. Clitoris
3. Uterus	6. Labia majora	9. Vestibule

Ovary– The ovary is covered by a layer of simple cuboidal epithelium known as the germinal epithelium continuous with the flat mesothelial cells of the peritoneum and so considered to be modified peritoneum. The term germinal is inappropriate because the epithelial cells do not give rise to ova.

Under the germinal epithelium, there is a connective tissue capsule. The tunica albuginea, which is continuous with the ovarian stroma.

During embryonic life, female germ cells migrate from the yolk sac in to the ovary and are called oogonia. Oogonia divide by mitosis and differentiate into primary oocytes.

Fallopian tube– It consists three layers–

1. Serosa– Externally the tube is covered by peritoneum.

2. Muscularis– This consists of an outer thin longitudinal layer and inner broad circular layer.

3. Mucosa– The epithelial lining is simple columnar and consists of two types of cells- with cilia and without cilia.

Uterus– It consists of three layers–

1. Outer-Serosa or perimetrium– This is a typical serosa consisting of a single layer of mesothelial cells of peritoneum supported by a thin layer of connective tissue.

2. Intermediate-Muscular or myometrium– This is the thickest layer and is made up of bundles of smooth muscle fibres separated by connective tissue.

3. Inner-Mucosa or endometrium– This consists of epithelium and lamina propria containing simple tubular glands.

The whole endometrium is highly vascular and contains numerous lymphatics.

Vagina–

1. Outer-fibrous coat– This consists of connective tissue merging with that of the surrounding structures. In contains blood vessels, nerves and numerous adipose cells.

2. Intermediate-muscular coat– This consists of smooth muscle fibres arranged mostly in a longitudinal direction.

3. Inner-mucous coat– This consists of a corium of vascular connective tissue which in parts forms papillae. Lymphocytes and lymph nodes are common.

Labia majora– These are a pair of folds of skin and correspond to the halves of the scrotum. The outer surface of the labia majora is provided with hairs. The folds contains adipose tissue, smooth muscle fibres, many sweat and sebaceous glands opening on to both surfaces.

Labia minora– These are a pair of smooth folds, covered with stratified squamous epithelium, B/w the labia majora.

They consist of loose and very vascular connective tissue with numerous specialised sensory nerve endings. There are numerous sebaceous glands but no hairs.

Clitoris– The clitoris is homologus to the penis in the male, but is much smaller and is not transversed by the urethra. It is composed of two small masses of erectile tissue, which is covered by the mucous membrane of the vestibule B/w the labia minora.

५. शुक्र जनन क्रिया (Spermatogenesis)

The testis is the male sex organ or male gonad– They produce gametes. Male gametes produced by the testis are called spermatozoa. The process is called spermatogenesis.

Spermatozoa are formed in the wall of the seminiferous tubules of the testis. If we look at one of these tubules under a microscope, we find there are many cells of different sizes and shapes. Most of these represent stages in the formation of spermatozoa but some have only a supporting function.

The various cell– Stages in spermatogenesis are as follows–

1. The spermatogonia (Type A) or germ cells (44+x+y) divided mitotically to give rise to more spermatogonia of Type A, and also to spermatogonia of Type B.

2. The spermatogonia (Type B) (44+x+y) enlarge or undergo mitosis, to form primary spermatocytes.
3. The primary spermatocytes (44+x+y) now divide so that each of them form two secondary spermatocytes. This is the first meiotic division, it reduces number of chromosomes to half.
4. Each secondary spermatocytes has 22+x or 22+y chromosomes. It divides to form two spermatids. This is the second meiotic division and this time there is no reduction in chromosome number.
5. Each spermatid (22+x or 22+y) gradually changes its shape to become a spermatozoon. This process of transformation of a circular spermatid to a spermatozoon is called spermiogenesis.

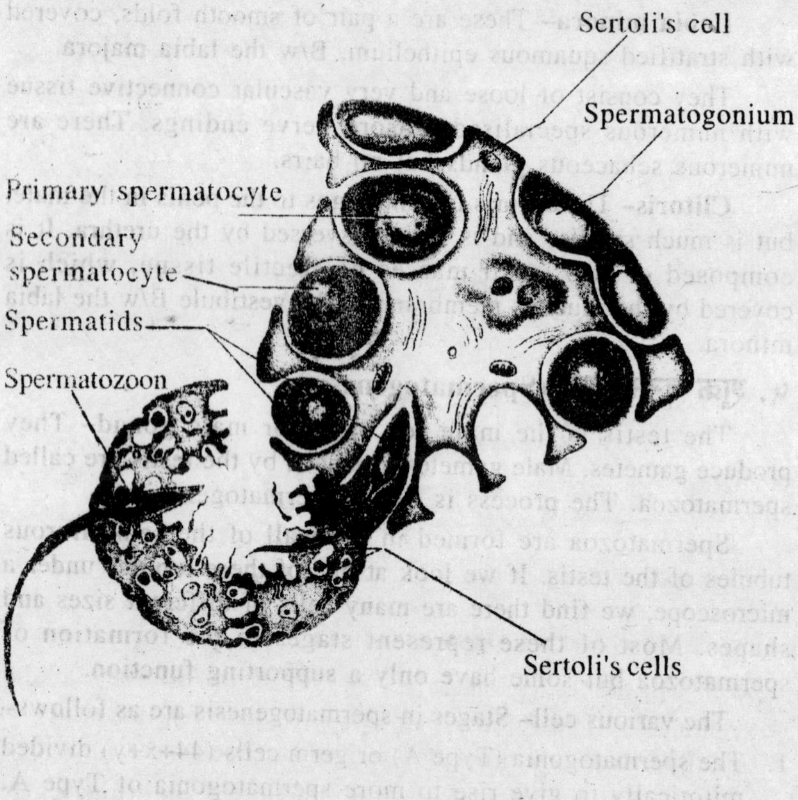

Fig. 4.1 Spermatogenesis

Stages in spermatogenesis

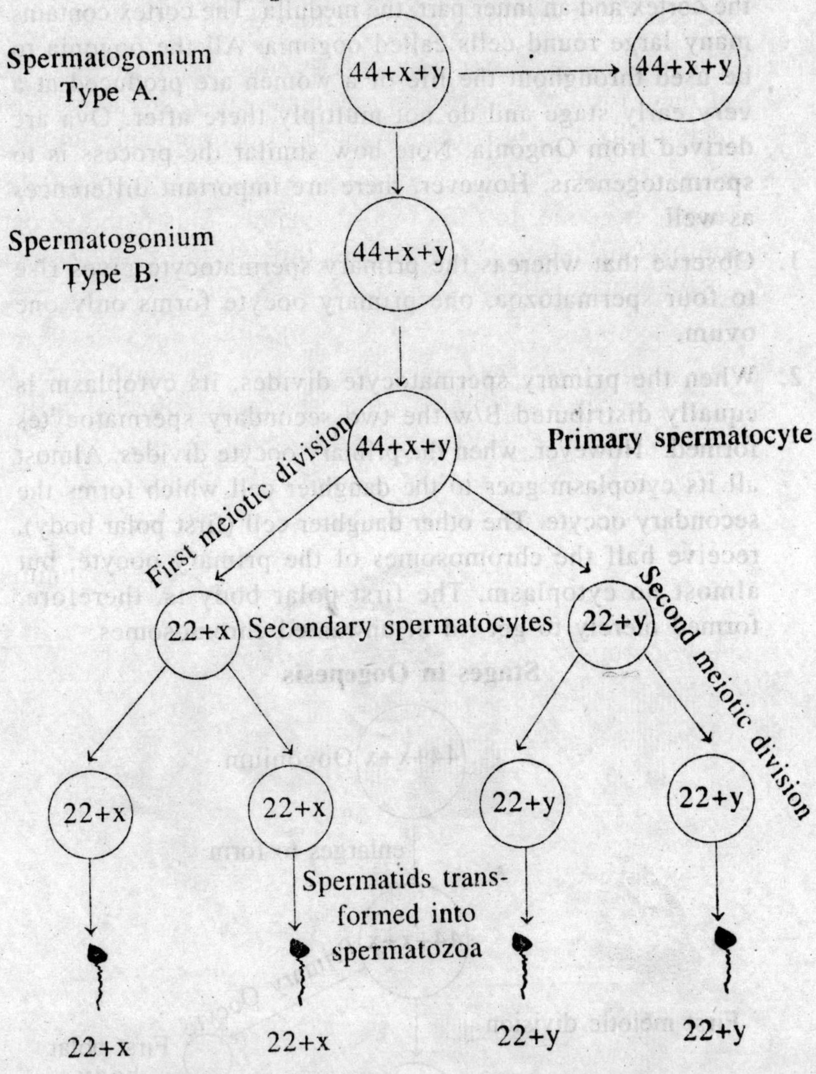

6. आर्त्तवजनन (Oogenesis)

- The ovary is the female sex organ or gonad– They produce gametes. The female gametes produced by the ovary are called ova. The process is called oogenesis.
- Spermatogenesis and oogenesis are together called gametogenesis.

- The female gonad is the ovary. It has an outer part called the cortex and an inner part, the medulla. The cortex contains many large round cells called oogonia. All the oogonia to be used throughout the life of a women are produced at a very early stage and do not multiply there after. Ova are derived from Oogonia. Note how similar the process is to spermatogenesis. However, there are important differences as well.

1. Observe that whereas the primary spermatocyte gives rise to four spermatozoa, one primary oocyte forms only one ovum.

2. When the primary spermatocyte divides, its cytoplasm is equally distributed B/w the two secondary spermatocytes formed. However, when the primary oocyte divides. Almost all its cytoplasm goes to the daughter cell which forms the secondary oocyte. The other daughter cell (first polar body), receive half the chromosomes of the primary oocyte, but almost no cytoplasm. The first polar body is, therefore, formed merely to get rid of unwanted chromosomes.

Stages in Oogenesis

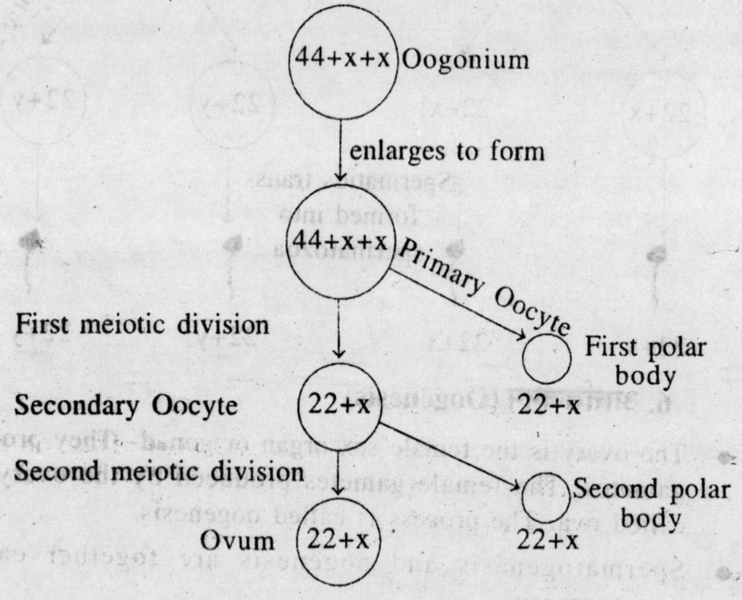

७. शुक्र (वीर्य)

१. पर्याय– वीर्य, रेतस, Semen.

२. उत्पत्ति

रस से रक्त, रक्त से मांस, मांस से मेद, मेद से अस्थि, अस्थि से मज्जा, मज्जा से शुक्र की उत्पत्ति होती है।

यह शरीर की सप्तम धातु है।

Semen– Semen is a mixture of sperm and seminal fluid.

३. स्वरूप– **"शुक्रं सौम्यम् ।"** (सु.शा. ३/२)

- यह जल महाभूत से या आप धातु से बना हुआ माना जाता है, इसलिए इसे सौम्य कहा जाता है।
- संहिता ग्रन्थों में शुक्र धातु का स्वरूप बताते हुए लिखा है, कि जिस प्रकार ईख (गन्ने) में रस, दूध में घृत, तिल में तैल अव्यक्त रूप से व्याप्त रहता है, उसी प्रकार शुक्र भी पुरूषों में व्याप्त रहता है।
- मैथुन क्रिया (Sexual intercourse) में प्रहर्षोत्पत्ति (Exietment) के कारण सम्पूर्ण शरीर से निचोड़कर (खिंचकर) मूत्रेन्द्रिय (Penis) द्वारा शुक्र बाहर निकलता है।
- बाल्यकाल में भी शुक्र की उपस्थिति होती है। लेकिन अव्यक्तावस्था में रहता है कौमार्यावस्था में प्रकट होता है।

४. शुद्ध शुक्र के लक्षण

स्फटिकाभं द्रवं स्निग्धं मधुरं मधुगन्धि च ।
शुक्रं इच्छन्ति केचित्तु तैल क्षौद्रनिभं तथा ।। (सु.शा. २/१३)

- स्फटिक के समान श्वेत वर्ण, द्रव (पतला), स्निग्ध, मधुर रस वाला तथा मधु के समान गन्ध वाला होता है। यह मत सुश्रुत का है।
- कुछ आचार्य शुक्र को तैल (तिल तैल) तथा मधु (शहद) के समान दिखने वाला है, ऐसा कहते हैं।

- वर्ण - Colour - स्फटिक के समान श्वेत
- स्पर्श - Touch - द्रव, स्निग्ध
- रस - Taste - मधुर रस
- गन्ध - Smell - मधु के समान

"षट्पदपिपीलिकानामिष्टम् ।" (सु.सू. १४/२१)

- शुक्र के भूमि पर गिरने या किसी कपड़े पर लगने से चींटियाँ उसकी तरफ आकर्षित होती हैं।

५. शुक्र के दोष

"वात-पित्त-श्लेष्म-शोणित-कुणपगन्धि-ग्रन्थि-पूति-पूय-क्षीण-मूत्र-पुरीष रेतसः प्रजोत्पादने न समर्था भवन्ति।" (सु.शा. २/३)

वात, पित्त, कफ, रक्त, मुर्दों की गन्धवाला, गांठ युक्त, सड़ी गन्ध वाला, पूय युक्त, प्रमाण में कम, मूत्र के समान गन्ध वाला, मल के समान दुर्गन्धवाला शुक्र सन्तति उत्पन्न करने में समर्थ नहीं होता है।

६. शुक्र दोष के कारण

अत्यन्त मैथुन, मादक पदार्थों का अत्यधिक सेवन करना, जननेन्द्रिय सम्बन्धी रोग (S.T.D.) जैसे– उपदंश (Syphilis), पूयमेह (Gonorrhoea) आदि।

आयुर्वेद की दृष्टि से शारीरिक धातुओं को दूषित करने में प्रमुख कारण त्रिदोष हैं।

७. शुक्र के कार्य

शुक्रं धैर्यं च्यवनं प्रीतिं देहबलं हर्षं बीजार्थं च ।। (सु.सू. १५/७)

अर्थात् शुक्र शरीर में धीरता, वीर्यच्युति, प्रसन्नता, बल, प्रहर्ष तथा गर्भोत्पत्ति प्रक्रिया में बीज का कार्य करता है।

- शुक्र (Semen) में उपस्थित पुरूष बीज (Spermatozoa) है, जो स्त्रीबीज (ovum) के साथ मिलकर गर्भ की उत्पत्ति करते हैं।
- शुक्र का द्रव भाग Epididymis, Prostate, Seminal vesicle and couper's glands का secretion है। cell वाला भाग जिसे spermatozoa कहते हैं।
- Testis में Spermatogenesis की क्रिया से उत्पन्न होता है। इस द्रव भाग में (Seminal plasma-semen) suspended रहता है।
- Formation of sperm - Testis - Śeminiferous tubules - Epididymis-Vas deferens - Seminal vesicle.

Spermatozoa (शुक्राणु)

- Length – 1/300 Inch = .05 mm
- Part – 4 parts – 1. Head
  2. Neck
  3. Body
  4. Tail or end part

- Specific gravity – 1.028
- Ph – 6-8
- Colour – Whitesh, yellow – स्फटिकवत्
- Quantity – 2-4 ml.
- Counting – 60-150 million/ml. – Normal value
- Infertility – Below 20 million/ml. (1 Million = 10 Lakhs)
- In normal semen – 80% motile spermatozoon
- Motility – • 45 mintue good
  • Till 3 hours less motility.
- शुक्रोत्सर्ग यदि बार-बार कम समय में होता रहे, तो शुक्र द्रव की मात्रा और शुक्राणुओं की ठीक संख्या बने रहना सम्भव नहीं है।
- शुक्राणु Female genital organ में 72 hours तक जीवित रह सकते हैं।
- Prostaglandin गर्भाशय में गति कराने के लिए भेषज (Medicine) की तरह कार्य करता है।
- शुक्र उत्सर्ग के १५-२० मिनट बाद शुक्र coagulate हो जाता है, क्योंकि Fibronegen- Fibrin में बदल जाता है। परन्तु बाद में Liquify होना Fibrinolysin या Plasma के कारण है।

Parts of Spermatozoon

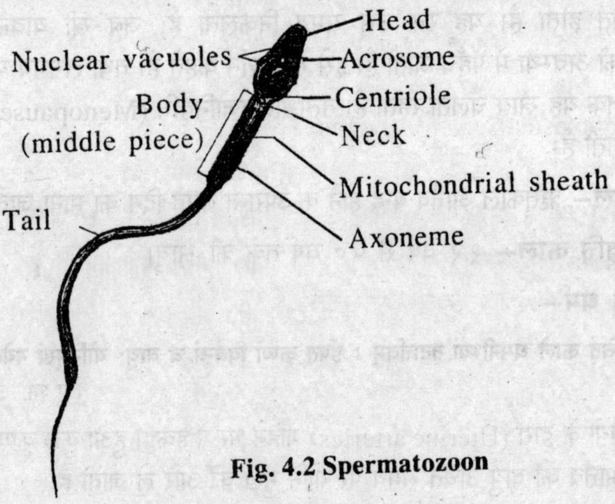

Fig. 4.2 Spermatozoon

८. आर्त्तव (रज)

१. पर्याय

रज, आर्त्तवशोणित, रसजम्।

२. उत्पत्ति

स्त्री के शरीर में रस धातु से ही 'रज' नामक उपधातु उत्पन्न होती है। जो कि रक्तवर्ण की होती है। परन्तु रक्त धातु से अलग होती है। रस धातु से उत्पन्न होने से इसे रसज कहते हैं।

"ऋतौ भवं तदार्तवम्।"

स्त्री शरीर में प्रत्येक माह में ऋतुकाल में उत्पन्न होता है, अत: यह आर्त्तव कहलाता है।

३. स्वरूप

"आर्त्तवं आग्नेयम्।" (सु.शा. ३/२)

आर्त्तव आग्नेय होता है। अर्थात् अग्नि महाभूत प्रधान है।

आर्त्तव शब्द दो अर्थों में प्रयुक्त होता है–

१. आर्त्तव शोणित – Menstrual blood

२. शोणित – Ovum

आर्त्तव शोणित (Menstrual blood)– वह रक्त है जो स्त्री के योनिमार्ग में प्रतिमास स्रवित होता है। यह रक्त उस समय निकलता है, जब स्त्री यौवनारम्भ (Puberty) की अवस्था में पहुँच जाती है। इसे रजोदर्शन कहते हैं। तथा लगभग पचास वर्ष की आयु तक यह स्राव चलता रहता है। तत्पश्चात् रजोनिवृत्ति (Menopause) की अवस्था आ जाती है।

ऋतुकाल– ऋतुकाल आर्त्तव बन्द होने के उपरान्त बारह दिन का माना जाता है।

रजोनिवृत्ति काल– १२ वर्ष से ५० वर्ष तक की आयु।

मासिक धर्म–

मासेनोपचितं काले धमनीभ्यां तदार्त्तवम्। ईषत् कृष्णं विबन्धं च वायुः योनिमुखं नयेत्।।
(सु.शा. ३/८)

दो धमनियों के द्वारा (Uterine arteries) महिने भर में इकट्ठा हुआ कुछ कृष्णवर्ण और विगन्ध, आर्त्तव को वायु उचित समय पर योनि मुख की ओर ले जाती है।

इसके अतिरिक्त वायु शारीरिक व मानसिक परिवर्तनों को भी पैदा करती है।

४. शुद्ध आर्त्तव के लक्षण

शशासृक् प्रतिमं यत्तु यद्वा लाक्षारसोपमम् ।
तदार्त्तवं प्रशंसन्ति यद्वासो न विरञ्जयेत् ।। (सु.शा. २/१९)

खरगोश के रक्त के समान या लाक्षा रस जैसा दिखने वाला तथा जिसको धोने पर कपड़े पर धब्बा (Spot) नहीं रहता, (आर्तव से भिगा हुआ कपड़ा धोने पर साफ हो जाता है) वही आर्त्तव अच्छा, शुद्ध, प्राकृत और प्रशंसनीय माना जाता है।

Colour-(वर्ण)– शशकरक्त-लाक्षारस के समान, Examination-(परीक्षा)– धोने पर Spot साफ हो जाता है।

९. अन्तः पुष्प (Ovum)

- स्त्री के आर्त्तव के दो भाग होते हैं।
- **एक भाग वह है,** जो गर्भाशय (Uterus) और योनि (Vagina) की सफाई करके मैथुन के लिए उपयुक्त बनाता है।
- Uterus और Vagina को शुक्राणुओं के प्रवेश के लिए मार्ग को बाधारहित करता है, और Uterus को गर्भ के स्थित होने योग्य बनाता है।
- **दूसरा भाग वह है,** जो प्रत्यक्ष में गर्भोत्पत्ति में भाग लेता है।
- इस प्रकार प्रथम भाग को आर्त्तवशोणित या बहि:पुष्प (Menstrual blood) कहते हैं।

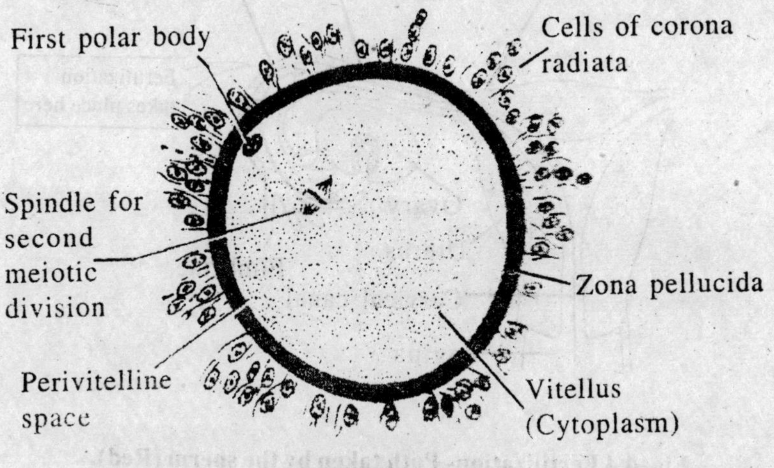

Fig. 4.3 The Ovum

- और दूसरे भाग को शोणित या अन्त:पुष्प (Ovum) कहा जाता है।
- पुरूषों में जैसे- शुक्र उत्पत्ति के लिए शुक्र ग्रन्थियाँ (वृषण-Testis) होती हैं। वैसे ही स्त्रियों में गर्भाशय के दाहिनी और बाँई ओर डिम्बग्रन्थियाँ (बीजकोष-Ovary) होती हैं। इनका आकार बादाम (Almand) के समान होता है।
- जो बीज युवावस्था में पक्व होते हैं, वे कोष की दीवारों को तोड़कर बाहर आते हैं। प्राय: एक मास में एक ही बीज (Ovum) पक्व होकर कोष के बाहर निकलता है। इसे बीज-विपाक (Ovulation) कहते हैं।
- बीजकोष (Ovary) से बाहर आने वाला बीज (Ovum), बीज वाहिनियों (Fallopian tube) में प्रवेश करता है। जहाँ शुक्राणु से उसका संयोग होकर गर्भ उत्पन्न होता है। यदि शोणित (Ovum) स्वाभाविक हो, तो गर्भाशय बीज ग्रहण के योग्य होता है। यदि दोषयुक्त हो तो बीजग्रहण के अयोग्य समझना चाहिए।
- Lenght– 0.5 mm

१०. गर्भाधान (Fertilization)

गर्भाधान का अर्थ है– गर्भवती होना या स्त्री शरीर में गर्भ धारण होना।

(१) शुद्ध शुक्र एवं शोणित वाले पुरूष एवं स्त्री के ऋतुकाल में मैथुन करने पर जब शुक्र एवं शोणित का गर्भाशय में संयोग होता है, तो उसे गर्भाधान कहते हैं।

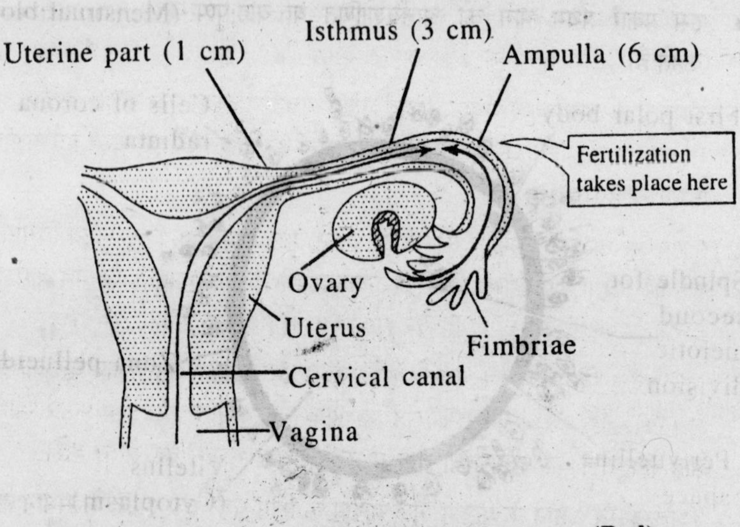

Fig. 4.4 Fertilization- Path taken by the sperm (Red). and Ovum (Green)

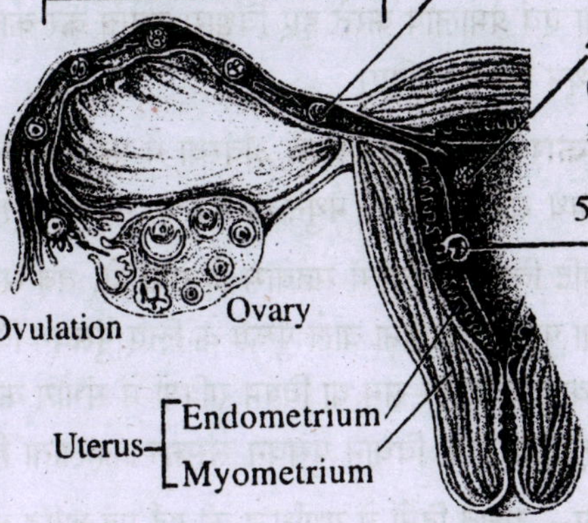

Fig. 4.5 Fertilization and implantation

(२) आधुनिक दृष्टि से Spermatozoa एवं Ovum का संयोग होने पर Fertilization होता है। इस प्रक्रिया में संयोग Ampula of the uterine tube या Fallopian tube में होता है। गर्भाधान में एक ही Spermatozoa (शुक्राणु) की आवश्यकता होती है किन्तु देखा जाता है, कि शुक्र के साथ अनेक शुक्राणु गर्भाशय में प्रवेश करते हैं, फिर भी इनमें से प्रबल एवं योग्य Spermatozoa ही Ovum से मिलकर गर्भ की स्थापना करता है।

(३) आयुर्वेद के अनुसार गर्भाधान के पूर्व पुत्रेष्टि यज्ञ एवं इससे पूर्व उचित आहार आदि का सेवन एवं रात्रियों का विचार तथा ऋतुकाल को देखकर मैथुन करते हुए गर्भाधान करना चाहिए।

(४) **पुत्रेष्टियज्ञ कर्म–** पुत्रप्राप्ति की कामना करने वाले दम्पत्ती के लिए पुत्रीय विधान का संस्कार करना चाहिए। इसके लिए पुत्रकामेष्टि यज्ञ किया जाता है। यह कर्म ऋतु दर्शन के पश्चात् स्त्री के शुद्ध होने पर किया जाता है।

(५) **पुत्रेष्टियज्ञ से पूर्वकर्म–** यज्ञ से पूर्व एक माह तक पुरूष शरीर पर घृत का मर्दन (Massage) करें। एवं घृत क्षीर प्रधान भोजन का आहार करें। इसी प्रकार स्त्री एक माह तक तैल का मर्दन तथा तैल में उड़द प्रधान भोजन का सेवन करे।

"शुक्रं सौम्यं" होने के कारण शुक्र पोषण के लिए घृत, दूध आदि के समान सौम्य पदार्थ शुक्र का पोषण एवं वर्धन करते हैं।

इसी प्रकार "आर्त्तवं आग्नेयं" होने से उसके पोषण के लिए तैल, माष (उड़द) आदि स्त्री के लिए उपयोगी हैं।

(६) पुत्रेष्टि यज्ञ के पश्चात् कर्म– यज्ञ के पश्चात् गर्भ धारण करने वाली स्त्री के साथ पूर्ण सान्त्वना एवं प्रेमालाप करते हुए विश्वास उत्पन्न कर कामोत्तेजना की क्रिया से प्रसन्न कर मैथुन करना चाहिए।

(७) पुंसवन संस्कार– उचित काल एवं अवस्था में पूर्व सभी विधान करते हुए पुरुष का स्त्री के साथ सहवास होने (मैथुन करने) पर गर्भधारण होता है।

इसके बाद यदि विषम रात्रियों में सहवास हो गया हो, तब सन्तान के परिवर्तन हेतु अर्थात् पुत्र या पुत्री की कामना वाले पुरूष के लिए पुंसवन विधि का उल्लेख किया गया है। अथवा इच्छानुसार सम या विषम रात्रियों में संभोग करने पर भी सन्तान की पुष्टि के लिए किया गया विधान पुंसवन संस्कार कहलाता है।

(८) पुंसवन विधि– उचित दिनों में गर्भाधान की हुई पुत्र प्राप्ति की इच्छा वाली स्त्री के दाहिने नथुने (Rt. nostril) में लक्ष्मणा, वटशुंग, सहदेवा (पीतबला), विश्वदेवा (श्वेतबला) आदि में से किसी एक को गाय के दूध के साथ पीसकर उसके तीन या चार बूँद डालें। उसके गले (Throat) में आने पर भी निगल (Swallowing) लें, उसे थूकें नहीं अर्थात् बाहर नहीं आने दें।

यह विधि दूसरे माह में की जाती है। अथवा भ्रूण में अंग-प्रत्यंगों की उत्पत्ति से पूर्व ही की जानी चाहिए।

आचार्य सुश्रुत के अनुसार

(A) ऋतुमती स्त्री के लक्षण–

पीन प्रसन्नवदनां प्रक्लिन्नात्ममुखद्विजाम् । नरकामां प्रियकथां स्रस्तकुक्ष्यक्षिमूर्धजाम् ।।
स्फुरद् भुजकुच श्रोणिनाभ्यूरूजघनस्फिचाम् । हर्षौत्सुक्यपरां चापि विद्याद् ऋतुमतीमिति ।।

(सु.शा. ३/६)

ऋतुमती स्त्री का चेहरा फूला हुआ (खिला हुआ) मालूम होता है। प्रसन्नता होती है। आत्मा अर्थात् देह एवं मुख और दाँत अत्यन्त क्लेदयुक्त रहते हैं। पुरुष को चाहती है। मधुर बातचीत करने वाली होती है। उसकी कोख (कुक्षि), आँख और बाल शिथिल हो जाते हैं।

बाहु, स्तन, श्रोणिप्रदेश, नाभि, उरू, जघन तथा स्फिक् (नितम्ब) इनमें स्फुरण होता है। रति कार्य (मैथुन) में हर्ष और उत्कण्ठा मालूम होती है। ऐसे लक्षण वाली स्त्री को ऋतुमती समझना चाहिए।

(B) सद्योगृहीत गर्भा के लक्षण–

"श्रमो ग्लानिः पिपासा सक्थिसदनं शुक्रशोणितयोरवबन्धः स्फुरणञ्च योनेः ।"
(सु.शा. ३/११)

जिस स्त्री में तुरन्त ही गर्भ धारणा हुई हो, उसमें श्रम (थकावट), ग्लानि (आलस्य), प्यास लगना, अध:शाखा में वेदना, योनि में कम्पन, शुक्र और शोणित की अप्रवृत्ति ये लक्षण दिखाई देते हैं।

(C) गर्भिणी के लक्षण या गृहीतगर्भा के लक्षण–

स्तनयोः कृष्णमुखता रोमराज्युद्गमस्तथा । अक्षिपक्ष्माणि चाप्यस्याः संमील्यन्ते विशेषतः ।।
अकामतश्छर्दयति गन्धादुद्विजते शुभात् । प्रसेकः सदनं चापि गर्भिण्या लिङ्गमुच्यते ।।
(सु.शा. ३/१२)

स्त्री के गर्भिणी होने पर स्तन चूचुक (Nipple) कृष्ण वर्ण के होते हैं। (कुमारी स्त्री में चुचूक रक्तवर्ण के होते हैं) रोएँ खड़े होते हैं। आँखो के बाल चिटकने लगते हैं (आँखों की पलकों के बाल चिपकने लगते हैं), बिना कारण ही वमन (Vomiting) होता है। अच्छे गन्ध से भी मनमुटाव होता है। मुख से लार स्राव (Saliva) होता है, हाथ-पैर शिथिल होते हैं। अर्थात् थकावट होती है। आदि लक्षण गर्भिणी स्त्री में होते हैं।

११. कोष विभाजन (Cell division)

समस्त चेतन सृष्टि का निर्माण एक कोष परम्परा पर आधारित है। अमीबा आदि एक कोष वाले जीवधारी तथा मानव जैसे विकासशील बहुकोशीय प्राणी मात्र में अन्तर केवल इतना ही है, कि अमीबा आदि अपने समान चेतन की उत्पत्ति मैथुन संयोग से करने में असमर्थ हैं। इनमें एक कोष दो खण्डों में विभाजित हो जाता है। कुछ समय बाद यह कोष भी अमीबा के समान हो जाता है। इस प्रकार के प्रजनन को अमैथुनी-सृष्टि (Asexual reproduction) कहते हैं।

मानव आदि बहुकोशीय प्राणी में प्रजनन का कार्य विशेष कोषों के अधीन होता है। इन कोषों को जनन कोष (Germinal cells) कहते हैं। समागम काल में नर शरीर के विशेष प्रजनन मार्ग द्वारा प्रजनन कोष च्युत होकर नारी प्रजनन अंग में प्रवेश करके उसके प्रजनन कोष के साथ संयुक्त होकर इस क्रिया को प्रारम्भ करते हैं। दोनों के संयोग को सहप्रजनन मैथुन (Sexual reproduction) कहा जाता है।

आयुर्वेद विज्ञान के अनुसार गर्भोत्पत्ति होने के बाद 'वायु' ही उसके शरीर में प्रविष्ट होकर सभी धातुओं का विभाजन करता है।

"वायुः विभजति ।" (सु.शा. ५/३)

जिससे एक के दो, दो के चार, चार के आठ, आठ के सोलह इस प्रकार कोषों का विभाजन होता है तथा साथ ही साथ उनकी वृद्धि भी होती है, जिसके परिणामस्वरूप उनका आकार बढ़ता जाता है। इस वृद्धि के साथ कोषों के आकार-प्रकार तथा गुणावगुणों में भी स्वभाव से ही अन्तर उत्पन्न होता जाता है।

गर्भोत्पत्ति के समय पुरूष बीज तथा स्त्री बीज इनका मिलन होने पर एक संयुक्त फलित बीज उत्पन्न होता है। फिर उसका विभाजन होकर वृद्धि होती हैं और उसी एक कोष से असंख्य कोष तथा मांस, सिरा, स्नायु, धमनी, रस, रक्तादि धातु आदि रचनाओं की उत्पत्ति होती है।

कोष विभाजन के प्रकार

कोष विभाजन के दो प्रकार हैं

१. सम विभाजन = प्रत्यक्ष विभाजन = असूत्री विभाजन (Direct division or Amitosis)

२. विषम विभाजन = अप्रत्यक्ष विभाजन = सूत्री विभाजन (Indirect division or Mitosis)

१. सम विभाजन (Amitosis)– इस विभाजन में सर्वप्रथम केन्द्रक (Nucleus) बीच में संकुचित होकर डमरू की आकृति का हो जाता है। और अन्त में केन्द्रक दो भागों में विभाजित हो जाता है। इसके साथ ही कोशिका द्रव भी विभाजित होने लगता है। अन्त में कोशिका पूर्ण रूप से दो भागों में विभाजित हो जाती है और इस प्रकार दो कोशिकाएँ बन जाती हैं। प्रारम्भ में निर्मित होने वाली सन्ततिकोशिका आकार में मातृ-कोशिका से कुछ छोटी होती है, परन्तु धीरे-धीरे इसका आकार बढ़ कर मातृ कोशिका के समान ही हो जाता है। असूत्री विभाजन की मुख्य विशेषता यह है कि कोशिका विभाजन के समय गुणसूत्र दिखाई नहीं देते।

अमीबा आदि निम्न श्रेणी के जीवों में इसी प्रकार का कोशिका विभाजन होता है।

२. विषम विभाजन– It has two process.

I. Mitosis (Equational division),

II. Meiosis (Reductional division) = अर्धसूत्री विभाजन।

I. Mitosis (Equational division) सूत्री विभाजन– यह चार अवस्थाओं में बाँटा गया है।

1. Prophase
2. Metaphase
3. Anaphase
4. Telophase

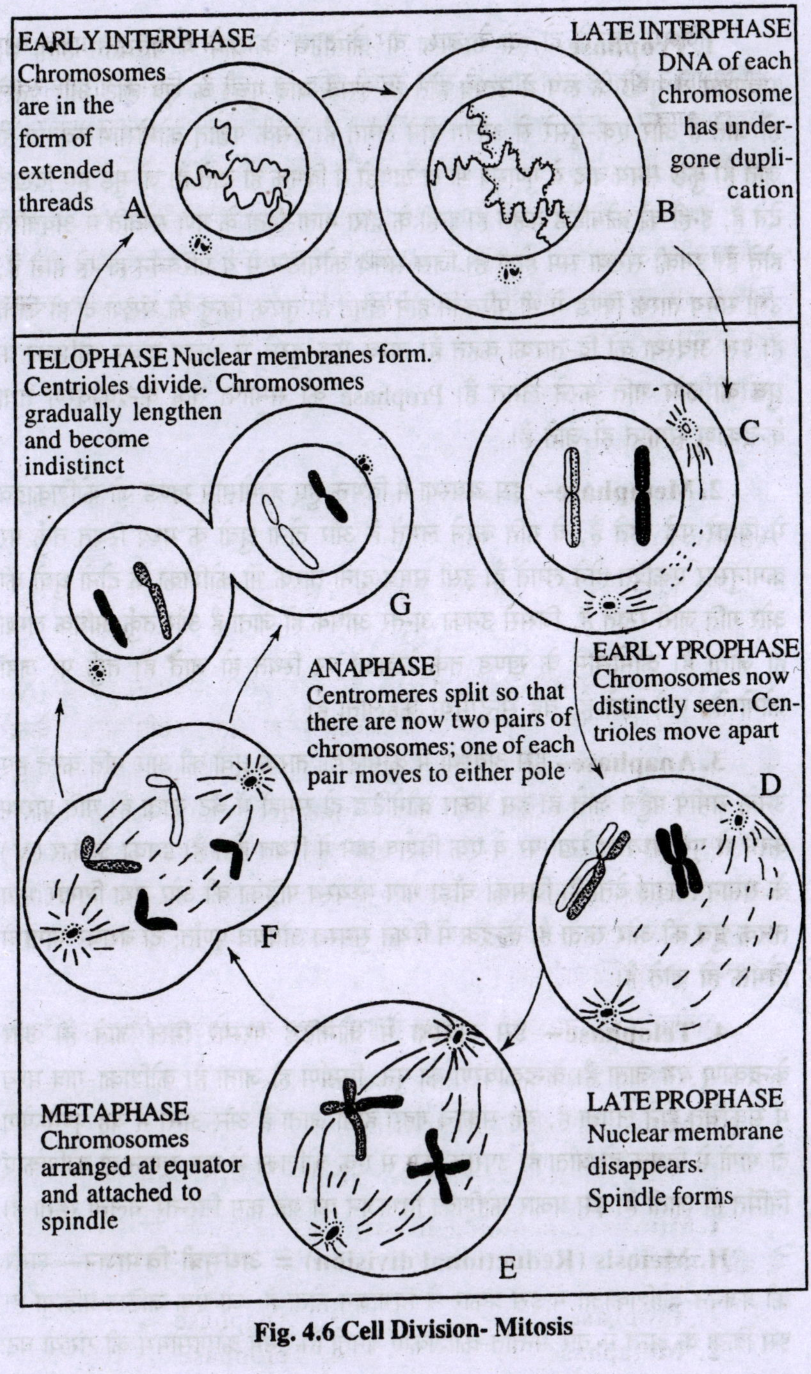

Fig. 4.6 Cell Division- Mitosis

1. Prophase– इस अवस्था में क्रोमेटिन के क्रम में परिवर्तन होता है, सर्वप्रथम ये गुच्छे के रूप में उत्पन्न होते हैं। इसके बाद गुच्छे के सूत्र छोटे और पतले हो जाते हैं और एक-दूसरे से अलग होने लगते है। इसके पश्चात् क्रोमोसोम स्वतन्त्र हो जाते हैं। कुछ समय बाद ये गुणसूत्र भी दो खण्डों में विभक्त हो जाते हैं। जो मुड़े हुए दिखाई देते हैं, इन्हीं को क्रोमेटिड कहते हैं। इन्हीं के द्वारा माता-पिता के गुण सन्तति में अवतरित होते हैं। इनकी संख्या सम होती है। जिस समय क्रोमेटिन में ये परिवर्तन हो रहे होते हैं, उसी समय तारक पिण्ड में भी परिवर्तन होने लगते हैं। तारक बिन्दु की संख्या दो हो जाती है। इस अवस्था को द्वि-तारका कहते हैं। तारक एक-दूसरे से अलग होकर कोशिका के ध्रुव की ओर गति करने लगते हैं। Prophase की समाप्ति तक केन्द्रकावरण तथा केन्द्रकाणु समाप्त हो जाते हैं।

2. Metaphase– इस अवस्था में विभक्त हुए क्रोमोसोम खण्ड जो कोशिकाद्रव में बिखरे पड़े रहते हैं, वे गति करने लगते हैं और दोनों ध्रुवों के मध्य स्थित तर्कु पर क्रमानुसार एकत्रित होने लगते हैं। इसी समय दोनों तारक भी कोशिका के दोनों ध्रुवों की ओर गति जारी रखते हैं, जिससे उनका अन्तर अधिक हो जाता है और तर्कु अधिक लम्बा हो जाता है। क्रोमोसोम के खण्ड तर्कु रेखाओं पर स्थित हो जाते हैं। तर्कु पर जहाँ क्रोमोसोम लगे रहते है, वह सेन्ट्रोमेयर कहलाता है।

3. Anaphase– इस अवस्था में क्रोमेटिड, तारक ध्रुवों की ओर गति करते हुए उनके समीप पहुँच जाते हैं। इस प्रकार क्रोमेटिड दो समूहों में बँट जाता है। गति प्रारम्भ करने से पूर्व मध्यस्थ रेखा पर ये एक विशेष क्रम में स्थित होते हैं। इनका आकार (V) के समान दिखाई देता है। जिसका चौड़ा भाग मध्यस्थ पट्टिका की ओर तथा शिखर भाग तारक ध्रुव की ओर रहता है। केन्द्रक में स्थित समस्त अवयव पूर्णतः दो बराबर भागों में विभक्त हो जाते हैं।

4. Telophase– इस अवस्था में क्रोमेटिड परस्पर मिल जाते हैं। और केन्द्रकाणु बन जाता है। केन्द्रकावरण का पुनः निर्माण हो जाता है। कोशिका-गात्र मध्य में संकुचित होने लगता है, यह संकोच गहरा होता जाता है और अन्त में यह पूर्णरूपेण दो भागों में विभक्त हो जाता है। उपरोक्त क्रम से एक कोशिका से एक समान दो कोशिकाएँ निर्मित हो जाती हैं। इस प्रकार कोशिका विभाजन का यह क्रम निरन्तर चलता रहता है।

II. Meiosis (Reductional division) = अर्धसूत्री विभाजन– शरीर की प्रजनन-कोशिकाओं में इस प्रकार से विभाजन होता है, जो एक जटिल प्रक्रिया है। इस क्रिया के अन्त में चार सन्तति-कोशिकाएँ बनती हैं। उनमें क्रोमोसोमस की संख्या घट

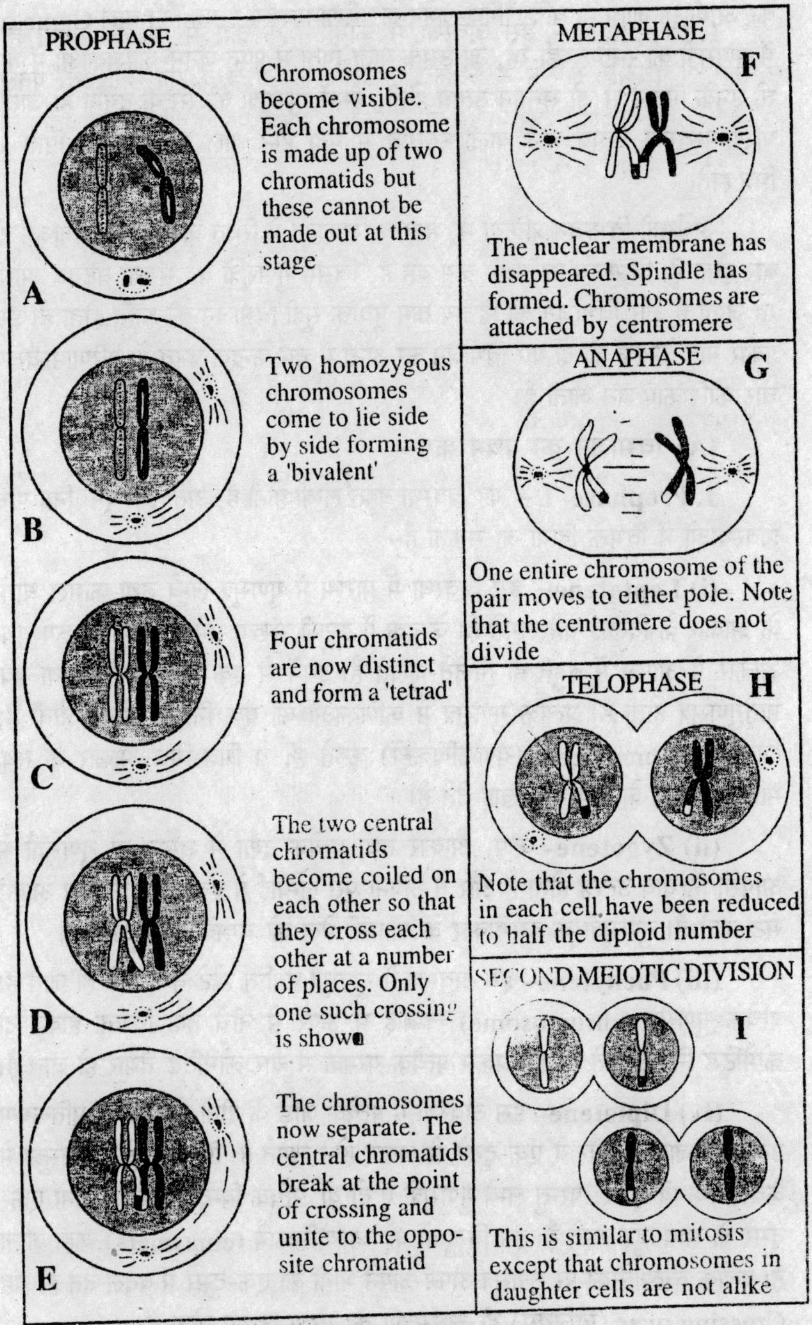

Fig. 4.7 Cell Division- Meiosis

कर आधी रह जाती है। यदि लैंगिक-जनन के परिणामस्वरूप उत्पन्न होने वाले Gametes में गुणसूत्रों की संख्या वही रहे, जो उसके माता-पिता से प्राप्त जनन-कोशिकाओं में थी, तो उनके मिलने से जो सन्तान उत्पन्न होती, उसमें गुणसूत्रों की संख्या दुगुनी हो जाती। परिणामस्वरूप उत्पन्न होने वाली सन्तति में पैदा होने वाले लक्षण माता-पिता से भिन्न होते।

अर्धसूत्री विभाजन प्रक्रिया में, मातृ कोशिकाओं में स्थित केन्द्रक का विभाजन दो बार होता है। विभाजन का प्रथम क्रम वह है, जिसमें गुणसूत्रों की संख्या घटकर आधी रह जाती है और विभाजन का द्वितीय क्रम पूर्वोक्त सूत्री विभाजन की भाँति होता है। इस प्रकार मातृ केन्द्रक का दो बार विभाजन कर अन्त में चार केन्द्रक बनते हैं। परिणामस्वरूप चार कोशिकाएँ बन जाती हैं।

(A) विभाजन का प्रथम क्रम–

1. Prophase- I.– यह अवस्था बहुत लम्बी होती है, अतः इसे पुनः निम्न पाँच प्रावस्थाओं में विभक्त किया जा सकता है–

(i) Leptotene– इस अवस्था में प्रारम्भ में गुणसूत्र लम्बे तथा कोमल धागों के आकार के दिखाई देने लगते हैं। केन्द्रक में इनकी संख्या सम होती है। ये रूप तथा आकार में आपस में बहुत ही मिलते-जुलते हैं। इनमें से एक पितृ गुणसूत्र तथा एक मातृगुणसूत्र होता है। प्रत्येक गुणसूत्र में कणिकाओं की एक निश्चित संख्या होती है, जिनको Chromomeres (वर्णकणिकायें) कहते हैं, ये भिन्न-भिन्न आकार के तथा माला के दानों के रूप में दिखाई देते हैं।

(ii) Zygotene– रूप, आकार तथा प्रत्येक दशा में समान दो गुणसूत्रों में आपसी खिंचाव उत्पन्न होता है और वे अपनी पूरी लम्बाई में एक दूसरे के पास आकर सट जाते हैं। गुणसूत्रों के इस प्रकार के आपसी मेल को युग्मक कहा जाता है।

(iii) Pachytene– इस अवस्था में गुणसूत्र पर्याप्त छोटे तथा मोटे हो जाते हैं। प्रत्येक गुणसूत्र (chromosome) लम्बाई में ऊपर से नीचे तक विभक्त होकर दो क्रोमेटिड निर्मित होते हैं। इस प्रकार प्रत्येक युग्मक से चार क्रोमेटिड तैयार हो जाते हैं।

(iv) Diplotene– इस अवस्था में प्रत्येक जोड़े के दोनों गुणसूत्रों में प्रतिकर्षण उत्पन्न हो जाता है और वे एक-दूसरे से अलग होने लगते हैं। फिर भी छोटे गुणसूत्रों मे केवल एक बिन्दु पर, परन्तु लम्बे गुणसूत्रों में दो या अधिक बिन्दुओं पर, वे दोनों एक-दूसरे के साथ जुड़े रहते हैं। इन बिन्दुओं को व्यत्यासिकायें (chiasmata) कहा जाता है। प्रत्येक व्यत्यासिका पर गुणसूत्र अपने-अपने भागों को एक-दूसरे में बदल देते हैं। यह Crossing over (विनियम) **ही अर्धसूत्रण का मुख्य लक्षण होता है।**

(v) Diakinesis– इस अवस्था में गुणसूत्र और अधिक छोटे तथा मोटे होकर मुड़ जाते हैं और अपने वास्तविक आकार को धारण कर लेते हैं। ये एक दूसरे से अलग-अलग परन्तु केन्द्रकावरण के पास मिले हुए दिखाई देते हैं।

2. Metaphase-I– इस अवस्था में और भी परिवर्तन होते हैं। सबसे पहले केन्द्रकावरण तथा केन्द्रकाणु दोनों लुप्त हो जाते हैं। इसके पश्चात् केन्द्रकीय तर्कु बन जाता है और गुणसूत्र इस तर्कु के मध्य भाग में आकर स्थित होने लगते हैं। चारों गुणसूत्र तर्कु तन्तुओं (Spindle fibres) से गुणसूत्र बिन्दुओं पर जुड़े रहते हैं। गुणसूत्रों के सेंट्रोमेयर अलग-अलग होते हैं। तथा गुणसूत्र भी विपरीत दिशाओं में मुख किये हुए होते हैं।

3. Anaphase-I– इस अवस्था में प्रतिकर्षण के कारण दोनों गुणसूत्र एक दूसरे से अलग हो जाते हैं और तर्कु के भिन्न-भिन्न ध्रुवों पर पहुँच जाते हैं।

4. Telophase-I– इस अवस्था के अन्त में प्रत्येक ध्रुव पर गुणसूत्र एकत्रित होकर समूह बना लेते हैं। इस प्रकार जो दो केन्द्रक बनते हैं, उनमें गुणसूत्रों की संख्या आधी रह जाती है और प्रत्येक गुणसूत्र दो अर्धगुणसूत्रों (Cromatid) का बना होता है। प्रत्येक केन्द्रक या तो कुछ समय तक विश्राम करता है या तुरन्त ही विभाजन के द्वितीय क्रम के अन्तर्गत चला जाता है।

(B) विभाजन का द्वितीय क्रम–

1. Prophase-II– एक अति संक्षिप्त अवस्था है और केन्द्रकीय तर्कु नहीं बनता। प्रत्येक गुणसूत्र के दोनों क्रोमेटिड अलग-अलग रहते हैं। परन्तु वे व्यत्यासिका पर अवश्य जुड़े रहते हैं।

2. Metaphase-II– इसमें फिर से केन्द्रकावरण तथा केन्द्रक लुप्त हो जाते हैं और केन्द्रकीय-तर्कु (Nuclear spindle) बन जाता है। गुणसूत्र इस तर्कु के मध्य-रेखा पर आ जाते हैं। जो क्रोमेटिड जोड़ों में होते हैं, वे अब अलग-अलग होने लगते हैं।

3. Anaphase-II– इसमें प्रत्येक जोड़े के दोनों क्रोमेटिड अलग होकर तर्कु के ध्रुवों की ओर एक-एक चले जाते हैं।

4. Telophase-II– इसमें कोशिका द्रव्य का विभाजन होता है, इसको कोशिका द्रव्य विभाजन कहते हैं। केन्द्रकावरण तथा केन्द्रकाणु पुनः निर्मित हो जाते हैं। इस प्रकार चार सन्तति केन्द्रक बन जाते हैं। प्रत्येक केन्द्रक में गुणसूत्रों की घटी हुई संख्या उपस्थित रहती है। इस प्रकार अर्ध-सूत्री विभाजन के द्वितीय विभाजन के परिणाम स्वरूप चार सन्तति कोशिकाएँ बन जाती हैं।

१२. बीज, बीजभाग, बीजभागावयव एवं विकृति (Fertilized ovum, neucleus, chromosomes and genes)

(A) जन्म जात गर्भ विकृति को वैरूपकि (Teratology) कहते हैं। इसके मुख्यत: दो कारण हैं–

१. आनुवंशिकी- Genetic २. परिस्थितिकी- Environmental

१. आनुवंशिकी (Genetic)

शुक्र-शोणित द्वारा होने वाली विकृतियाँ, शुक्र शोणित एवं गर्भोत्पादक बीज हैं। इस बीज से या बीज भाग से जो-जो अंग उत्पन्न होते हैं अर्थात् जिस अंग एवं प्रत्यंग का बीज भाग दूषित होता है, उन-उन अंगों या प्रत्यंगों में विकृति होती है।

इस गर्भ बीज (Fertilized ovum) में उपस्थित बीज भाग (Neucleus) और पुन: बीज भाग में अन्दर उपस्थित बीज भागावयव (chromosomes and genes) होते हैं। अत: वंश परम्परागत (Heredity) आने वाले रोग इन्हीं बीज, बीजभाग एवं बीजभागावयवों द्वारा सन्तानों में आते हैं।

२. परिस्थितिकी (Environmental)

जब स्त्री के गर्भाशय में गर्भ विकसित हो रहा होता है, उसी समय स्त्री शरीर में किसी प्रकार की परिस्थिति पैदा हो जाती है और गर्भ विकृति को प्राप्त होता है। यह परिस्थिति मुख्यत: स्त्री के आहार-विहार पर आश्रित है।

इस प्रकार मुख्य रूप से दो गर्भ विकृति जन्य कारण (Teratogenic agent) हैं। जिससे गर्भ पूर्णतया नष्ट न होकर विकृति को प्राप्त होता है।

(B) विकृत आर्त्तव का प्रभाव, विकृत शुक्र का प्रभाव, विकृत सात्म्यज, रसज, सत्वज का प्रभाव, आत्मा का प्रभाव-आत्मा विकार रहित होती है। आत्मा में विकृति मन से होती है।

(C) प्रत्येक फलित बीज में सूक्ष्म रूप में शरीर के सर्व अंगों और प्रत्यंगों के बीज भाग रहते हैं। पंचमहाभूतों से उन पर प्रक्रिया होती है तथा अग्नि तत्व से उनका पाचन होता है। उस समय किसी प्रत्यंग का बीज भाग उपतप्त हो गया या नष्ट हो गया तो उस बीज भाग से उत्पन्न होने वाले प्रत्यंग में विकृति पाई जाती है। बीज भाग उपतप्त नहीं हुआ हो तो, उस प्रत्यंग में विकृति नहीं होती।

१३. आनुवंशिकी सिद्धान्त (Heredity characters)

- भारतीय संस्कृति में सृष्टि निर्माण परम्परा में कार्यकारण भाव का सिद्धान्त निहित है, जिसके आधार पर हम कारण से उत्पन्न होने वाली कार्य सृष्टि का एवं कार्य को देखकर उत्पादक कारण सिद्धान्तों का ज्ञान प्राप्त कर लेते हैं।
- आनुवंशिक सिद्धान्त भी कारण परम्परा पर ही आधारित है अर्थात् कारण के अनुरूप कार्य की उत्पत्ति होती है। कारण जैसा होगा कार्य भी उसके अनुरूप ही होगा। जैसे– दूध को जमाने से ही दही की उत्पत्ति होती है, न कि पानी या अन्य तरल जमाने से।
- जीव उद्विकास के लिए विभेद (Variation) तो मूल कारण है ही, दूसरा आवश्यक कारण वंशपरम्परा (Heredity) है। कोई भी नया गुण किसी व्यक्ति में विभेदन के फलस्वरूप उत्पन्न होता है, उसी गुण का सन्तति में चले जाना वंश-परम्परा (Heredity) पर ही निर्भर करता है।
- यह देखा जाता है कि एक ही माता-पिता की सन्तान देखने से परस्पर बहुत कुछ अंश मिलती-जुलती हैं, फिर भी कुछ विशेष अंगों से समानता होते हुए भी बहुत कुछ विषमताएँ भी होती हैं। माता-पिता के साधारण गुण तो सन्तान में पहुँचते ही हैं। साथ ही उसके शरीर के आधार, उनकी कुछ जन्मजात बिमारियाँ, उसके स्वभाव या विशेषताएँ तथा रचनात्मक, भौतिक, आध्यात्मिक एवं मानसिक गुण भी वंशानुक्रम द्वारा सन्तति में आते हैं। अत: जीव की उत्पत्ति में भी माता-पिता एवं वंश परम्परा का सिद्धान्त लागू होता है।
- मनुष्य प्राणी से मनुष्य की, गाय से गाय-बैल की और घोड़े से घोड़े की उत्पत्ति होना, इसके पीछे आनुवंशिकी सिद्धान्त ही है।
- प्रत्येक प्राणी के बीज में कोषावरण के अन्दर जो जाल के टुकड़े (chromosomes) होते हैं, उनकी संख्या प्राणी-प्राणीनुसार अलग-अलग रहती है। बीज में बीजभाग प्रत्येक प्राणी में विशिष्ट रहते हैं। इसी से गाय से गाय-बैल, मनुष्य से मनुष्य उत्पन्न हो सकते हैं।
- आयुर्वेद के अनुसार बीज परिपक्व होने पर अपनी-अपनी प्रकृति को प्राप्त होते हैं। जैसे– ब्रीही से ब्रीही तथा यव से यव की उत्पत्ति हो सकती है। इसी प्रकार स्त्री पुरूषों के बीज में भी मनुष्य की उत्पत्ति होने लायक बीज भाग रहते हैं।
- संसार में अनेकों प्रकार के शरीरधारी जीव होते हैं। और उनके शरीर की बनावट भिन्न-भिन्न होती है। जिससे एक प्रकार के जीव दूसरे प्रकार के जीव से पहचाना जा सकता है। ऐसा स्वभाव (Nature) से होता है।
- वंश-परम्परा के नियमों को सर्वप्रथम ग्रेगर मैण्डल (Grager Mendel) ने प्रकाशित किया।

- आधुनिक वैज्ञानिकों के अनुसार Chromosomes की संख्या भिन्न-भिन्न होती है। जिससे अनुवंशिकता देखने को मिलती है। मनुष्य में Chromosomes की संख्या ४८ होती है। इन्हीं Chromosomes में वंश परम्परा (Heredity) के सभी Factors होते हैं।

१४. लिङ्ग भेद (Sex determination)

जो गर्भ उत्पन्न होगा, वह पुरूषलिङ्गी (Male) होगा या स्त्रीलिङ्गी (Female) होगा। इसका निर्णय करने के लिए कुछ सिद्धान्त बताये गये हैं–

"तत्र शुक्र बाहुल्यात् पुमान्, आर्त्तव बाहुल्यात् स्त्री, साम्यादुभयोर्नपुंसकमिति ।"

(सु.शा. ३/४)

१. स्त्री-पुरूष के संयोग में शुक्र की अधिकता होने पर पुत्र तथा आर्त्तव की अधिकता होने पर कन्या और शुक्रार्त्तव की समानता होने पर नपुंसक सन्तान होती है।

२. रज:स्वला स्त्री में प्रथम तीन दिन संभोग के लिए त्याज्य माने गए हैं। चौथे दिन से गणना करने पर ४-६-८-१०-१२ ये दिन युग्म दिवस तथा ५-७-९-११ ये दिन अयुग्म दिवस कहे जाते हैं।
   - युग्म दिनों में आर्त्तव अल्प शक्ति वाला होता है, अत: शुक्र की अधिक शक्ति के कारण पुत्र का निर्माण होता है।
   - और अयुग्म दिनों में आर्त्तव की अधिक शक्ति के कारण कन्या का निर्माण होता है।

३. स्त्री शरीर में गर्भाशय के वाम (Lt.) तथा दक्षिण (Rt.) की ओर एक-एक बीज ग्रन्थि (Ovary) रहती है। प्रत्येक महिने में क्रमश: दक्षिण या वाम ग्रन्थि से परिपक्व स्त्री बीज निकलता है।
   - स्त्री की दक्षिण बीजग्रन्थी से अगर परिपक्व बीज निकला हो तो उसमें पुलिङ्गी गुण अधिक होते हैं, तो पुत्र की उत्पत्ति होगी।
   - अगर स्त्री की वाम बीजग्रन्थि (Lt. ovary) से बीज (Ovum) निकला हो तो, कन्या की उत्पत्ति होगी।

४. जिस गर्भिणी स्त्री के दाहिने स्तन में दुग्ध सर्वप्रथम उत्पन्न होवे, जिनकी दाहिनी कुक्षि अधिक बड़ी हो, सर्वप्रथम दाहिनी अध:शाखा में स्फुरण हो, दाहिने पैर को प्रथम उठाकर चलती हो, अधिकतर जिसे पुरूषवाचक नाम की वस्तुओं के दौहृद हों तथा जो स्त्री स्वप्न में भी आम, कमल आदि पुरूषवाचक नाम की वस्तुओं को ही देखती हो। जिसका मुख प्रसन्न तथा कांतिमान दिखता हो, वह स्त्री पुत्र को जन्म देगी। इसके विपरीत जो क्रियाएँ होती है, तो वह स्त्री कन्या को जन्म देगी।

५. According to modern-Sex determination–

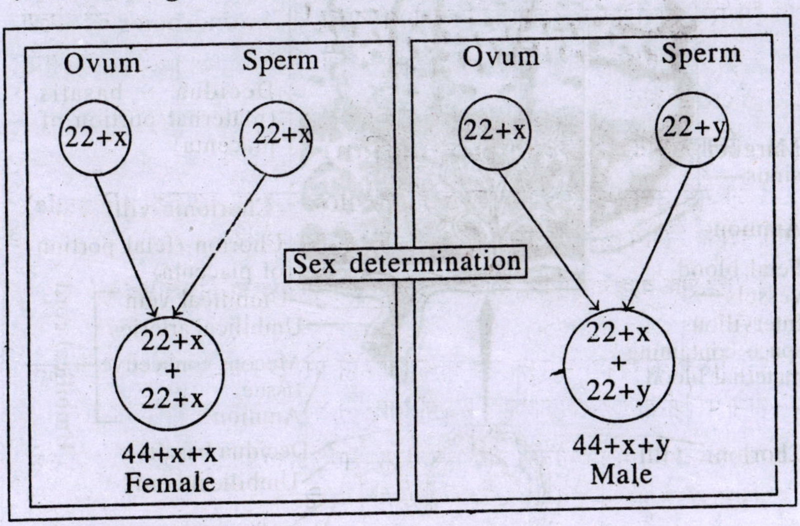

१५. अपरा निर्माण (Formation of the placenta)

A. आयुर्वेद के अनुसार

गर्भिणी स्त्री के आर्त्तववह स्रोतसों का गर्भ के द्वारा अवरोध होने से गर्भिणी स्त्री में आर्त्तव स्राव नहीं होता है। इस तरह वह आर्त्तव नीचे से अवरोध होने पर ऊपर की ओर आकर अपरा का निर्माण करता है। और शेष आर्त्तव स्त्री शरीर में और ऊपर आकर स्तनों में प्रविष्ट होता है। जिससे गर्भिणी स्त्री के स्तन पीले, उठे हुए तथा बड़े दिखाई देते हैं, इसी आर्त्तव से स्तनों में स्तन्य (दुग्ध) की उत्पत्ति होती है।

इस प्रकार आर्त्तव का अवरोध होने पर उसी से अपरा बनती है। यह अपरा तीन मास में बनकर पूर्ण हो जाती है। तथा गर्भ शरीर से गर्भनाभि नाड़ी द्वारा-अपरा तक और अपरा से रक्तवाहिनियों द्वारा मातृ हृदय (Uterus) तक सम्बन्ध स्थापित हो जाता है। अत: माता के रस और रक्त द्वारा ही गर्भ के शरीर की वृद्धि होती है।

B. According to modern

Placenta = Flat cake

- The placenta is the organ that carries out respiration, excretion and nutrition of the embryo, and it is fully formed during the 4th month.
- A developing embryo gets attached to the uterine endometrium. This is called implantation.

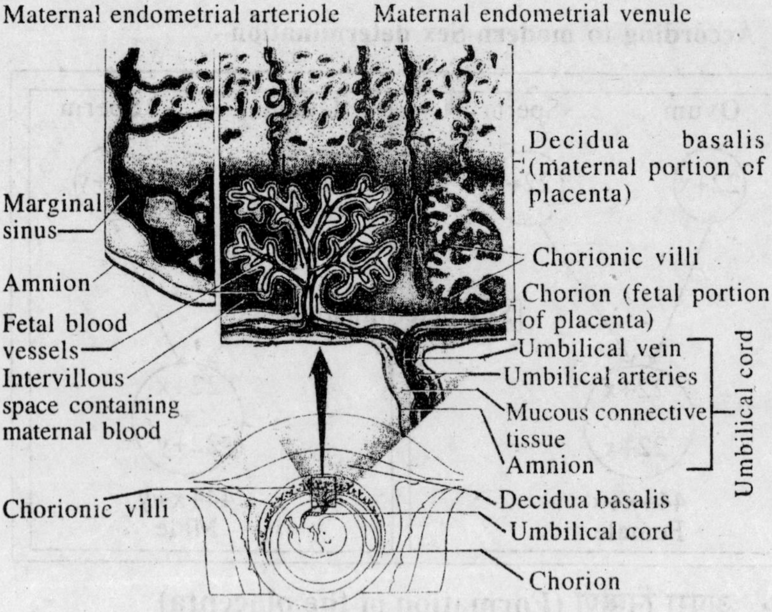

Fig. 4.8 Placenta and Umbilical Cord

- After implantation the endometrium is called decidua.
- The placenta is formed partly from embryonic structures and partly from the decidua. It is responsible for transport of nutrients and O_2 to the fetus and for removal of waste products.
- The essential elements of the placenta are chorionic villi. The villi are surrounded by maternal blood. Fetal blood circulates through capillaries in villi.
- The maternal and fetal blood are separated by a very thin placental membrane (barrier). All substances passing from mother to fetus traverse this membrane.
- The fetal tissue that take part in forming the placenta is chorion It consists of trophoblast (one layer of cells) resting on extra-embryonic mesoderm. Proliferation of cells of the trophoblast leads to formation of two layers; cytotrophoblast, which is cellular and syncytio trophoblast, which is syncytium.

- The first formed villi are called primary villi. They consist of a central core of cytotrophoblast covered by syncytio trophoblast.
- Secondary villi have three layers. From inside to out side these are extra-embryonic mesoderm, cytotrophoblast and syncytiotrophoblast.
- In tertiary villi blood capillaries are formed in the extra-embryonic mesoderm.
- Villi are surrounded by an intervillous space which contains maternal blood. As the placenta enlarges septa grow into the intervillous space dividing the placenta into lobes.
- The fully formed placenta is about **6 Inch in diameter** and about **500 gm. in weight. Thickness in 23 mm.** and **surface area 30,000 mm.**

  a. Structure– Flattened descoidal mass.
  Circular or oval out line.

  b. Surface– Two surface- 1.Maternal surface
  2.Fetal surface

  c. Volume– 500 ml.

- By the 4th month of pregnancy, the placenta is a well developed organ. As the pregnancy continues, the placenta increases in area and thickness. The placental attachment occupies 1/3 of the internal surface of the uterus.
- At birth, a few minutes after the delivery of the child, the placenta seperates from the uterine wall and is expelled from the uterine cavity as the result of the contractions of the uterine musculature. The line of seperation occurs through the spongy layer of the decidua.
- The placenta is normally attached to the upper part of the body of the uterus.
- A placenta attached lower down is called placenta praevia. It can cause problem during child birth.

Formation of placenta– Trophoblast and the tissue of uterus together form an important organ the placenta.

१६. नाभिनाड़ी निर्माण (Formation of the umbilical cord)

A. आयुर्वेद के अनुसार

इसी को गर्भनाभिनाड़ी कहते हैं। क्योंकि यह गर्भ की नाभि से सम्बन्धित रहती है।

- गर्भ के अंग-प्रत्यंग व्यक्त होते हैं, तब गर्भ की नाभि से सम्बन्ध नाड़ी दूसरी ओर अपरा से सम्बन्ध रहती है। और अपरा द्वारा मातृ हृदय से सम्बन्धित रहती है। इसी से मातृहृदय से माता का आहार रस धमनियों से जाता हुआ अपरा में आता है। और क्रमशः वह अपरा से गर्भनाभि नाड़ी द्वारा गर्भ की नाभि से होता हुआ गर्भ के शरीर में प्रविष्ट होता है।
- गर्भ की नाभि से नाड़ी लगी होती है, नाड़ी से अपरा और अपरा से मातृहृदय लगा हुआ होता है। अतः मातहृदय (uterus) से ही सिराओं द्वारा अपरा तक रस, रक्त का संचार होता रहता है।
- इस प्रकार अपरा के साथ-साथ गर्भनाभिनाड़ी की उत्पत्ति भी तीसरे मास में सम्पूर्ण हो जाती है। जिससे माता का हृदय और गर्भ शरीर इनका प्रत्यक्ष सम्बन्ध स्थापित हो जाता है। इसलिए चौथे मास में हृदय गतिमान होता दिखाई देता है तथा हृत् ध्वनि भी सुनी जा सकती है।
- Umbilicus ⇆ Umbilical cord ⇆ Placenta ⇆ Uterus
  (नाभि) (नाभिनाड़ी) (अपरा) (मातृहृदय)

B. According to modern

- The umbilical cord develops from the connecting stalk. (Extra embronic mesoderm forms the connecting stalk.)

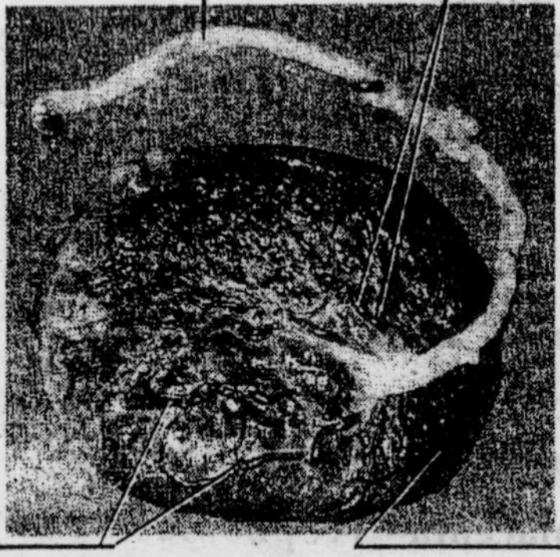

Fig. 4.9 Placenta and Umbilical Cord

- As the embryo grows, the area of attachment of the connecting stalk to it becomes relatively smaller. Gradually this attachment is seen only near the caudal end of the embryonic disc. With the formation of the tail fold, the attachment of the connecting stalk moves to the ventral aspect of the embryo. It is now attached in the region of the umbilical opening.
- Now, blood vessels have developed in the embryo and also in the placenta. These sets of blood vessels are in communication by means of arteries and veins passing through the connecting stalk At first, there are 2 arteries and 2 veins in the connecting stalk, but latter the rt. vein disappears.
- The umbilical cord is a vascular connection B/w mother and fetus. It consists of two arteries that carry DeO_2 fetal blood to the placenta. One umbilical vein that carries O_2 blood into the fetus and supporting mucous connective tissue, called wharton's jelly from the allantois. The entire umbilical cord is sorrounded by a layer of amnion.
- At the time of birth of the child, the umbilical cord is about half meter long and about 2 cm. in diameter.
- It shows marked torsion, which is probably due to fetal movements.
  - An umbilical cord that is either too short or too long can cause problems during delivery of the fetus.
  - After the birth of the baby, the placenta detaches from the uterus and is termed the after birth.
- At this time, the umbilical cord is severed, leaving the baby on its own. The small portion (about an inch) of the cord that remains still attached to the infant begins to wither and falls off; usually within 12-15 days after birth. The area where the cord was attached becomes covered by a thin layer of skin and scar tissue forms. The scar is the umbilicus (navel)

१७,१८ जरायु या उल्व

(Amnion, amniotic membrane, chorion)

अपरा से लगा हुआ एक कला कोष गर्भ शरीर के चारों ओर घेरा रहता है। जिसे जरायु या उल्व कहते हैं।

१९, २० उल्वोदक या गर्भोदक (Amniotic fluid)

(अपरा में) उसमें एक द्रव भरा हुआ रहता है, जिसमें गर्भ शरीर गर्भनाभि नाड़ी से लटकता हुआ तैरता है। उस द्रव को गर्भोदक या उल्वोदक कहते हैं।

२१. प्रकृति

(i) प्रकृति का अर्थ प्राकृत शरीर से है। शरीर की सभी क्रियाएँ जो अविकृत हों, प्रकृति विज्ञान के नाम से कही जाती है। परन्तु प्राकृत भिन्नता भी बहुत पाई जाती है। यह प्राकृत भिन्नता प्राणी के स्वभाव में पाई जाती है। अतः इसको विकृत नहीं कहा जा सकता। यह अजन्म, अमरण, अपरिवर्तित रहती है। उनका न कोप होता है, न क्षय, न प्रकृति भेद।

- विष से उत्पन्न कीट के लिए जैसे विष स्वभाव से मारक नहीं होता, वैसे ही वातादि प्रकृतियाँ पुरूष को क्षति नहीं पहुचाँती। क्योंकि यह प्रकृति गर्भ में शुक्र शोणित से ही बन जाती है।

(ii) सामान्यतया व्यवहार में प्रकृति को स्वभाव कहा जाता है। विश्व में प्रत्येक मनुष्य का स्वभाव एक दूसरे से भिन्न पाया जाता है। गर्भस्थ शिशु का निर्माण पिता के शुक्राणु एवं माता के डिम्ब से होता है। इस संयोग के समय शुक्र एवं आर्त्तव में जो दोष प्रबल होता है, उसी के अनुसार गर्भ की दोषज प्रकृति बनती है, जिसके आधार पर चिकित्सा की जाती है। इनके अतिरिक्त त्रिगुण के आधार पर भी तीन प्रकृतियाँ बनती है। गर्भ निर्माण में मन भी सहायक होने से मानसिक प्रकृतियाँ भी बनना आवश्यक है। जिस गुण की गर्भ स्थापना में प्रधानता होती है, उसी का मानसिक क्रियाओं पर सर्वाधिक प्रभाव पड़ता है।

- गर्भ पर इन प्रकृतियों के अतिरिक्त बाह्यविशेष परिस्थितियों के कारण भी प्रभाव पड़ता है। जिनके कारण प्रकृति भी प्रभावित होती है।

(iii) **गर्भज प्रकृति**– माता के गर्भ में शुक्र शोणित का संयोग होने पर उसमें आत्मा सहित सूक्ष्म शरीर का जब प्रवेश होता है, तब वातादि दोषों में से जो दोष प्रबल होता है, उसी से उस गर्भ बीज की प्रकृति बनती है। गर्भ के विकास में वही प्रकृति वृद्धि करते हुए व्यक्ति की प्रकृति बन जाती है।

- यद्यपि प्रकृति निर्माण में शुक्र-शोणित संयोग विशेष रूप से कारण माने जाते हैं। फिर भी कुछ अन्य कारण हैं, जो प्रकृति निर्माण में सहायक हैं–
- माता का आहार विहार।
- पांचभौतिक संगठन।

(iv) **जातज प्रकृति–** शिशु के उत्पन्न होने के पश्चात् व्यक्ति के पूर्ण विकास तक गर्भज प्रकृति पर अनेक प्रकार के भावों का प्रभाव पड़ता है। उन्हीं भावों से मनुष्य की प्रकृति का पूर्णरूप से विकास होता है। तथा उन्हीं परिस्थितियों के कारण मनुष्य के स्वभाव में परिवर्तन भी आ जाता है। ये कारण निम्न है–**"जाति-कुल-देश-काल-वय-प्रत्यात्मनियता।"**

१. जाति प्रसक्ता– व्यक्ति के किसी जाति विशेष में जन्म लेने पर उस जाति का व्यक्ति के स्वभाव पर प्रभाव पड़ता है।

२. कुल प्रसक्ता– जिस कुल या परिवार में शिशु का जन्म होता है, उस कुल की परम्पराओं का प्रभाव व्यक्ति के स्वभाव पर अवश्य पड़ता है।

३. देशानुपातिनी– संसार के विभिन्न देशों में रहने वाले लोगों के जीवन एवं स्वभाव में भिन्नता देखी जाती है। जैसे– शीत प्रधान एवं उष्ण प्रधान देशों में रहने वाले लोगों के स्वभाव में भिन्नता होना।

४. कालानुपातिनी– प्रकृति पर ऋतु, नक्षत्रादि की गति का भी प्रभाव पड़ता है। ज्योतिषी इसी के आधार पर बालक की जन्मपत्री आदि बनाते हैं एवं उनके स्वभाव का विवरण देते हैं।

५. वयोऽनुपातिनी– सामान्यतया बाल, युवा एवं वृद्ध अवस्था में अपनी स्वाभाविक प्रकृति के अतिरिक्त भी दोषों की प्रबलता देखी जाती है। जैसे– बाल्यावस्था में- कफ, युवावस्था में- पित्त, एवं वृद्धावस्था में- वात सम्बन्धी बाधाएँ आती हैं।

६. प्रत्यात्मनियता (पूर्व जन्म के लक्षण)– आत्मा पूर्व जन्म के संस्कारों सहित शरीर में प्रवेश करती है। अतः पूर्वजन्म के संस्कारों द्वारा व्यक्ति में गुण एवं बहुत से अवगुण प्रकृति के विपरित आते हैं। इससे भी प्रकृति परिवर्तित हो जाती है।

- **भौतिक प्रकृतियाँ–** पंचमहाभूतों के अनुसार पाँच प्रकार की होती हैं।
- **सार प्रकृतियाँ–** सात धातुओं के अनुसार सात प्रकार की होती है।

निदान की दृष्टि से प्रकृति को दो भागों में विभक्त किया जाता है–

१. देह प्रकृति या दोषज प्रकृति।

२. सत्व प्रकृति या गुणमयी प्रकृति।

१. देह प्रकृति या दोषज प्रकृति– गर्भाधान के समय शुक्र एवं शोणित में जिस दोष की अधिकता होती है, वैसी ही गर्भ शरीर की प्रकृति का निर्माण होता है।

भेद– "सप्त प्रकृतयो भवन्ति– दोषैः पृथग्, द्विशैः, समस्तैश्च ।" (सु.शा. ४/६१)

प्रकृतियाँ सात हैं–

१. वात
२. पित → एक दोषज - हीन प्रकृति - निन्दित होते हैं।
३. कफ

४. वात पित
५. वात कफ → द्विदोषज - मध्य - निन्दित होते हैं।
६. पित कफ

७. वात पित्त कफ समदोषज - सम - सर्वश्रेष्ठ होते हैं।

१. वात प्रकृति पुरूष के लक्षण–

- वात प्रकृति का मनुष्य, वात के गुणानुसार अल्पकेशयुक्त, कृश तथा रूक्ष शरीर वाला, वाचाल, चल तथा **स्वप्न में आकाश में गमन** करने वाला होता है।
- वातिक पुरूष बकरी, गीदड़, खरगोश, चूहा, ऊँट के स्वभाव वाला होता है।
- वातिक पुरूष का शरीर उत्साहयुक्त, मस्तिष्क का तीव्रगति (Active) से चलना, मन (Mood) का बदल जाना, किसी के कुछ कहने पर उत्तेजित हो जाना, बेचैन होना, किसी भी वस्तु का जल्दी याद हो जाना एवं जल्दी भूल जाना, ऊँची आवाज को पसन्द नहीं करना, निद्रा कम आना, आदि लक्षण होते हैं।

२. पित्त प्रकृति पुरूष के लक्षण–

- पित्त प्रकृति पुरूष में पित्त के गुणानुसार केश समय से पूर्व ही श्वेत हो जाते हैं। बुद्धिमान, स्वेदयुक्त एवं क्रोध युक्त होने के साथ-साथ **स्वप्न में अग्नि को देखने** वाला होता है।
- पैतिक पुरूष सर्प, उल्लू, गन्धर्व, यक्ष के स्वभाव के समान गुणों वाला होता है।
- शरीर का मध्य प्रकार का होना, विचारों में क्रमबद्धता एवं निश्चयात्मक भाव होना, तीव्र स्वभाव, दबाव में आकर क्रोधित हो जाना, धूप सहन नहीं होती, गर्मी में जल्दी थकावट, नेता के गुण, स्पष्ट वक्ता, भाषण देने में निपुण, हाथ-पैरों का गर्म रहना, नेत्रों का उष्ण होना, आदि लक्षण होते हैं।

३. कफ प्रकृति पुरूष के लक्षण–

- कफ प्रकृति पुरूष श्लेष्म गुणानुसार गम्भीर बुद्धि, स्थूल अंग वाला, स्निग्ध केशवाला, अत्यन्त बलवान तथा **स्वप्न में जलाशयों को देखने** वाला होता है।
- कफज पुरूष ब्रह्मा, इन्द्र, वरूण, सिंह, घोड़ा, गौ, सांड, गरूड़, हंस आदि के स्वभाव वाला होता है।

- रात्रि को देर तक जागना तथा सुबह देर से उठना उनका स्वभाव होता है। निद्रा ज्यादा आती है, खाना, चलना, बोलना आदि प्रत्येक कार्य में जल्दी नहीं रहती। चित्त शान्त रहता है। क्रोध कम आता है, शान्त वातावरण पसन्द करते हैं। निर्णय लेने से पूर्व बहुत सोच-विचार करते हैं। सच्चे लोगों की इज्जत करते हैं। पुरानी वस्तुओं को फेंकना उनके स्वभाव में नहीं होता।
- कफज प्राणी बहुत देर से कोई कार्य सीखते हैं। परन्तु एक बार समझने के बाद लम्बे समय तक मस्तिष्क में रखते हैं। नई सूचनाओं को देर से भांपते हैं।
- जिनमें वात और पित्त के लक्षण हों– वातपितज प्रकृति, जिनमें वात और कफ के लक्षण मिलते हों– वातकफज प्रकृति, जिनमें पित्त और कफ के लक्षण मिलते हों– पितकफज प्रकृति, जिनमें तीनों दोषों के लक्षण मिलते हों– समदोषज प्रकृति कहते हैं।

२२. सत्व प्रकृति या गुणमयी प्रकृति

गर्भाधान काल में मन बनाने वाले बीजांश से सत्व (मन) प्रकृति बनती है। मन के तीन गुणों– सत्व, रज, तम में जिस गुण की अधिकता होती हैं, उसके अनुसार सत्व प्रकृति बनती है।

भेद– सात्विक–	७	ब्रह्म-माहेन्द्र-वारूण-कौबेर-गान्धर्व-याम्य-ऋषि
राजस–	६	आसुर - सर्प - शाकुन - राक्षस - पैशाच - प्रेत
तामस–	३	पाश्व - मत्स्य - वानस्पत्य

१. सात्विक प्रकृति

(१) ब्रह्मकाय के लक्षण– पवित्रता, आस्तिकता (वेदों में विश्वास रखना), वेदों का अभ्यास करना, गुरूपूजन, अतिथि सत्कार और इज्या (यज्ञ करना) ये ब्रह्मकाय के लक्षण हैं।

(२) माहेन्द्रकाय के लक्षण– बड़प्पन, शूरता, आज्ञा देने का स्वभाव, हमेशा शास्त्रानुसार आचरण करने की बुद्धि, नौकरों का पालन-पोषण करना, आदि माहेन्द्रकाय के लक्षण हैं।

(३) वारूणकाय के लक्षण– ठण्डे पदार्थों के सेवन में प्रेम, सहन करने की शक्ति, पैंगल्य (नेत्रों का भूरापन), हरिकेश (केश कपिल वर्ण के होना), और मधुर भाषण करने का स्वभाव, ये वारूणकाय के लक्षण हैं।

(४) कौबेरकाय के लक्षण– मध्यस्थता, सहिष्णुता, धन कमाना और संचय करना, प्रजोत्पादन करना, ये कौबेरकाय के लक्षण हैं।

(५) गान्धर्वकाय के लक्षण— सुगन्ध युक्त पुष्पमाला का शौक, नाच, गाना, बजाना इत्यादि में इच्छा, और भ्रमणशीलता ये गान्धर्वकाय के लक्षण हैं।

(६) याम्यकाय के लक्षण— युक्त कार्य करने वाला, दृढ़ काम करने वाला, उत्तम, स्मरण शक्ति वाला, पवित्र, राग, मोह, मद, द्वेष इनसे रहित याम्यसत्व का होता है।

(७) ऋषिकाय के लक्षण— जप, व्रत, ब्रह्मचर्य, होम, अध्ययन ये सब करने वाला, ज्ञान-विज्ञान से युक्त मनुष्य ऋषि सत्व के होते हैं।

२. राजस प्रकृति

(१) आसुरकाय के लक्षण— ऐश्वर्ययुक्त, भयंकर रूप, शूर, अतिक्रोधी, दूसरों के गुणों में दोषारोपण करने वाला, अकेला खाने वाला, पेटू और कपटी मनुष्य आसुरसत्व का होता है।

(२) सर्पकाय के लक्षण— तीक्ष्ण, परिश्रमी, डरपोक, क्रोधी, कपटी, आहार और विहार में चपल अर्थात् शीघ्रता करने वाला मनुष्य सर्पसत्व का होता है।

(३) शाकुनकाय के लक्षण— अत्यन्त कामासक्त, निरन्तर खाने वाला, सहन न करने वाला, चंचल चित्त वाला ये शाकुनकाय (पक्षिकाय) के लक्षण हैं।

(४) राक्षस काय के लक्षण— एकान्तग्राहिता (एक ओर खाने वाला), भीषणता, असूया (गुणों में दोषाक्षेप), अधर्माचरण, अपनी स्तुति करना, राक्षसकाय के लक्षण हैं।

(५) पैशाचकाय के लक्षण— उच्छिष्टाहार सेवन (विकृत आहार), क्रोध, साहस करने का शौक, स्त्रीलोलुपता, निर्लज्जता, ये पैशाचकाय के लक्षण हैं।

(६) प्रेतकाय के लक्षण— विभाग न करने वाला, आलसी, दुःख करने वाला, दूसरों की निन्दा करने वाला, लोभी, दान न करने वाला, मनुष्य प्रेतसत्व का होता है।

३. तामस प्रकृति

(१) पशुकाय के लक्षण— बुद्धिहीनता, मन्द बुद्धि, स्वप्न में नित्य मैथुन देखना, स्मृतिहीनता, आयी हुई विपत्तियों को हटाने का प्रयास न करने वाला, ये पशुकाय के लक्षण हैं।

(२) मत्स्यकाय के लक्षण— चञ्चलता, मूर्खता, भीरूता, जल से प्रेम, आपस में लड़ना-झगड़ना, ये मत्स्यकाय के लक्षण हैं।

(३) वानस्पत्यकाय के लक्षण— एक स्थान में रहने की इच्छा करने वाला, नित्य खाने-पीने में लगा हुआ। सत्व, धर्म, काम और अर्थ इनसे रहित मनुष्य, ये वानस्पत्यकाय के लक्षण हैं।

२३. आकृतिदायक कारण (आह्लाददायक कारण)

आकृति को देने वाले मुख्यत: दो कारण हैं–

१. आनुवंशिकी परस्प (Genotype) २. व्यक्त पररूप (Phenotype)

१. आनुवंशिकी पररूप (Genotype)

Genotype प्राणियों की आकृति आनुवंशिकी संगठन (Genetic constitution) के अनुसार बनना आनुवंशिकी पररूप कहलाता है। इसी कारण मनुष्य मनुष्य को, गाय गाय या बैल को उत्पन्न करती है। ऐसा प्रत्येक जाति का आनुवंशिक संगठन एक जैसा होने के कारण है।

२. व्यक्त पररूप (Phenotype)

एक ही जाति के अलग-अलग प्राणियों की शक्लों में भिन्नता पाई जाती है। (External appearance)

आयुर्वेद के अनुसार–

१. आनुवंशिक पररूप– आयुर्वेद भी आनुवंशिक संगठन (genetic constitution) को मानता है, इसकी तुलना एक सांचे से करता है।

आचार्य चरक ने लिखा है कि, जैसे– मिट्टी और मोम का सांचा बना कर उसमें स्वर्ण, चांदी, तांबा आदि गलाकर छोड़ दिया जाये, तो जिस प्रकार का सांचा रहेगा, उसी प्रकार की मूर्तियाँ बन जाती हैं। इसलिए मातज आदि छः भावों से उत्पन्न होता हुआ गर्भ जब मनुष्य के शरीर में प्रविष्ट करता है, तब मनुष्य की आकृति उत्पन्न होती है। इसलिए मनुष्य प्रभव कहा जाता है, क्योंकि उसकी योनि मनुष्य है।

आयुर्वेद इस बात को भी स्वीकार करता है, कि आनुवंशिक संगठन बीज, बीजभाग, बीजभागावयवों का बना होता है।

२. व्यक्त पररूप (External appearance)– सन्तान की व्यक्त पररूपता माता-पिता व पूर्वजों के समान होती है। इसका वर्णन चरक संहिता में निम्न प्रकार से बताया गया है–

गर्भ की उत्पत्ति के समय स्त्री का मन जिस प्राणी की ओर आकृष्ट होता है। उसी प्राणी के समान सन्तान को स्त्री उत्पन्न करती है।

जिस प्रकार के आहार, आचार और चेष्टाओं से युक्त होकर स्त्री और पुरुष समागम करते हैं, इन्हीं गुणों वाली सन्तानें इनसे होती हैं।

पंचमहाभूतों में तेज से सर्ववर्णों की उत्पत्ति होती है। जब यह गर्भोत्पत्ति के समय जल महाभूत प्रधान होती है, तब गौर वर्ण का गर्भ उत्पन्न करती है। पृथ्वी महाभूत प्रधान-कृष्ण वर्ण को, पृथ्वी– आकाश महाभूत प्रधान-कृष्ण श्याम वर्ण को, जल-आकाश महाभूत प्रधान-गौर श्याम वर्ण को उत्पन्न करती है।

तेज + जल – गौर वर्ण
तेज + पृथ्वी – कृष्ण वर्ण
तेज + पृथ्वी + आकाश – कृष्ण-श्याम वर्ण
तेज + जल + आकाश – गौर-श्याम वर्ण

२४. गर्भ की मातृपरतन्त्रता

इसका अर्थ है– गर्भ स्वतन्त्र न होकर माता पर ही निर्भर रहता है।

पुरूष बीज तथा स्त्री बीज इनका संयोग होने से ही गर्भ की उत्पत्ति होती है। तब से गर्भ, जब तक माता के गर्भाशय में रहता है, तब तक वह माता के आहार रस तथा रक्त द्वारा ही अपना आहार प्राप्त करता है।

उसका निःश्वास तथा उच्छ्वास भी माता के द्वारा ही किया जाता है। इसीलिए गर्भ-गर्भाशय में जब तक रहता है, तब तक वह माता पर ही निर्भर रहता है।

गर्भ की मलोत्सर्ग क्रिया

मलाल्पत्वादयोगाच्च वायोः पक्वाशयस्य च ।
वातमूत्रपुरीषाणि न गर्भस्थः करोति हि ।। (सु.शा. २/५६)

गर्भस्थ बालक में मल थोड़ा होने से, पक्वाशयगत अपानवायु का भी सम्यक् योग न होने से वह मल, मूत्र और वात (अपानवायु) इनका त्याग भी नहीं करता।

गर्भ रोता क्यों नहीं

जरायुणा मुखेच्छन्ने कण्ठे च कफवेष्टिते ।
वायोर्मार्गनिरोधाच्च न गर्भस्थः प्ररोदिति ।। (सु.शा. २/५७)

उस स्थिति में गर्भ का मुख जरायु (Amniotic membrane) द्वारा आच्छादित रहता है तथा उसका कण्ठ (Throat) भी कफ से अवरूद्ध रहता है। अतः कंठनाड़ी (Trachea) में अवरोध होने से वायु का मार्ग अवरोध होता है, उसी से गर्भ गर्भाशय में रोता भी नहीं है।

गर्भ के लिए व्यवहार

निःश्वासोच्छ्वास-सङ्क्षोभ-स्वप्नान् गर्भोऽधिगच्छति ।
मातुः निश्वसितोच्छ्वास सङ्क्षोभस्वप्नसम्भवान् ।। (सु.शा. २/५८)

गर्भ नि:श्वास-उच्छ्वास, हाथ-पैर हिलाना, सोना आदि क्रियाएँ भी नहीं करता, उसकी माता जब नि:श्वास-उच्छ्वास, हाथ-पैरों की हलचल, सोना आदि क्रियाएँ करती है, तब उन्हीं द्वारा गर्भ की भी ये क्रियाएँ होती है।

अत: गर्भ की सभी क्रियाएँ माता द्वारा होती हैं, तथा उसका पोषण भी माता के ही आहार रस तथा रक्त द्वारा होता है। इसीलिए उसे माता पर ही निर्भर रहना पड़ता है। इसी से उसे मातृ परतन्त्र कहा जाता है।

गर्भ मातृपरतन्त्र है, क्योंकि पिता द्वारा प्रदान किया हुआ बीज माता अर्थात् क्षेत्र, जल, ऋतु के सानिध्य के बिना गर्भ में परिणत नहीं हो सकता।

बीज –	Spermatozoa, ovum
ऋतु –	Ovulation, menstrual cycle
क्षेत्र –	Uterus
जल –	Nutrition उपस्नेह, उपस्वेद

२५. गर्भ उत्पादक सामग्री

आचार्य सुश्रुत के अनुसार गर्भ उत्पादक सामग्री

ध्रुवं चतुर्णां सान्निध्यात् गर्भस्यात् विधिपूर्वकः ।

ऋतु क्षेत्राम्बुबीजानां सामग्रयाद् अंकुरो यथा ।। (सु.शा. २/३५)

जिस प्रकार ऋतु (अनुकूल ऋतु), क्षेत्र (अच्छी जमीन), अम्बु (जल), बीज (अनाज या सब्जियों के बीज), इन चार भावों (पदार्थों) के मिलन से ही अनाज के अंकुर की उत्पत्ति होती है।

उसी प्रकार इन्हीं चार तत्वों के मिलने से गर्भ की (मनुष्य के अंकुर की) उत्पत्ति होती है। यहाँ पर इन चार भावों को निम्न प्रकार से समझते हैं–

(१) ऋतु (Menstrual cycle)– अर्थात् स्त्री शरीर में बारह वर्ष की आयु से पचास वर्ष की आयु तक लगातार प्रत्येक महिने में जो अवस्था उत्पन्न होती है, जिसका लक्षण प्रत्येक महिने में तीन से पाँच दिन तक स्त्री की योनि में होने वाला रज:स्राव ही माना जाता है। इस ऋतु काल में ही मनुष्य बीज तथा स्त्री बीज का मिलन होने पर उत्पन्न होने वाले गर्भ को धारण करने की शक्ति तथा क्षमता, स्त्री के गर्भाशय में रहती है। प्रत्येक महिने में आने वाली इसी अवस्था को ऋतुकाल कहा जाता है।

(२) क्षेत्र (Uterus)– जहाँ गर्भ की उत्पत्ति होती है, गर्भ रहता है तथा उसकी वृद्धि होती है, वह स्थान जिसे गर्भाशय या गर्भशय्या कहा जाता है।

(३) अम्बु (Nutrition)– स्त्री शरीर से गर्भ को मिलने वाला रस और रक्त। यही जल का काम करता है और गर्भ की वृद्धि करता है तथा पोषण करता है।

(४) बीज (पुरूष बीज तथा स्त्री बीज-Spermatozoa and ovum)– पुरूष बीज तथा स्त्री बीज इन दोनों के मिलन से ही गर्भ की उत्पत्ति होती है। इस प्रकार आचार्य सुश्रुत ने खेतों में अनाज के अंकुर की उत्पत्ति से गर्भ की उत्पत्ति की तुलना करते हुए आवश्यक भावों को बताया है।

अनुकूल ऋतु	← ऋतु →	Menstrual cycle
अच्छी जमीन	← क्षेत्र →	Uterus
जल	← अम्बु →	Nutrition
अनाज के बीज	← बीज →	Spermatozoa + ovum

२६. गर्भ वृद्धिकर भाव

"तत्र गर्भस्य पितृज-मातृज-रसज-आत्मज-सत्वज-सात्म्यजानि शरीर लक्षणानि।"

(सु.शा. ३/३१)

गर्भ उत्पन्न होते समय उसमें पितृज, मातृज, रसज, आत्मज, सत्वज और सात्म्यज भाव सम्मिलित होकर इन सबके समुदाय से ही गर्भ उत्पन्न होता है। अर्थात् गर्भ वृद्धि करता है। अतः ये छः भाव गर्भ की निर्मिति के लिए माने गए हैं।

१. पितृज– "गर्भस्य, केश-श्मश्रु-लोम-अस्थि-नख-दन्त-सिरा-स्नायु-धमनी-रेतः प्रभृतीनि स्थिराणि पितृजानि।" (सु.शा. ३/३१)

केश, श्मश्रु (दाढ़ी-मूँछ), लोम, अस्थि, नख, दांत, सिरा, स्नायु, धमनी तथा शुक्र ये स्थिर और कठिन भाव पितृज होते हैं।

२. मातृज– "मांस-शोणित-मेदो-मज्जा-हृन्नाभि-यकृत-प्लीहान्त्र-गुद प्रभृतीनि मृदूनि मातृजानि।" (सु.शा. ३/३१)

मांस, रक्त, मेद, मज्जा, हृदय, नाभि, यकृत, प्लीहा, आंत्र, गुद तथा अन्य जो मृदु भाव शरीर में पाये जाते हैं, वे मातृज कहलाते हैं।

३. रसज–"शरीरोपचयो बलं वर्णः स्थितिर्हानिश्च रसजानि।" (सु.शा.३/३१)

शरीर के धातुओं की वृद्धि, बल, वर्ण, स्थिति तथा क्षय ये सब भाव आहार रस द्वारा प्राप्त होते हैं।

४. आत्मज– "इन्द्रियाणि ज्ञानं विज्ञानमायुः सुखं दुःखादिकं चात्मजानि।"

(सु.शा. ३/३१)

इन्द्रियाँ, ज्ञान, विज्ञान, आयु, सुख तथा दुःख ऐसे सब भाव आत्मा से प्राप्त होते हैं।

५. सत्वज– "शौचमास्तिक्यमभ्यासो वेदेषु गुरूपूजनम्।" (सु.शा.४/८०)

सत्व अर्थात् मन। मन सदैव सत्व गुण से ही प्रेरित रहता है। रजो या तमो गुण का आधिक्य होने पर उसी सात्विक मन में विकृतियाँ उत्पन्न हो जाती हैं। अत: सात्विक मन द्वारा सत्व गुणों के लक्षण स्वरूप निम्न भाव प्राप्त होते हैं–

पवित्रता, ईश्वर में आसक्ति, वेदो में रूचि तथा उनका अध्ययन करने की प्रवृत्ति होना, गुरू, आचार्य, वृद्ध, विद्वान इनके प्रति आदर ये सब भाव प्राप्त होते हैं।

६. सात्म्यज– "वीर्यमारोग्यं बलवर्णौ मेधा च सात्म्यजानि।" (सु.शा. ३/३१)

वीर्य (तेज, शक्ति, ओज), आरोग्य, बल, वर्ण तथा मेधा ये भाव, प्रतिदिन ग्रहण किया जाने वाला उपयुक्त आहार-विहार तथा सतत् अभ्यास द्वारा प्राप्त किये जाते हैं।

इस प्रकार गर्भ की उत्पत्ति में या गर्भ की वृद्धि में उपर्युक्त विभिन्न भावों का योगदान रहता है। इसी से इन भावों को गर्भ वृद्धिकर भाव कहते हैं।

गर्भ वृद्धिकर भाव

१. पितृजादि छ: भाव	– पितृज-मातृज-रसज-आत्मज-सत्वज-सात्म्यज
२. बारह प्राणों से	– अग्नि-सोम-वायु-सत्व-रज-तम-पंचज्ञानेन्द्रियाँ- आत्मा
३. माता के आहार-विहार से	– उपस्नेह, उपस्वेद और अपरा (Placenta) द्वारा (रसैना) (ऊष्मा)
४. पंचमहाभूतादि षड्भावों से	– पंचमहाभूत + आत्मा
५. त्रिदोष परिपाक प्रक्रिया से	
६. सभी भावों की स्वाभाविक निरन्तरता से	

२७. गर्भ विकास (गर्भ निर्माण)= Development of embryo

(A) गर्भ का विकास अर्थात् गर्भ की वृद्धि किस प्रकार होती है। इस सन्दर्भ में आचार्य सुश्रुत ने निम्न प्रकार से कहा है–

शुक्रशोणितं गर्भाशयस्थं आत्मप्रकृति विकार संमूर्च्छितं 'गर्भ' इति उच्यते।

तं चेतनावस्थितं वायुर्विभजति, तेज एनं पचति, आप: क्लेदयन्ति, पृथ्वी संहति, आकाशं विवर्धयति; एवं विवर्धित: स यदा हस्तपादजिह्वाघ्राणकर्णनितम्बादिभिरंगैरूपेत: तदा 'शरीरं' इति संज्ञां लभते।।" (सु.शा. ५/३)

शुक्र और शोणित का गर्भाशय में संयोग होने पर उसमें आत्मा, आठ प्रकृतियाँ और सोलह विकार इन सबका संयोग होता है, तब उसे गर्भ कहते हैं।

उसमें चेतना का वास हो तो वायु उसे विभाजित करती है, तेज इसे पचाता है, जल क्लिनता पैदा करता है, पृथ्वी तत्व से संहनन और घनता उत्पन्न होती है, और

आकाश तत्व द्वारा रिक्तता निर्माण होकर उसका आकार बढ़ता है। इस प्रकार पाँचों महाभूतों द्वारा गर्भ पर कार्य होने से जब उसे हाथ, पैर, जिह्वा, नाक, कर्ण, नितम्ब आदि अंग-प्रत्यंग निर्माण होते हैं, तब ही उसे शरीर कहा जाता है।

(B) संयुक्त बीज या फलित बीज निर्माण होने के समय से गर्भ का सम्पूर्ण विकास तथा गर्भ शरीर का सम्पूर्ण निर्माण होने तक का समय अर्थात् नौ से दस मास तक गर्भ माता के गर्भाशय में ही रहता है। प्रत्येक महिने में गर्भ की थोड़ी-थोड़ी वृद्धि होते-होते उसका शरीर पूर्ण हो जाता है।

आधुनिक मतानुसार इन नौ या दस महिनों के तीन विभाग माने जाते हैं।

१. बीजावस्था (Germinal period)– फलित बीज निर्माण होने के समय से लेकर १८ दिन तक का समय। इसमें कोषों (Cells) का विभाजन होकर Morula तथा Blastula अवस्थाओं में वह पहुँचता है। और गर्भाशय (Uterus) में पहुँचकर गर्भाशय के प्राचीर के अन्तस्थकला (Endometrium) स्तर में चिपक जाता है।

उसके कोषावरण के बाह्य स्तर पर निकले मांसांकुरो (Villi) की वृद्धि होकर अपरा (Placenta) निर्माण का कार्य भी शुरू हो जाता है। इस परिवर्तन को १८ दिन लग जाते हैं।

२. भ्रूण अवस्था (Embryonic period)– इस अवस्था को १½-२ महिने लग जाते हैं। अपरा (Placenta), नाभिनाड़ी (Umbilical cord) निर्माण होता रहता है। तथा कोषों में तीन स्तर भी निर्माण होकर उनसे अंग-प्रत्यंग निर्माण होने की प्रक्रिया शुरू हो जाती है।

३. गर्भावस्था (Fetal period)– दो महिने से लेकर गर्भ के जन्म तक का यह समय है। इसमें गर्भ शरीर में सर्व दृष्टि से सर्वाङ्ग परिपूर्णता आ जाती है।

(C) गर्भ की मासानुमासिकी वृद्धि

१. **"तत्र प्रथमे मासि कललं जायते ।"** (सु.शा. ३/१५)

शुक्र और शोणित के संयोग होने से प्रथम मास में गर्भ का स्वरूप कलल (बुद्बुदाकार) होता है।

२. **"द्वितीये शीतोष्मानिलैरभिप्रपच्यमानानां महाभूतानां संघातो घनः सञ्जायते; यदि पिण्डः पुमान्, स्त्री चेत् पेशी, नपुंसकं चेदर्बुदमिति।"** (सु.शा. ३/१५)

दूसरे महिने में शीत (श्लेष्मा), ऊष्मा (पित्त) और अनिल (वायु) से परिपक्व महाभूतों के संघात से गर्भ घन बन जाता है।

यदि वह गर्भ पिण्डाकृति (गोल) का हो तो पुत्र उत्पन्न होता है, यदि पेशी हो तो कन्या और अर्बुद (Tumour) हो तो नपुंसक होता है।

३. **''तृतीये हस्तपादशिरसां पञ्च पिंडका निर्वर्तन्ते, अङ्गप्रत्यङ्गविभागश्च सूक्ष्मो भवति।''** (सु.शा. ३/१५)

तीसरे महिने में दो हाथ, दो पैर और सिर इनकी पांच पिण्डकाएं निकल आती हैं। और अंग-प्रत्यंग विभाग सूक्ष्म होता है।

४. **''चतुर्थे सर्वाङ्ग प्रत्यङ्ग विभागः प्रव्यक्तो भवति, द्विहृदयां च नारीं दौहृदिनीमाचक्षते।''** (सु.शा. ३/१५)

चौथे महिने में सम्पूर्ण अंग-प्रत्यंग विभाग पहले की अपेक्षा अधिक स्पष्ट हो जाते हैं। और गर्भ का हृदय स्पष्ट होने से चेतना धातु व्यक्त होती है। दो हृदय होने से गर्भिणी स्त्री को दौहृदिनी कहते हैं। दौहृद्व गर्भिणी की इच्छापूर्ति की अवहेलना करने से स्वस्थ सन्तान की उत्पत्ति नहीं होती। इसलिए दौहृदिनी स्त्री की इच्छापूर्ति करनी चाहिए, जिससे स्वस्थ और दीर्घायु सन्तान की उत्पत्ति हो।

५. **''पञ्चमे मनः प्रतिबुद्धतरं भवति।''** (सु.शा. ३/२८)

पाँचवें महिने में मन अधिक प्रबुद्ध एवं सचेत होता है।

६. **''षष्ठे बुद्धिः।''** (सु.शा. ३/२८)

छठे महिने में बुद्धि अधिक प्रव्यक्त हो जाती है।

७. **''सप्तमे सर्वाङ्गप्रत्यङ्गविभागः प्रव्यक्ततरः।''** (सु.शा. ३/२८)

सातवें महिने में सम्पूर्ण अंगों और प्रत्यंगों का विभाग अधिक स्पष्ट हो जाता है। इस महिने में पैदा हुआ बालक जीवित रह सकता है।

८. **''अष्टमेऽस्थिरी भवत्योजः।''** (सु.शा. ३/२८)

आठवें महिने में ओज अस्थिर (चंचल) होता है। इस महिने में बालक पैदा होने पर नैर्ऋत के भाग के कारण तथा ओज धातु अस्थिर रहने से बालक जीवित नहीं रहता। इस कारण नैर्ऋत को मांस और भात (चावल) की बलि देनी चाहिए।

९. **''नवमदशमैकादशद्वादशानामन्यतमस्मिन् जायते, अतोऽन्यथा विकारी भवति''** (सु.शा. ३/२८)

नौवें, दसवें, ग्यारहवें और बारहवें में से किसी भी महिने में गर्भ का स्वाभाविक प्रसव होता है। इसके बाद यदि प्रसव हो तो वह विकारी गर्भ समझा जाता है।

(D) Changes associated with embryonic and fetal growth

Month	Size	Weight	Representative changes
1	4 mm.	1.25 gm.	Eyes, nose and ears not yet visible. Vertebral column and vertebral canal form. Small buds that will develop into limbs form. Body systems begins to form. The C.N.S. appears at the starts of the 3rd week.
2	4 cm.	2-12gm.	Eyes fat apart, eyelids fused, nose flat, ossification begins. Limbs become distinct and digits are well formed. Major blood vessels form. Many internal organ continue to devolp.
3	5.5 cm.	30 gm.	Eyes almost fully developed but eyelids still fused, nose develops a bridge and external ears are present. Ossification continues. Limbs are fully formed and nails developed. Fetus begin to move, but it cannot be felt by mother. Body system continues to develop.

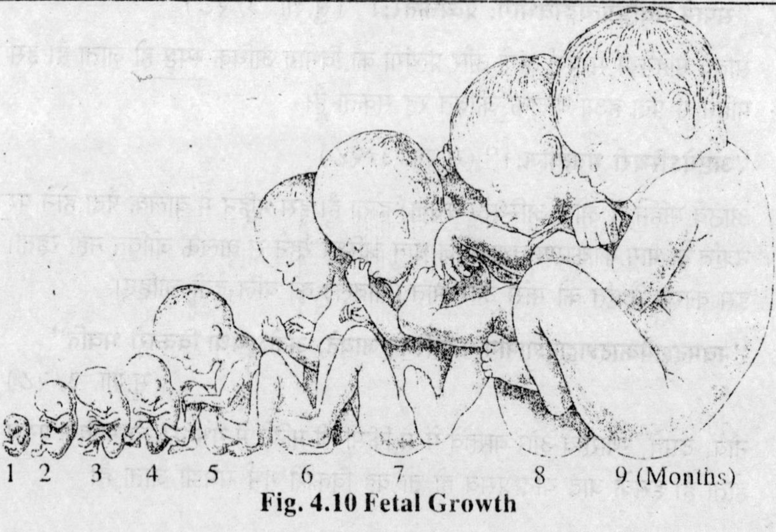

Fig. 4.10 Fetal Growth

Month	Size	Weight	Representative changes
4	22 cm.	240 gm.	Head large in proportion to rest of body. Face takes on human features and hair appear on head. Many bone ossified and joints begin to form. Rapid development of body systems.
5	30 cm.	480 gm.	Head less disproportionate to rest of body. Fine hair covers body. Brown fat forms and is the site of heat production. Fetal movement commonly felt by mother. Rapid development of body systems.
6	33 cm.	1 kg.	Head becomes even less desproportionate to rest of body. Eyelids separate and eyelashes form. Substantial weight gain. Skin wrinkled.
7	40 cm.	1.5 kg.	Head and body' more proportionate. Skin wrinkled. Seven month fetus (premature body) is capable of survival. Fetus assumes an upside-down position. Testes start to descend into scrotum.
8	45 cm.	2-2.5 kg.	Subcutaneus fat deposited. Skin less wrinkled. Chances of survival much greater at end of eighth month.
9	50 cm.	3-3.5 kg.	Additional subcutaneus fat accumlates. Lanugo shed. Nails extend to tips of fingers and may be even beyond.

२८. गर्भ की गर्भाशय में स्थिति

आभुग्नोऽभिमुखः शेते गर्भो गर्भाशये स्त्रियाः ।
स योनिं शिरसा याति स्वभावात् प्रसवं प्रति ।। (सु.शा. ५/५७)

- सर्व अंग और शाखाएँ संकुचित कर, अभिमुख किया हुआ गर्भ, गर्भाशय में सोया हुआ रहता है।

- किन्तु प्रसव के समय स्वाभाविक प्रकार से वह शिर की ओर से योनि में आता है।

२९. गर्भ पोषण (Nutrition of grabha)

गर्भ निर्माण के पश्चात् प्रमुख कार्य गर्भ का.पोषण है। इस प्रक्रिया पर ही गर्भ की सम्पूर्णता निर्भर करती है। यदि सभी साधन उपयुक्त होते हुए भी पोषण कर्म उचित नहीं हो तो गर्भ की परिवृद्धि रूक जाती है। एवं वह पूर्ण रूप से निर्मित नहीं हो पाता। अत: गर्भ पोषण क्रम तथा उस क्रम में भाग लेने वाले विशेष अवयवों का भी ज्ञान करना आवश्यक हो जाता है। (Embryonic nourishment)

शुक्र शोणित का संयोग होने के उपरान्त गर्भाशय मे गर्भ का अग्रिम निर्माण कार्य प्रारम्भ हो जाता है। गर्भ की वृद्धि में उसका पोषण प्रमुख है।

आयुर्वेद के अनुसार गर्भपोषण प्रक्रिया निम्न प्रकार है–

"मातस्तु खलु रसवहायां नाड्यां गर्भनाभिनाड़ीप्रतिबद्धा, साऽस्य मातुराहार रसवीर्यमभिवपति। तेनोपस्नेहेनास्याभिवृद्धिर्भवति।" (सु.शा. ३/२९)

- माता के रसवहा नाड़ी में गर्भ की नाड़ी लगी हुई रहती है। वह नाड़ी माता के आहार रस के वीर्य को गर्भ के लिए पहुँचाती है। उसी उपस्नेह से गर्भ की वृद्धि होती है।
- आचार्य चरक के अनुसार- प्यास और भूख से रहित गर्भ माता के अधीन रहता है। माता के आश्रित होकर सूक्ष्म रूप में सत् (वर्तमान), स्थूल रूप में असत् (अवर्तमान) अङ्ग-प्रत्यङ्ग वाला गर्भ गर्भाशय में गर्भाशय के उपस्नेह और उपस्वेद से अपना जीवन निर्वाह करता है। इसके बाद जब सभी अङ्ग-प्रत्यङ्ग व्यक्त हो जाते हैं, तब गर्भाशय में गर्भ को उपस्नेह और उपस्वेद रसवाहिनियों द्वारा प्राप्त होता है।
- गर्भ की नाभि में नाड़ी (Umbilical cord) लगी रहती है। नाड़ी में अपरा (Placenta) लगी रहती है। और अपरा मातृ हृदय (Uterus) से लगी रहती है। अत: मातृ हृदय की उससे सम्बन्धित सिराओं द्वारा अपरा को रस से परिपूर्ण करता है। उसी रस के कारण गर्भ में बल तथा वर्ण की उत्पत्ति होती है।

सभी रसों से युक्त वह आहार रस गर्भिणी स्त्री के शरीर में तीन भागों में विभक्त होता है–

१. एक भाग– उसके अपने शरीर की पुष्टि के लिए होता है।

२. दूसरा भाग– क्षीरोत्पत्ति (दूध बनाने) के लिए होता है।

३. तीसरा भाग– गर्भ पोषण के लिए है।

तीसरा भाग पुन: गर्भ पुष्टि दो प्रकार से करता है–

१. उपस्वेद २. उपस्नेह

१. उपस्वेद (Moisture, sweat)– का अर्थ वाष्प, आर्द्रता से है। जब तक अपरा नहीं बनती, तब तक गर्भ का पोषण बीज द्वारा स्वयं ग्रहण किए गए आहार से होता है। यह आहार उसे गर्भस्थमार्ग स्थित मातृ रस और रक्त से मिलता है। अथवा गर्भाधान के बाद जब प्रत्यंग अव्यक्त रहते हैं तथा अपरा और नाभिनाड़ी नहीं बनी होती है, तो गर्भ का पोषण गर्भस्थ रसवाहिनी धमनी के परिस्रवण करने वाली आर्द्रता, वाष्प (उपस्वेद) से होता है।

२. उपस्नेह (To become wet)– अपरा तथा नाभिनाड़ी से युक्त गर्भ का पोषण प्रसव पर्यन्त अपरा की अनुसरण करने वाली रसवाहिनियों (Uterine vessels) के अंकुर (choronic villi) से होता है।

माता की रसवहानाड़ी (placenta and uterine vessels) के साथ गर्भ की नाभिनाड़ी (Umbilical cord) प्रतिबद्ध रहती है, वही माता के आहार रस के वीर्य (शक्ति) का संवहन करती है। और उसके उपस्नेह से गर्भ की वृद्धि होती है।

According to modern– Nutrition of grabha

1. Yolk 2. Placenta

३०. भूत व्यापार = गर्भ विकास में भूत व्यापार

गर्भ विकास में महाभूतों के व्यापार का वर्णन करते हुए आचार्य सुश्रुत ने कहा है, कि–

(१) शुक्र शोणितं गर्भाशयस्थं आत्मप्रकृति विकार संमूर्च्छितं गर्भ इति उच्यते ।

तं चेतनावस्थितं वायुर्विभजति, तेज एनं पचति, आप: क्लेदयन्ति, पृथिवी संहति, आकाशं विवर्धयति; एवं विवर्धित: स यदा हस्तपादजिह्वाघ्राण कर्ण नितम्बादिभिरंगैरूपेत: तदा शरीरं इति संज्ञां लभते ॥ (सु.शा. ५/३)

(२) गर्भ की मासानुमासिकी वृद्धि का वर्णन करते हुए लिखा है, कि–

"द्वितीये शीतोष्मानिलैरभिप्रपच्यमानानां महाभूतानां संघातो घन: सञ्जायते।" (सु.सू. ३/१५)

दूसरे महिने में शीत, उष्मा एवं वायु से परिपक्व महाभूतों के संघात से यह गर्भ घन हो जाता है।

(३) त्रिदोष की उत्पत्ति कर्म में वाग्भट ने लिखा है, कि–

"वाय्वाकाशधातुभ्यां वायु:" – वायु + आकाश से वात की उत्पत्ति होती है।
"आग्नेयं पितम्" – अग्नि से पित की उत्पत्ति होती है।
"अम्भ: पृथ्वीभ्यां श्लेश्मा" – जल + पृथ्वी से कफ की उत्पत्ति होती है।

इस प्रकार ये महाभूत इन दोषों में रहकर अपने-अपने कर्मों के द्वारा विकास करते हैं।

(४) स्तर निर्माण से–

१. अन्त: जननस्तर	–	Endoderm	–	पित प्रधान
२. बाह्य जननस्तर	–	Ectoderm	–	वात प्रधान
३. मध्य जननस्तर	–	Mesoderm	–	कफ प्रधान

इन तीनों की उत्पत्ति पंचमहाभूतों से होने के कारण ये भी भूत व्यापार पर ही निर्भर हैं।

(५) पंचमहाभूत कोष विभाजन (Cell division) में भाग लेते हैं। जिसमें वायु महाभूत की प्रधानता होती है।

(६) गर्भ में वर्णोत्पत्ति– पंचमहाभूतों में से अग्नि महाभूत की तेजो धातु से सभी वर्णों की उत्पत्ति होती है।

•	जब **तेजो**धातु गर्भोत्पति के समय	–	**जल** प्रधान होती है	–	तब गर्भ को **गौर वर्ण** करती है।
•	,, ,,	–	**पृथ्वी** ,,	–	**कृष्ण वर्ण** ,,
•	,, ,,	–	**पृथ्वी+आकाश** ,,	–	**कृष्ण-श्याम वर्ण**
•	,, ,,	–	**जल+आकाश** ,,	–	**गौर-श्याम वर्ण**

३१. स्तर निर्माण (Formation of germ layer)

(A) आयुर्वेद के अनुसार

पंचमहाभूतों के पञ्चीकरण (पांचो महाभूतो के अंशों की उपस्थिति होना) होने से इन भूतों में अलग-अलग अनुपात (Ratio) होने लगता है। इनके अनुपात में भेद आने का अर्थ इनके कोषों (Cells) में विशेष धातु निर्माणार्थ शक्ति का उत्पन्न होना है। यह शक्ति शरीर के भिन्न-भिन्न अंग-प्रत्यंग निर्माण के लिए विभाजित (Divide) होने लगती है।

अर्थात् इन कोषों का विभाजन पंचमहाभूतों के अनुसार होने लगता है। ऐसा इनके परस्पर अनुप्रवेश (मिलना), अनुग्रह (अनुकूल होना) और परस्परोपकार (उसकी भलाई करने वाले) के कारण होता है।

- आचार्य सुश्रुत के अनुसार शुक्र सौम्य (जल) और आर्त्तव आग्नेय (अग्नि) हैं। परन्तु भूतों के आपस में उपकार, अनुग्रह और प्रवेश होने के कारण अन्य भूतों का भी इनके एक विशिष्ट अल्पमात्रा में सान्निध्य रहता है। भूतों के गुण परस्पर विरोधी होते हुए भी पञ्चीकरण बने रहना, इनके परस्पर अनुप्रवेश, अनुग्रह और उपकार के कारण है।
- कोष (Cells) भूतानुसार पाँच भागों में विभाजित हो जाते हैं, जैसे– आकाशीय, वायव्य, आग्नेय, जलीय और पार्थिव कोष। ये कोष आगे चलकर शरीर के आकाशीय आदि अवयवों को उत्पन्न करते हैं।

- इन कोषों (Cells) को तीन स्तरों में बाँटा गया है।

१.	अन्तः स्तर	– Endoderm –	पित्त, वायु की अधिकता, क्योंकि इससे यकृत, आमाशय, पित्तधराकला एवं उपधातुओं की उत्पत्ति होती है।
२.	बाह्य स्तर	– Ectoderm –	वायु की अधिकता, मुख्य रूप से वातनाड़ी संस्थान की उत्पत्ति व त्वचा की उत्पत्ति होती है।
३.	मध्यस्तर	– Mesoderm –	पृथ्वी, अग्नि, जल की अधिकता, इससे शरीर के सभी रस रक्तादि धातुओं की उत्पत्ति होती है।

(B) आचार्य सुश्रुत के अनुसार

"तस्य खल्वेवं प्रवृत्तस्य शुक्र शोणितस्य अभिपच्यमानस्य क्षीरस्येव सन्तानिकाः सप्त त्वचो भवन्ति।" (सु.शा. ४/४)

भूतात्मा से अधिष्ठित होने पर इस ओर प्रवृत हुए एवं त्रिदोषों से पकते हुए इस शुक्र शोणित की सात त्वचाएँ बनती हैं। जिस प्रकार पकते हुए दूध पर मलाई बनती है।

According to modern-

(C) Formation of germ layers

Three germ layers–

1. Endoderm (Endo-inside)– First germ layer –Formation of inner cells mass.
2. Ectoderm (Ecto-out side)–Second germ layer – Remaining cells of the inner cells mass become columnar.
3. Mesoderm (Meso- in the middle)–Third germ layer–B/w endo derm and ectoderm.

- The embryo proper acquires the form of a three-layered disc. This is called the embryonic disc (embryonic area).
- The three layers that constitute this embryonic disc are–

  1. Endoderm (Endo - inside)

2. Ectoderm (Ecto - out side)

3. Mesoderm (Meso - in the middle)

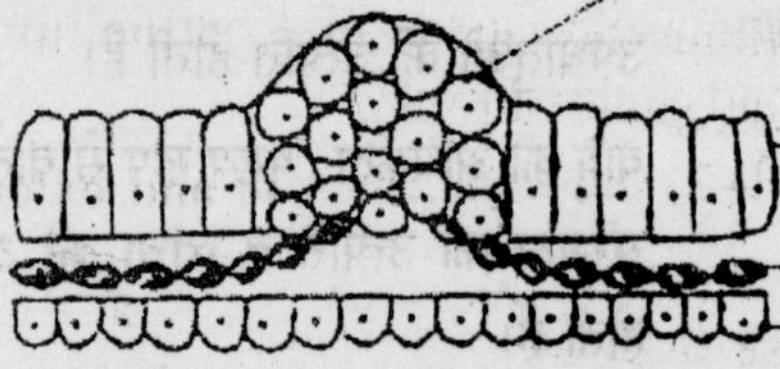

Fig. 4.11 Formation of Germ Layers

1. Endoderm– Some cells of the inner cells mass differentiate into flattened cells, that come to line its free surface. These constitute the endoderm, which is thus the first germ layer to be formed.

2. Ectoderm– The remaining cells of the inner cells mass be-come columnar. These cells form the second germ layer, the ecto-derm. The embryo is now in the form of a disc having two layers.

3. Mesoderm– Cells multiplying in the primitive streak move into the interval B/w ectoderm and endoderm and form the mesoderm. (Third germ layer)

(D) Structures produced by the three primary germ layers

(1) Endoderm–

- Epithelial lining of gastro-intestinal tract (expcet the oral cavity and anal canal) and the epithelium of its glands.
- Epithelial lining of urinary bladder, gall bladder and liver.
- Epithelial lining of pharynx, auditory tubes, tonsils, larynx, trachea, bronchi, lungs.
- Epithelium of thyroid, para–thyroid, pancreas and thymus glands.
- Epithelial lining of prostate and bulbourethral (cowper's) glands, vagina, vestibule, urethra and associated glands such as the greater (Bartholin's) vestibular and lesser vestibular glands.

(2) **Ectoderm–**

- All nervous tissue.
- Epidermis of skin.
- Hair follicles, arrector pilimuscles, nails and epithelium of skin glands (sebaceous and sudoriferous).
- Lens, cornea, and internal eye muscles. Internal and external ear.
- Neuro epithelium of sense organs.
- Epithelium of oral cavity, nasal cavity, paranasal sinuses, salivary glands and anal canal.
- Epithelium of pineal gland, pituitary gland (hypophysis) and adrenal medull.

(3) **Mesoderm–**

- All skeletal, most smooth and all cardiac muscles.
- Cartilage, bone and other connective tissues.
- Blood, bone marrow and lymphatic tissue.
- Endothelium of blood vessels and lymphatic vessels.
- Dermis of skin.
- Fibrous tunic and vascular tunic of eye.
- Middle ear.
- Mesothelium of ventral body cavity.
- Epithelium of kidneys and ureters.
- Epithelium of adrenal cortex.
- Epithelium of gonads and genital ducts.

३२. स्तन्य निर्माण

"रसात् स्तन्यं संभवः ।" (च.चि. १५/१६)

अर्थात् रसधातु के प्रसादांश से स्तन्य की उत्पत्ति होती है।

रसप्रसादो मधुरः पक्वाहारनिमित्तजः।
कृत्स्नदेहात् स्तनौ प्राप्तः स्तन्यमित्यभिधीयते ।। (सु.नि. १०/१७)

अर्थात् पचे हुए आहार से उत्पन्न रस का प्रसाद तथा मधुर भाग जो समस्त शरीर में परिसंचरित होता रहता है, स्तनों में पहुँचकर परिवर्तित हो स्तन्य कहलाता है अर्थात्

जब रसधातु (Plasma) स्तन में पहुँचता है। तब दुग्ध केशिकाओं में स्थित विशेष केशिकायें रसधातु से दुग्ध उत्पादक द्रव्यों को ग्रहण कर दुग्ध की उत्पत्ति करती हैं।

विशस्तेष्वपि गात्रेषु यथा शुक्रं न दृश्यते ।
सर्वदेहाश्रितत्वाच्च शुक्रलक्षणमुच्यते ।। (सु.नि. १०/१८)

सर्वशरीर व्यापी होने के कारण शरीर के अंगों के विच्छेदन पर जिस प्रकार शुक्र दिखाई नहीं देता है, उसी प्रकार शुक्र के सदृश सर्वदेहाश्रित स्तन्य होता है।

आहार रस से उत्पन्न स्तन्य स्त्रियों में सर्वशरीरव्यापी होता है। यह स्तन्य बालक के स्पर्श, दर्शन, स्मरण और ग्रहण करने पर शुक्र के समान सर्वदेहाश्रय छोड़कर स्तनों को प्राप्त हो बाहर निकलता है। इस प्रकार स्तन्य का उत्पन्न होकर बाहर निकलते रहने में माता का निरन्तर स्नेह ही कारण है।

कन्याओं में दुग्ध की उत्पत्ति न होने के कारण के सम्बन्ध में कहा गया है, कि कन्याओं के स्तनों से सम्बन्ध रखने वाली धमनियाँ (alveoli) संकुचित रहती हैं। प्रसूता तथा गर्भवती होने पर स्त्रियों के स्तन की ये धमनियाँ अपने स्वभाव के कारण अपने आप विस्तृत हो जाती हैं अर्थात् कार्यरत हो जाती हैं।

Lactation

Lactation refers to synthesis, secretion and ejection of milk. It consists of two processes.

1. Milk secretion   2. Milk ejection

1. Milk secretion–

This is the synthesis of milk by alveolar epithelium and it's passage through the duct system. This process has two phases.

(A) Initiation of milk secretion or lectogenesis-

(B) Maintenance of milk secretion or galactopoiesis-

(A) Initiation of milk secretion or lectogenesis– Lectogenesis occurs at later month of pregnancy. A free flow of milk occurs only after the delivery of the child. The milk, which is secreted initially before parturition is called colostrum. This contains almost all the components of milk encept fat.

(B) Maintenance of milk secretion or galactopoiesis– Galactopoiesis depends upon other hormonal factors like G.H., thyroxin and cortisol which are essential for continuous supply of glucose, amino acids, fatty acids, calcium and other substances, which are essential for the secretion of milk.

2. Milk ejection– Milk ejection is a reflex phenomenon. It's called milk ejection reflex or milk let down reflex. It's a neuro endocrine reflex.

The discharge of milk from mammary gland depends upon sucking exerted by the baby and on contractile mechanism in brest, which expels milk from alveoli into the ducts.

३३. अङ्ग-प्रत्यङ्ग निर्माण एवं विविध संस्थानों का विकास और उससे सम्बन्धित विकृतियाँ

१. गर्भ विकास

(i) शुक्र और शोणित का गर्भाशय में संयोग होने पर जब उसमें आत्मा, प्रकृतियाँ और विकारों का संयोग होता है, तब उसे गर्भ कहते हैं। फिर उस पर पंचमहाभूतों की क्रिया होकर अंग-प्रत्यंग निर्माण होता हैं तब उसे शरीर कहा जाता है। यह शरीर षडङ्ग होता है।

(ii) संयुक्त बीज का फलित बीज निर्माण होने के समय से गर्भ का सम्पूर्ण विकास और निर्माण होने तक का समय अर्थात् नौ से दस मास तक गर्भ माता के गर्भाशय में ही रहता है। प्रत्येक महिने में गर्भ की थोड़ी-थोड़ी वृद्धि होते-होते उसका शरीर पूर्ण हो जाता है। इस समय को तीन विभागों में बाँटा जाता है–

१. बीजावस्था (Germinal period)– फलित बीज निर्माण होने के समय से लेकर १८ दिन तक का समय।

२. भ्रूण अवस्था (Embryonic period)– इस अवस्था को १½-२ महिने लग जाते हैं।

३. गर्भावस्था (Fetal period)– दो महिने से लेकर गर्भ के जन्म तक का समय है। इस अवस्था में गर्भ के सभी अंग-प्रत्यंग पूर्ण हो जाते हैं।

(iii) गर्भ की मासानुमासिकी वृद्धि–

१. शुक्र और शोणित के संयोग होने से प्रथम मास में गर्भ का स्वरूप बुद्बुदाकार होता है।

२. दूसरे महिने में शीत, ऊष्मा और अनिल से परिपक्व महाभूतों के संघात से गर्भ घन बन जाता है। यदि वह गर्भ पिण्ड की आकृति का हो तो पुत्र उत्पन्न होता है, यदि पेशी की आकृति का हो तो कन्या और अर्बुद की आकृति का हो तो नपुंसक होता है।

३. तीसरे महिने में दो हाथ, दो पैर और सिर इनकी पाँच पिण्डकाएँ निकल आती हैं। और अंग-प्रत्यंग विभाग सूक्ष्म होता है।

४. चौथे महिने में सम्पूर्ण अंग-प्रत्यंग विभाग पहले की अपेक्षा अधिक स्पष्ट हो जाते हैं। और गर्भ का हृदय स्पष्ट होने से चेतना धातु व्यक्त होती है। इस मास में गर्भिणी स्त्री को दौहृदिनी कहते हैं।

५. पाँचवें महिने में मन अधिक प्रबुद्ध एवं सचेत होता है।

६. छठे महिने में बुद्धि अधिक प्रव्यक्त हो जाती है।

७. सातवें महिने में सम्पूर्ण अंगों और प्रत्यंगों का विभाग और अधिक स्पष्ट हो जाता है। इस महिने में पैदा हुआ बच्चा जीवित रह सकता है।

८. आठवें महिने में ओज अस्थिर होता है।

९. नौवें, दसवें, ग्यारहवे और बारहवें में से किसी भी महिने में गर्भ का स्वाभाविक प्रसव होता है।

इसके बाद यदि प्रसव हो तो वह विकारी गर्भ समझा जाता है।

वैसे तो मासानुमासिकी गर्भ वृद्धि में देखा है, कि गर्भवृद्धि होते समय सभी अंग-प्रत्यंग सूक्ष्म तथा अस्पष्ट रूप से एक साथ ही उपस्थित रहते हैं। और काल के अनुसार उनका रूप स्पष्ट होकर वे व्यक्त होते जाते हैं।

२. फिर भी आचार्यों के अलग-अलग मत हैं

१. सभी इन्द्रियों का मूल शिर है। अतः शिर पहले उत्पन्न होता है– शौनक ऋषि

२. बुद्धि और मन का स्थान होने से हृदय पहले उत्पन्न होता है– कृतवीर्य ऋषि

३. प्राणी के शरीर की वृद्धि नाभि द्वारा होती है, अतः नाभि पहले उत्पन्न होती है– पाराशर्य ऋषि

४. गर्भ की चेष्टाओं का मूल होने से, पाणिपाद (हाथ-पैर) की उत्पत्ति पहले होती है– मार्कण्डेय ऋषि

५. सम्पूर्ण गात्रों की उत्पत्ति निबद्ध होने से, मध्य शरीर की उत्पत्ति पहले होती है– सुभूति गौतम

६. धन्वन्तरि का मत– गर्भ में सभी अंग-प्रत्यंग एक साथ ही उत्पन्न होते हैं, परन्तु जैसे कि आम्र का फल सूक्ष्म रहता है, तब उसके अंग-प्रत्यंग उपस्थित रहते हुए भी दिखते नहीं। वैसे ही गर्भ शरीर में सर्व अंग-प्रत्यंग एक साथ ही उत्पन्न होते हुए भी, सूक्ष्म होने से दिखाई नहीं देते।

समय के व्यतीत होने पर वे जब व्यक्त होते हैं, तब ही दिखाई देते हैं।

१. शौनक	–	शिर	४. मार्कण्डेय	–	पाणिपाद
२. कृतवीर्य	–	हृदय	५. सुभूति गौतम	–	मध्य शरीर
३. पाराशर्य	–	नाभि	६. धन्वन्तरि	–	सर्वांग प्रत्यंग युगपत्

३. पंचमहाभूतों से उत्पत्ति

गर्भ पर पंचमहाभूतों की क्रिया होने से सभी अंग-प्रत्यंगो की उत्पत्ति होती है।

४. पितृज आदि षड्भावों से उत्पत्ति

१. पितृज भाव– केश, श्मश्रु, लोम, अस्थि, नख, दाँत, सिरा, स्नायु, धमनी तथा शुक्र आदि स्थिर और कठिन भाव।

२. मातृज भाव– मांस, रक्त, मेद, मज्जा, हृदय, नाभि, यकृत, प्लीहा, आंत्र, गुद तथा अन्य मृदु भाव।

३. रसज भाव– शरीर के धातुओं की वृद्धि, बल, वर्ण, स्थिति तथा क्षय आदि भाव।

४. आत्मज भाव– इन्द्रियाँ, ज्ञान, विज्ञान, आयु, सुख, दुःख आदि भाव।

५. सत्वज भाव– पवित्रता, ईश्वर में आसक्ति, वेदों में रूचि, गुरू, आचार्य, विद्वान इनके प्रति आदर आदि भाव।

६. सात्म्यज भाव– तेज, आरोग्य, बल, वर्ण तथा मेधा आदि भाव।

इस प्रकार गर्भ की उत्पत्ति में या गर्भ की वृद्धि में उपर्युक्त भावों का योगदान रहता है।

५. आचार्य सुश्रुत के अनुसार

१. रक्त से– यकृत, प्लीहा की उत्पत्ति होती है।
२. रक्त के फेन से– फुफ्फुस की उत्पत्ति होती है।
३. रक्त के किट्ट से – उण्डुक की उत्पत्ति होती है।
४. कफ, रक्त, मांस के सारभाग से – जिह्वा की उत्पत्ति होती है।
५. मांस, रक्त, कफ, मेद के प्रसाद भाग से – वृषण की उत्पत्ति होती है।
६. रक्त, कफ के प्रसाद भाग से – हृदय की उत्पत्ति होती है।
७. रक्त, मेद के प्रसाद भाग से – वृक्कौ की उत्पत्ति होंती है।
८. रक्त, कफ के प्रसाद भाग से तथा वात, पित्त से– आंत्र, गुद, बस्ति की उत्पत्ति होती है।

6. According to modern जननस्तरों से

Structures produced by the three primary germ layer–

Endoderm	Ectoderm	Mesoderm
Epithelium of:	**Nervous system**	**Muscles**
• Larynx	• Brain	• Cardiac
• Trachea	• Spinal cord	• Smooth
• Lungs	• Peripheral nerves	• Skeletal
		Connective tissue
• Esophagus	• Ganglia	• Fibrous connective tissue
• Stomach	• Special sensory receptors of eye, ear, nose and mouth	
• Intestines	• General sensory receptors (Neurohypophysis)	• Adipose tissue
• Liver		• Blood and bone marrow
• Gall bladder	• Adrenal medulla	• Blood cells
• Pancreas		• Lymphatic tissues
• Urinary bladder	**Skin (Epithelium of the integument)**	• Reticulo endothelial system
• Urethra		
• Vagina	• Epidermis	• Skin (Fibrous connective tissue)
• Inner ear cavity	• Hair	• Dermis
• Auditory tubes	• Nails	**Epithelium of:**
• Thyroid	• Sweat glands	• Thoracic and abdominal cavities (pleura, peritoneum, pericardium)
• Parathyroid	• Sebaceous glands	
• Thymus	• Mammary glands	
	Epithelium of:	
	• Salivary glands	
	• Nasal cavity	• Kidneys
	• Mouth	• Ureters
	• Anal canal	• Gonads and associated ducts
	• Enamel of teeth	
	• Anterior pituitary (Adenohypophysis)	• Adrenal cortex
		• Lining of heart (endocardium) and vessels (endothelium)

इस प्रकार विविध अंगों एवं प्रत्यंगों से संस्थानों का विकास या निर्माण होता है।

७. गर्भ से सम्बन्धित विकृतियाँ

१. गर्भस्राव (Miscarrage)- तीन महिने तक।

२. गर्भपात (Abortion)- तीन से पाँचवे महिने तक।

३. अन्तर्मृत गर्भ- उदर में गर्भ का स्पन्दन नहीं होना, प्रसवपीड़ा बन्द, शूल, शरीर का कालापन, पाण्डुता और श्वास में दुर्गन्ध आती है।

४. उपविष्टक- गर्भ काल के समय गर्भ का विकास रूक जाता है। स्पन्दन होता है।

५. उपशुष्क या नागोदर- इसमें गर्भ का विकास रूकने के अलावा गर्भ का ह्रास होना भी प्रारम्भ हो जाता है। स्पन्दन बहुत कम व कभी-कभी होता है।

६. लीन गर्भ- स्पन्दन का अभाव

७. मूढ़ गर्भ- ये अपान वायु की विगुणता से होते हैं। मूढ़ गर्भ के चार भेद होते हैं-

(A) कील- जो गर्भ हस्त, सिर और पाँव को ऊपर रखकर योनि मार्ग को कील की तरह अवरुद्ध कर देता है, उसे कील कहते हैं।

(B) प्रतिखुर- जिस गर्भ के हाथ, पैर तथा सिर निकल जायें, किन्तु शरीर के मध्य भाग से योनि को रोक देता है, उसे प्रतिखुर कहते हैं।

(C) बीजक- जिस गर्भ का एक हाथ और शिर बाहर निकल जाये, उसे बीजक कहते हैं।

(D) परिघ- जो गर्भ परिघ (आगल) की तरह (Transverse position) से आकर योनिमुख को रोक लेता है, उसे परिघ कहते हैं।

८. आघात लगने से- गर्भवती के उदर पर आघात लगने से विकृति हो सकती है।

९. माता-पिता से- माता-पिता से कुछ बीमारियाँ गर्भ में स्थित बच्चे को हो सकती हैं। जैसे- फिरंग (Syphilis)

१०. उचित मात्रा में रक्त संचार न होने से- अपरा (Placenta), नाभिनाड़ी (Umbilical cord), गर्भाशय (Uterus) इनमें अच्छी तरह से रक्तसंचार नहीं होने से गर्भ में विकृति होती है।

११. माता के शोकादि, मानसिक आघात, आगन्तुज कारणों से अधिक पीड़ित तथा माता के ज्वरादि रोगों से पीड़ित गर्भ विकृति को प्राप्त होता है या उसकी मृत्यु हो जाती है।

३४. भ्रूण रक्त संचार या गर्भसंवहन (Fetal circulation)

The circulatory system of a fetus, called fetal circulation, differs from the postnatal (After birth) circulation because the lungs, kidneys and gastro-intestinal organs begin to function at birth.

The fetus obtains its O_2 and nutrients by diffusion from the maternal blood and eliminates its Co_2 and wastes by diffusion into the maternal blood.

The exchange of materials B/w fetal and maternal circulation occurs through a structure called placenta.

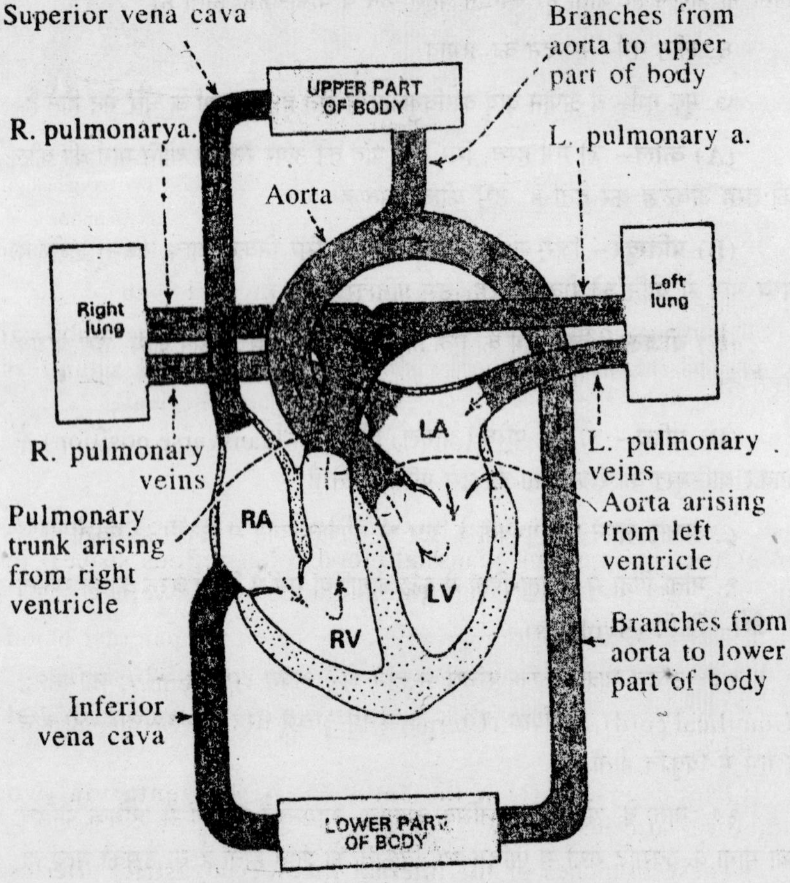

Fig. 4.12 Circulation of Blood

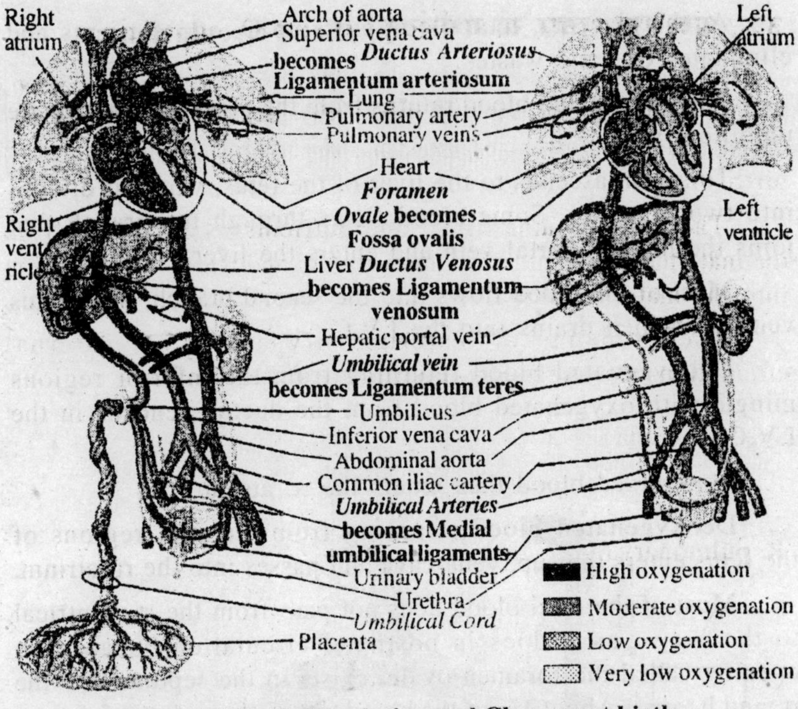

Fig. 4.13 Fetal Circulation and Changes at birth

It is attached to the umbilicus of the fetus by the umbilical cord and it communicates with the mother through countless small blood vessels that emerge from the uterine wall.

The umbilical cord contains blood vessels that branch into capillaries in the placenta.

Wastes from the fetal blood diffuse out of the capillaries, into spaces containing maternal blood (inter-villous spaces) in the placenta and finally into the mother's uterine veins.

Nutrients travel the opposite route from the maternal blood vessels to the intervillous spaces to the fetal capillaries.

Normally, there is no actual mixing of maternal and fetal blood.

Blood passes from the fetus to the placenta via two umbilical arteries.

These branches of the internal iliac (hypogastric) arteries are within the umbilical cord.

At the placenta, fetal blood picks up O_2 and nutrients and eliminates Co_2 and wastes.

The oxygenated blood returns from the placenta via a single umbilical vein.

This vein ascends to the liver of the fetus, where it divides into two branches. Some blood flows through the branch that joins the hepatic portal vein and enters the liver.

Most of the blood flows into the second branch, the ductus venosus, which drains into the I.V.C.

Deoxygenated blood returning from the inferior regions mingle with oxygenated blood from the ductus venosus in the I.V.C.

This mixed blood then enters the rt. atrium.

Deoxygenated blood returning from the sup. regions of the fetus enters the sup. vena-cava and passes into the rt. atrium.

Most of the fetal blood does not pass from the rt. ventrical to the lungs, as it does in postnatal circulation because on opening called the foramen ovale. exists in the septum B/w the rt. and lt. atria. About 1/3 of the blood passes through the foramen ovale directly into the systemic circulation. The blood that does pass into the rt. ventricle is pumped into the pulmonary trunk, but little of this blood reaches the non-functioning fetal lungs.

Most is sent through the ductus arteriosus.

This vessel connects the pulmonary trunk with the aorta and allows most blood to bypass the fetal lungs.

The blood in the aorta is carried to all parts of the fetus through the systemic circulation. When the common iliac arteries branch into the external and internal iliacs, part of the blood flows into the internal iliacs. It then goes to the umbilical arteries and back to the placenta for another exchange of materials. The only fetal vessel that carries fully oxygenated blood is the umbilical veins.

At birth, when pulmonary (lungs), renal and digestive functions begin, the following vascular changes occur.

1. When the umbilical cord is tied off, no blood flows through the umbilical arteries, they fill with connective tissue

and the distal portions of the umbilical arteries become the medial umbilical ligaments.

2. Tying off the umbilical cord results in the conversion of the umbilical vein into the ligamentum teres, a structure that attach the umbilicus to the liver.

3. The placenta is expelled as the "after birth."

4. The ductus venosus collapses as blood stops flowing through the umbilical vein and becomes the ligamentum venosum a fibrous cord on the inf. surface of the liver.

5. The foramen ovale normally closes shortly after birth to become the fossa ovalis, a depression in the inter-atrial septum. When on infant takes its first breath, the lungs expand and blood flow to the lungs increases. Blood returning from the lungs to the heart increases pressure in the lt. atrium. This closes the foramen ovale by pushing the valve that guards it against the inter-atrial septum.

6. The ductus arteriosus closes by vaso constriction, atrophies and becomes the ligamentum arteriosum.

At birth vascular changes

1.	Umbilical arteries	--	Medial umbilical ligaments.
2.	Umbilical vein	--	Ligamentum teres of the liver.
3.	Ductus venosus	--	Ligamentum venosum
4.	Ductus arteriosus	--	Ligementum arteriosum
5.	Foramen ovale	--	Fossa ovalis
6.	The placenta	--	is expelled as the 'after birth'.

Scheme of fetal circulation

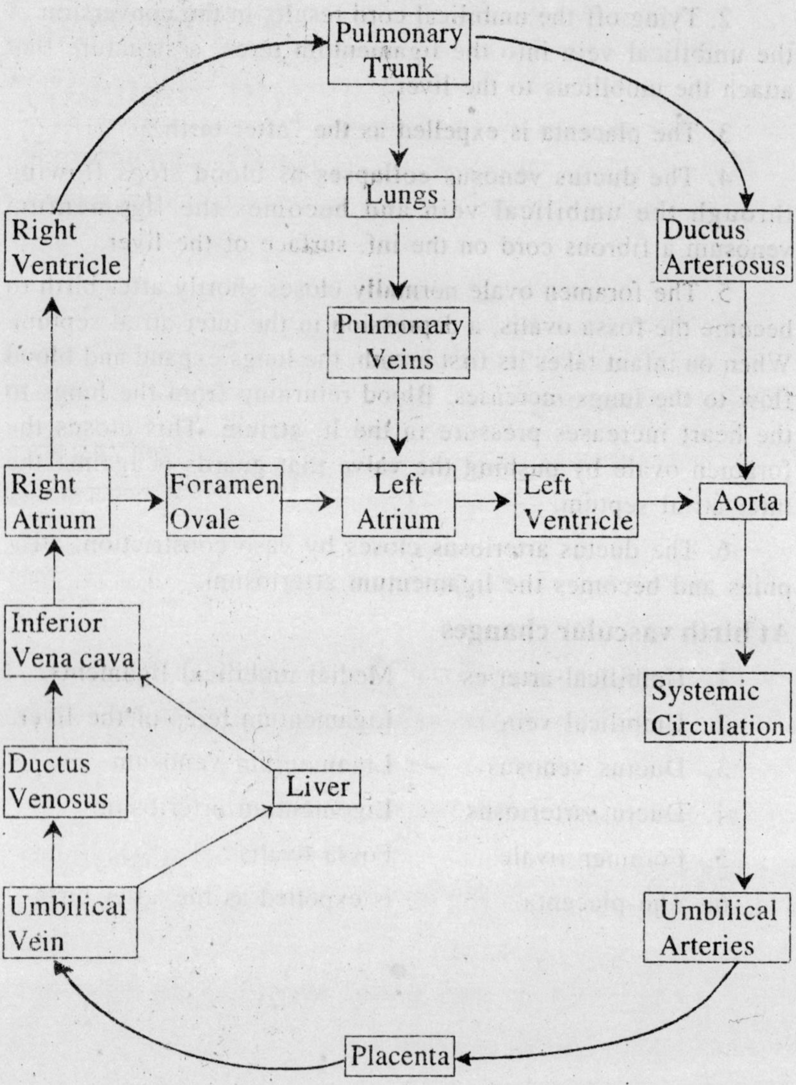

Fetal circulation

अध्याय- ५

प्रमाण शारीर
(Materical anatomy)

प्रमाण शारीर के अन्तर्गत शरीर के दोष, धातु एवं मलों के प्रमाण एवं शरीर के अंग-प्रत्यंगों के बाह्यमान का वर्णन किया गया है। शरीर प्रमाण को दो भागों में विभक्त किया गया है।

१. अङ्गुलि प्रमाण (Somatometery)

२. अञ्जलि प्रमाण (Volumetery)

१. अङ्गुलि प्रमाण

(i) चरक, सुश्रुत आदि आचार्यों के समय में शरीर (Body) की तथा उसके अंगों (Parts) और प्रत्यंगों (Organs) की लम्बाई तथा चौड़ाई अंगुलियों से नापी जाती थी। प्रत्येक व्यक्ति की हस्त (Hand) की अंगुलियाँ (Fingers) एक समान न होने से, जिस व्यक्ति के अंगों व प्रत्यंगों का नाप लेना हो, उसी व्यक्ति की अंगुलियों से उसे नापा जाता था।

"देहः स्वैरंगुलैरेष यथावदअनुकीर्तितः।" (सु.सू. ३५/१६)

अंगुलि प्रमाण लेते समय स्वांगुलि (स्वयं की अंगुलि = Self finger) का ही उपयोग करना चाहिए।

(ii) • **"केवलं पुनः शरीरं अंगुलिपर्वाणि चतुरशीतिः।"** (च.वि. ८/११७)

आचार्य चरक के अनुसार मनुष्य शरीर की लम्बाई चौरासी (Eighty four) अंगुलिपर्व (Finger phalanx) होती है।

• **"सविंशमंगुलशतं पुरूषायाम इति।"** (सु.सू. ३५/१४)

आचार्य सुश्रुत के अनुसार मनुष्य शरीर की लम्बाई (Length) एक सौ बीस (One hundred twenty) अंगुल होती है।

• **"स्वं स्वं हस्तत्रयं सार्धं वपुः पात्रं सुखायुषोः।"** (अ.हृ.शा. ३/१०६)

आचार्य वाग्भट के अनुसार मनुष्य शरीर की लम्बाई उसके अपने साढ़े तीन हाथ (Three and half hand) होती है।

हस्त– कूर्पर (कुहनी से लेकर मध्यम अंगुलि तक होता है।)

Hand– Elbow to middle finger.

१ हस्त = २४ अंगुल

३½ हस्त = ८४ अंगुल

इस प्रकार यह लम्बाई चरक के अनुसार ही है।

(iii) वर्तमान में अंगुल के माप का माध्य इस प्रकार होता है, इसी माप के द्वारा शरीर के प्रमाण का वर्णन किया गया है।

१ अंगुल = 3/4 Inch = 1.87½ cm.

४ अंगुल = 3 Inch = 7.5 cm.

१२ अंगुल = 9 Inch = 22.5 cm.

८४ अंगुल = 63 Inch = 157.5 cm. = 1 meter 57.5 cm. = 5 feet 3 Inch

१२० अंगुल = 90 Inch = 225 cm. = 2 meter, 25 cm. = 7 feet 6 Inch

(iv) शरीर का सम एवं विषम मान–

(A) स्वस्थ शरीर का मान बताते हुए **आचार्य चरक** लिखते हैं, कि शरीर की लम्बाई तथा दोनों भुजाओं को फैलाकर उनकी लम्बाई दोनों समान हों, तो शरीर सम होता है। ऐसे सम प्रमाण में आयु, बल, ओज, सुख, धन तथा अन्य इच्छित भाव प्राप्त होते हैं। इस प्रमाण से हीन अथवा अधिक प्रमाण वाले पुरुष इनके विपरित गुणों से युक्त होते हैं।

(B) आचार्य सुश्रुत के अनुसार स्वयं की अंगुलियों से ही इस शरीर का प्रमाण जानना चाहिए। पुरूष या स्त्री का शरीर शास्त्र में कहे गए अनुसार प्रमाणयुक्त हो, तो उसे दीर्घायु (Long age) तथा धन (Money) की प्राप्ति होती है।

यदि प्रमाण मध्यम हो तो मध्यम आयु, धन आदि प्राप्त होते हैं। परन्तु प्रमाण अगर शास्त्रोक्त प्रमाणों से हीन (कम) हो तो उस मनुष्य को अल्प आयु एवं धन प्राप्त होते हैं।

(C) **आचार्य वाग्भट** के अनुसार अपने-अपने हाथ से नापने पर प्रत्येक व्यक्ति का शरीर साढ़े तीन हाथ का सुखायु का पात्र होता है, यदि वह आठ निन्दनीय दोषों से युक्त न हो।

आचार्य वाग्भट के अनुसार सम प्रमाण होने पर भी अगर अनेक दोषों से निन्दित हों, सहज गुणों (त्वक्सार, रक्तसार, मांससार, मेदसार, अस्थिसार, मज्जासार, शुक्रसार एवं सत्वसार) के विपरीत हों तथा निन्दित देहों (अलोमा, अतिलोमा, अतिकृष्ण, अतिगौर, अतिस्थूल, अतिकृश, अतिदीर्घ, अतिह्रस्व) से युक्त हों, तो ऐसा मनुष्य अपने साढ़े तीन हस्त प्रमाण में होने पर भी सुखायु नहीं हो सकता।

(v) आचार्य चरक के अनुसार सम्पूर्ण शरीर का कुल अंगुल प्रमाण इस प्रकार है–

''शरीरं अंगुलिपर्वाणि चतुरशीति।'' (च.वि. ८/११७)

पैर से सिर तक मनुष्य शरीर ८४ अंगुल पर्व लम्बा है। जो निम्न प्रकार से है–

१. पैर (Foot)	- ऊँचाई	- ४ अंगुल	- ३ Inch	- ७.५ cm.
२. जंघा (Leg)	- लम्बाई	- १८ ,,	- १३.५ ,,	- ३३.७५ ,,
३. जानु (Knee)	- ,, ,,	- ४ ,,	- ३ ,,	- ७.५ ,,
४. उरू (Thigh)	- ,, ,,	- १८ ,,	- १३.५ ,,	- ३३.७५ ,,
५. उदर (Abdomen)	- ,, ,,	- १२ ,,	- ९ ,,	- २२.५ ,,
६. उर: (Thorax)	- ,, ,,	- १२ ,,	- ९ ,,	- २२.५ ,,
७. ग्रीवा (Neck)	- ,, ,,	- ४ ,,	- ३ ,,	- ७.५ ,,
८. आनन (Mouth)	- ,, ,,	- १२ ,,	- ९ ,,	- २२.५ ,,

Total - 84 अंगुल - 63 Inch - 157.5 cm. = 5 feet 3 Inch.

(vi) आचार्य सुश्रुत के अनुसार सम्पूर्ण शरीर का कुल अंगुल प्रमाण निम्न प्रकार है–

''सविंशमंगुलशतं पुरूषायाम इति।'' (सु.सू. ३५/१४)

मनुष्य की **पदाग्र** से **हस्ताग्र** तक की लम्बाई १२० अंगुल होती है।

१. पैर (Foot)	- लम्बाई	- १४ अंगुल	- १०.५ Inch	- २६.२५ cm.
२. जंघा (Leg)	- ,,	- १८ ,,	- १३.५ ,,	- ३३.७५ ,,
३. जानु (Knee)	- ,,	- ४ ,,	- ३ ,,	- ७.५ ,,
४. उरू (Thigh)	- ,,	- १८ ,,	- १३.५ ,,	- ३३.७५ ,,
५. नाभि से हृदय (Umbilicus-heart)	- ,,	- १२ ,,	- ९ ,,	- २२.५ ,,
६. हृदय से ग्रीवा मूल (Heart-root of neck)	,,	- १२ ,,	- ९ ,,	- २२.५ ,,
७. प्रबाहू (Arm)	- ,,	- १६ ,,	- १२ ,,	- ३० ,,

८.	प्रपाणि (Forearm)	-	,,	-	१६ ,,	-	१२	,,	-	३०		,,
९.	हस्ततल (Palm)	-	,,	-	६ ,,	-	४.५	,,	-	११.२५		,,
१०.	प्रदेशिनी (तर्जनी) (Index finger)	-	,,	-	४ ,,	-	३	,,	-	७.५		,,

Total - 120 अंगुल - 90 Inch - 225 cm. = 7 feet 6 Inch.

(vii) अंगुल प्रमाण का महत्व– अंगुल प्रमाण का महत्व निम्न प्रकार से है–

१. आयु के ज्ञान हेतु।

२. स्वस्थ एवं अस्वस्थ के निदान हेतु।

३. शल्य कर्म में स्थान एवं प्रमाण ज्ञान हेतु।

४. चिकित्सा कार्य में सरलता की दृष्टि से।

५. स्वास्थ्य विज्ञान की दृष्टि से।

६. शरीर के भौतिक परीक्षण (physical examination) के ज्ञान हेतु।

७. शवच्छेदन ज्ञान में अवयवों के परीक्षण हेतु।

८. विधि एवं व्यवहार आयुर्वेद में मृत परीक्षण में सहायक।

इस प्रकार अंगुल प्रमाण का जीवन के अनेक क्षेत्रों में महत्व प्रदर्शित होता है।

(viii) आचार्य चरक के अनुसार अंगुल प्रमाण परीक्षा (Investigation for proportionate relation of the different organs)– "प्रमाणतश्चेति शरीरप्रमाणं पुनर्यथास्वेनाङ्गुलि प्रमाणेनोपदेक्ष्यते उत्सेध विस्तारायामैर्यथाक्रमम्। तत्र पादौ चत्वारि षट् चतुर्दशांगुलानि. जङ्घे त्वष्टादशाङ्गुले षोड़शाङ्गुल परिक्षेपे च, जानुनी चतुरङ्गुले षोडशाङ्गुलपरिक्षेपे. त्रिंशदङ्गुल परिक्षेपावष्टादशाङ्गुलावूरू, षडङ्गुलदीर्घौ वृषणावष्टाङ्गुलपरिणाहौ, शेफः षडङ्गुलदीर्घं पञ्चाङ्गुलपरिणाहं, द्वादशाङ्गुलि परिणाहो भगः, षोडशाङ्गुलविस्तारा कटी, दशाङ्गुलं [illegible]शिरः, दशाङ्गुलेविस्तारं द्वादशाङ्गुलमुदर, दशाङ्गुल विस्तीर्णे द्वादशाङ्गुलायामे पार्श्वे, [illegible]न्तरं, द्वयङ्गुलं स्तनपर्यन्तं. चतुर्विंशत्यङ्गुलविशालं द्वादशाङ्गुलोत्सेधमुरः, द्वयङ्गुलं हृ[illegible]ङ्गुलौ स्कन्धौ, षडङ्गुलावंसौ, षोडशाङ्गुलौ प्रबाहू, पञ्चदशाङ्गुलौ प्रपाणी, हस्तौ [illegible] कक्षावष्टाङ्गुलौ, त्रिकं द्वादशाङ्गुलोत्सेधम्, अष्टादशाङ्गुलोत्सेधं पृष्ठं, चतुरङ्गुलोत्सेधा [illegible]ङ्गुलपरिणाहा शिरोधरा, द्वादशाङ्गुलोत्सेधं चतुर्विंशत्यङ्गुल-परिणाहमाननं, [illegible]ङ्गुलमास्यं, [illegible]कौष्ठकर्णाक्षिमध्य नासिका ललाटं चतुरङ्गुलं, षोडशाङ्गुलोत्सेधं

द्वात्रिंशदङ्गुलपरिणाहं शिरः; इति पृथक्त्वेनाङ्गावयवानां मानमुक्तम्। केवलं पुनः शरीरमङ्गलिपर्वाणि चतुरशीतिः। तदायामविस्तारसमं समुच्यते। तत्रायुर्बलमोजः सुखमैश्वर्यं वित्तमिष्टाश्चापरे भावा भवन्त्यायत्ताः प्रमाणवति शरीरे; विपर्ययस्त्वतो हीनेऽधिके वा।।" (च.वि. ८/११७)

प्रमाण द्वारा आयु की परीक्षा– अपनी-अपनी अंगुली के प्रमाण से शरीर के प्रमाण का उपदेश दिया जा रहा है। ऊँचाई, चौड़ाई और लम्बाई में क्रम से पैर ४, ६ और १४ अंगुल का होता है। जंघा की लम्बाई १८ अंगुल, गोलाई १६ अंगुल, जानु की लम्बाई ४ अंगुल और गोलाई १६ अंगुल। उरू की गोलाई ३० अंगुल और १८ अंगुल लम्बाई। दोनों अण्डकोष ६ अंगुल लम्बे और ८ अंगुल गोल। लिंग ६ अंगुल लम्बा और ५ अंगुल गोल होता है। भग का विस्तार १२ अंगुल। कमर १६ अंगुल चौड़ी। बस्ति-सिर की चौड़ाई १० अंगुल। पेट लम्बाई में १२ अंगुल तथा चौड़ाई में १० अंगुल। पार्श्व चौड़ाई में १० अंगुल, लम्बाई में १२ अंगुल। दोनों स्तनों के बीच का भाग १२ अंगुल का होता है। दो अंगुल स्तन-पर्यन्त (काला भाग) है। छाती चौड़ाई में २४ अंगुल। ऊँचाई में १२ अंगुल। हृदय ३ अंगुल का। दोनों कन्धे ८-८ अंगुल। दोनो अंस ६-६ अंगुल। दोनों प्रबाहु १६-१६ अंगुल। दोनों प्रपाणि (कोहनी से कलाई तक का भाग) १५-१५ अंगुल। दोनों हाथ १२-१२ अंगुल। दोनों कांख (कक्षा) ८-८ अंगुल। त्रिकास्थि १२ अंगुल- ऊँची। पीठ १६ अंगुल ऊँची। गर्दन ऊँचाई में ४ अंगुल, गोलाई में २२ अंगुल। मुखमंडल ऊँचाई में १२ अंगुल, गोलाई में २४ अंगुल, मुख ६ अंगुल। चिबुक, ओ'ठ, दोनों कान, दोनों नेत्र के बीच का स्थान नाक, ललाट ये सब ४ अंगुल। सिर ऊँचाई में १६ अंगुल और गोलाई में ३२ अंगुल होता है।

इस प्रकार शरीर के अंगों के अवयवों का अलग-अलग प्रमाण बताया है। केवल शरीर ८४ अंगुलपर्व लम्बा होता है। इस प्रकार यह शरीर आयाम (लम्बाई) और विस्तार (चौड़ाई) में शरीर के बराबर हो तो उसे सम शरीर कहा जाता है।

शरीर में आयु, बल, ओज, ऐश्वर्य, धन और अन्य अपने मन के अनुकूल पदार्थ प्राप्त होते रहते हैं। यदि इस मान से शरीर हीन या अधिक प्रमाण हो तो उसकी आयु, बल, ओज सुखादि, हीन और मध्य होते हैं।

उपरोक्त मान का आधुनिक मान से तुलनात्मक अध्ययन–

१. पाद (पैर)	– ऊँचाई	– ४ अंगुल	– ३ इंच	– ७.५ सेमी.
	– लम्बाई	– १४ ,,	– १०½ ,,	– २६.२५ ,,
	– चौड़ाई	– ६ ,,	– ४½ ,,	– ११.२५ ,,

२.	जंघा	– लम्बाई	- १८ ,,	- १३½ ,,	- ३३.७५ ,,
		– गोलाई	- १६ ,,	- १२ ,,	- ३० ,,
३.	जानु	– लम्बाई	- ४ ,,	- ३ ,,	- ७.५ ,,
		– गोलाई	- १६ ,,	- १२ ,,	- ३० ,,
४.	उरू	– लम्बाई	- १८ ,,	- १३½ ,,	- ३३.७५ ,,
		– गोलाई	- ३० ,,	- २२½ ,,	- ५६.२५ ,,
५.	वृषण	– लम्बाई	- ६ ,,	- ४½ ,,	- ११.२५ ,,
		– गोलाई	- ८ ,,	- ६ ,,	- १५ ,,
६.	शेफ	– लम्बाई	- ६ ,,	- ४½ ,,	- ११.२५ ,,
		– गोलाई	- ५ ,,	- ३¾ ,,	- ९.३७½ ,,
७.	भग	– गोलाई	- १२ ,,	- ९ ,,	- २२.५ ,,
८.	कटि	– चौड़ाई	- १६ ,,	- १२ ,,	- ३० ,,
९.	बस्तिशिर (शेफ से नाभि)	– लम्बाई	- १० ,,	- ७½ ,,	- १८.७५ ,,
१०.	उदर	– लम्बाई	- १२ ,,	- ९ ,,	- २२.५ ,,
		– चौड़ाई	- १० ,,	- ७½ ,,	- १८.७५ ,,
११.	पार्श्व	– लम्बाई	- १२ ,,	- ९ ,,	- २२.५ ,,
		– चौड़ाई	- १० ,,	- ७½ ,,	- १८.७५ ,,
१२.	स्तनांतर	– चौड़ाई	- १२ ,,	- ९ ,,	- २२.५ ,,
१३.	स्तनचुचुक	– गोलाई	- २ ,,	- १½ ,,	- ३.७५ ,,
१४.	उर:	– ऊँचाई	- १२ ,,	- ९ ,,	- २२.५ ,,
		– चौड़ाई	- २४ ,,	- १८ ,,	- ४५ ,,
१५.	हृदय	– चौड़ाई	- २ ,,	- १½ ,,	- ३.७५ ,,
१६.	स्कंध	– गोलाई	- ८ ,,	- ६ ,,	- १५ ,,
१७.	अंस	– चौड़ाई	- ६ ,,	- ४½ ,,	- ११.२५ ,,
१८.	प्रबाहु (प्रगण्ड)	– लम्बाई	- १६ ,,	- १२ ,,	- ३० ,,

१९. प्रपाणि (प्रकोष्ठ)	– लम्बाई	- १५ ,,	- ११ १/४ ,,	- २८.०२ १/२ ,,
२०. हस्त	– लम्बाई	- १२ ,,	- ९ ,,	- २२.५ ,,
२१. कक्षा	– चौड़ाई	- ८ ,,	- ६ ,,	- १५ ,,
२२. त्रिक	– ऊँचाई	- १२ ,,	- ९ ,,	- २२.५ ,,
२३. पृष्ठ	– ऊँचाई	- १८ ,,	- १३ १/२ ,,	- ३३.७५ ,,
२४. ग्रीवा	– ऊँचाई	- ४ ,,	- ३ ,,	- ७.५ ,,
(शिरोधरा)	– गोलाई	- २२ ,,	- १६ १/२ ,,	- ४१.२५ ,,
२५. आनन	– ऊँचाई	- १२ ,,	- ९ ,,	- २२.५ ,,
(मुखमण्डल)	– गोलाई	- २४ ,,	- १८ ,,	- ४५ ,,
२६. मुख (आस्यं)	–चौड़ाई	- ५ ,,	- ३ ३/४ ,,	- ९.३७ १/२ ,,
२७. चिबुक	– चौड़ाई	- ४ ,,	- ३ ,,	- ७.५ ,,
ओष्ठ	– ,,	- ४ ,,	- ३ ,,	- ७.५ ,,
कर्ण	– ,,	- ४ ,,	- ३ ,,	- ७.५ ,,
अक्षिमध्य	– ,,	- ४ ,,	- ३ ,,	- ७.५ ,,
नासा	– ,,	- ४ ,,	- ३ ,,	- ७.५ ,,
ललाट	– ,,	- ४ ,,	- ३ ,,	- ७.५ ,,
२८. शिर	– लम्बाई	- १६ ,,	- १२ ,,	- ३० ,,
	– गोलाई	- ३२ ,,	- २४ ,,	- ६० ,,

(ix) आचार्य सुश्रुत के अनुसार अंगुल प्रमाण–

तत्र, स्वैरङ्गुलैः पादाङ्गुष्ठप्रदेशिन्यौ द्व्यङ्गुलायते। प्रदेशिन्यास्तु मध्यमाऽनामिकाकनिष्ठिका यथोत्तरं पञ्चमभाग हीनाः। चतुरङ्गुलायते पञ्चाङ्गुलाविस्तृते प्रपदपादतले। पञ्चचतुरङ्गुलायतविस्तृता पार्ष्णिः। चतुर्दशाङ्गुलायतः पादः। चतुर्दशाङ्गुलपरिणाहानि पादगुल्फजङ्घाजानुमध्यानि। अष्टादशाङ्गुला जंङ्घा, जानूपरिष्टाच्च द्वात्रिंशदङ्गुलमेवं पञ्चाशत्। जङ्घायामसमावूरू।।'' (सु.सू. ३५/१२)

अपनी अंगुलियों से, पाँव के अंगूठे और प्रदेशिनी की लंम्बाई दो-दो अंगुल होती है। प्रदेशिनी से मध्यमा, मध्यमा से अनामिका और अनामिका से कनिष्ठिका क्रमशः पाँचवा भाग कम हो जाती है। प्रपद और पादतल चार अंगुल लम्बे और पाँच अंगुल चौड़े होते हैं। एड़ी पाँच अंगुल लम्बी और चार अंगुल चौड़ी होती है। पाँव चौदह अंगुल लम्बा होता है। पाँव का मध्य, गुल्फ का मध्य, जंघा का मध्य तथा घुटने का मध्य भाग चौदह अंगुल

गोलाई के होते हैं। जंघा अठारह अंगुल लम्बी होती है। जानु सन्धि से ऊपर कटिसन्धि तक का भाग बत्तीस अंगुल लम्बा होता है। इस तरह जंघा, जानु और ऊपर का भाग मिलकर सबकी लम्बाई पचास अंगुल होती है। जंघा के समान प्रमाण के उरू अर्थात् १८ अंगुल लम्बे होते हैं।

"द्वयङ्गुलानि वृषणचिबुकदशननासापुटभाग कर्णमूलनयनान्तराणि। चतुरङ्गुलानि मेहनवदनान्तरनासाकर्णललाट ग्रीवोच्छ्रायदृष्टयन्तराणि। द्वादशाङ्गुलानि भग विस्तार मेहन नाभिहृदय ग्रीवास्तनान्तरमुखायाममणिबन्धप्रकोष्ठस्थौल्यानि। इन्द्रबस्तिपरिणाहांसपीठकूर्परान्तरायामः षोडशाङ्गुलः। चतुर्विंशत्यङ्गुलो हस्तः। द्वात्रिंशदङ्गुलपरिमाणौ भुजौ। द्वात्रिंशत्परिणाहावूरू। मणिबन्धकूर्परान्तरं षोडशाङ्गुलम्। तलं षट्चतुरङ्गुलायामविस्तारम्। अङ्गुष्ठमूलप्रदेशिनी श्रवणापाङ्गान्तरमध्यमाङ्गुल्यौ पञ्चाङ्गुले। अर्द्धपञ्चाङ्गुले प्रदेशिन्यनामिके। सार्धत्र्यङ्गुलौ कनिष्ठाङ्गुष्ठौ।।"

(सु.सू. ३५/१३)

वृषण (अण्डग्रन्थियाँ), ठोडी, दाँत, नासापुट, कर्णमूल और नेत्रों का मध्यभाग ये दो-दो अंगुल के होते हैं। शिश्न, मुख, नासावंश, कर्ण, ललाट, ग्रीवा और दृष्टिमण्डल के बीच का अन्तर ये सब ४-४ अंगुल के होते हैं। भग (योनि) विस्तार, शिश्न और नाभि का अन्तर, नाभि और हृदय का अन्तर, हृदय और ग्रीवामूल का अन्तर, दोनों स्तनों के बीच का अन्तर, ठोडी से ललाट के अन्त तक मुख की लम्बाई एवं मणिबन्ध और प्रकोष्ठ की गोलाई ये प्रत्येक १२-१२ अंगुल के होते हैं। **इन्द्रबस्ति** अर्थात् **जंघा के मध्य की गोलाई,** स्कन्ध और कोहनी के मध्य का अन्तर ये १६ अंगुल के होते हैं। कोहनी से मध्यमा अंगुली के अग्र तक २४ अंगुल का हस्त होता है। **दोनों भुजाएँ ३२ अंगुल की** होती हैं। **दोनों उरू प्रत्येक ३२ अंगुल की गोलाई** वाले होते हैं। मणिबन्ध से कोहनी तक की लम्बाई १६ अंगुल की होती है। हथेली ४ अंगुल चौड़ी और ६ अंगुल लम्बी होती है। अंगुष्ठ के मूलभाग से तर्जनी का अन्तर, कर्ण से नेत्र के बाह्य कोण का अन्तर एवं मध्यमाङ्गुली की लम्बाई प्रत्येक ५-५ अंगुल होती है। प्रदेशिनी तथा अनामिका ४½ अंगुल की एवं अंगुष्ठ और कनिष्ठिका ३½ अंगुल के होते हैं।

चतुर्विंशति विस्तारपरिणाहं मुख ग्रीवम्। त्रिभागाङ्गुलविस्तारा नासापुटमर्य्यादा। नयनत्रिभागपरिणाहा तारका। नवमस्तारकांशो दृष्टिः। केशान्तमस्तकान्तर-मेकादशाङ्गुलम्। मस्तकादवटुकेशान्तोदशाङ्गुलः। कर्णावट्वन्तरं चतुर्दशाङ्गुलम्। पुरूषोरःप्रमाणविस्तीर्णा स्त्रीश्रोणि अष्टादशाङ्गुलविस्तीर्णमुरः। तत्प्रमाण पुरूषस्य कटी। सविंशमङ्गुलशतं पुरुषायाम इति।।

(सु.सू. ३५/१४)

मुख चार अंगुल चौड़ा तथा ग्रीवा बीस अंगुल चारों ओर से गोल होती है। १ अंगुल नासापुट का विस्तार होता है।

नेत्र के आयाम का तिहाई (१/३) कृष्णमण्डल (Cornea) होता है। कृष्णमण्डल का नवमांश (१/९) दृष्टिमण्डल होता है। केशों के अन्त (शंख प्रदेश) से शिरोमध्यभाग ११ अंगुल का होता है। मस्तकमध्य भाग से ग्रीवा पश्चिम भाग का केशान्त प्रदेश १० अंगुल का होता है। कर्ण और अवटु के बीच का भाग १४ अंगुल का होता है। मनुष्य की उर: (वक्ष) के प्रमाणानुसार विस्तीर्ण स्त्रीश्रोणि होती है। स्त्रियों की उर: (वक्ष) १८ अंगुल की होती है। तथा उसके बराबर पुरूषों की कटि होती है।

इस तरह पुरूष के समस्त शरीर की लम्बाई १२० अंगुल की होती है।

उपरोक्त मान का आधुनिक मान से तुलनात्मक अध्ययन–

१.	पाद अंगुष्ठ	– लम्बाई	- २ अंगुल	- १½ इंच	- ३.७५ सेमी.
२.	प्रदेशिनी अंगुलि	– ,,	- २ ,,	- १½ ,,	- ३.७५ ,,
३.	मध्यमा अंगुलि	– ,,	-१.८ ,,	- १.३ ,,	- ३.३ ,,
४.	अनामिका अंगुलि	– ,,	-१.६ ,,	- १.२ ,,	- ३ ,,
५.	कनिष्ठिका अंगुलि	– ,,	-१.४ ,,	- १.०५ ,,	- २.६ ,,
६.	प्रपद	– लम्बाई	- ४ ,,	- ३ ,,	- ७.५ ,,
		– चौड़ाई	- ५ ,,	- ३¾ ,,	- ९.३७½ ,,
७.	पादतल	– लम्बाई	- ४ ,,	- ३ ,,	- ७.५ ,,
		– चौड़ाई	- ५ ,,	- ३¾ ,,	- ९.३७½ ,,
८.	पार्ष्णि	– लम्बाई	- ५ ,,	- ३¾ ,,	- ९.३७½ ,,
		– चौड़ाई	- ४ ,,	- ३ ,,	- ७.५ ,,
९.	पाद	– लम्बाई	-१४ ,,	- १०½ ,,	- २६.२५ ,,
१०.	पादमध्य–	गोलाई	-१४ ,,	- १०½ ,,	- २६.२५ ,,
११.	गुल्फमध्य	– ,,	-१४ ,,	- १०½ ,,	- २६.२५ ,,
१२.	जंघा	– लम्बाई	-१८ ,,	- १३½ ,,	- ३३.७५ ,,
१३.	जंघा मध्य	– गोलाई	-१४ ,,	- १०½ ,,	- २६.२५ ,,
१४.	जंघा मध्य (इन्द्रबस्ति मर्मस्थान)	– गोलाई	-१६ ,,	- १२ ,,	- ३० ,,
१५.	जानु मध्य	– गोलाई	-१४ ,,	- १०½ ,,	- २६.२५ ,,

१६. उरू	– लम्बाई	-१८ ,,	- १३½ ,,	- ३३.७५ ,,
	– गोलाई	-३२ ,,	- २४ ,,	- ६० ,,
१७. जानु सन्धि से **कटि** सन्धि तक	– लम्बाई	-३२ ,,	- २४ ,,	- ६० ,,
१८. गुल्फ से कटि सन्धि तक	– लम्बाई	-५० ,,	- ३७½ ,,	- ९३.७५ ,,
१९. कटि	– चौड़ाई	-१८ ,,	- १३½ ,,	- ३३.७५ ,,
२०. श्रोणि (स्त्री)	– चौड़ाई	-१८ ,,	- १३½ ,,	- ३३.७५ ,,
२१. वृषण	– चौड़ाई	- २ ,,	- १½ ,,	- ३.७५ ,,
२२. शेफ	– लम्बाई	- ४ ,,	- ३ ,,	- ७.५ ,,
२३. योनि	– गोलाई	-१२ ,,	- ९ ,,	- २२.५ ,,
२४. शेफ से नाभि	– अन्तर	-१२ ,,	- ९ ,,	- २२.५ ,,
२५. नाभि से हृदय	– अन्तर	-१२ ,,	- ९ ,,	- २२.५ ,,
२६. दोनों स्तनों के मध्य	– ,,	-१२ ,,	- ९ ,,	– २२.५ ,,
२७. हृदय से ग्रीवा मूल	– अन्तर	-१२ ,,	- ९ ,,	- २२.५ ,,
२८. ग्रीवा	– ऊँचाई	- ४ ,,	- ३ ,,	- ७.५ ,,
	– गोलाई	-२० ,,	- १५ ,,	- ३७.५ ,,
२९. ललाट	– चौड़ाई	- ४ ,,	- ३ ,,	- ७.५ ,,
३०. आनन (ठोडी से ललाट तक)	– लम्बाई	-१२ ,,	- ९ ,,	- २२.५ ,,
३१. वक्ष (स्त्री)	– चौड़ाई	-१८ ,,	- १३½ ,,	- ३३.७५ ,,
३२. चिबुक (ओष्ठ और चिबुक के मध्य)	– अन्तर	- २ ,,	- १½ ,,	- ३.७५ ,,
३३. दन्त पंक्ति	– चौड़ाई	- २ ,,	- १½ ,,	- ३.७५ ,,
३४. मुख	– चौड़ाई	- ४ ,,	- ३ ,,	- ७.५ ,,
३५. नासापुट	– चौड़ाई	- ⅓ ,,	-	- -
३६. नासावंश	– चौड़ाई	- ४ ,,	- ३ ,,	- ७.५ ,,

३७. कर्ण – लम्बाई - ४ ,, - ३ ,, - ७.५ ,,

३८. कर्णमूल – लम्बाई - २ ,, - १ १/२ ,, - ३.७५ ,,

३९. (कर्ण से नेत्र का बाह्य कोण) – अन्तर - ५ ,, - ३ ३/४ ,, - ९.३७ १/२ ,,

४०. दोनों कर्णों के बीच – अन्तर - १४ ,, - १० १/२ ,, - २६.२५ ,,

४१. दोनों नेत्रों के बीच – अन्तर - २ ,, - १ १/२ ,, - ३.७५ ,,

४२. दृष्टि मण्डल के मध्य – ,, - ४ ,, - ३ ,, - ७.५ ,,

४३. नेत्र की ल० का १/३ भाग तारका (Iris) होता है तथा तारका का १/९ भाग दृष्टि (pupil) होता है।

४४. सिर के मध्य से ग्रीवा के पश्चात् केशान्त– अन्तर १० अंगुल - ७ इंच - १८.७५ सेमी.

४५. शिर के मध्य से शंखप्रदेश केशान्त – अन्तर ११ अंगुल - ८ १/४ इंच - २०.६२ १/२ सेमी.

४६. भुजा – लम्बाई - ३२ ,, - २४ ,, - ६० ,,

४७. अंस से कूर्पर (कोहनी) – अन्तर - १६ ,, - १२ ,, - ३० ,,

४८. कूर्पर से मणिबन्ध – अन्तर - १६ ,, - १२ ,, - ३० ,,

४९. कूर्पर से अंगुलियों के सिरे तक – अन्तर - २४ ,, - १८ ,, - ४५ ,,

५०. मणिबन्ध – गोलाई - १२ ,, - ९ ,, - २२.५ ,,

५१. हस्ततल – लम्बाई - ६ ,, - ४ १/२ ,, - ११.२५ ,,
– चौड़ाई - ४ ,, - ३ ,, - ७.५ ,,

५२. अंगुष्ठमूल से तर्जनीमूल – अन्तर - ५ ,, - ३ ३/४ ,, - ९.३७ १/२ ,,

५३. प्रदेशिनी (तर्जनी) – लम्बाई - ४.५ ,, - ३.३७ १/२ ,, - ८.४४ ,,

५४. मध्यमा – लम्बाई - ५ ,, - ३ ३/४ ,, - ९.३७ १/२ ,,

५५. अनामिका – लम्बाई - ४.५ ,, - ३.३७ १/२ ,, - ८.४४ ,,

५६. कनिष्ठिका – लम्बाई - ३.५ ,, - २.६२ १/२ ,, - ६.५६ ,,

५७. अंगुष्ठ – लम्बाई - ३.५ ,, - २.६२ १/२ ,, - ६.५६ ,,

X. आचार्य वृद्ध वाग्भट के अनुसार अंगुल प्रमाण–

" स्वाङ्गुलैः पादाङ्गुष्ठप्रदेशिन्यौ द्वयङ्गुलायते, तिस्रोऽन्याक्रमेणोत्तरोत्तरं पञ्चभागहीनास्तन्नखहीना वा, चतुरङ्गुलायताः पृथक्प्रपदपादतल पार्ष्ण्यः षट्पञ्चचतुरङ्गुलविस्तृताः, चतुर्दशैवायामेन पादश्चतुर्दशैव परिणाहेन, तथा गुल्फौ जंघामध्यं च, चतुरङ्गुलोत्सेधः पादः, अष्टादशायामा जंघा षोडश परिणाहेन, चतुरङ् गुल जानु षोडशाङ्गुलपरिणाहम्, उरू त्रिंशत्परिणाहावष्टादशायामौ, वृषणौ षडायामौ परिणाहेन चाष्टाङ्गुलौ, मेढ्रः षडङ्गुलायामोऽर्द्धपञ्चपरिणाहः, षोडशविस्तारा कटीपञ्चशत्परिणाहा, दशाङ्गुल बस्तिशिरः, द्वादशाङ्गुलमुदरम् , दशविस्तारे द्वादशायामे पार्श्वे, द्वादशोत्सेधं त्रिकम्, अष्टादशोत्सेधं पृष्ठम्, द्वादशकं स्तनान्तरम्, द्वयङ्गुलः स्तनपर्यन्तः, चतुर्विंशत्यङ्गुलविशालं द्वादशोत्सेधमुरः, द्वयङ्गुलं हृदयम्, अष्टकौ स्कन्धौ कक्षे च, षट्कावंसौ, षोडशकौ प्रबाहू, पञ्चदशकौ प्रपाणि, दशाङ्गुलौ पाणि, तत्रापि पञ्चाङ्गुला मध्यमाङ्गुलिः, ततोऽर्धाङ्गुलहीने प्रदेशिन्यनामिके, सार्धत्र्यङ्गुलौ कनिष्ठिकाङ्गुष्ठौ, चतुरूत्सेधा द्वाविंशतिपरिणाहा शिरोधरा, द्वादशोत्सेधं चतुर्विंशतिपरिणाहमाननम्, पञ्चाङ्गुलमास्यम्, चतुरङ्गुलं पृथक् चिबुकौष्ठनासा दृष्टयन्तरकर्णललाटम्, शंखगण्डाश्चतुरङ्गुलाः, त्रिभागाङ्गुलविस्तारा नासापुटमर्यादा, द्वयङ्गुलायतमङ्गुष्ठोदरविस्तृतं नेत्रम्, तत्र शुक्लात्तृतीयांशः कृष्णः, कृष्णान्नवमांशा मसूरदलमात्रा दृष्टिः, षडङ्गुलोत्सेधं द्वात्रिंशत्परिणाहं शिर इति, सर्वं पुनः शरीरमङ्गुलानि चतुरशीतिः, तदायामविस्तारसमं समुच्यते ।।" (अ.सं.शा. ८/२९)

उपरोक्त मान का आधुनिक मान से तुलनात्मक अध्ययन–

१.	पाद अंगुष्ठ	– लम्बाई	- २ अंगुल	- १½ इंच	- ३.७५ सेमी.
२.	पाद प्रदेशिनी अंगुलि	– ,,	- २ ,,	- १½ ,,	- ३.७५ ,,
३.	पाद मध्यमा अंगुलि	– ,,	-१.८ ,,	- १.३ ,,	- ३.३ ,,
४.	पाद अनामिका अं०	– ,,	-१.६ ,,	- १.२ ,,	- ३ ,,
५.	पाद कनिष्ठिका अं०	– ,,	-१.४ ,,	- १.०५ ,,	- २.६ ,,
६.	प्रपद	– लम्बाई	- ४ ,,	- ३ ,,	- ७.५ ,,
		– चौड़ाई	- ६ ,,	- ४½ ,,	- ११.२५ ,,
७.	पादतल	– लम्बाई	- ४ ,,	- ३ ,,	- ७.५ ,,
		– चौड़ाई	- ५ ,,	- ३¾ ,,	- ९.३७½ ,,
८.	पार्ष्णि	– लम्बाई	- ४ ,,	- ३ ,,	- ७.५ ,,
		– चौड़ाई	- ४ ,,	- ३ ,,	- ७.५ ,,
९.	पाद	– लम्बाई	-१४ ,,	- १०½ ,,	- २६.२५ ,,
		– चौड़ाई	- ६ ,,	- ४½ ,,	- ११.२५ ,,
		– ऊँचाई	- ४ ,,	- ३ ,,	- ७.५ ,,

	– परिधि	-१४ ,,	- १०½ ,,	- २६.२५ ,,
१०. गुल्फ	– परिधि	-१४ ,,	- १०½ ,,	- २६.२५ ,,
११. जंघा	– लम्बाई	-१८ ,,	- १३½ ,,	- ३३.७५ ,,
	– परिधि	-१६ ,,	- १२ ,,	- ३० ,,
१२. जंघा का मध्य	– परिधि	-१४ ,,	- १०½ ,,	- २६.२५ ,,
१३. जानु	– लम्बाई	- ४ ,,	- ३ ,,	- ७.५ ,,
	– परिधि	-१६ ,,	- १२ ,,	- ३० ,,
१४. उरू	– लम्बाई	-१८ ,,	- १३½ ,,	- ३३.७५ ,,
	– परिधि	-३० ,,	- २२½ ,,	- ५६.२५ ,,
१५. अण्डकोष (वृषण)	– लम्बाई	- ६ ,,	- ४½ ,,	- ११.२५ ,,
	– परिधि	- ८ ,,	- ६ ,,	- १५ ,,
१६. शिश्न (मेढ्र)	– लम्बाई	- ६ ,,	- ४½ ,,	- ११.२५ ,,
	– परिधि	-५½ ,,	- ४.१२ ,,	- १०.३० ,,
१७. कटि	– चौड़ाई	-१६ ,,	- १२ ,,	- ३० ,,
	– परिधि	-५० ,,	- ३७½ ,,	- ९३.७५ ,,
१८. वस्ति शिर	– चौड़ाई	-१० ,,	- ७½ ,,	- १८.७५ ,,
१९. उदर	– लम्बाई	-१२ ,,	- ९ ,,	- २२.५ ,,
२०. पार्श्व	– लम्बाई	-१२ ,,	- ९ ,,	- २२.५ ,,
	– चौड़ाई	-१० ,,	- ७½ ,,	- १८.७५ ,,
२१. त्रिक	– ऊंचाई	-१२ ,,	- ९ ,,	- २२.५ ,,
२२. पृष्ठ	– चौड़ाई	-१८ ,,	- १३½ ,,	- ३३.७५ ,,
२३. दोनों स्तनों के मध्य	– अन्तर	-१२ ,,	- ९ ,,	- २२.५ ,,
२४. स्तनपर्यन्त (स्तन का कृष्ण भाग)	– विस्तार	- २ ,,	- १½ ,,	- ३.७५ ,,
२५. वक्ष	– चौड़ाई	-२४ ,,	- १८ ,,	- ४५ ,,
	– ऊँचाई	-१२ ,,	- ९ ,,	- २२.५ ,,
२६. हृदय	– विस्तार	- २ ,,	- १½ ,,	- ३.७५ ,,

२७. स्कन्ध	– लम्बाई	– ८ अंगुल	– ६ ईंच	– १५ सेमी.
२८. कक्षा (बाहुमूल)	– लम्बाई	– ८ ,,	– ६ ,,	– १५ ,,
२९. अंस –	लम्बाई	– ६ ,,	– ४ १/२ ,,	– ११.२५ ,,
३०. प्रबाहु	– लम्बाई	– १६ ,,	– १२ ,,	– ३० ,,
३१. प्रपाणि	– लम्बाई	– १५ ,,	– ११ १/४ ,,	– २८.१२ ,,
३२. पाणि	– लम्बाई	– १० ,,	– ७ १/२ ,,	– १८.७५ ,,
३३. अंगुष्ठ	– लम्बाई	– ३ १/२ ,,	– २.६२ १/२ ,,	– ६.५६ ,,
३४. तर्जनी अंगुलि	– लम्बाई	– ४ १/२ ,,	– ३.३७ १/२ ,,	– ८.४४ ,,
३५. मध्यमा अंगुलि	– लम्बाई	– ५ ,,	– ३ ३/४ ,,	– ९.३७ १/२ ,,
३६. अनामिका अंगुलि	– लम्बाई	– ४ १/२ ,,	– ३.३७ १/२ ,,	– ८.४४ ,,
३७. कनिष्ठिका अंगुलि	– लम्बाई	– ३ १/२ ,,	– २.६२ १/२ ,,	– ६.५६ ,,
३८. ग्रीवा (शिरोधरा)	– लम्बाई	– ४ ,,	– ३ ,,	– ७.५ ,,
	– परिधि	– २२ ,,	– १६ १/२ ,,	– ४१.२५ ,,
३९. आनन	– लम्बाई	– १२ ,,	– ९ ,,	– २२.५ ,,
	– परिधि	– २४ ,,	– १८ ,,	– ४५ ,,
४०. आस्य	– विस्तार	– ५ ,,	– ३ ३/४ ,,	– ९.३३ १/२ ,,
४१. चिबुक	– लम्बाई	– ४ ,,	– ३ ,,	– ७.५ ,,
४२. ओष्ठ	– लम्बाई	– ४ ,,	– ३ ,,	– ७.५ ,,
४३. नासिका	– लम्बाई	– ४ ,,	– ३ ,,	– ७.५ ,,
४४. दोनों कनीनिका-के मध्य	– अन्तर	– ४ ,,	– ३ ,,	– ७.५ ,,
४५. कर्ण	– लम्बाई	– ४ ,,	– ३ ,,	– ७.५ ,,
४६. ललाट	– ऊँचाई	– ४ ,,	– ३ ,,	– ७.५ ,,
४७. शंख प्रदेश	– विस्तार	– ४ ,,	– ३ ,,	– ७.५ ,,
४८. गण्ड प्रदेश	– विस्तार	– ४ ,,	– ३ ,,	– ७.५ ,,
४९. नासापुट	– विस्तार	– १/३ ,,	– –	– – –
५०. अक्षि	– लम्बाई	– २ ,,	– १ १/२ ,,	– ३.७५ ,,
	– चौड़ाई	– अंगुष्ठ के मध्य भाग के बराबर		
५१. कृष्ण मण्डल	– चौड़ाई	– शुक्ल भाग का १/३ भाग		– –
५२. दृष्टि मण्डल (कनीनिका)	– चौड़ाई	– कृष्ण मण्डल का १/९ भाग		– –

५३. शिर	- ऊँचाई -६ अंगुल	- ४१/२ ,,	-	११.२५ ,,
	- परिधि- ३२ अंगुल	- २४ ,,	-	६० ,,
५४. शरीर की कुल	- लम्बाई -८४ ,,	- ६३ ,,	-	१५७.५ ,,
५५. दोनो भुजाओं को फैलाकर वक्ष सहित	- विस्तार -८४ ,,	- ६३ ,,	-	१५७.५ ,,

इस प्रकार दोनों भुजाओं को पार्श्व में फैलाकर वक्ष सहित जितना विस्तार पाया जाता है, शरीर की कुल लम्बाई (खड़े होने पर) उतनी ही होती है।

इस प्रकार आचार्य वाग्भट के अनुसार शरीर की कुल लम्बाई ८४ अंगुल होती है।

(xi) • **आचार्य वाग्भट के अनुसार प्रमाण–**

स्वं स्वं हस्तत्रयं सार्द्धं वपुः पात्रं सुखायुषोः ।
न च यद्युक्तमुद्रिक्तैरष्टाभिर्निन्दितैर्निजैः ॥ (अ.ह.शा. ३/१०६)

• अरोमशासितस्थूलदीर्घत्वैः सविपर्ययैः ।

सुख एवं आयु का पात्र शरीर

अपने-अपने हाथ से नापने पर प्रत्येक व्यक्ति का शरीर साढ़े तीन हाथ का सुख एवं आयु का पात्र होता है। यदि वह शरीर सहज (निज) एवं बड़ा (उद्रिक्त) आठ निन्दनीय दोषें से युक्त न हो। जैसे–

१. अरोमश–लोम या रोमहीन
२. अत्यधिक रोमों वाला
३. अत्यन्त कृष्ण
४. अत्यन्त गौर वर्ण
५. अत्यन्त स्थूल
६. अत्यन्त कृश
७. अत्यन्त लम्बा
८. अत्यन्त छोटा

सुस्निग्धा मृदवः सूक्ष्मा नैकमूलाः स्थिराः कचाः ॥ (अ.ह.शा. ३/१०७)

ललाटमुन्नतं श्लिष्टशङ्खमर्धेन्दुसन्निभम् ।
कर्णौ नीचोन्नतौ पश्चान्महान्तौ श्लिष्टमांसलौ ॥ (अ.हृ.शा. ३/१०८)

• नेत्रे व्यक्तासितसिते सुबद्धघनपक्ष्मणी ।
उन्नताग्रा महोच्छ्वासा पीनर्जुर्नासिका समा ॥ (अ.हृ.शा. ३/१०९)

• ओष्ठौ रक्तानुद्धत्तौ, महत्यौ नोल्बणे हनू ।
महदास्यं, घना दन्ताः स्निग्धाः श्लक्ष्णाः सिताः समाः॥ (अ.हृ.शा. ३/११०)

• जिह्वा रक्ताऽऽयता तन्वी, मांसलं चिबुकं महत् ।
ग्रीवा ह्रस्वा घना वृत्ता, स्कन्धावुन्नतपीवरौ ॥ (अ.हृ.शा. ३/१११)

- उदरं दक्षिणावर्तगूढ़नाभि समुन्नतम्।
  तनुरक्तोन्नतनखं स्निग्धमाताम्रमांसलम् ॥ (अ.हृ.शा. ३/११२)
- दीर्घाच्छिद्राङ्गुलि महत्पाणिपादं प्रतिष्ठितम्।
  गूढवंशं बृहत्पृष्ठं, निगूढ़ाः सन्धयो दृढ़ाः ॥ (अ.हृ.शा. ३/११३)
- धीरः स्वरोऽनुनादी च वर्णः स्निग्धः स्थिरप्रभः।
  स्वभावजं स्थिरं सत्वमविकारि विपत्स्वपि ॥ (अ.हृ.शा. ३/११४)
- उत्तरोत्तरसुक्षेत्रं वपुर्गर्भादिनीरूजम्।
  आयामज्ञानविज्ञानैर्वर्द्धमानं शनैः शुभम् ॥ (अ.हृ.शा. ३/११५)

शुभ लक्षण युक्त शरीर

१. उत्तम केश उन्हें कहा जाता है, जो स्पर्श में चिकने, मुलायम, पतले, अलग-अलग जड़ों वाले तथा सुदृढ़ मूल वाले हों।

२. वह माथा (ललाट) शुभ होता है, जो ऊँचा हो, जिससे शंख प्रदेश सटे हुए हों, जो अर्धचन्द्रमा जैसा दिखता हो; वह स्थिति बालों के कारण देखी जा सकती है।

३. वे कर्ण (कान) उत्तम माने जाते हैं, जो नीचे की ओर लटके हों और जिनके ऊपरी भाग उठे हुए हों, तथा जो पीछे की ओर बड़े, सटे तथा मांसल हों।

४. वे नेत्र शुभ होते हैं, जिनके काले तथा सफेद भाग सुस्पष्ट हों, जो सुन्दर सन्धियों वाले एवं सघन पलकों (पक्ष्मों) वाले हों।

५. वह नासिका शुभ होती है, जो आगे की ओर ऊँची हो, जिसके दोनों छिद्र बड़े हों, जिनसे श्वास-प्रश्वास क्रिया सुख से हो सके, जिसका नासावंश पुष्ट, सीधा तथा दोनों ओर से समान हो।

६. वे ओष्ठ शुभ होते हैं, जो लाल हों, ऊपर की ओर उठे हो अर्थात् मुख को ढकने वाले हों।

७. वे हनु नामक अस्थियाँ जिनसे मुखमण्डल की रचना होती है, शुभ कही गयी हैं, जो बड़ी हों किन्तु उभारदार न हों।

८. वह मुख शुभ होता है, जो शरीर के अनुपात में महान हो।

९. वे दाँत शुभ होते हैं, जो घने हों न कि विरल हों, स्निग्ध, श्लक्ष्ण (चिकने), सफेद तथा समान आकार वाले हों।

१०. वह जिह्वा शुभ होती है, जो लाल, उचित लम्बाई-चौड़ाई से युक्त तथा पतली हो।

११. वह ठोड़ी शुभ होती है, जो मांसल तथा बड़ी हो।

१२. वह गर्दन शुभ होती है, जो अधिक लम्बी न हो, मोटी तथा गोल हों।

१३. वे कन्धे शुभ होते हैं, जो ऊँचे एव पुष्ट हों।

१४. वह उदर (पेट) शुभ होता है, जिसकी नाभि दक्षिण की ओर घूमी हुई गहरी हो तथा उदर ऊपर की ओर उठा हुआ हो।

१५. हाथ-पैर के वे नख शुभ होते हैं, जो पतले, रक्ताभ तथा बीच में उभारयुक्त हों और जो चिकने, ताम्रवर्ण के एवं पुष्ट हों।

१६. उन अँगुलियों से युक्त हाथ-पैर शुभ होते है, जो लम्बी, परस्पर सटी हुई अतएव अच्छिद्र तथा बड़े हों।

१७. वह पीठ शुभ होती है, जिसका पृष्ठवंश ढका हुआ हो, आकार में चौड़ा हो।

१८. वे सन्धियाँ शुभ होती हैं, जो मांस से ढकी हों, तथा मजबूत हों।

१९. वह स्वर शुभ होता है, जो गम्भीर, धैर्ययुक्त तथा अनुनादी (प्रतिध्वनि युक्त) हो।

२०. वह वर्ण शुभ होता है, जो स्निग्ध, स्थिर तथा कान्तियुक्त हो।

२१. वह सत्व (मन) शुभ होता है, जो सहज (जन्म से उत्पन्न) होता है, जो स्थिर एवं विपत्ति में भी विकाररहित हो।

२२. वह शरीर शुभ होता है, जिसका क्षेत्र अथवा मातृ-पितृ कुल उत्तरोत्तर शुभ हो, जो गर्भाधान से लेकर रोगरहित हो, जो लम्बाई-चौड़ाई, ज्ञान, विज्ञान आदि के साथ-साथ धीरे-धीरे बढ़ रहा हो।

इति सर्व गुणोपेते शरीरे शरदां शतम् । आयुरैश्वर्यमिष्टाश्च सर्वे भावाः प्रतिष्ठिताः ॥ (अ.हृ.शा. ३/११६)

• **सर्वभाव सम्पन्न शरीर**— उपरोक्त सभी प्रकार के गुणों से सम्पन्न, साढ़े तीन हाथ लम्बाई के शरीर में सौ वर्ष की आयु, ऐश्वर्य तथा सभी इच्छित भाव प्रतिष्ठित रहते हैं।

२. अञ्जलि प्रमाण

तदुदकं दशाञ्जलि प्रमाणं; नवाञ्जलयः पूर्वस्याहार परिणाम धातोः, यं 'रस' इत्याचक्षते; अष्टौ शोणितस्य, सप्त पुरीषस्य, षट् श्लेष्मणः, पञ्च पित्तस्य, चत्वारो मूत्रस्य, त्रयो वसायाः, द्वौ मेदसः, एको मज्जायाः, मस्तिष्कस्यार्धाञ्जलिः, शुक्रस्य तावदेव प्रमाणं तावदेव श्लैष्मिकस्यौजस इति । (च.शा. ७/१५)

शरीर के अन्तर्गत रहने वाले द्रवस्वरूप द्रव्यों का अञ्जलि प्रमाण निम्न प्रकार है।

१.	जल (उदक)	–	१०	अञ्जलि
२.	रस (आहार रस)	–	९	,,

३. रक्त (शोणित)	–	८	,,
४. पुरीष	–	७	,,
५. कफ (श्लेष्मा)	–	६	,,
६. पित्त	–	५	अञ्जलि
७. मूत्र	–	४	,,
८. वसा	–	३	,,
९. मेद	–	२	,,
१०. मज्जा	–	१	,,

- मस्तिष्क – १/२ अञ्जलि
- शुक्र – १/२ अञ्जलि
- अपर ओज (श्लैष्मिक ओज)– १/२ ,,
- पर ओज – ८ बूँद
- आर्त्तव – ४ अञ्जलि

आधुनिकों के अनुसार १ अञ्जलि = लगभग १९२ मिली.

●

अध्याय- ६

अस्थि शारीर
(Osteology)

१. परिचय (Introduction)

Osteo + Logy ↓ Bone, ↓ Science, study of — Os - Ⓛ, Osteon - Ⓖ

The science of bones is called osteology.

The study of bones is called osteology.

इसे अस्थि विज्ञान, अस्थि संस्थान, Bony system, skeleton भी कहते हैं।

मनुष्य शरीर की साधारण आकृति उसके अस्थि पिञ्जर (Skeleton) के दोनों पार्श्वों (Sides) की प्रतिसाम्य (Symmetry) की बनावट के अनुसार है। इसमें एक धुरी (Axis) है, जो खण्डों (Segments) में विभाजित है, जिसका लचकीलापन गतियों (Movements) में सहायक होता है। शाखाएँ (Limbs) हैं, जो वक्ष (Pectoral) और श्रोणि (Pelvic) में स्थित हैं। इनमें सन्धियाँ (Joints) हैं, जो चलने, घूमने और पकड़ने में सहायक होती हैं। धुरी (Axis) के ऊपर अतिविकसित फैला हुआ शिर (Skull) है। इसके अतिरिक्त अस्थिमय व उपास्थिमय पिञ्जर (Osseocartilagenous cage), कण्डराएँ (Tendons) और स्नायु (Ligaments) के बीच विकसित होने वाली कण्डरास्थियाँ (Sesamoid bones) हैं, इन सबको मिलाकर अस्थि संस्थान (Skeleton) बनता है।

आयुर्वेद शास्त्र के अनुसार पुरूष शरीर सात धातुओं से निर्मित होता है।

''रसासृङ्गमांसमेदोऽस्थिमज्जशुक्राणि धातवः।'' (भा.प्र.प्रथम खण्ड गर्भ प्रकरण/१३३)

रस-रक्त-मांस-मेद-**अस्थि**-मज्जा-शुक्र ये सात धातुएँ होती हैं। ये सभी शरीर का धारण करते हैं। अस्थि यह धातु इन्हीं सात में से पाँचवा धातु है। यह पाँचवी अस्थि धातु स्थिर, कठिन तथा शरीर के अंग-प्रत्यंगों को आकार तथा आधार प्रदान करने वाली होती है।

२. अस्थि की परिभाषा

"स्थिर, कठिन तथा शरीर के अंग-प्रत्यंगों को आकार तथा आधार प्रदान करने वाली रचना को अस्थि कहते हैं।"

Definition of bone

The hard tissue forming the framework of the body.

A white hard substance which constitutes the skeleton of the body.

"अस्यते इति अस्थि:।"

इसी से वह अन्य धातुओं की अपेक्षा अधिक समय तक अपना ही रूप धारण किये हुए रहता है। जैसे– मृत शरीर (Dead body) को जमीन में दबा देने के पश्चात् कुछ दिनों के बाद वहाँ की मिट्टी खोदकर देखी जाये तो रस, रक्त, मांस, मेद आदि धातुएँ तथा शरीर की अन्य रचनाओं का नाममात्र अवशेष वहाँ नहीं दिखेगा, और अस्थियाँ (Bones) वैसी ही मिलेंगी। इसी से कहा गया है, कि वह अधिक समय तक स्थिर रहता है। क्योंकि शरीर की रचनाओं में सबसे कठिन अंश वही होता है।

यस्मात् चिरविनष्टेषु त्वङ्मांसेषु शरीरिणाम्।
अस्थीनि न विनश्यन्ति साराण्येतानि देहिनाम्॥ (सु.शा. ५/२४)

इसलिए प्राणियों की त्वचा, मांस तथा शरीर की अन्य अस्थिविरहित मृदु धातुएँ देर से नष्ट होने पर भी अस्थियाँ नष्ट नहीं होती, क्योंकि ये प्राणियों के शरीर में सार हैं।

३. अस्थियों का स्वरूप

अस्थिधातु शरीर में सबसे अधिक कठिन भाग हैं। इनमें गुरू, खर, कठिन, स्थूल, स्थिर एवं मूर्तिमत् (दृष्टिमान) गुण पाये जाते हैं। इसी कारण इन गुणों से ये शरीर का धारण करने, मज्जा की पुष्टि करने एवं मांस के आलम्बन में समर्थ होती हैं। उपरोक्त गुणों के कारण इन्हें **पार्थिव** कहा जाता है।

अस्थियों की पांचभौतिक रचना

"महाभूतानां खं वायुरग्निरापःक्षितिस्तथा।" (च.शा. १/२७)

अस्थियों का संगठन पांचभौतिक दृष्टि से किया गया है।

१. अस्थियों का छिद्रित (Porous) होना, छिद्रिष्ट (Spongy) भाग युक्त होना, Vascular canal तथा अस्थियों में अन्दर की रक्तवहानलिकाएँ (Haversion system) का बनना आकाश महाभूत के कारण है। **आकाश** महाभूत अर्थात् रिक्त स्थान।

२. अस्थियों की प्राणमयता, परिवर्तनशीलता, वृद्धि (growth) और पुनरूत्पादक (Regeneration) के गुण वायु महाभूत के कारण हैं।

३. अस्थियों का रक्तमयता होना अग्निमहाभूत के कारण है।

४. अस्थियों का लचकीलापन जल महाभूत के कारण है।

५. अस्थियों का खनिजयुक्त होना तथा कठिन होना पृथ्वी महाभूत के कारण है।

अस्थि की उत्पत्ति

''रसाद्रक्तं ततो मांसं मांसान्मेदः प्रजायते।
मेदसोऽस्थि ततो मज्जा मज्जः शुक्रं तु जायते।। (सु.सू. १४/१०)

इस सूत्र के अनुसार मेद धातु से अस्थि धातु की उत्पत्ति होती है।

४. अस्थि की रचना (Structure of bone)

(1) Bone cells

Bone or osseous tissue contains an abundant matrix surrounding widely separated cells. The matrix is about 25% water, 25% protein fibres, 50% mineral salts.

There are four types of cells in bone tissue.

1. Osteo progenitor (osteogenic cells)-- Develops into an osteoblast.
↓ ↓
Bone Precursor
↓
(To produce)

2. Osteo blast-- Forms bone tissue.
↓ ↓
Bone Germ or bud

3. Osteo cytes– Maintains bone tissue.
↓ ↓
Bone cell

4. Osteo clasts– Function in resorption, the destruction of bone matrix.
↓ ↓
Bone To break

(2) The region of a bone may be categorized as compact or spongy.

Compact bone tissue (Dense = solid)– Contains few space, it forms the external layer of all bones of the body and the bulk of the diaphysis of long bone. Compact bone tissue provides protection, support and helps the long bones resist the stress of weight placed on them.

Spongy bone tissue– Filled with red bone marrow.
↓
Cancellous
↓
(Trabeculae)

(3) Structurally, the skeletal system consists of bone tissue, cartilage, red and yellow bone marrow and periosteum.

A typical long bone consists of the following part.

1. **Dia** ↓ Through **physis–** ↓ growth — The shaft or long main portion of the bone.
2. **Epi** ↓ Above **physis–** ↓ growth — The distal and proximal extremities or ends of the bone.
3. **Meta** ↓ After **physis–** ↓ growth — The region in a mature bone, where the diaphysis joins the epiphysis.
4. **Articular cartilage–** A thin layer of hyaline cartilage covering the epiphysis, where the bone forms an articulation with another bone.
5. **Periosteum–** ↓ ↓ Around bone — Periosteum is a membrane around the surface of bone, not covered by articular cartilage. It consist two layer– Fibrous layer and osteogenic layer.
6. **Medullary or– marrow cavity** ↓ (Central part of a structure) — Marrow cavity is the space within the diaphysis that contains the fatty yellow bone marrow in adult.
7. **Endo** ↓ Within **steum–** ↓ Bone — Lining the medullary cavity is the endosteum. A membrane that contains-osteoprogenitor cells and osteoclasts.

५. अस्थियों की संख्या (Number of bones)

आचार्य चरक के अनुसार अस्थियों की संख्या	-	३६० है।
आचार्य सुश्रुत ,, ,, ,, ,,	-	३०० है।
आधुनिकों के ,, ,, ,, ,,	-	२०६ है।

६. अस्थियों के नाम (Classification of bones)

According to modern– 200 + 6 auditory ossicles = 206

1. Upper limbs 32 x 2= 64 Including with shoulder girdle (clavicle, scapula).

2. Lower limbs– 31 x 2= 62 Including with pelvic girdle (Hip bone)

3. Vertebrae– 26 (33 vertebrae, but 5 sacral fuse– 1 sacrum and 4 coccygeal fuse– 1 coccyx.)

4. Ribs– 24 (12 pairs)

5. Sternum– 1

6. Skull– 29 (Calvaria or skull cap– 8, facial skeleton– 14, auditory ossicles– 6, hyoid bone– 1).

1. Upper limbs ऊर्ध्वशाखा की अस्थियाँ

- Clavicle – अक्षकास्थि – 1
- Scapula – अंसफलक – 1
- Humerus – प्रगण्डास्थि – 1
- Radius – बहि:प्रकोष्ठास्थि – 1
- Ulna – अन्त: प्रकोष्ठास्थि – 1
- Carpal bones – पाणिकूर्चास्थियाँ – 8

↓ ↓

Scaphoid	–	नौनिभ	– 1
Lunate	–	अर्धचन्द्र	– 1
Triquetral	–	उपलक	– 1
Pisiform	–	वर्त्तुलक	– 1
Trapezium	–	पर्य्याणक	– 1
Trapezoid	–	कूटक	– 1
Capitate	–	मध्यकूट	– 1
Hamate	–	फणधर	– 1

- Metacarpal bones -- करांगुलिमूल शलाकाएँ – 5

Ist Metacarpal	–	अंगुष्ठमूलश्लाका	–	1
IInd " "	–	तर्जनीमूलश्लाका	–	1
IIIrd " "	–	मध्यमामूलश्लाका	–	1
IVth " "	–	अनामिकामूल श्लाका	–	1
Vth " "	–	कनिष्ठिकामूलश्लाका	–	1

- Phalanges – अंगुल्यास्थियाँ – 14

Proximal phalanx	–	ऊर्ध्व अंगुलि पर्व	–	5
Middle phalanx	–	मध्य अंगुलि पर्व	–	4
Distal phalanx	–	अधः अंगुलि पर्व	–	5

Total bones of upper limbs – कुल ऊर्ध्व शाखा की अस्थियाँ – 32 + 32= 64

2. Lower Limbs (अधः शाखा की अस्थियाँ)

- Hip bone – श्रोणिफलक – 1
- Femur – ऊर्वस्थि – 1
- Tibia – अन्तःजंघास्थि – 1
- Fibula – बहिःजंघास्थि – 1
- Patella – जानुकपालिका – 1
- Tarsal bones – पादकूर्चास्थियाँ – 7

Talus	–	कूर्च शिर	–	1
Calcaneus	–	पार्ष्णि	–	1
Navicular	–	नौनिभ	–	1
Medial cuneiform	–	अन्तः कोणिक	–	1
Inter mediate cuneiform	–	मध्य कोणिक	–	1
Lateral cuneiform	–	बाह्य कोणिक	–	1
Cuboid	–	घन	–	1

- Metatarsal bones -- पादांगुलमूलश्लाकायें – 5

Ist	Metatarsal –	अंगुष्ठमूलश्लाका	– 1
IInd	" " –	तर्जनीमूलश्लाका	– 1
IIIrd	" " –	मध्यमामूलश्लाका	– 1
IVth	" " –	अनामिकामूल श्लाका	– 1
Vth	" " –	कनिष्ठिकामूलश्लाका	– 1

- Phalanges – अंगुल्यास्थियाँ – 14

Proximal phalanx –	ऊर्ध्वअंगुलि पर्व	– 5
Middle phalanx –	मध्यअंगुलि पर्व	– 4
Distal phalanx –	अध:अंगुलि पर्व	– 5

Total bones of lower limbs – कुल अध: शाखा की अस्थियाँ – 31 + 31= 62

3. Vertebrae कशेरूका

- Cervical vertebrae– ग्रीवा कशेरूका – 7
- Thoracic " – पृष्ठ " – 12
- Lumbar " – कटि " – 5
- Sacral " – (त्रिककशेरूका) – (5)

  Sacrum – त्रिकास्थि– 1
- Coccygeal " – (अनुत्रिक कशेरूका) – (4)

  Coccyx – अनुत्रिकास्थि – 1

Total vertebrae – कुल कशेरूका – 26 (33)

4. Ribs (पर्शुकाएँ)

- True ribs – मुख्य पर्शुकाएँ – 7 pairs
- False ribs – गौण पर्शुकाएँ – 3 pairs
- Floating ribs– खुली पर्शुकाएँ – 2 pairs

Total ribs – कुल पर्शुकाएँ – 12 Pairs = 24

5. Sternum – उर:फलक – 1

6. Skull – शिर – 29

- **Calvaria or skull cap – 8**

Frontal bone	–	पुर: कपाल	–	1
Occipital bone	–	पश्चिम कपाल	–	1
Sphenoid bone	–	जतुकास्थि	–	1
Ethmoid bone	–	झर्झरास्थि	–	1
Parietal bone	–	पार्श्वकपाल	–	2
Temporal bone	–	शंखास्थि	–	2

- **Facial Skeleton – 14**

Lacrimal bone	–	अश्रुपीठास्थि	–	2
Maxilla bone	–	ऊर्ध्वहन्वस्थि	–	2
Mandible bone	–	अधो हन्वस्थि	–	1
Nasal bone	–	नासास्थियाँ	–	2
Inf. nasal conchae	–	शुक्तिकास्थि	–	2
Vomer bone	–	सीरिकास्थि	–	1
Palatine bone	–	ताल्वस्थि	–	2
Zygomatic bone	–	गण्डास्थि	–	2

- **Auditory ossicles – 6**

Malleus (Hammer)	–	मुद्गरक	–	2
Incus (Anvil)	–	अंकुशक	–	2
Stapes (Stirrup)	–	धरणक	–	2

- **Hyoid bone –** कण्ठिकास्थि – 1

Total bone of skull – शिर की कुल अस्थियाँ – 8 + 14 + 6 + 1= 29

आचार्य सुश्रुत के अनुसार अस्थियों की संख्या = ३००

१. शाखास्थियाँ = १२०

• पाद अंगुलियाँ	–	Phalanges	–	३०
पाद तल	–	Metatarsals	–	१०
पाद कूर्च	–	Tarsals	}	१०
पाद गुल्फ	–	Tarsals	}	
पाद पार्ष्णि	–	Calcaneous	–	२
अन्त:जंघास्थि	–	Tibia	–	२
बहि:जंघास्थि	–	Fibula	–	२
जानुकपालिका	–	Patella	–	२
ऊर्वस्थि	–	Femur	–	२
• हस्त अंगुलियाँ	–	Phalanges	–	३०
हस्त तल	–	Metacarpals	–	१०
हस्त कूर्च	–	Carpals	}	१२
हस्त मणिक	–	Carpals	}	
अन्त: प्रकोष्ठास्थि	–	Ulna	–	२
बहि: प्रकोष्ठास्थि	–	Radius	–	२
कूर्परकपाल (कूर्परकूट)	–	Olecranon process of ulna	–	२
प्रगण्डास्थि (बाहुनलक)	–	Humerus	–	२
		Total = 120		

२. मध्यशरीर (अन्तराधि) = ११७

• श्रोणि	–	Hip bone (Ilium, pubis, ischium) sacrum, coccyx	–	५
• पृष्ठ की अस्थियाँ	–	Thoracic and lumbar vertebrae	–	३०
• पार्श्व अस्थियाँ				
पर्शुकाएँ	–	Ribs	–	२४
पर्शुका-अर्बुद	–	Ribs-tubercle	–	२४
पर्शुका-स्थालक	–	Ribs-process	–	२४

- उर: की अस्थियाँ

उर: फलक	– Sternum	– ६
अक्षकास्थि	– Clavicle	– २
अंसफलक	– Scapula	– २
	Total =	117

३. शिर और ग्रीवा = ६३

ग्रीवा की अस्थियाँ	– Cervical vertebrae	– ९
कण्ठनाड़ी	– Cartilage of larynx	– ४
हन्वस्थि	– Mandible	– २
शिर: कपाल	– Frontal, parietal, Occipital -	– ६
ताल्वस्थि	– Palatine	– १
शंखास्थियाँ	– Temporal	– २
नासास्थि	– Nasal	– ३
गण्डकूट	– Zygomatic	– २
कर्णास्थियाँ	– Auditory ossicles	– २
दाँत	– Tooth	– ३२
	Total =	63

इस प्रकार षडंगों के अनुसार–

शाखाओं में	–	१२०
मध्यशरीर में	–	११७
शिर एवं ग्रीवा	–	६३
कुल अस्थियाँ	–	३००

आचार्य चरक के अनुसार अस्थियों की संख्या = ३६०

१. शाखास्थियाँ = १२८

नख	– Nails	– २०
पाद अंगुलियाँ	– Phalanges	– ३०
पाद शलाकाएँ	– Metatarsals	– १०

पाद अधिष्ठान	–	Tarsals	–	२
पाद गुल्फ	–	Malleoli	–	४
पाद पार्ष्णि	–	Calcaneous	–	२
अन्तः जंघास्थि	–	Tibia	–	२
बहिः जंघास्थि	–	Fibula	–	२
जानुकपालिका	–	Patella	–	२
जानु	–	Janu	–	२
ऊर्वस्थि (ऊरूनलक)	–	Femur	–	२
हस्त-अंगुलियाँ	–	Phalanges	–	३०
हस्त-शलाकाएँ	–	Metacarpals	–	१०
हस्त-अधिष्ठान	–	Carpal	–	२
हस्त-मणिक	–	Carpal	–	२
अन्तःप्रकोष्ठास्थि	–	Ulna	–	२
बहिः प्रकोष्ठास्थि	–	Radius	–	२
प्रगण्डास्थि (बाहुनलक)	–	Humerus	–	२
		Total =		128

२. मध्यशरीर = १४०

श्रोणिफलक	–	Hip bone	–	२
भगास्थि	–	Pubis	–	१
पृष्ठ की अस्थियाँ	–	Thoracic and lumbar vertebrae	–	४५
पर्शुकायें	–	Ribs	–	२४
पर्शुक अर्बुद	–	Ribs-tubercles	–	२४
पर्शुक-स्थालक	–	Ribs-processes	–	२४
उरः की अस्थियाँ	–	Sternum	–	१४
अक्षकास्थि	–	Clavicle	–	२
अंस	–	Ansa	–	२
अंसफलक	–	Scapula	–	२
		Total =		140

३. शिर और ग्रीवा = ९२

ग्रीवा की अस्थियाँ	–	Cervical vertebrae	– १५
जत्रु	–	Jatru	– १
हन्वस्थि	–	Mandible	– १
हनुमूलबंधन	–	Hanumul bandhan	– २
शिर: कपाल	–	Frontal, parietal, Occipital	– ४
ताल्वस्थियाँ	–	Palatine	– २
शंखास्थियाँ	–	Temporal	– २
नासिका	–	Nasal	
गण्डकूट	–	Zygomatic	– १
ललाट	–	Lalat	
दाँत	–	Teeth	– ३२
दंत-उलूखल	–	Alveoli	– ३२
		Total =	92

इस प्रकार षडंगों के अनुसार–

शाखाओं में	–	१२८
मध्यशरीर में	–	१४०
शिर एवं ग्रीवा	–	९२
कुल अस्थियाँ	–	३६०

Classification of bones

According to position–

1. Axial skeleton– bones forming the axis of the body, e.g, skull, ribs, sternum and vertebrae.
2. Appendicular skeleton– bones forming the skeleton of the limbs. (appendages of the body).

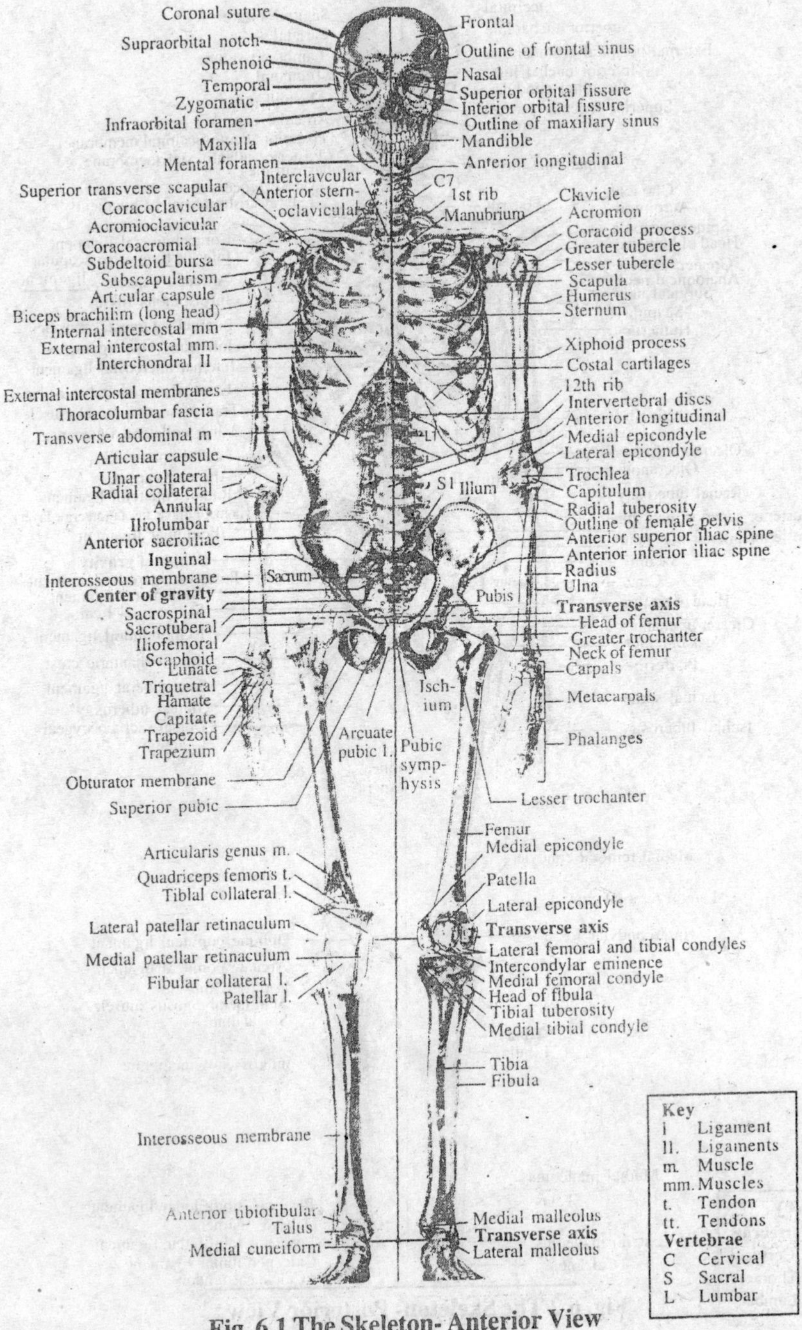

Fig. 6.1 The Skeleton- Anterior View

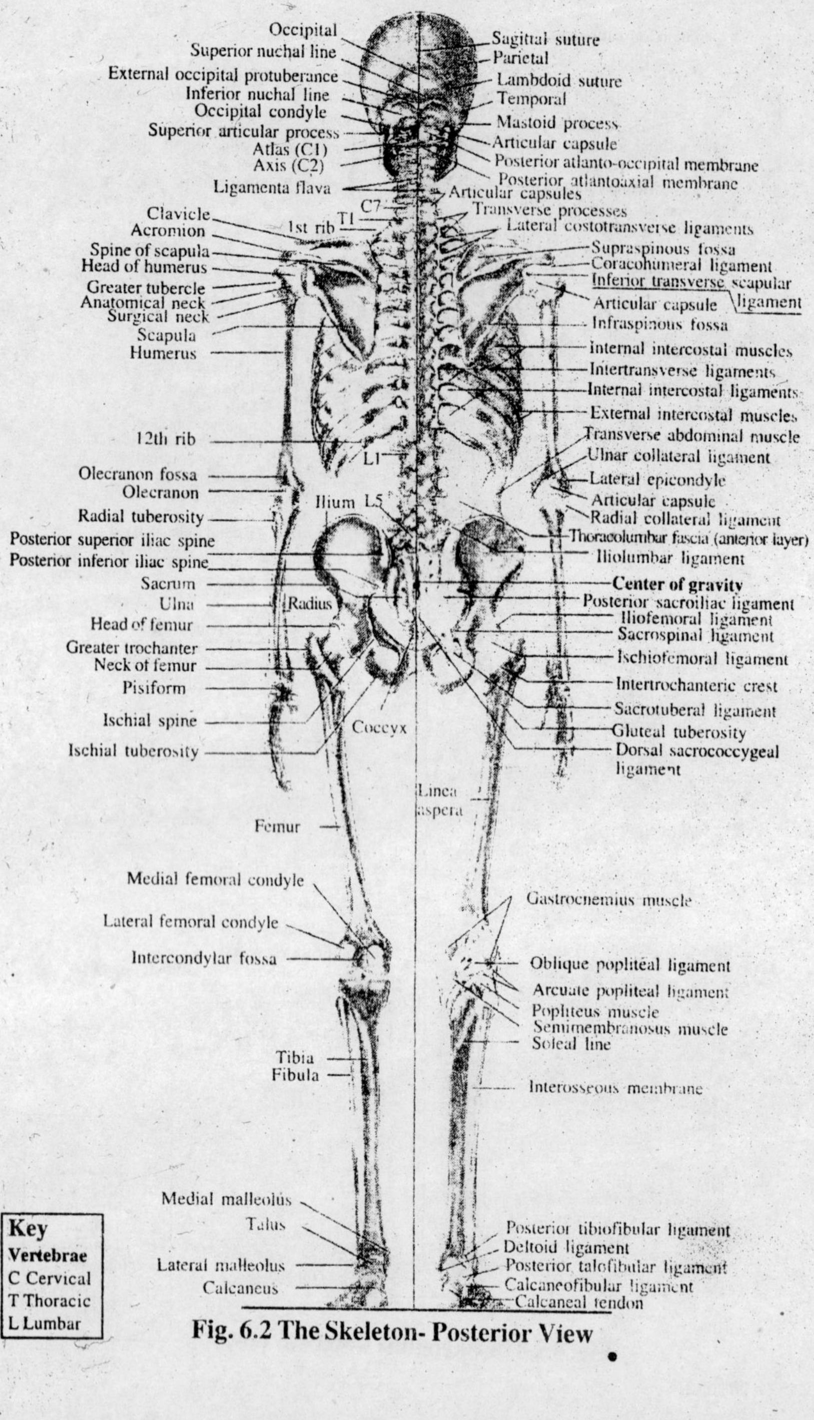

Fig. 6.2 The Skeleton- Posterior View

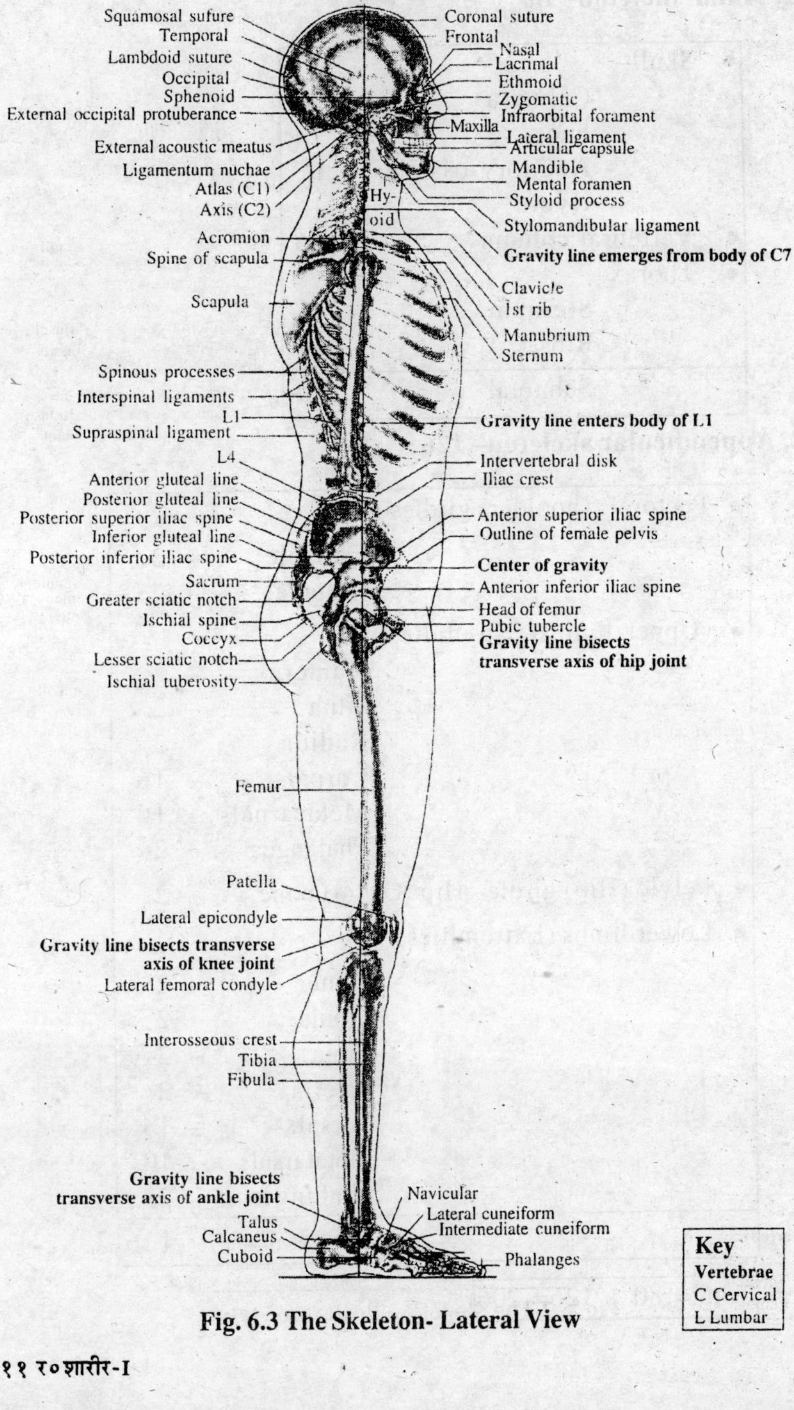

Fig. 6.3 The Skeleton- Lateral View

1. Axial skeleton– 80

↓

• Skull–		
Calvaria	–	8
Face	–	14
Auditory ossicles	–	6
Hyoid	–	1
• Vertebral column	–	26
• Thorax–		
Sternum	–	1
Ribs	–	24
Sub total	–	80

2. Appendicular skeleton– 126

↓

• Pectoral (shoulder) girdles–		
Clavicle	–	2
Scapula	–	2
• Upper limbs (Extremities)–		
Humerus	–	2
Ulna	–	2
Radius	–	2
Carpals	–	16
Metacarpals	–	10
Phalanges	–	28
• Pelvic (Hip) girdle– Hip (Coxal) bone	–	2
• Lower limbs (Extremities)–		
Femur	–	2
Fibula	–	2
Tibia	–	2
Patella	–	2
Tarsals	–	14
Metatarsals	–	10
Phalanges	–	28
Sub total =		126

Total= 80 + 126= 206

७. अस्थियों की गणना में मतभेद का कारण

आचार्य सुश्रुत के मत से (धन्वन्तरि सम्प्रदाय के अनुसार) कुल अस्थियाँ ३०० होती हैं। आचार्य चरक के मत से (आत्रेय सम्प्रदाय के अनुसार) कुल अस्थियाँ ३६० होती हैं। आधुनिक मत से (According to modern) कुल अस्थियाँ २०६ होती हैं।

इस प्रकार आयुर्वेद की संहिताओं में अलग-अलग मत पाये जाते हैं। ऐसा होने पर भी अस्थियों की संख्या तथा शरीर में उनका अस्तित्व स्थिर ही होता है। केवल उनकी गणना करने की पद्धतियाँ अलग-अलग होने से ऐसा अन्तर उनकी संख्या में दिखाई देता है।

जैसे– **चरक संहिता** में अस्थि अर्थात् शरीर का कठिन अंश इस तत्व को मानकर शरीर में जो-जो रचनाएँ कठिन होती हैं, उन सबको ही अस्थियाँ मानकर गिनती की हुई हैं। जैसे– नख, दाँत, दन्तोलूखल, तरुणास्थियाँ, पर्शुकाएँ-स्थालक, अर्बुद आदि। वैसे भी बाल्यावस्था में अस्थियाँ मृदु (Soft) होती है। तथा पूर्ण रुप से तैयार नहीं हुई होती। इसलिए एक ही अस्थि के दो या तीन भाग दिखाई दे सकते हैं। वही अस्थि तरुणावस्था में एक ही दिखाई देगी। इस तरह से भी संख्या में अन्तर पाया जाता है।

सुश्रुत संहिता में नखों और दन्तोलूखलों आदि को अस्थियों में नहीं गिना है।

आधुनिक शास्त्र में दंतो, दंतोलूखलों, नख, पर्शुकाओं में स्थालक, अर्बुद आदि अलग-अलग भागों, तथा तरूणास्थियों की गणना अस्थियों में नहीं की गई है। इसलिए आधुनिकों ने अस्थियों की संख्या २०६ मानी है।

परन्तु नख, दंत एवं तरूणास्थियाँ आदि शरीर में नहीं होती, ऐसी बात नहीं है। केवल उनकी गणना अलग की गई है।

८. अस्थियों के भेद या अस्थियों के प्रकार

A. आयुर्वेद के अनुसार

"एतानि पञ्चविधानि भवन्तिः तद्यथा–
कपाल-रूचक-तरुण-वलय-नलक संज्ञानि।
तेषां जानु-नितम्ब-अंस-गण्ड-ताळु-शंख-शिरःसु कपालानि,
दशनास्तु रूचकानि,
घ्राण-कर्ण-ग्रीवा-अक्षिकोषेषु तरूणानि,
पार्श्व-पृष्ठ-उरःसु वलयानि,
शेषाणि नलक संज्ञानि ॥" (सु.शा. ५/२२)

ये शरीरगत अस्थियाँ पाँच प्रकार की होती हैं, जैसे–

१. कपाल अस्थि – Flat bone
२. रूचक अस्थि – Teeth
३. तरूण अस्थि – Cartilage
४. वलय अस्थि – Round bone
५. नलक अस्थि – Long bone

१. कपाल अस्थि– इनमें से जानु (Patella), नितम्ब (Ilium), अंस (Scapula), गण्ड (Zygomatic bone), तालु (Palatine bone), शंख (Temporal bone) और शिर (Skull) में कपाल अस्थियाँ होती हैं। ये चौड़ी, विस्तृत फैली हुई तथा चपटी अस्थियाँ हैं।

२. रूचक अस्थि– दाँत तो रूचक अस्थियाँ हैं। जिनकी चमक व आकृति नमक के रबे के समान हों, उनकी गणना दाँतों में की जाती है।

३. तरूण अस्थि– घ्राण (Nose), कर्ण (Ear), ग्रीवा (Neck), अक्षिकोष (Eye) में तरूण संज्ञक अस्थियाँ हैं।

४. वलय अस्थि– पार्श्व (Ribs), पृष्ठ (Backbone-vertebral column), उर: (Sternum) की अस्थियाँ वलय होती हैं।

५. नलक अस्थि– शेष अस्थियाँ नलक संज्ञक होती है। ये शाखाओं में लम्बी नली के आकार की होती हैं।

B. According to modern-Types of bones–

4 Types	7 Types
1. Long bones	1. Long bones
2. Short bones	2. Short-long bones
3. Flat bones	3. Short bones
4. Ir-regular bones	4. Flat bones
	5. Ir-regular bones
	6. Pneumatic bones
	7. Sesamoid bones

1. Long bones– Present in upper and lower limbs. It has three parts-upper end, shaft and lower end. Example-Humerus,Radius,Ulna, Femur, Tibia and Fibula.

2. Short long-bones (Mini-ature- bone) Same as above but small in size. Example-Meta-carpals, metatarsals and phalanges.

3. Short bones– Small and cuboidal in shape. Examples–Carpals and tarsals bones.

4. Flat bones– Expanded and plate-like. They protect vital structure and provide extensive areas for muscular attachment. Examples– scapula, sternum, ribs and some skull bones.

5. Ir-regular-bones Ir-regular in general outline and do not fit in any of the above categories. They are separately classified for their ir-regular form. Examples–vertebrae and some skull bones.

6. Pneumatic-bones Some flat or irregular bones bears a hollow space within their body which contains air. Example–ethmoid, maxilla and mastoid part of temporal bone.

7. Sesamoid-bones ↓ (Seed-like) They are nodules of bones which develop in certain tendons and do not possess periosteum and haversian, systems. They ossify after birth. They have no separate arterial supply but supplied by the arteries of the muscle in which they are present. **Patella** is the largest sesamoid bone and develops in tendon of quadriceps femoris muscle.

Pisiform develops in the tendon of **flexor carpi ulnaris.**

९. अस्थियों के कार्य

A. आयुर्वेद के अनुसार

अभ्यन्तरगतैः सारैर्यथा तिष्ठन्ति भूरुहाः ।
अस्थिसारैस्तथा देहा ध्रियन्ते देहिनां ध्रुवम् ।।
यस्मात् चिरविनष्टेषु त्वङ्मांसेषु शरीरिणाम् ।
अस्थीनि न विनश्यन्ति साराण्येतानि देहिनाम् ।।
मांसान्यत्र निबद्धानि सिराभिः स्नायुभिस्तथा ।
अस्थीन्यालम्बनं कृत्वा न शीर्यन्ते पतन्ति वा ।। (सु.शा. ५/२३-२५)

जैसे कि वृक्ष अपने शरीर के अन्तर्गत काष्ठरूपी सार के सहारे से खड़े रहते हैं, वैसे ही प्राणियों के देह (शरीर) भी अस्थिरूपी सार के सहारे से धारण किये जाते हैं।

इसलिए प्राणियों की त्वचा, मांस तथा शरीर की अन्य अस्थिविहिन मृदु धातुएँ देर से नष्ट होने पर भी अस्थियाँ नष्ट नहीं होती, क्योंकि ये प्राणियों के शरीर में सार हैं।

प्राणियों के शरीर में अस्थियों का आलम्बन करके सिराओं और स्नायुओं के द्वारा मांस अस्थियों में बँधा रहता है, अतएव वह न अस्त-व्यस्त होता है और न ही गिरता है।

मानव शरीर के निर्माण का आधार अस्थियाँ हैं। अस्थिनिर्मित शरीर की रचना को कंकाल (Skeleton) कहते हैं। जिस प्रकार भवन निर्माण को लोहे की गार्टर सहारा देते हैं, उसी प्रकार शरीर रचना में अस्थियाँ (Bones) सहारा देती हैं। जिससे अस्थिकंकाल शरीर का सुदृढ़ आकार बनाता है। अस्थियों के सहारे शरीर के बन्धन का कार्य स्नायु (Ligaments) एवं आकार देने का कार्य मांसपेशियाँ (Muscles) करती हैं। जो अस्थियों के ऊपर आच्छादित रहती है।

अस्थियों के कार्य निम्नानुसार हैं–

१. शरीर को आकार और आकृति देना।

२. बाह्य आघात से रक्षा करना।

३. अस्थियाँ शरीर में कैल्सियम एवं फॉस्फोरस के संचयागार का कार्य करती हैं। अस्थियों की कठिनता कैल्सियम के कारण है।

४. अस्थियों का अन्त:भाग छिद्रिष्ट (Spongy) होता है, जो मज्जा (Bone marrow) को धारण करता है।

५. अस्थियों के बाह्य तल पर कठिन हाथी दाँत जैसी (Ivory) स्तर (Layer) होती है। जो **यांत्रिक दबाव** (Mechanical stress) को धारण करती है।

६. अस्थियाँ शरीर की मांसपेशियों (Muscles) को आधार देती हैं। शरीर में मांसपेशी (Muscle), सिरा (Vein), धमनी (Artery) एवं स्नायु (Ligament) आदि प्रत्यक्ष अथवा अप्रत्यक्ष रूप से अस्थियों से सम्बन्धित हैं। जिससे उसके नष्ट होने अथवा आघात से उनकी रक्षा होती है।

७. शरीर का भार संभालना। जैसे– खड़े रहने में, दौड़ने में आदि।

८. अस्थियाँ आपस में मिलकर सन्धियाँ (Joints) बनाती हैं। जिसके कारण शरीर के अंग-प्रत्यंगों में गति कर सकते हैं। हाथ-पैर को हिलाना, चलना, दौड़ना, उठना, बैठना आदि सभी क्रियाएं इन्हीं के द्वारा की जाती हैं।

९. शरीर को तथा अंग-प्रत्यंगों को कठिनता प्रदान करना।

१०. अस्थियाँ नासागुहा (Nasal cavity) का निर्माण कर श्वसन क्रिया (Respiration) में सहायक हैं।

१ १. अस्थियाँ मुख (Mouth) एव तालु (Palate) का निर्माण कर आहार ग्रहण करने एवं शब्दों के उच्चारण में सहायक हैं।

१ २. अस्थियाँ मध्यकर्ण (Middle ear) में कर्णास्थियों (Malleus, incus, stapes) के द्वारा शब्द के संवहन में सहायक हैं।

१ ३. अस्थियाँ मनुष्य के रूप का निर्माण करने में सहायक हैं।

१ ४. माँसपेशियाँ अस्थियों से उद्गम (Origin) होकर पुन: अस्थियों में ही निवेश (Insertion) करती हैं। मांसपेशियों के इस प्रकार जुड़े रहने से ही इनमें संकोच (Flexion) एवं प्रसार (Extension) की गति संभव होती है। जिससे हस्त-पाद आदि द्वारा सम्पन्न होने वाले कर्म सम्भव होते हैं।

B. According to modern-Function of bones

1. Support
2. Protection
3. Assists in movement
4. Mineral homeostasis
5. Site of blood cell production
6. Storage of energy

1. Support– Bone provides a framework for the body by supporting soft-tissue and providing of attachment for many skeletal muscles.

2. Protection– Bones protect many internal organs from injury. Example– cranial bones protect the brain, vertebrae surround the spinal cord. The ribs cage encloses the heart and lungs and the hipbone guard internal reproductive organs.

3. Assists in– movement Skeletal muscles attach to bones. When muscles contract, they pull on bones and together they produce movement.

4. Mineral – homeostasis Bone tissue stores several minerals, especially calcium and phosphorus, which are important in muscle contractions and nerve activity, among other functions.On demand, bone releases minerals into the blood to maintain critical mineral balances and to distribute them to other parts of the body.

5. Site of blood– cell productions Within certain part of bones is a connective tissue called 'red bone marrow', which produces red blood cells, white blood cells, and platelets. This process is called **hemopoiesis**. Besides blood cells in immature stages, red bone marrow contains adipose cells and macrophases.

6. **Storage of energy**– Lipids stored in cells of a second type of bone marrow, called yellow bone marrow, are an important chemical energy reserve.

Yellow bone marrow consists primarily of adipose cells and a few scattered blood cells.

१०. अस्थिभवन (Ossification) या अस्थिसंघात

मनुष्य के Skeleton की अस्थियाँ पूर्व निर्मित Hyaline cartilage या Condensed mesenchyme (membrane) से विकसित होती हैं।

अत: अस्थियाँ प्रथम एक कोमल तन्तु (Soft tissue) के रूप में प्रकट होती हैं। बाद में ये कोमल तन्तु अस्थि धातु में परिणत हो जाते हैं। इस क्रिया को अस्थिसंघात (Ossification) कहते हैं।

यह क्रिया अस्थि निर्माण करने वाले Osteoblast और Osteoid tissue से प्रारम्भ होती है, जो कि एक Organic घटक है।

इन Tissue की Activity से रक्त में संचार करने वाले Mineral salts (मुख्यत: Calcium, phosphate) कोषों में Deposit होना शुरू हो जाते हैं। पुन: ये Minerals एक Biochemical process से एकत्रित होते हैं। जिसमें मुख्य भाग Alkaline phosphate नामक Enzyme का है, जो Osteoblast से उत्पन्न होता है।

१. अस्थिसंघात का प्राथमिक केन्द्र (Primary ossification centre)– वे केन्द्र जो अस्थि निर्माण क्रिया को पहले शुरू करते हैं और Periphery की ओर फैलते हैं। Ossification के Primary centres कहलाते हैं। इन केन्द्रों की उत्पत्ति जन्म के पूर्व ही हो जाती है। इनकी स्थिति अस्थि के मध्य में होती है।

२. अस्थिसंघात के द्वितीय केन्द्र (Secondary ossification centre)– वे केन्द्र जो अस्थियों के निर्माणार्थ बाद में उत्पन्न होते हैं, Secondary centres कहलाते हैं। ये जन्म होने के तुरन्त पूर्व या जन्म के पश्चात् उत्पन्न होते हैं। ये Bone की Periphery (epiphysis) पर होते हैं।

Bone formation (Ossification)

The bone of an infant are quite soft and become rigid only after growth stops during late adolescence. Even, then, bone is constantly broken down and rebuilt. It is a dynamic living tissue. The process by which bone forms is called ossification.

The skeleton of a human embryo is composed of fibrous connective tissue membrane formed by embryonic connective tissue (mesenchyme) and pieces of hyaline cartilage that are loosely shaped like bones. They provides the supporting structure for ossification. Ossification begins around the 6 or 7th week of embryonic life and continues throughout adulthood.

Bone formation classified as two types.

1. Intra membranous– If bone is formed directly into the mesenchymal rudiment. It is called membranous or intra membranous or direct ossification and the bone developed is called a membrane bone.

Example– Clavicle, bones of face and vault of skull.

2. Intra cartilaginous– If the mesenchymal rudiment is first converted into a cartilaginous model (hyaline cartilage) of the same shape as future bone which is subsequently destroyed and replaced by (but is never changed into) bone it is called cartilaginous or intra cartilaginous or endochondral or indirect ossification and the bone developed called a cartilage bone. Most bones of the body are performed in cartilage.

Example– Bones of limbs (except clavicle), trunk and base of skull.

११. अस्थियों का शल्य तन्त्र की दृष्टि से महत्व

शरीर में स्थित अस्थियों का विवेचन आयुर्वेदीय एवं आधुनिक शरीर रचना का एक विशिष्ट विषय है। आयुर्वेदाचार्यों ने इसके महत्व का प्रतिपादन करते हुए इसकी शल्य चिकित्सा में महत्वपूर्ण भूमिका बताई है। यही कारण है कि भग्न चिकित्सा (Fracture and dislocation) के अन्तर्गत एवं किसी भी प्रकार की शल्यचिकित्सा करते समय अस्थियों का ज्ञान होना परमावश्यक है। अत: अस्थियों की रचना सम्बन्धी ज्ञान के बिना किसी भी प्रकार की शल्य चिकित्सा करना सम्भव नहीं है। प्रत्येक शल्यकर्त्ता (Surgeon) को शरीर की प्रत्येक अस्थि की रचना एवं स्थिति का ज्ञान होना आवश्यक है।

जब तक अस्थियों का नैदानिक (Clinical aspect) या लाक्षणिक ज्ञान नहीं होगा, तब तक अस्थियों का उपचार करना कठिन होता है।

Applied aspect of bones (अस्थियों का नैदानिक विषय)

According to modern

Clavicle–
- Junction of lateral 1/3 and medial 2/3 is the most common site of fracture of the clavicle.

Scapula–
- Paralysis of the serratus anterior muscle causes winging of the scapula.

Humerus–
- Dislocation of shoulder joint is common.
- Fracture of surgical neck may damage axillary nerve.
- Fracture of shaft may damage radial nerve.
- Fracture of lower end may damage ulnar nerve.

Ulna–
- Fracture of the middle of the shaft.
- Fracture of the olecranon process is common.
- Dislocation of elbow joint.

Radius–
- Fracture of the middle of the shaft.
- Colles's fracture– The radius commonly fractures about two cm. above its lower end.

Carpals–
- Fracture of the scaphoid is common.
- Dislocation of the lunate.

Hip Bone–
- Fracture of both ischiopubic rami combined with.
- Dislocation at the sacroiliac joint.

Femur–
- Spiral fracture of the shaft of the femur.
- Fracture of the neck of the femur.

Patella–
- Lateral dislocation of the patella.

Tibia–
- Tibia may be fractured–
  - Lateral condyle
  - Shaft
  - Medial malleolus

Fibula–
- Fracture of the neck of fibula may be injury to common peroneal nerve.

Sternum–
- Funnel chest– Sternum is depressed.
- Pigeon chest– Forward projection of sternum.

Ribs–
- 5th to 10th ribs most commonly fractured.
- Fracture point– Angle of ribs.
- Traumatic injury to the thorax is common.

Vertebral– column
- Kyphosis– Posterior convex curvature of spine.
- Scoliosis– Lateral curvature of the spine.
- Lordosis– Anterior convex curvature of the spine.

According to ayurveda

अथ जङ्घोरुभग्नानां कपाटशयनं हितम् ।
कीलका बन्धनार्थं च पञ्च कार्या विजानता ।। (सु.चि.स्थान ३/४८)
यथा न चलनं तस्य भग्नस्य क्रियते तथा ।
सन्धेरूभयतो द्वौ द्वौ तले चैकश्च कीलकः ।। (सु.चि. स्थान ३/४९)

जंघा और उरू के भग्न में (Fracture of the femur and tibia, fibula) 'कपाटशयन' हितकर होता है। बुद्धिमान चिकित्सक को इसके लिए पाँच कीलें लगानी चाहिएँ। सन्धियों के दोनों ओर दो-दो तथा तलप्रदेश में एक कील लगावे, जिसमें रोगी भग्न प्रदेश को न हिला सके।

मस्तुलुङ्गाद्विना भिन्ने कपाले मधुसर्पिषी।
दत्त्वा ततो निबध्नीयात् सप्ताहं च पिबेद् घृतम् ।। (सु.चि. स्थान ३/४६)

कपाल भग्न होने पर यदि मस्तुलुङ्ग का स्राव न हो तो मधु और घृत रखकर पट्टी बाँधे और रोगी को एक सप्ताह तक घृत पिलावें।

गृष्टिक्षीरं ससर्पिष्कं मधुरौषध साधितम् ।
शीतलं लाक्षया युक्तं प्रातः भग्नः पिबेन्नरः ।। (सु.चि. ३/१३)

मधुर औषधियों से सिद्ध, प्रथम प्रसव वाली गाय का ठण्डा दूध, घृत और लाख का चूर्ण मिलाकर भग्न (Fracture) के रोगी को प्रातःकाल पिलाना चाहिए।

तलभग्न (हथेली (Palm) का भग्न) वाले व्यक्ति की दोनों हथेलियों को मिलाकर बाँधें और आमतैल का परिषेक करें। पहले हाथ में मिट्टी का पिण्ड धारण करे। इसके बाद नमक का पिण्ड रखे और हाथ में शक्ति आने पर पत्थर का पिण्ड ग्रहण करें।

ऊर्ध्वकाये तु भग्नानां मस्तिष्क्यं कर्णपूरणम् ।
घृतपानं हितं नस्यं प्रशाखास्वनुवासनम् ।। (सु.चि. स्थान ३/५४)

शरीर के ऊर्ध्वभाग में भग्न होने पर शिरोबस्ति, कर्णपूरण, घृतपान और नस्य तथा शाखाओं के भग्न में अनुवासन बस्ति हितकर होती है।

१२. प्रत्येक अस्थि का विस्तृत वर्णन

I. Bones of the upper limb (ऊर्ध्व शाखा की अस्थियाँ)

1. The Clavicle (अक्षकास्थि या जत्रुकास्थि)

(1) Synonym–
- Collar bone – In male
- Beauty bone – In femal

(2) Situation– Clavicle lies horizontally in front of the root of the neck.

(3) Shape– Resembling the italic letter ' f ' or 'S' shaped curve.

(4) Types of bone–
- According to modern- Long bone (slightly curved).
- According to ayurveda– नलकास्थि

(5) Parts– It has two end– i. Lateral end (Acromial end) ii. Medial end (Sternal end).
- One shaft

(6) Side determination–

1. The lateral end is flat and the medial end is large and quadrilateral.
2. Shaft is convex forwards in its medial 2/3 and concave forwards in its lateral 1/3.

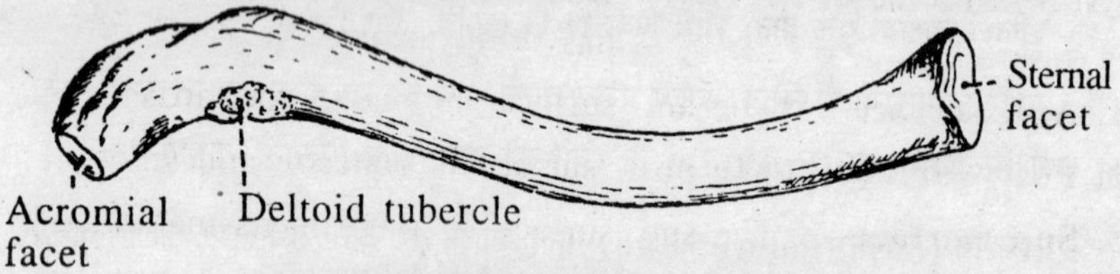

Fig. 6.4 Right Clavicle- Superior View

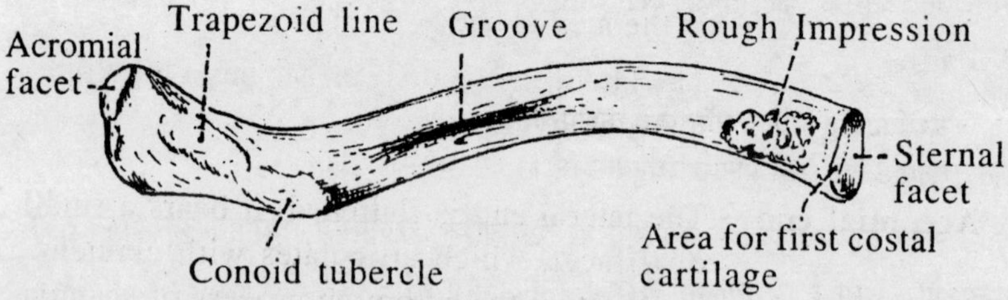

Fig. 6.5 Right Clavicle- Inferior View

3. Middle 1/3 of inferior surface is longitudinaly grooved. (Sub clavian groove).
4. The presence of a rough area near the inferior surface of the medial end.

(7) Shaft– It is divided into lateral 1/3 and medial 2/3.

(A) Lateral 1/3 of shaft– The lateral 1/3 of the shaft is flattened from above downwards.

It has two surface– 1. Superior surface
2. Inferior surface

Two border– 1. Anterior border
2. Posterior border

Surfaces–

1. Sup. surface– The sup. surface is subcutaneous.

2. Inf. surfaec– The inf. surface presents an elevation called the conoid tuberele and a ridge called the trapezoid ridge.

Borders–

1. Anterior border– Concave and thin.

It bears a tubercle called deltoid tubercle.

2. Posterior border– Thick and convex backwards.

(B) Medial 2/3 of the shaft– It is almost cylindrical in shape. It has four surfaces.

1. Ant. surface– The ant. surface is convex forwards.

2. Post. surface– The post. surface is concave and smooth.

3. Sup. surface– The sup. surface is rough in its medial part but smooth in its lateral part.

4. Inf. surface–
- The inf. surface has a rough oval impression at the medial end.
- The lateral 1/2 of this surface has a longitudinal subclavian groove.

(8) Ends–

1. Acromial end– The lateral end is flattened. It bears a small oval facet, which articulates with clavicular facet on the acromion process of scapula forming acromio-clavicular joint.

2. Sternal end– • The medial end is quadriangular and articulates with the clavicular notch of the manubrium sterni to form the sterno clavicular joint.

• The articular surface extends to the inf. aspects, for articulation with the first costal cartilage.

(9) Sex determination–

- In females, the clavicle is shorter, lighter, thinner, smoother and less curved than in males.
- In females the lateral end of the clavicle is a little below the medial end.
- In males, the lateral end is either at the same level or slightly higher than the medial end.

(10) Peculiarities of the clavicle–

- It is the only long bone that lies horizontally.
- It is the only long bone which ossifies in membranous.
- It is the only long bone which has two primary centres of ossification.
- It is the first bone to start ossifying in body of fetus.
- It is subcutaneous throughout.

(11) Applied aspect–

Junction of lateral 1/3 and medial 2/3 is the most common site of fracture of the clavicle. Because of change in curvature of the bone and transmission of weight of the upper limb to the clavicle through coraco-clavicular ligament at this site.

(12) Ossification centres–

- Primary centres– 2
- Secondary centre– 1

(13) The muscles attachments on the clavicle–

(A) Lateral 1/3 of the shaft–

- **Deltoid–** Origin

  The deltoid arises from the ant. border of the lateral 1/3 of the shaft.

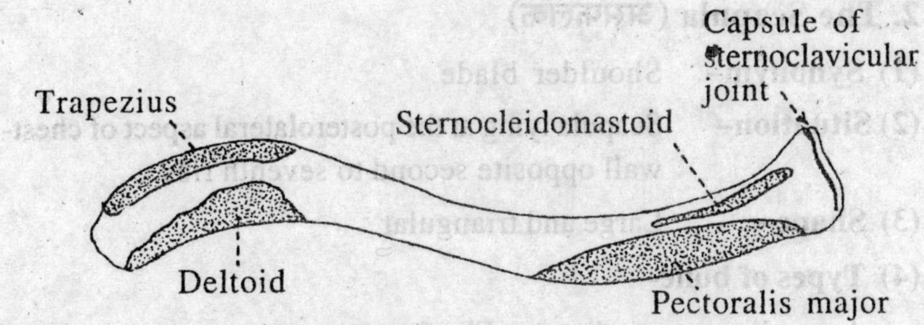

Fig. 6.6 Right Clavicle- Superior View

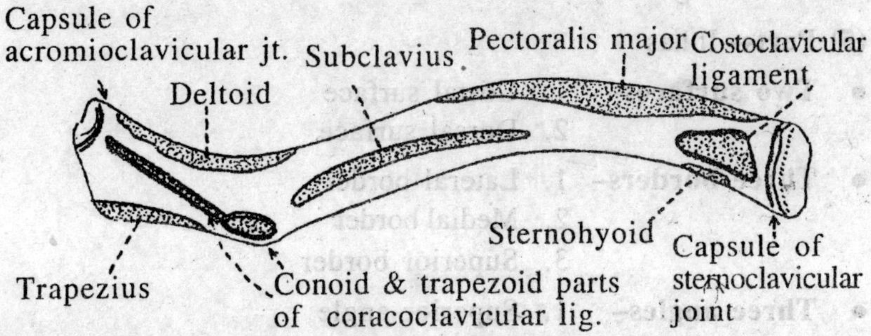

Fig. 6.7 Right Clavicle- Inferior View

- **Trapezius**– Insertion

  The trapezius is inserted into the post. border of the lateral 1/2 of the shaft.

(B) Medial 2/3 of the shaft–

- **Pectoralis major**– Origin

  The pectorals major arises from the ant. surface of the medial 1/2 of the shaft.

- **Sternocleidomastoid**– Origin

  The sternocleido mastoid arises from the medial part of the sup. surface.

- **Sternohyoid**– Origin

  Sternohyoid arises from the lower part of the post. surface just near the sternal end.

- **Subclavius**– Insertion

  The subclavius is inserted into the groove on the inf. surface of the shaft.

2. The Scapula (अंसफलक)

(1) Synonym– Shoulder blade.

(2) Situation– Scapula lying at the posterolateral aspect of chest-wall opposite second to seventh ribs.

(3) Shape– Large and triangular.

(4) Types of bone–

- According to modern– Flat bone.
- According to ayurveda– कपालास्थि

(5) Parts– It has

- **Two surfaces–** 1. Costal surface
  2. Dorsal surface
- **Three borders–** 1. Lateral border
  2. Medial border
  3. Superior border
- **Three angles–** 1. Superior angle
  2. Inferior angle
  3. Lateral angle (glenoidal angle)
- **Three processes–** 1. Spine
  2. Acromion process
  3. Coracoid process

(6) Side determination–

- Glenoid cavity on lateral side.

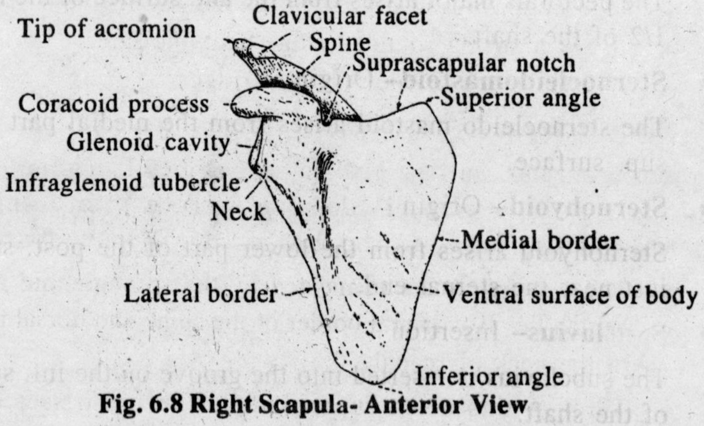

Fig. 6.8 Right Scapula- Anterior View

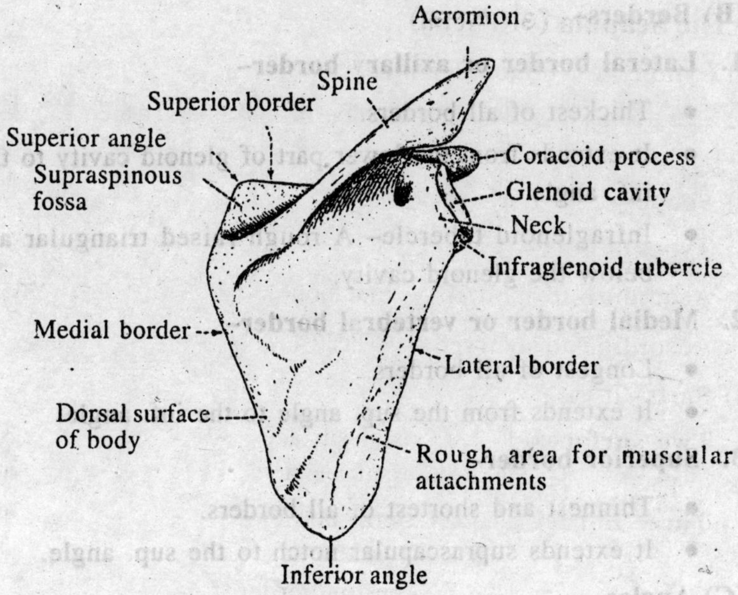

Fig. 6.9 Right Scapula- Posterior View

- Dorsal surface bearing the spine.
- Costal surface is concave.
- Inferior angle is downwards.
- Coracoid process on lateral side.

(7) (A) Surfaces–

1. Costal surface–

- Costal surface faces forwards and medially.
- It is concave and hollowed, called subscapular fossa.
- It has a strong rounded ridge near the lateral border.
- It bears three or four oblique ridges.

2. Dorsal surface–

- The dorsal surface gives attachment to the spine of the scapula, which divides the surface into a smaller supraspinous fossa and a larger infraspinous fossa.
- The two fossas are connected by the spinoglenoid notch. Which lies B/w lateral border of the spine and dorsal aspect of the neck of scapula.
- Through this notch supra-scapular nerves passes.

(B) Borders–

1. Lateral border or axillary border–

- Thickest of all borders.
- It extends from the lower part of glenoid cavity to the inf. angle.
- Infraglenoid tubercle– A rough raised triangular area below the glenoid cavity.

2. Medial border or vertebral border–

- Longest of all borders.
- It extends from the sup. angle to the inf. angle.

3. Superior border–

- Thinnest and shortest of all borders.
- It extends suprascapular notch to the sup. angle.

(C) Angles–

1. Superior angle–

- Lies at the junction of sup. and medial border.

2. Inferior angle–

- Lies at the junction of lateral and medial border.

3. Lateral angle (Glenoidal angle)–

- Bears the glenoid cavity which articulates with the head of humerus to form shoulder joint, also called the head of scapula.
- Neck is the constricted part adjoining the head.
- Supra-glenoid tubercle– A small area above the glenoid cavity.

(D) Processes–

1. Spine of scapula–

- It is a shelf-like projection on the upper part of the dorsal surface of scapula.
- Triangular in shape.

- It has **three borders**– 1. Lateral border– Free, thick and rounded.
  2. Ant. border– Fused with the dorsal surface.
  3. Post. border or crest of spine–
     - Subcutaneous.
     - It has an upper and lower lips.
- Two surfaces–1. Upper surface– concave, helps to form supra-spinons fossa.
  2. Lower surface– convex, helps to form infra-spinons fossa.
- Two ends– 1. Medial end
  2. Lateral end

2. Acromion process–

- Arises nearly lateral end of spine and project forwards.
- Subcutaneous and overhanges the glenoid cavity.
- It has two borders– 1. Medial border
  2. Lateral border
- Two surfaces– 1. Superior surface
  2. Inferior surface

Borders–

1. **Medial border–** Short and continuous with upper lip of crest of spine. It bears an oval facet for articulation with the lateral end of clavicle.
2. **Lateral border–** Continuous with lower lip of the crest of spine at the acromial angle.

Surfaces–

1. **Sup. surface–** Rough and subcutaneous.
2. **Inf. surface–** Smooth.

3. Coracoid process–

- Arises from upper part of the head (glenoid cavity) of scapula and lies below the clavicle.

- The lower part of the root is marked by the supra-glenoid tubercle.
- At first, it ascends slightly upwards and medially and then abruptly bends forwards and laterally. Thus it is divided into ascending and horizontal parts. The horizontal part has two borders– 1. Lateral border
  2. Medial border

  and two surfaces– 1. Superior surface
  2. Inferior surface

  and the tip of coracoid process.

(8) Applied aspect–

- Paralysis of the serratus-anterior muscles causes winging of the scapula. The arm cannot be abducted beyond the anatomical position.
- In a developmental anomaly, called scaphoid scapulae. The medial border is concave.

(9) Ossification centres–

- Primary centre– 1
- Secondary centres– 7

(10) The muscles attachments on the scapula–

(A) Origins

1. **Sub scapularis–** Arises from the medial 2/3 of the subscapular fossa.
2. **Supra spinatus–** Arises from the medial 2/3 of the supraspinous fossa.
3. **Infra spinatus–** Arises from the medial 2/3 of the infraspinous fossa.
4. **Teres minor–** Arises from the dorsal surface of the upper 2/3 of lateral border.
5. **Teres major–** Arises from the dorsal surface of the lower 1/3 of lateral border.
6. **Slip to latissimus dorsi–** Arises from the dorsal surface of the inferior angle.

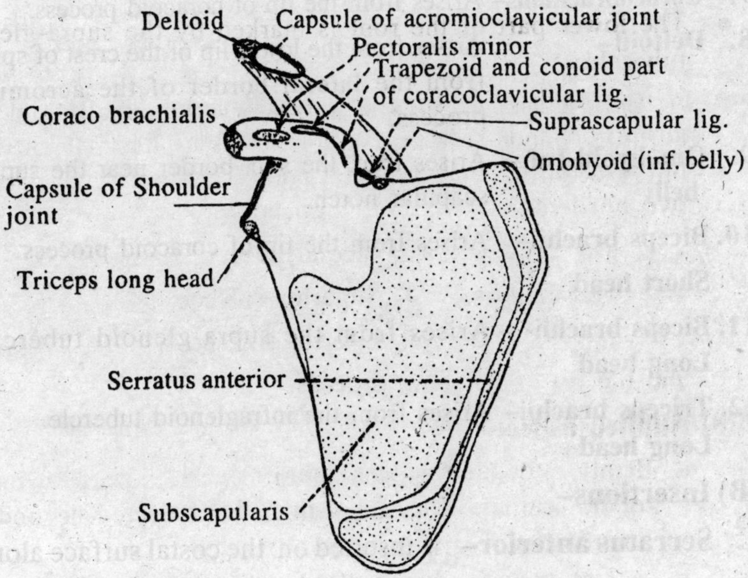

Fig. 6.10 Right Scapula- Anterior View

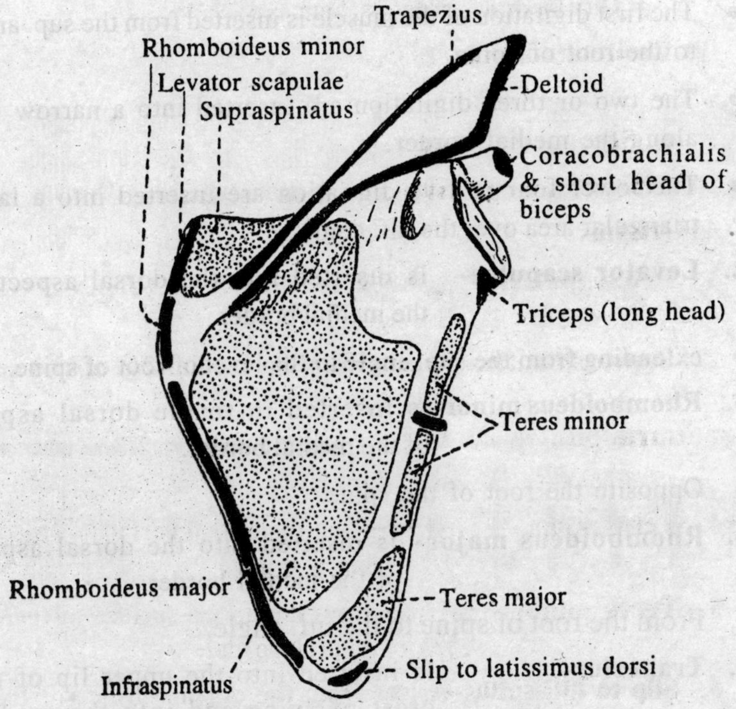

Fig. 6.11 Right Scapula- Posterior View

7. **Coracobrachialis–** Arises from the tip of coracoid process.

8. **Deltoid–** Arises from the lower lip of the crest of spine from the lateral border of the acromion process.

9. **Omohyoid-Inf.– belly** Arises from the sup. border near the supra-scapular notch.

10. **Biceps brachii– Short head** Arises from the tip of coracoid process.

11. **Biceps brachii- – Long head** Arises from the supra-glenoid tubercle.

12. **Triceps brachii– Long head** Arises from the infraglenoid tubercle.

(B) Insertions–

1. **Serratus anterior–** is inserted on the costal surface along its medial border.

- The first digitation of the muscle is inserted from the sup. angle to the root of spine.
- The two or three digitation are inserted into a narrow line along the medial border.
- The lower four or five digitation are inserted into a large triangular area over the inf. angle.

2. **Levator scapulae–** is inserted into the dorsal aspect of the medial border.

- extending from the sup. angle to the level of root of spine.

3. **Rhomboideus minor–** is inserted in to the dorsal aspect of the medial border.

- Opposite the root of the spine.

4. **Rhomboideus major–** is inserted into the dorsal aspect of the medial border.

- From the root of spine to the inf. angle.

5. **Trapezius–** is inserted into the upper lip of the crest of spine and into the medial border of the acromion process.

•

6. Pectoralis minor– is inserted into the superior surface of the coracoid process.

3. The Humerus (प्रगण्डास्थि)

(1) Situation– Middle in arm.

(2) Types of bone–

- According to modern– Long bone
- According to ayurveda–नलकास्थि

(3) Parts– It has three parts–

1. Upper end 2. Shaft 3. Lower end

(4) Side determination–

1. Upper end is rounded and forms the head.
2. The lower end is flattened from side to side.
3. Head is directed medially and backwards.
4. Olecranon process is directed backwards.
5. The ant. aspect of upper end shows a vertical groove called intertubercular sulcus.

(5) The upper end–

1. **Head–** The head is directed medially, backwards and upwards. It articulates with the glenoid cavity of the scapula to form the shoulder joint.
2. **Anatomical–neck** The line separating the head from the rest of the upper end.
3. **Surgical–neck** The line separating the upper end of the humerus from the shaft.
4. **Lesser–tubercle** is an elevation on the ant. aspect of the upper end.
5. **Greater–tubercle** is an elevation that forms the lateral part of the upper end. Its post. aspect is marked by three impressions-upper, middle and lower.
6. **Inter tuber – cular sulcus or bicipital groove** Separates the lesser tubercle from the ant. part of the greater tubercle.

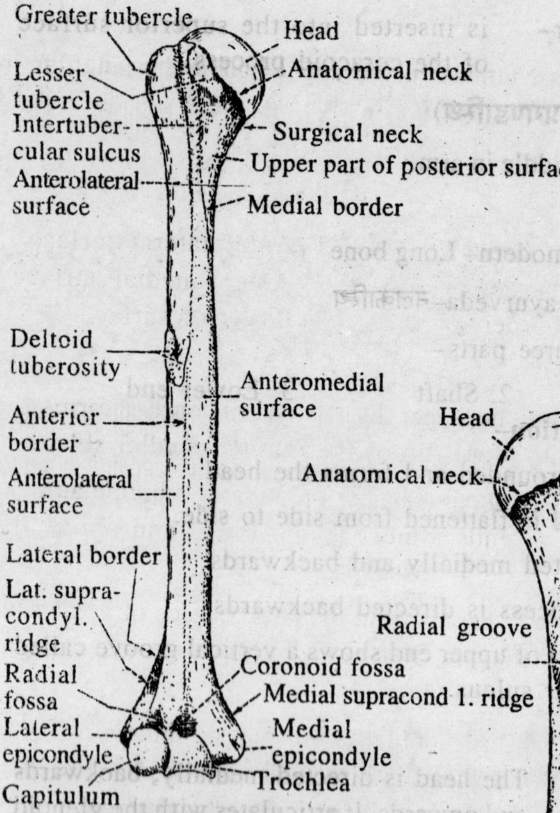

Fig. 6.12 Right Humerus- Anterior View

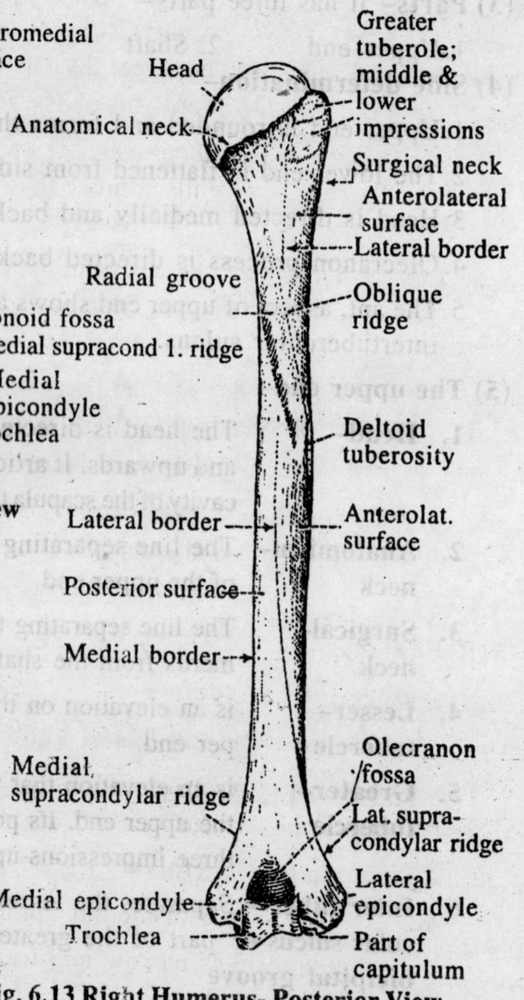

Fig. 6.13 Right Humerus- Posterior View

(6) The shaft–

- The shaft is rounded in the upper half and triangular in the lower half.
- It has three borders and three surfaces.

(A) Borders	(B) Surfaces
1. Anterior border	1. Anterolateral surface
2. Lateral border	2. Antero medial surface
3. Medial border	3. Posterior surface

(A) Borders–

1. Ant. border–
- The upper 1/3 of the ant. border forms the lateral lip of the intertuber-cular sulcus.
- It begins below the greater tubercle and extends almost to the lower end above the radial fossa.

2. Lateral border–
- It begins from the post. surface of greater tubercle and ends below near the lateral epicondyle.
- It is illdefined in upper and middle parts but very prominent in its lower part which is known as lateral supra-condylar line.

3. Medial border–
- It begins from the lower end of lesser tubercle and ends below near the medial epicondyle.
- It forms the medial lip of inter-tubercular sulcus.

(B) Surfaces–

1. Antero-lateral surface–

- Lies B/w ant. and lateral borders.
- Deltoid tuberosity is a rough 'v'-shaped area just above the middle of this surface.

2. Antero-medial surface–

- Lies B/w ant. and medial borders.
- Its upper 1/3 is narrow and forms the floor of the inter-tuber-cular sulcus.

3. Posterior surface–

- Lies B/w medial and lateral borders.
- There is a faint oblique ridge in upper part of this surface.
- Radial groove (spiral groove)– lies below and medial to the oblique ridge.

(7) The lower end–

- The lower end is expanded from side to side.
- It consists of an articular and non-articular part.

(A) Articular part consists of–

1. Capitulum
2. Trochlea

(B) Non-articular part consists of–

1. Medial epicondyle
2. Lateral epi-condyle
3. Medial supra-condylar ridge
4. Lateral supra-condylar ridge
5. Coronoid fossa
6. Radial fossa
7. Olecranon fossa

(A) Articular part–

1. Capitulum– • It is rounded and convex, lies lateral to the trochlea.
• It articulates with upper surface of head of radius.

2. Trochlea– • The trochlea is a pulley shaped surface.
• It articulates with the trochlear notch of the ulna.

(B) Non-articular part–

1. Medial epicondyle–

- It is a prominent blunt projection from medial side of lower end. It can be felt through the skin.
- There is a shallow sulcus on its post. surface over which passes ulnar nerve, which can be felt.

2. Lateral epicondyle–

- It is a rough projection on lateral part of lower end.

3. Medial supra-condylar ridge– The sharp medial margin just above the lower end is called the medial supracondylar ridge.

4. **Lateral supra-condylar ridge–** The sharp lateral margin just above the lower end is called the lateral supra-condylar ridge.

5. **Coronoid fossa–**
   - The coronoid fossa is a depression just above the ant. aspect of the trochlea.
   - It accomodates the coronoid process of the ulna, when the elbow is flexed.

6. **Radial fossa–**
   - The radial fossa is a depression present just above the ant. aspect of the capitulum.
   - It accomodates the head of the radius, when the elbow is flexed.

7. **Olecranon fossa–**
   - The olecranon fossa lies just above the post. aspect of the trochlea.
   - It accomodates the olecranon process of the ulna, when the elbow is extended.

(8) Applied aspect–

- Dislocation of shoulder joint is common, because the capsule is loose and the size of the head is very large in comparison to shallow glenoid cavity.
- Fracture of surgical neck may damage axillary nerve.
- Fracture of shaft may damage radial nerve.
- Fracture of lower end (supra-condylar fracture) may damage ulnar nerve.

(9) Ossification centres–

- Primary centre– 1
- Secondary centres– 7

(10)The muscles attachment on the humerus–

(A) Origins

- **Brachialis–** Lower 1/2 of the anteromedial and anterolateral surface of the shaft.

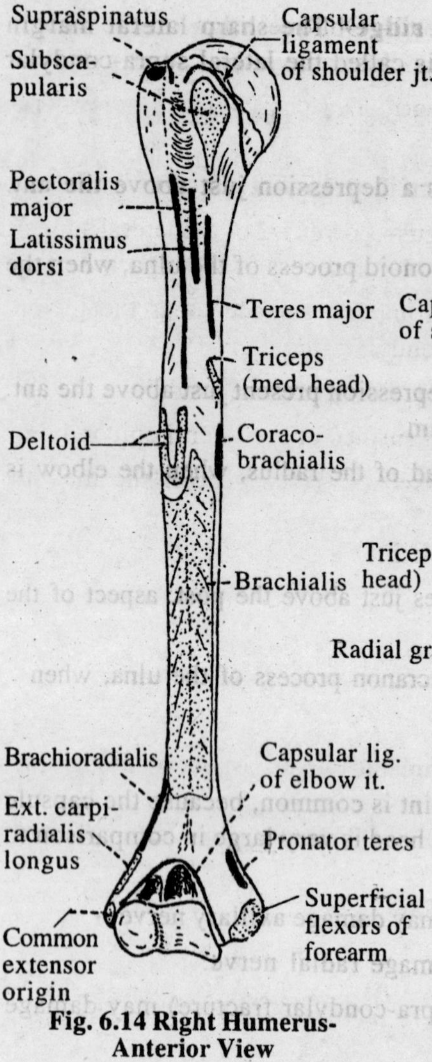

Fig. 6.14 Right Humerus-Anterior View

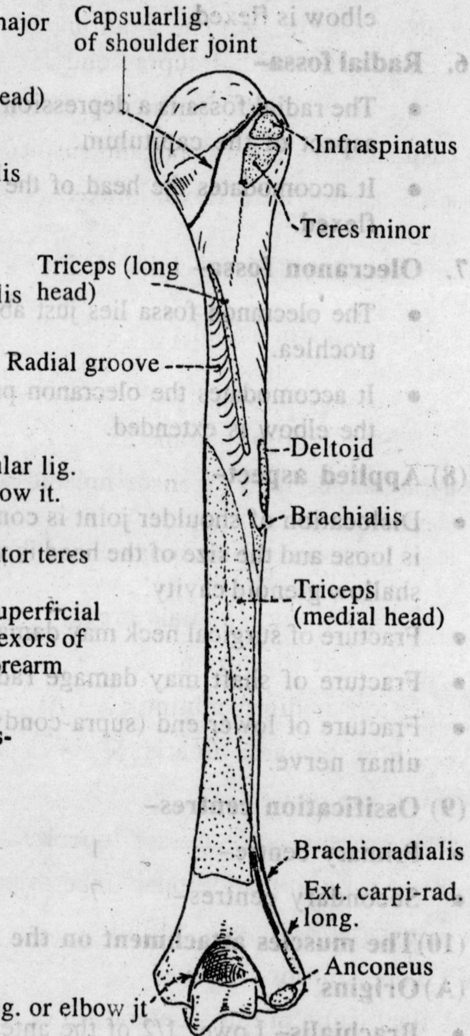

Fig. 6.15 Right Humerus-Posterior View

- **Triceps brachii-lateral head–** Oblique ridge on the upper part of the posterior surface. Just above the radial groove.
- **Triceps brachii-medial head–** The post. surface below the radial groove.
- **Brachio radials–** Upper 2/3 of the lateral supra-condylar ridge.
- **Extensor carpi radials longus–** Lower 1/3 of the lateral supra-condylar ridge.
- **Pronator teres–** The anteromedial surface, near the lower end of the medial supra-condylar ridge.
- **Anconeus–** Post. surface of the lateral epicondyle.
- **Supinator–** Lateral and ant. surface of the lateral epicondyle.
- **The superficial flexor muscles–** Ant. aspect of the medial epicondyle.

  (Common flexor origin) (C.F.O.)

  ↓

  -Flexor carpi radialis
  -Palmaris longus
  -Flexor carpi ulnaris
  -Flexor digitorum superficialis
- **The superficial extensor muscles–** Ant. aspect of the lateral epicondyle

  (Common extensor origin) (C.E.O.)

  ↓

  -Extensor carpi radials brevis
  -Extensor digitorum
  -Extensor digiti minimi
  -Extensor carpi ulnaris.

(B) Insertions–

- **Sub-scapularis–** Lesser tubercle.
- **Supra-spinatus–** Upper impersion of the greater tubercle.
- **Infra-spinatus–** Middle " " " "
- **Teres minor–** Lower " " " "
- **Pectoralis major–** Lateral lip of the inter-tubercular sulcus.
- **Latissimus dorsi–** Floor of the inter-tubercular sulcus.

- **Teres major–** Medial lip of the inter-tubercular sulcus.
- **Deltoid–** Deltoid tuberosity.
- **Coraco-brachialis–** Rough area on the middle of the medial border.

4. The Ulna (अन्त: प्रकोष्ठास्थि)

(1) Situation– It is the medial bone of the forearm.

(2) Types of bone–

- According to modern– Long bone.
- According to ayurveda– नलकास्थि

(3) Parts– It has three parts

1. Upper end
2. Shaft
3. Lower end

(4) Side determination–

- The upper end is hooklike, with its concavity directed forwards.
- The lower end is smaller and has a small rounded head.
- Styloid process project downwards from the posteromedial aspect of the head.
- The lateral border of the shaft is sharp and crest like.

(5) The upper end–

(A) Processes–

1. **Olecranon process–** • Forms the upper most part of ulna.
   • Forming a beak like projection.
2. **Coronoid process–** • It is a shelf like projection below the olecranon process.

(B) Notches–

1. **Trochlear notch–** • Forms an articular surface that articulates with the trochlea of the humerus to form the elbow joint.
2. **Radial notch–** • It articulate with the head of radius to form the superior radioulnar joint.

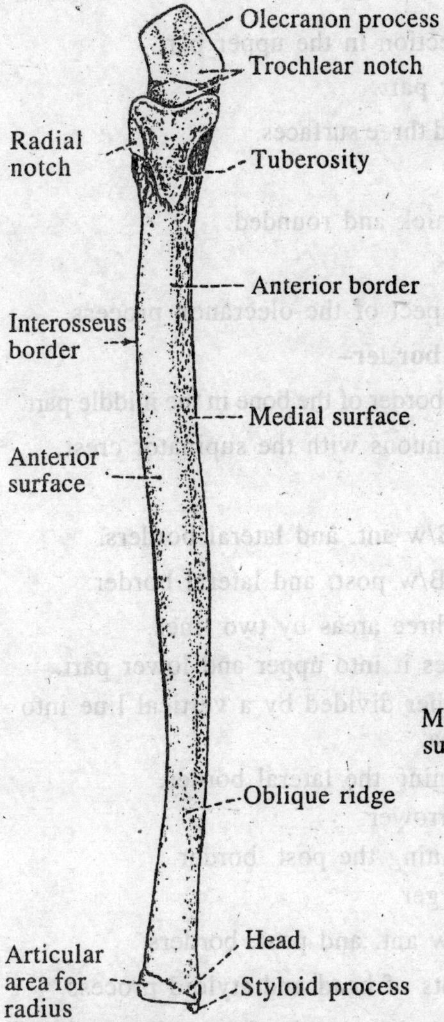

Fig. 6.16 Right Ulna-Anterior View

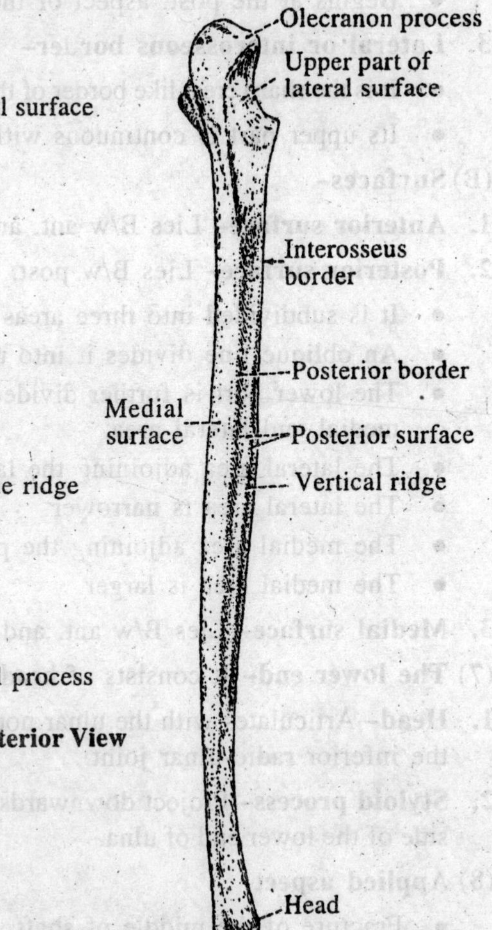

Fig. 6.17 Right Ulna-Posterior View

(6) The shaft–

- Triangular in cross section in the upper part.
- Rounded in the lower part.
- It has three borders and three surfaces.

(A) Borders–

1. **Anterior border–** It is thick and rounded.
2. **Posterior border–**
   - Begins at the post. aspect of the olecranon process.
3. **Lateral or interosseous border–**
   - It is the sharp crest like border of the bone in the middle part.
   - Its upper part is continuous with the supinator crest.

(B) Surfaces–

1. **Anterior surface–** Lies B/w ant. and lateral borders.
2. **Posterior surface–** Lies B/w post. and lateral border.
   - It is subdivided into three areas by two lines.
   - An oblique line divides it into upper and lower part.
   - The lower part is further divided by a vertical line into medial and lateral area.
   - The lateral area adjoining the lateral border.
   - The lateral area is narrower.
   - The medial area adjoining the post. border.
   - The medial area is larger.
3. **Medial surface–** Lies B/w ant. and post. borders.

(7) The lower end– It consists of head and styloid process.

1. **Head–** Articulates with the ulnar notch of the radius to form the inferior radio-ulnar joint.
2. **Styloid process–** Project downwards from the posteromedial side of the lower end of ulna.

(8) Applied aspect–

- Fracture of the middle of shaft.
- Fracture of the olecranon process is common.
- Dislocation of the elbow joint.

(9) Ossification centres–

- rimary centre– 1
- Secondary centres– 2

(10) The muscles attachment on the ulna–

(A) Origins–

- **Flexor digitorum superficialis–** Upper end of the medial margin of the coronoid process.
- **Flexor digitorum profundus–** Upper 3/4 of the ant. and medial surfaces.

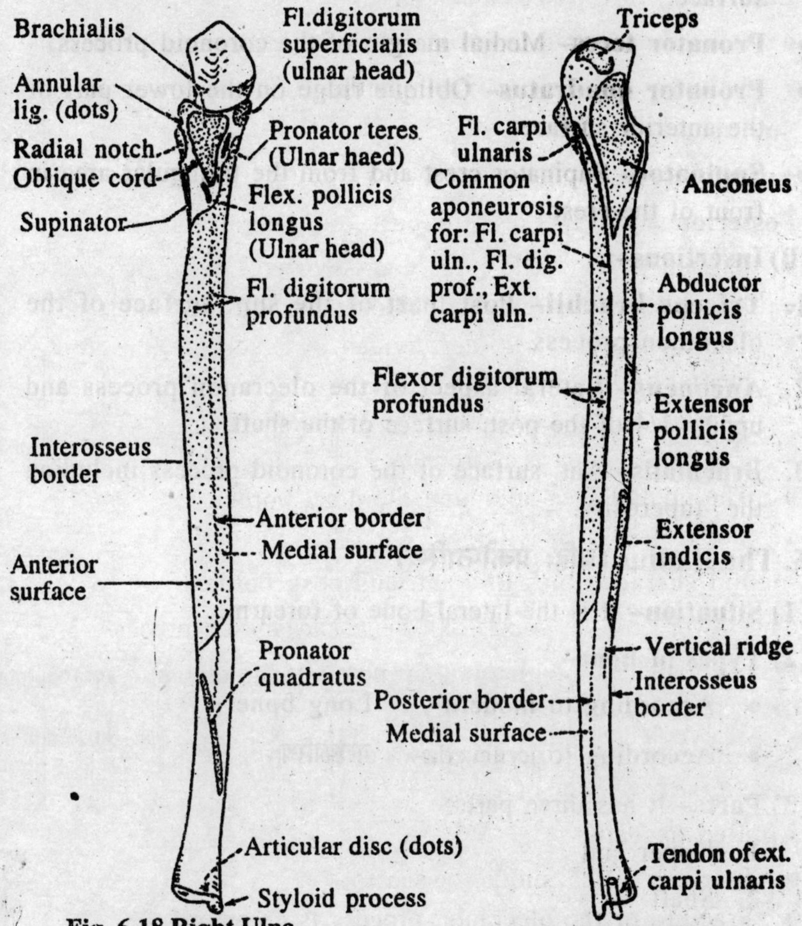

Fig. 6.18 Right Ulna- Anterior view

Fig. 6.19 Right Ulna- Posterior view

- **Flexor pollicis longus–** Lateral border of the coronoid process.
- **Flexor carpi ulnaris–** Medial side of the olecranon process and from the post border.
- **Extensor carpi ulnaris–** Arises from the post. border.
- **Abductor pollicis longus–** Upper first part of lateral side of post. surface.
- **Extensor pollicis longus–** Second part of lateral side of post. surface.
- **Extensor indicis–** Lower third part of lateral side of post. surface.
- **Pronator teres–** Medial margin of the coronoid process.
- **Pronator quadratus–** Oblique ridge on the lower part of the anterior surface.
- **Supinator–** Supinator crest and from the triangular area in front of the crest.

(B) Insertions–

1. **Triceps brachii–** Post. part of the sup. surface of the olecranon process.
2. **Anconeus–** Lateral aspect of the olecranon process and upper 1/4 of the post. surface of the shaft.
3. **Brachialis–** Ant. surface of the coronoid process including the tuberosity.

5. The Radius (बहिः प्रकोष्ठास्थि)

(1) Situation– It is the lateral bone of forearm.

(2) Types of bone–

- According to modern– Long bone.
- According to ayurveda– नलकास्थि

(3) Parts– It has three parts:

1. Upper end
2. Shaft
3. Lower end

(4) Side determination–

1. Upper end is rounded and bears the head.
2. Lower end is broader than the upper end.
3. Lateral surface of the shaft is convex and sharp medial border.
4. Its ant. surface is concave and smooth in the lower part. But the post. surface is marked by a number of ridges and grooves in the lower part.
5. Styloid process projects from lateral surface of the lower end.

(5) The upper end– It consists of–

1. Head 2. Neck 3. **Radial tuberosity**

1. Head– It is disc shaped.

2. Neck– It is the constricted **part below** the head.

3. Radial tuberosity– It is below the medial part of the neck.

(6) The shaft–

- It is narrow above and **broader below.**
- It has three borders and three surfaces.

(A) Borders–

1. Anterior border–

- It extends from the anterior **margin** of the radial tuberosity to the styloid **process.**
- It is oblique in the upper half and **vertical** in the lower half of the shaft.
- The oblique part is called the ant. oblique line.
- The lower vertical part is crest like.

2. Posterior border–

- It extends postero-inferior part of tuberosity to dorsal tubercle at the back of lower end.
- It is prominent in its middle **part** only.
- **Upper** oblique part is known as **post.** oblique **line.**

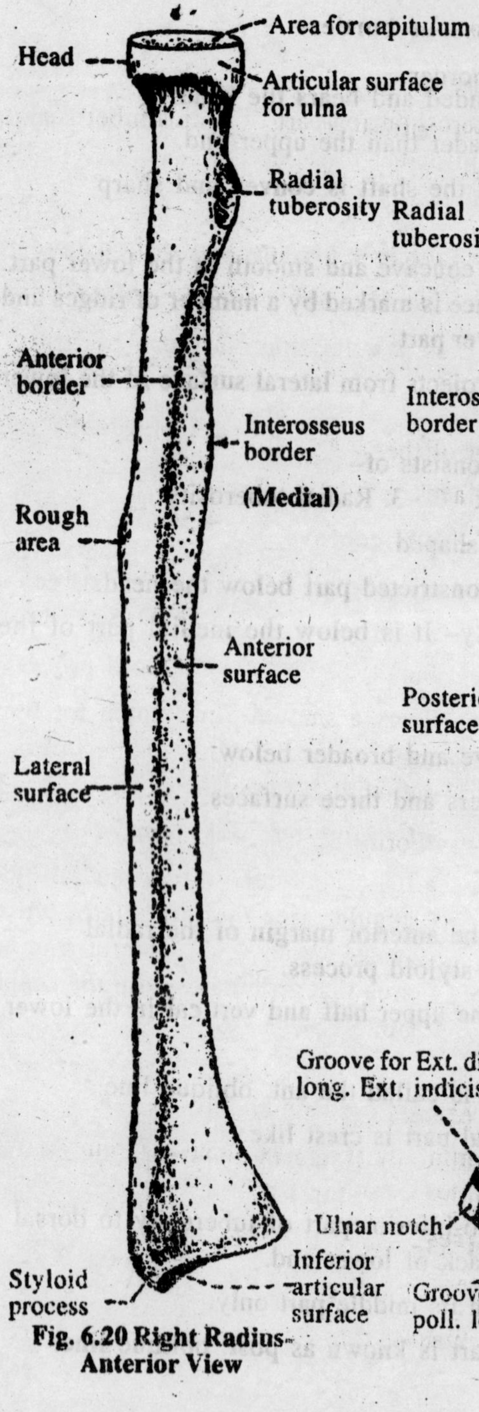

Fig. 6.20 Right Radius-Anterior View

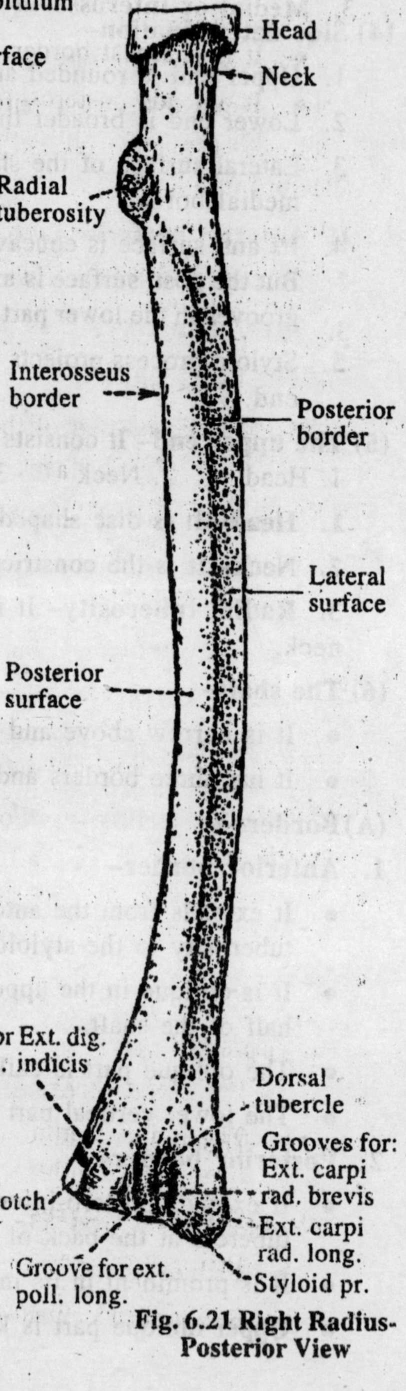

Fig. 6.21 Right Radius-Posterior View

3. Medial or interosseous border–

- It is sharpest border.
- It extends postero-inferior part of radial tuberosity to the post. margin of the ulnar notch.

(B) Surfaces–

1. **Anterior surface–** Lies B/w the ant. and medial borders.
2. **Posterior surface–** Lies B/w the post. and medial border.
3. **Lateral surface–** Lies B/w the ant. and post. borders.

(7) The lower end–

- It is widest part of the bone.
- It has five surfaces.

1. **Anterior surface–** It is concave.
2. **Posterior surface–** Marked by a number of ridges and grooves.
3. **Lateral surface–** A projection called styloid process.
4. **Medial surface–** Bears a smooth ulnar notch for the head of ulna in forming the inferior radio ulnar joint.
5. **Inferior surface–**
   - Forming the wrist joint.
   - It is subdivided into a medial quadri-angular area that articulates with the lunate bone. And a lateral triangular area that articulates with the scaphoid bone.

(8) Applied aspect–

- Fracture of the middle of the shaft.
- The radius commonly fractures about two cm. above its lower end (colles's fracture)

(9) Ossification centres–

- Primary centre– 1
- Secondary centres– 2

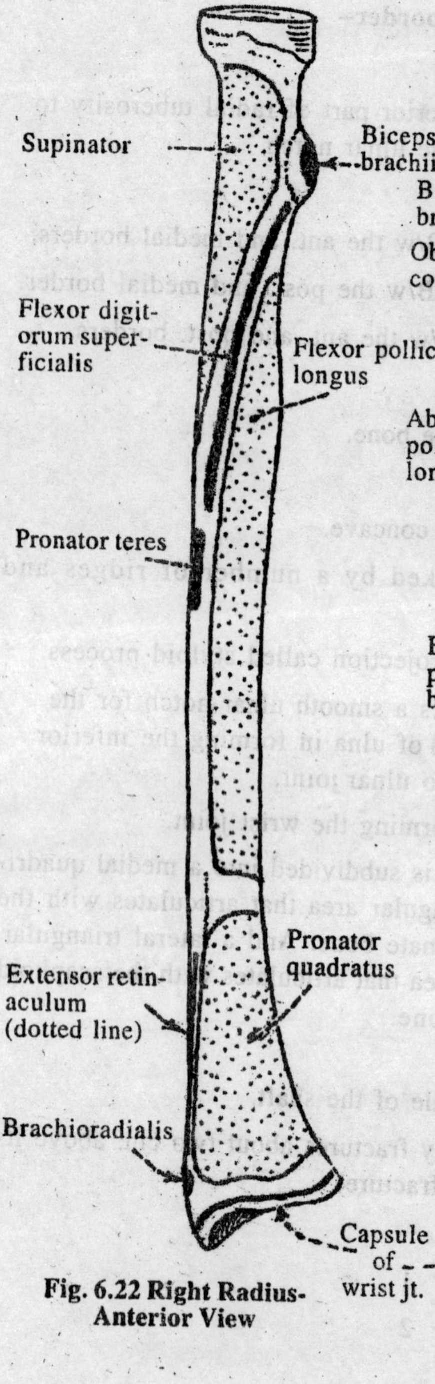

Fig. 6.22 Right Radius-Anterior View

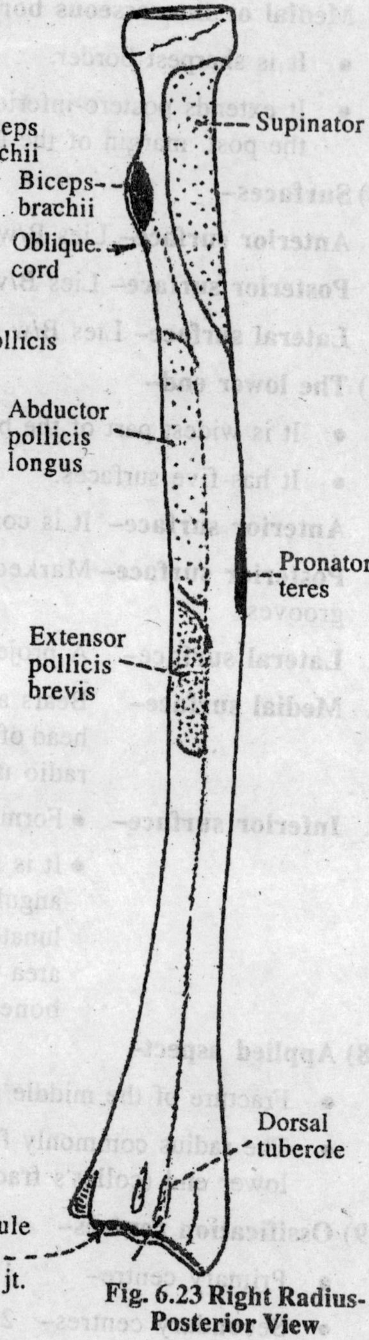

Fig. 6.23 Right Radius-Posterior View

(10)The muscles attachments on the radius–

(A) Origins–

- **Flexor digitorum superficialis–** Upper part of the ant. border or ant. oblique line.
- **Flexor pollicis longus–** Upper 2/3 of the ant. surface.
- **Abductor pollicis longus–** Upper part of the post. surface.
- **Extensor pollicis brevis–** Lower part of the post. surface.

(B) Insertions–

- **Biceps brachii–** Rough post. part of the radial tuberosity.
- **Brachio radialis–** Lowest part of the lateral surface just above the styloid process.
- **Pronator teres–** Middle of the lateral surface.
- **Pronator quadratus–** Lower part of the ant. surface.
- **Supinator–** Upper part of the lateral surface.

*** The skeleton of the hand–**

(1) Introduction–

- The skeleton of the hand consists of the bone of the wrist (carpals), the palm (meta-carpals), and of the digits. (Phalanges).
- The skeleton of the wrist consists of eight small, roughly cuboidal carpal bones.
- The skeleton of the palm is made up of five meta-carpal bones.
- The skeleton of the finger is made up of 14 phalanges. There are three phalanx in each digit except the thumb, which has only two phalanx.

(2) • Dorsal surface of the whole carpus– Convex
• Palmary surface of the whole carpus– Concave

- **Carpal groove–**
  - Medial border of carpal groove–Pisiform and hamate bone.
  - Lateral border of carpal groove–Scaphoid and trapezium bone.
  - Roof of the carpal groove– Flexor retinaculum. (A band like structure)
  - Artificial passage– Carpal tunnel.
  - Contains of carpal tunnel– Flexor tendons and median nerve.

6. The Carpal Bones (पाणि कूर्चास्थियाँ)

(1) Carpal bones are eight in number and arranged into two rows of four bones each. They are numbered from lateral to medial side.

(A) Proximal row–

Scaphoid	Lunate	Triquetral	Pisiform
↓	↓	↓	↓
नौनिभ	अर्धचन्द्र	उपलक	वर्तुलक

(B) Distal row–

Trapezium	Trapezoid	Capitate	Hamate
↓	↓	↓	↓
पर्य्याणक	कूटक	मध्यकूट	फणधर

(1) Types of bone– Short bone.

(2) Identification–

1. Scaphoid – Boat-shaped.
2. Lunate – Half moon-shaped.
3. Triquetral – Pyramidal-shaped.
4. Pisiform – Pea-shaped, **smallest carpal** bone.
5. Trapezium – Quadrangular in shape.
6. Trapeziod – Resembles the shoe of baby.
7. Capitate – Largest carpal bone with a rounded head.
8. Hamate – Wedge-shaped, with a hook near its base.

(3) General points–

- The proximal row– is convex proximally and concave distally.
- The distal row– is convex proximally and flat distally.
- Each bone has 6 surfaces.

"Palmar–Dorsal–Proximal–Distal–Medial–Lateral"

(4) Articulation–

1. **Scaphoid–** Radius-Lunate-Trapezium-Trapeziod-Capitate.
2. **Lunate–** Radius-Scaphoid-Triquetral-Capitate-Hamate.
3. **Triquetral–** Articular disc of inferior radio-ulnar joint-Pisiform-Lunate-Hamate.

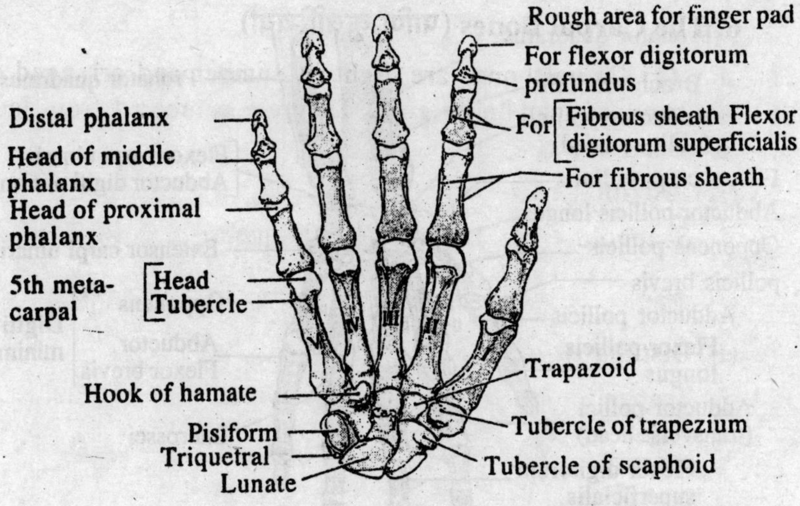

Fig. 6.24 The Hand- Palmar View

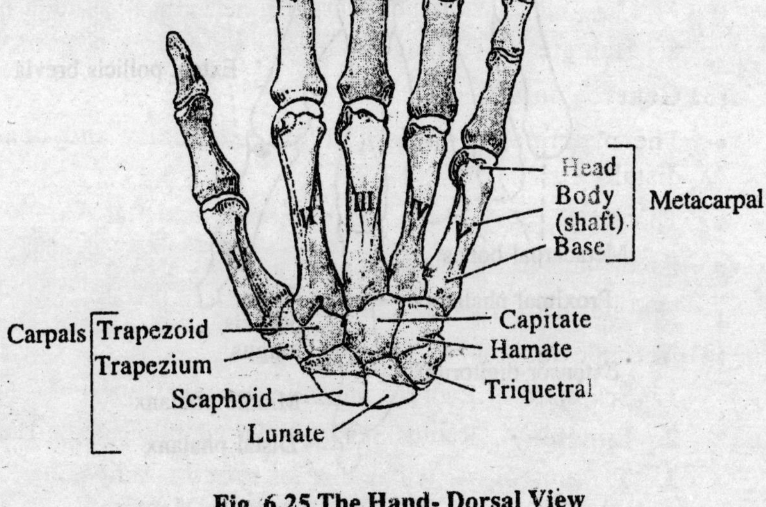

Fig. 6.25 The Hand- Dorsal View

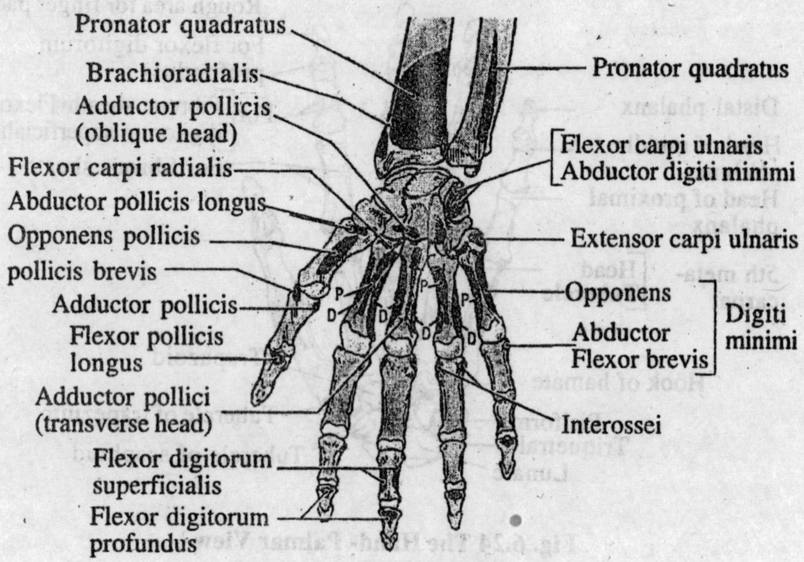

Fig. 6.26 The Hand- Palmar View

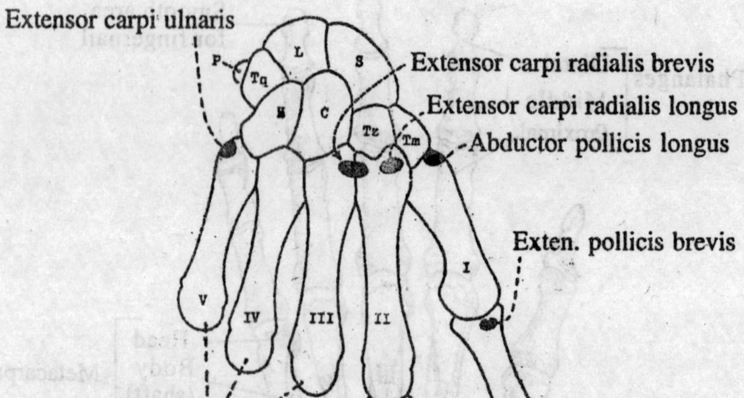

Fig. 6.27 The Hand- Dorsal View

4. **Pisiform–** Triquetral
5. **Trapezium–** Scaphoid-Trapezoid-First and second metacarpals.
6. **Trapezoid–** Scaphoid-Trapezium-Capitate-Second metacarpal.
7. **Capitate–** Scaphoid-Lunate-Trapezoid-Hamate, Second, Third and fourth-metacarpals.
8. **Hamate–** Triquetral-Lunate-Capitate-Fourth and fifth metacarpals.

(5) Applied aspect–

- Fracture of the scaphoid is common. This causes tenderness and swelling in the anatomical snuff box and pain on longitudinal percussion of the thumb and index finger.
- Dislocation of the lunate.

(6) Ossification centres–

- Ossification centres = 8
- Each carpal bone ossifies from one centre of ossification which appears after birth and the process is usually completed B/w 20th-25th year of life.
- At birth, all carpal bones are cartilaginous.

7. The Metacarpal Bones (करांगुलि मूलश्लाकाएँ)

(1) These are five miniature long bones. (Short long bones)

(2) Which are numbered from lateral to the medial side.

(3) Each bone has three parts.

(4) Parts– 1. Head– Lies distally
2. Base– Lies proximally
3. Shaft– Lies in the middle

1. **Head–** It is rounded, lies distally and articulates with proximal phalanx. It is larger than the base and produces the prominence of knuckles.
2. **Base–** It is expanded, lies proximally and articulates with distal row of carpal bones.

3. Shaft– • Its palmar surface is concave.

• And the dorsal surface is convex.

(5) Number and name of metacarpal bones.

1. First metacarpal bone – अंगुष्ठ मूलश्लाका –Shortest, thickest and stoutest bone.
2. Second metacarpal bone – तर्जनी मूलश्लाका –Longest of all other metacarpal bones.
3. Third metacarpal bone – मध्यमा मूलश्लाका
4. Fourth metacarpal bone – अनामिका मूलश्लाका
5. Fifth metacarpal bone – कनिष्ठिका मूलश्लाका

(6) Ossification centres–

- Primary centres– 5 (Each one)
- Secondary centres– 5 (Each one)

8. Phalanges (अंगुल्यास्थियाँ या अंगुलिनलक)

(1) There are 14 phalanges in each hand. 3 for each finger (proximal, middle, distal) and 2 for the thumb. (proximal, distal)

(2) **Parts–** Each phalanx has three parts.

1. Head – Lies distally
2. Base – Lies proximally
3. Shaft – Lies in the middle

(3) Name and number of phalanges–

1. Proximal phalanx	– ऊर्ध्व अंगुलिनलक	–	5
2. Middle phalanx	– मध्य अंगुलिनलक	–	4
3. Distal phalanx	– अध: अंगुलिनलक	–	5
Total number of each hand		–	14

(4) Ossification centres–

- Primary centres – 14 (Each one)
- Secondary centres – 14 (Each one)

II. Bones of the lower limb (अधोशाखा की अस्थियाँ)

1. The Hip Bone (श्रोणिफलक)

(1) Introduction– The hip bone constitutes the pelvic girdle. Along with the sacrum and coccyx. The right and left hip bones forms the bony pelvis.

(2) Situation– Obliquely B/w thigh to waist.

(3) Shape– Ir-regular shape (विषमाकृति)

(4) Types of bone– Ir-regular bone

(5) Parts– Each hip bone consists of three parts.

1. Ilium – जघन कपाल
2. Pubis – भगास्थि
3. Ischium – कुकुन्दरास्थि

(6) Acetabulum–

- These three parts meet at the acetabulum which is a large deep cavity placed on the lateral aspect of the bone.
- The acetabulum takes part in forming the hip joint along with the head of the femur.

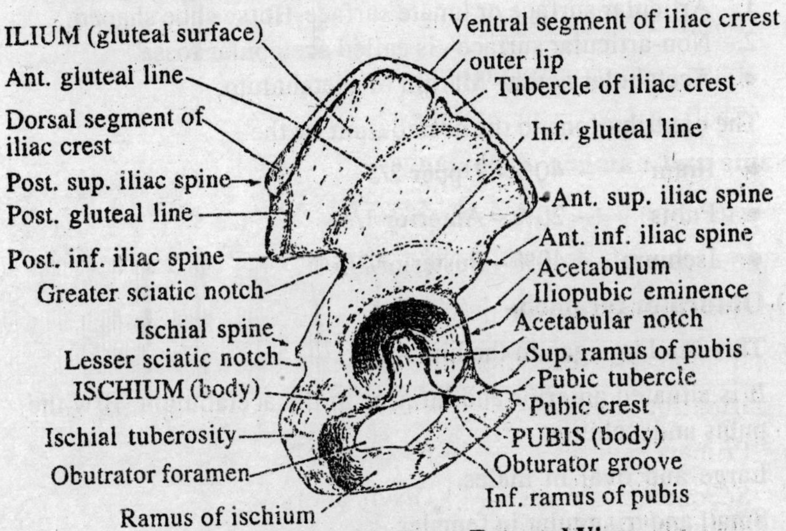

Fig. 6.28 Right Hip Bone- External View

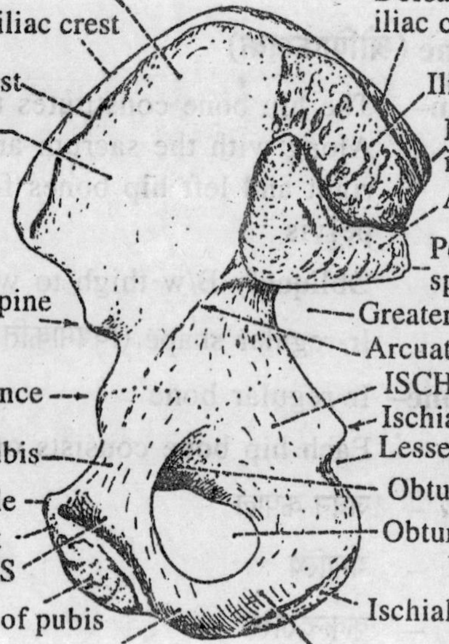

Fig. 6.29 Right Hip Bone- Internal View

- It is directed laterally, downwards and forwards.
- It has two parts.
  1. Articular surface or lunate surface-Horse shoe shaped.
  2. Non-articular surface– is called acetabular fossa.
  - Acetabular notch– Margin of acetabulum.
- The contributions to the acetabulum by the–
  - Ilium – 40% – Upper 2/5
  - Pubis – 20% – Anterior 1/5
  - Ischium – 40% – Posterior 2/5

(7) Obturator foramen–

- This is a large gap in the hip bone.
- It is situated anterior and inferior to the acetabulum. B/w the pubis and ischium.
- Large and oval in males.
- Small and triangular in females.

(8) Side determination–

- Acetabulum is directed laterally.
- The obturator foramen lies below the acetabulum.
- The flat, expanded ilium forms the upper part of the bone, that lies above the acetabulum.
- Iliac crest on upwards.
- Acetabulum bounded– Anteriorly by the thin pubis.
  Posteriorly by the thick and strong ischium.

1. The Ilium (जघनकपाल)

(1) Situation– Above the acetabulum.

(2) Parts– It has–

- **Two ends–** 1. Upper end
  2. Lower end
- **Three surfaces–** 1. Gluteal surface
  2. Iliac surface (Iliac fossa)
  3. Sacropelvic surface
- **Three borders–** 1. Anterior border
  2. Posterior border
  3. Medial border

- **Ends–**

1. Upper end–
- It is also called iliac crest.
- Iliac crest is divided two parts.

1. Ant. 2/3 of iliac crest or ventral segment.
2. Post 1/3 of iliac crest or dorsal segment.

Features–

Ant. 2/3 part– It has two lips and intermediate area.

1. Outer lip 2. Inner lip
3. Intermediate area

Post. 1/3 part– It has two sloping area.

1. Medial area. 2. Lateral area.

- **Spine–**
  - Anterior superior iliac spine
  - Anterior inferior iliac spine
  - Posterior superioriliac spine
  - Posterior inferior iliac spine

2. Lower end– Fused part of acetabulum.

(A) Borders–

1. Anterior border– B/w ant. sup. iliac spine and ant. inf. iliac spine.

2. Posterior border– B/w post. sup. iliac spine and post. inf. iliac spine.

3. Medial border–
- B/w sacropelvic surface and iliac fossa.
- Iliac crest to iliopubic eminence.

(B) Surfaces–

1. Gluteal surface–
- Anteriorly– Concave.
- Posteriorly– Convex.

It has three gluteal line– 1. Anterior gluteal line– Longest line.
2. Posterior gluteal line– Shortest line.
3. Inferior gluteal line–

2. Iliac fossa– Medial aspect of ileum.

3. Sacropelvic surface–Behind medial border.

- It has three parts. 1. Iliac tuberosity
  2. Auricular surface
  3. Pelvic surface

2. The Pubis (भगास्थि)

(1) Situation–

- Anteroinferior part of hip bone.
- Anterior 1/5 of acetabulum.
- Forming the anterior boundary of obturator foramen.

(2) Parts– It has three parts.

1. Body 2. Sup. ramus 3. Inf. ramus

[1] Body– • It lies B/w sup. and inf. ramus.

• It has three surfaces and one border.

(A) Surfaces– 1. Anterior surface

2. Posterior surface or pelvic surface

3. Medial surface or symphyseal surface

(B) Border– 1. Superior border or pubic crest.

• **Pubic tubercle–** is the lateral end of the pubic crest forming an important landmarks.

[2] Superior ramus– • It extends from the body of the pubis to the acetabulum.

• Above the obturator foramen.

• It has three borders and three surfaces.

(A) Borders– 1. Sup. border or pectineal line

2. Ant. border or obturator crest

3. Inf. border or lower border

(B) Surfaces–

1. **Pectineal surface–** B/w ant. and sup. borders.
2. **Obturator surface–** B/w ant. and inf. borders.
3. **Pelvic surface–** B/w sup. and inf. borders.

[3] Inferior ramus– • It extends from the body of pubis to the inf. ramus of ischium.

• Medial to the obturator foramen.

• It has two surfaces and two borders.

Surfaces– 1. Anterior surface or outer surface.

2. Posterior surface or inner surface.

Borders– 1. Medial border

2. Lateral border

3. The Ischium (कुकुन्दरास्थि)

(1) Situation– • The ischium forms the posteroinferior part of the hip bone and adjoining 2/5 of acetabulum.

• It form the posterior boundary of obturator foramen.

(2) Parts– • It has two parts.

1. Body 2. Inferior ramus

[1] Body– It has two ends, three borders and three surfaces.

• **Ends–** 1. Upper end 2. Lower end

Borders– 1. Anterior border 2. Posterior border
3. Lateral border

Surfaces– 1. Femoral surface– B/w ant. and lateral borders.
2. Dorsal surface– B/w lateral and post. borders.
3. Pelvic surface– B/w ant. and post. borders.

• Dorsal surface–

- Upper part of dorsal surface forms ischial tuberosity.
- Ischial tuberosity is divided into two parts by transverse ridge.

1. Upper part 2. Lower part.

• Upper part is subdivided two parts by vertical line.

1. Supero-lateral part (Upper-lateral)
2. Infero-medial part (Lower-medial)

• Ischial spine– B/w greater and lesser sciatic notches.

[2] Inferior ramus–

- Inf. ramus of pubis unites with the ramus of ischium on medial side of the obturator foramen.
- It has two borders and two surfaces.

• **Borders–**1. Upper or superior border
2. Lower or inferior border

• **Surfaces–** 1. Anterior or outer surface
2. Posterior or inner surface.

(9) Sex determination of hip bone–

• Greater sciatic notch–Wider in females.

• Acetabulum – Larger in males.

• Obturator foramen – • Large and oval in males.
• Small and triangular in females

- Iliac fossa – Deeper in males

(10) Applied aspect of hip bone–

- Fracture of the pelvic is not common.
- Fracture of both ischiopubic rami combined with.
- Dislocation at the sacroiliac joint.

(11) The muscles attachments on the hip bone–

(A) Iliac crest–

- **Internal oblique muscle of abdomen–** Intermediate area of ventral segment of iliac crest.
- **External oblique muscle of abdomen–** Ant. 2/3 of the outer lip of the ventral segment of iliac crest.
- **Latissimus dorsi–** Post. 1/3 of outer lip of the ventral segment of iliac crest.
- **Tensor fascia latae–** Ant. 2/3 of the outer lip of ventral segment of iliac crest.
- **Transversus abdominus–** Ant. 2/3 of the inner lip of ventral segment of iliac crest.
- **Quadratus lumborum–** Post. 1/3 of the inner lip of ventral segment of iliac crest.
- **Erector spinae–** Medial area of dorsal segment of iliac crest.
- **Gluteus maximus–** Behind post. gluteal line.

(B) External aspect of the hip bone–

- **Gluteus maximus–** Behind post. gluteal line.
- **Gluteus medius–** B/w ant. and post. gluteal line.
- **Gluteus minimus–** B/w ant. and inf. gluteal line.
- **Rectus femoris-straight head–** Ant. inf. iliac spine.
- **Quadratus femoris–** Femoral surface of ischium.
- **Biceps femoris-long head–** Upper medial part of ischial tuberosity.
- **Semi-tendinosus–** Upper medial part of ischial tuberosity.
- **Semi-membranosus–** Upper lateral part of ischial tuberosity.
- **Sartorius–** Ant. sup. iliac spine.

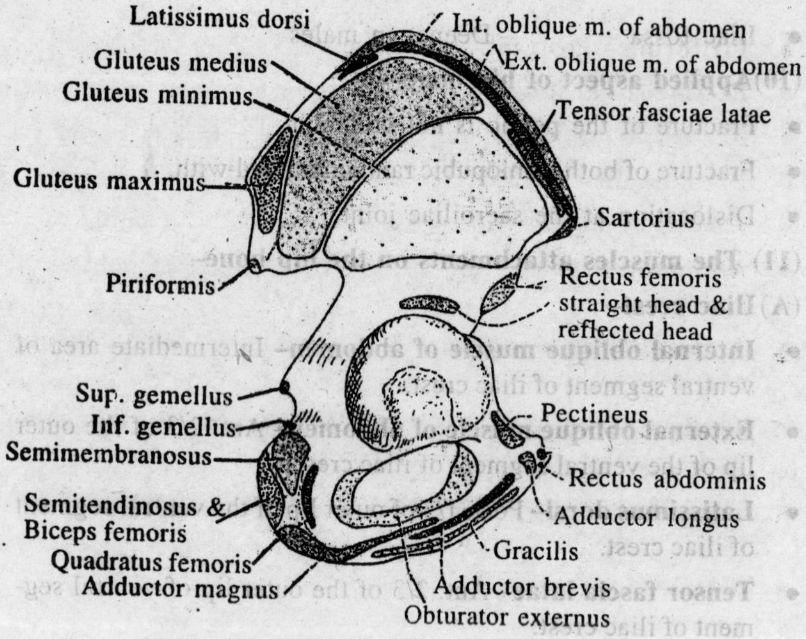

Fig. 6.30 Right Hip Bone- External View

Fig. 6.31 Right Hip Bone- Internal View

- **Piriformis–** Post. inf. iliac spine.
- **Pectineus–** Pectineal surface.
- **Rectus abdominis–** Pubic crest.
- **Pyramidalis–** Ant. surface of the body of pubis.
- **Adductor longus–** Ant. surface of the body of pubis.
- **Adductor brevis–** Ant. surface of the body of pubis, inf. ramus of pubis.
- **Adductor magnus–** Lower part of ischial tuberosity and inf. ramus of ischium.
- **Gracilis–** Ant. surface of the body of pubis, inf. ramus of pubis and inf. ramus of ischium.
- **Obturator externus–** Sup. and inf. ramus of pubis and inf. ramus of ischium or around obturator foramen.
- **Sup. gemellus–** Dorsal surface of ischial spine.
- **Inf. gemellus–** Just above the ischial tuberosity.

(C) Internal aspect of hip bone–

- **Iliacus–** Upper 2/3 of the iliac fossa.
- **Obturator internus–** Around obturator foramen in pelvic surface.
- **Levator ani-post. fibres–** Pelvic surface of ischial spine.
- **Levator ani-ant. fibres–** Post. surface of body of pubis.
- **Coccygeus–** Pelvic surface of ischial spine.
- **Psoas minor–** Pecten pubis and into the iliopectineal eminence.
- **Superficial transversus perinei–** Post. surface of the inf. ramus of ischium.
- **Ischio cavernosus–** Post. surface of the inf. ramus of ischium.
- **Sphinctor urethrae–** Post. surface of inf. ramus of pubis and inf. ramus of ischium.

[Above all muscles are arises (origins) except ext. oblique and psoas minor. They are inserted on the hip bone.]

(12) Ossification centres–

- Primary centres – 3
- Secondary centres– 5

2. The Femur (ऊर्वस्थि)

(1) Introduction– • It is longest and strongest bone of the body.
• It is also called thigh bone.

(2) Situation– • It is situated in thigh region.
• B/w hip joint and knee joint.

(3) Types of bone–

- According to modern– Long bone.
- According to ayurveda– नलकास्थि

(4) Parts– It has three parts.

1. Upper end 2. Shaft 3. Lower end

(5) Side determination–

- The upper end bears a rounded head.
- The lower end is widely expanded and form two large condyles.
- The head is directed medially.
- The cylindrical shaft is convex forwards.
- Linea aspera on post. border.

(6) The upper end– It has

1. Head–

- The head is directed medially, and articulates with the acetabulum of hip bone.
- There is a small depression behind its centre-called the **fovea** or **pit**. It gives attachment to ligament of the head of femur.

2. Neck– It is about 5 cm. in lenght and joins the head to the shaft.

3. Greater trochanter– It is a large quadrangular prominence which projects upwards from the junction of the neck with the shaft.

4. Lesser trochanter– • It is a blunt conical projection at infero-medial part of junction B/w neck and shaft.
• It faces medially and backwards.

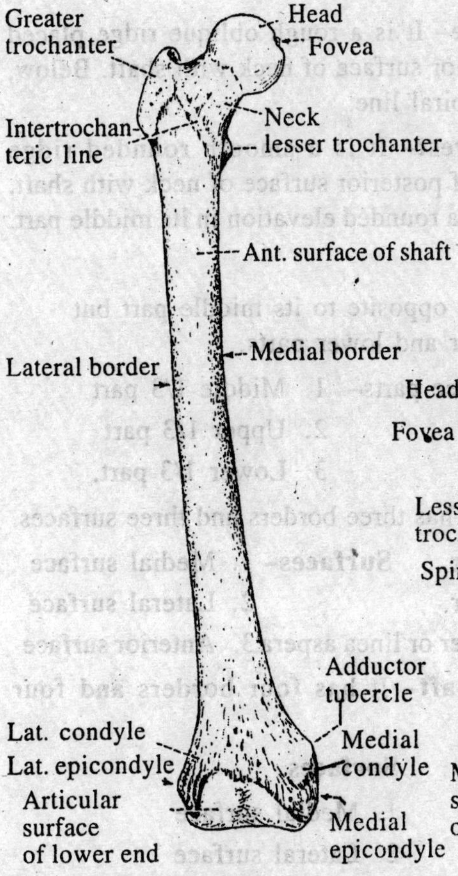

Fig. 6.32 Right Femur- Anterior View

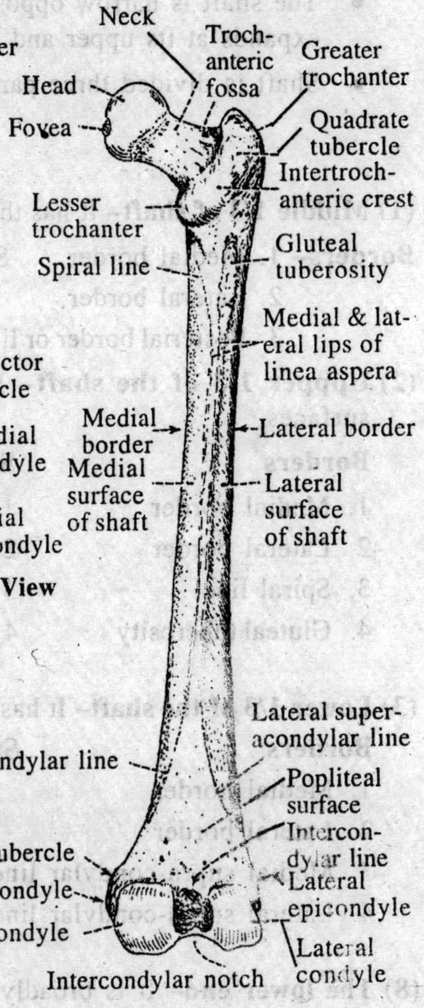

Fig. 6.33 Right Femur- Posterior View

5. **Inter-trochanteric line–** It is a rough oblique ridge placed at the junction of anterior surface of neck with shaft. Below, it is continuous with spiral line.

6. **Inter-trochanteric crest–** It is a smooth rounded ridge placed at the junction of posterior surface of neck with shaft. **Quadrate tuberele–** It is a rounded elevation in its middle part.

(7) The shaft–

- The shaft is narrow opposite to its middle part but expands at its upper and lower parts.
- Shaft is divided three parts– 1. Middle 1/3 part
  2. Upper 1/3 part
  3. Lower 1/3 part.

(1) Middle 1/3 of shaft– It has three borders and three surfaces.

Borders–	Surfaces–
1. Medial border	1. Medial surface
2. Lateral border	2. Lateral surface
3. Posterial border or linea aspera	3. Anterior surface

(2) Uppper 1/3 of the shaft– It has four borders and four surfaces.

Borders	Surfaces
1. Medial border	1. Medial surface
2. Lateral border	2. Lateral surface
3. Spiral line	3. Anterior surface
4. Gluteal tuberosity	4. Posterior surface or additional surface

(3) Lower 1/3 of the shaft– It has four borders and four surface.

Borders	Surfaces
1. Medial border	1. Medial surface
2. Lateral border	2. Lateral surface
3. Medial supra-condylar line	3. Anterior surface
4. Lateral supra-condylar line	4. Popliteal surface or post. surface

(8) The lower end– It is broadly expanded so as to provide a good bearing surface for transmitting the body weight to the upper end of tibia.

Features–

- Lateral condyle– It is smaller but stronger than medial condyle.
- Medial condyle– More prominent than lateral condyle.
- Lateral epicondyle– A low rounded elevation on the lateral aspect.
- Medial epicondyle– A low rounded elevation on the medial aspect.
- Inter condylar fossa or notch– It is separates the two condyles.

Articular surface–

- Ant., inf. and post. surfaces of each condyle are covered by hyaline articular cartilage and form the articular surface. It has 'V' shape.
- It is divided into two parts.

  1.Upper patellar surface– For articulation with patella.
  2.Lower tibial surface– For articulation with condyles of tibia.

(9) Applied aspect–

- Spiral fracture of the shaft of the femur.– Below the age of 16 years.
- Fracture of the neck of the femur.– Over the age of 60 years. This is called senile degeneration.
- Fracture is more then females. Because the bones are weakest.

(10) Ossification centres– • Primary centre– 1
• Secondary centres– 4

(11) The muscles attachment on the femur–

(A) Origins–

- **Vastus lateralis** • Long liner origin–
  - Upper end of the intertrochanteric line.
  - Ant. and lower border of greater trochanter.
  - Lateral margin of gluteal tuberosity.
  - Lateral lip of linea aspera.
- **Vastus medialis–** • Long linear origin–
  - Lower part of intertrochantric line.
  - Spiral line.

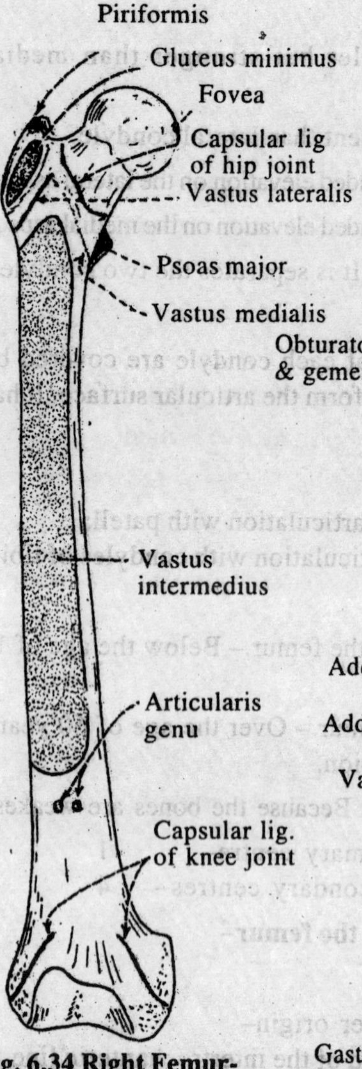

Fig. 6.34 Right Femur-Anterior View

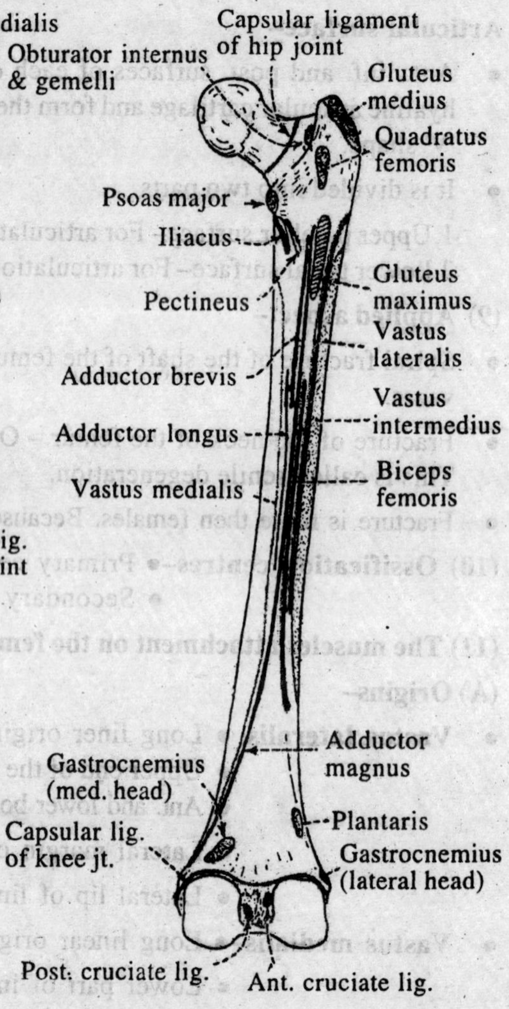

Fig. 6.35 Right Femur- Posterior View

- Medial lip of linea aspera
- Medial supracondylar line up to adductor tubercle.

- **Vastus Intermedius**–Upper 3/4 of the ant. and lateral surface of the shaft.
- **Articularis genu**– Ant. surface of the shaft below the origin of vastus intermedius.
- **Biceps femoris-short head**– Linea aspera and upper part of the lateral supracondylar line.
- **Plantaris**– Lower part of the lateral supracondylar line.
- **Gastrocnemius-medial head**– Post. aspect of medial condyle.
- **Gastrocnemius-lateral head**– Lateral surface of lateral ondyle.
- **Popliteus**– Lateral aspect of the lateral condyle.

(B) Insertions–

- **Gluteus maximus**– Gluteal tuberosity
- **Gluteus medius**– Greater trochanter
- **Gluteus minimus**– " "
- **Piriformis**– " "
- **Obturator internus**– " "
- **Sup. gemellus**– " "
- **Inf. gemellus**– " "
- **Obturator externus**– " "
- **Psoas major**– Tip of lesser trochanter.
- **Iliacus**– Medial side of the base of lesser trochanter.
- **Pectineus**– B/w the gluteal tuberosity and spiral line. (Root of the lesser trochanter to the upper end of linea aspera.)
- **Quadratus femoris**–Quadrate tubercle of the trochantric crest.
- **Adductor longus**– Middle 1/3 of the linea aspera.
- **Adductor brevis**– Lesser trochanter to the upper part of linea aspera behind the pectineus and the upper part of adductor longus.

- **Adductor magnus**–
  - Medial margin of the gluteal tuberosity.
  - Linea aspera.
  - Medial supracondylar line upto adductor tubercle.

3. The Patella (जान्वस्थि या जानुकपालिका)

(1) Introduction–

- It is the largest sesamoid bone in the body.
- It is also called knee cap or small plate.
- It is sesamoid bone that develops in the tendon of the quadriceps femoris muscles.

(2) Shape– Small triangular bone.

(3) Situation– It is located ant. to the knee joint.

(4) Type of bone–

- According to modern– Flat bone.
- According to ayurveda– कपालास्थि

(5) Parts– It has two surfaces, three borders and two ends.

- **Surfaces–** 1. Anterior surface 2. Posterior surface
- **Borders–** 1. Medial border 2. Lateral border 3. Superior border or base
- **Ends–** 1. Sup. end– Base 2. Inf. end– Apex

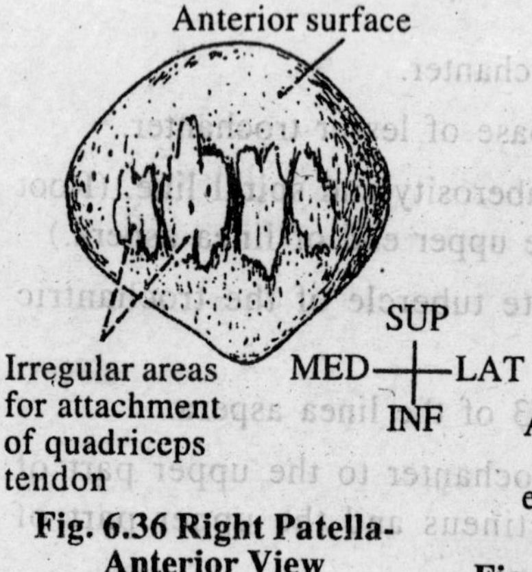

Fig. 6.36 Right Patella- Anterior View

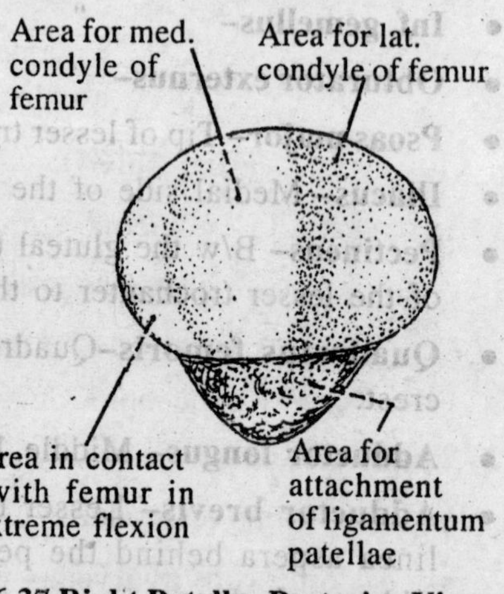

Fig. 6.37 Right Patella- Posterior View

(6) Side determination–

- Pointed apex lies inferiorly.
- Ant. surface is rough.
- Lateral facet on the post. surface is larger and deeper than medial facet.

(7) • The broad sup. end of the patella is called the base.

- The pointed inf. end is the apex.
- The post. surface contains two articular facets.
- One for the medial condyle and the other for the lateral condyle of the femur.

(8) Applied aspect– Lateral dislocation of the patella.

(9) Ossification centres–

- Ossification in cartilagenous.
- From multiple centres.

(10) The Muscles attachment on the patella–

- Quadriceps femoris muscles.
  - **Sup. border–** Give attachment to the rectus femoris to the vastus intermedius.
  - **Medial margin–** Vastus medialis
  - **Lateral margin–** Vastus lateralis
  - **Apex–** Ligamentum patellae (Tendon of the quadriceps femoris)

4. The Tibia (अन्तः जंघास्थि)

(1) Introduction– • Second longest bone of the body.

- It is also called shin bone.
- It is a stronger bone of the leg.

(2) Situation– Medial bone of the leg.

(3) Types of bone–

- According to modern– Long bone.
- According to ayurveda– नलकास्थि

(4) Parts– It has three parts.

1. Upper end 2. Shaft 3. Lower end

(5) Side determination–

- Upper end is much larger.
- Lower end of the medial side has a prominent downwards projection called medial malleolus.
- Shaft is triangular in section and has a sharp anterior border.

(6) The upper end– • It is expanded transversely.
• It has following features.

1. Medial condyle– Larger condyle.
2. Medial intercondylar tubercle– Its lateral margin is raised to form medial intercondylar tubercle.
3. Lateral condyle– It overhanges upper part of posterior surface of shaft. It has a small rounded facet; the fibular facet at its postero-lateral aspect. It articulates with the head of fibula.
4. Lateral intercondylar tubercle– It articulates medial margin is raised to form lateral intercondylar tubercle.
5. Intercondylar area– It is a rough non-articular area B/w superior articular surface of the condyles.
6. Intercondylar eminence– An elevated area in the middle part is known as intercondylar eminence.
7. Tibial tuberosity– • It lies at the upper end of anterior border of the shaft and at the place where ant. surface of two condyles becomes continuous.
   • It is triangular in shape.
8. Oval facet– Posterolateral aspect of the lateral condyle.

(7) The shaft– It has three borders and three surfaces.

Borders	Surfaces
1. Anterior border	1. Posterior surface
2. Medial border	2. Medial surface
3. Lateral border or interosseous border	3. Lateral surface

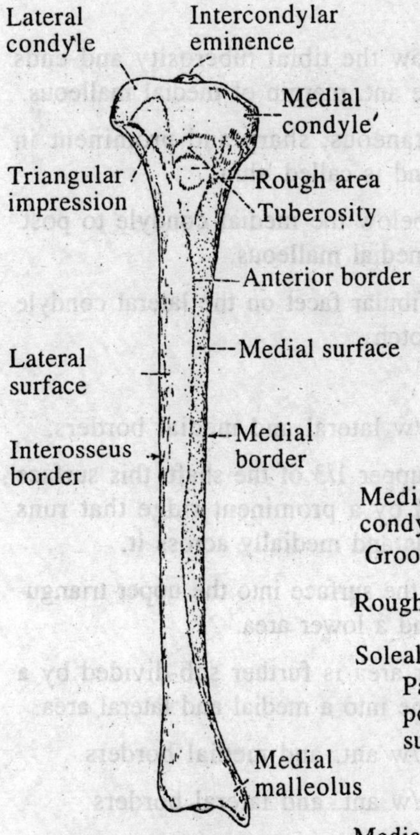

Fig. 6.38 Right Tibia-Anterior View

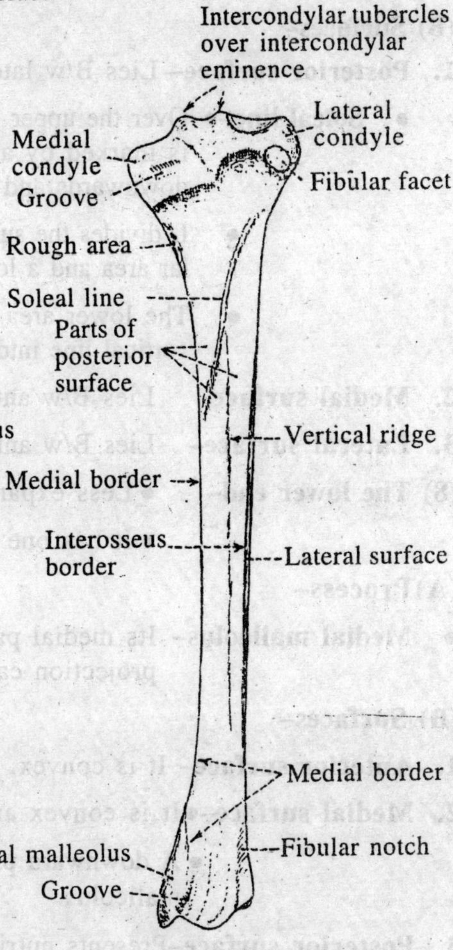

Fig. 6.39 Right Tibia- Posterior View

(A) Border–

1. **Ant. border–** • Begins below the tibial tuberosity and ends below at the ant. margin of medial malleous.
   • It is subcutaneous, sharp and prominent in upper 2/3 and is called 'shin'.
2. **Medial border–** It extends below the medial condyle to post. margin of medial malleous.
3. **Lateral border–** It extends fibular facet on the lateral condyle to fibular notch.

(B) Surfaces–

1. **Posterior surface–** Lies B/w lateral and medial borders.
   - **Soleal line–** • Over the upper 1/3 of the shaft, this surface is marked by a prominent ridge that runs downwards and medially across it.
     • It divides the surface into the upper triangular area and a lower area.
     • The lower area is further sub-divided by a vertical line into a medial and lateral area.
2. **Medial surface–** Lies B/w ant. and medial borders.
3. **Lateral surface–** Lies B/w ant. and lateral borders.

(8) The lower end– • Less expanded than the upper end.
• It has one process and five surfaces.

(A) Process–

- **Medial malleolus–** Its medial part shows a downward projection called the medial malleolus.

(B) Surfaces–

1. **Anterior surface–** It is convex.
2. **Medial surface–** • It is convex and subcutaneous.
   • A downward projection called medial malleolus.
3. **Posterior surface–** Presents nutrient foramen which is directed downwards.

4. **Lateral surface–** It is formed by the triangular fibular notch. Which articulates with the lower end of fibula.

5. **Inferior surface–** Articular area for body of talus.

(9) Applied aspect–

- Fracture of the bones of the leg are commonly seen in motorcycle accident.
- Tibia may be fractured–
  - Lateral condyle
  - Shaft
  - Medial malleolus.

(10) Ossification centres–
- Primary centre– 1
- Secondary centres– 2

(11) The muscles attachments on the tibia–

(A) Origins–

- **Tibialis anterior–** Upper 2/3 of lateral surface of the shaft.
- **Tibialis posterior–** Upper 2/3 of lateral part of post. surface below the soleal line.
- **Soleus–**
  - Soleal line.
  - Middle 1/3 of medial border.
- **Flexor digitorum longus–** Medial part of the post. surface below the soleal line.

(B) Insertions–

- **Quadriceps femoris–** Tibial tuberosity.
- **Sartorius–** Upper part of medial surface.
- **Gracilis–** " " "
- **Semi-tendinosus–** " " "
- **Semi-membranosus–** Post. and medial aspect of medial condyle.
- **Popliteus–** Post. surface of the shaft of the triangular area above the soleal line.

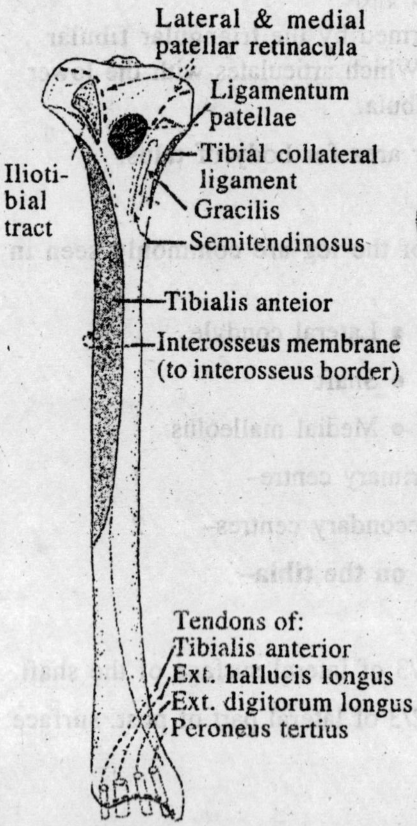

Fig. 6.40 Right Tibia- Anterior View

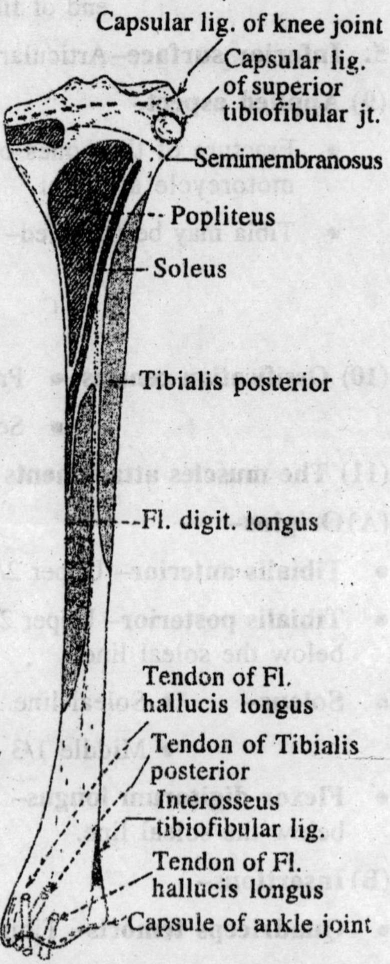

Fig. 6.41 Right Tibia- Posterior View

5. The Fibula (बहिः जंघास्थि)

(1) **Situation**– Lateral bone of the leg.

(2) **Shape**– Thin bone.

(3) **Types of bone**–

- According to modern– Long bone.
- According to ayurveda– नलकास्थि

(4) Parts– It has three parts.

1. Upper end   2. Shaft   3. Lower end

(5) Side determination–

- Upper end is irregularely expended in all directions.
- Lower end is flattened from side to side and form the lateral malleolus.
- The medial side of the malleolus bears a triangular articular surface for the talus.
- Just behind this articular surface the malleolus shows a deep malleolar fossa.

(6) The upper end–

- The upper end of fibula also called head.

1. **Head**– It is expanded all around.
2. **Circular facet for tibia**– Upper end bears a circular facet on its upper surfaces which articulates with fibular facet on the lateral condyle of tibia forming sup. tibio-fibular joint.
3. **Styloid process (Apex of head)**– Postero-lateral aspect of head.
4. **Neck**– Slightly constricted part just below the head. It is related on its postero-lateral aspect to common peroneal nerve.

(7) The shaft– It has three borders and three surfaces.

Borders	Surfaces
1. Anterior border	1. Lateral surface or peroneal suface
2. Posterior border	2. Anterior surface or extensor sur face or medial surface.
3. Medial border or interosseous border	3. Posterior surface or flexor surface

Borders– 1. Ant. border– It extends below the ant. aspect of the head to lateral surface of the lateral malleolus.

2. Post. border–It extends styloid process to medial margin of the lateral malleolus.

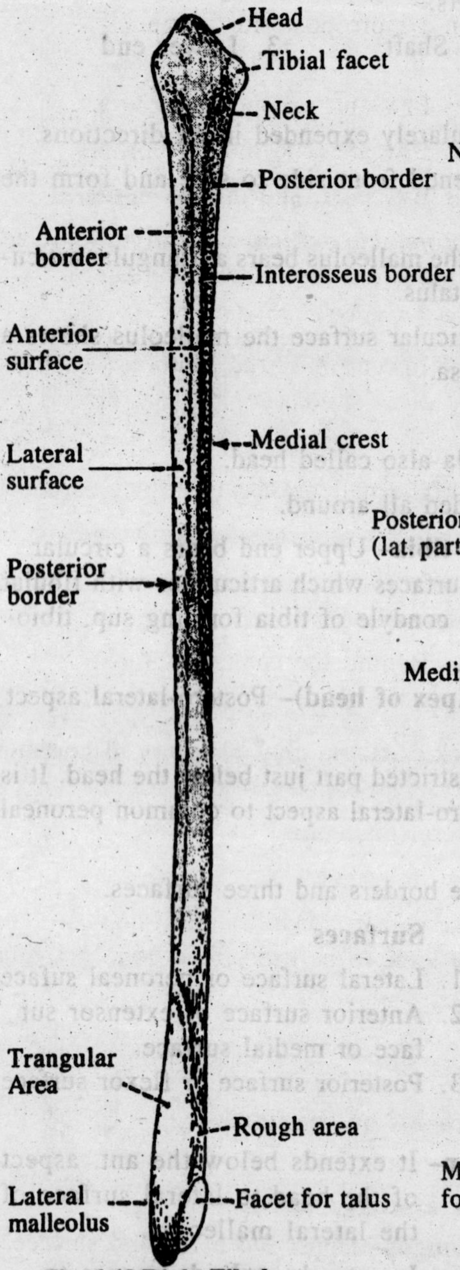

Fig. 6.42 Right Fibula- Anterior View

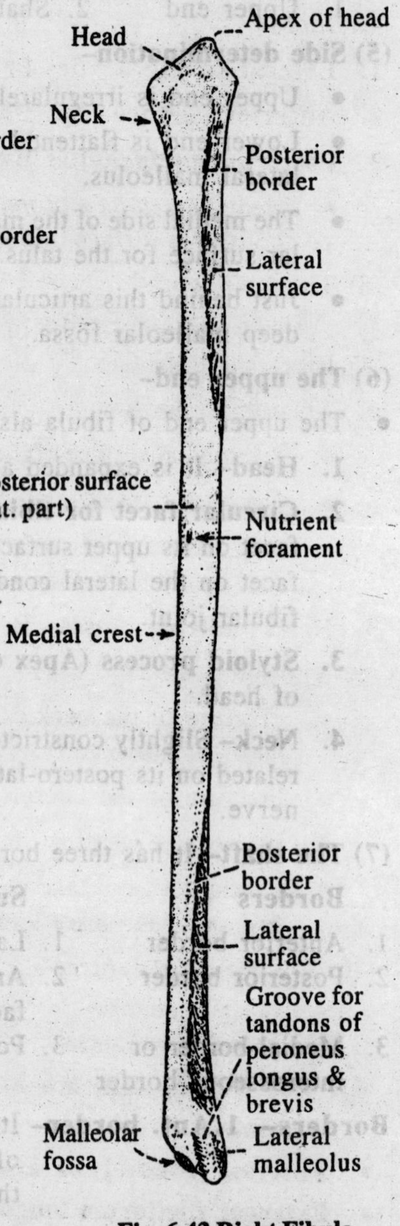

Fig. 6.43 Right Fibula- Posterior View

3. **Medial border–** It lies medial to the anterior border. But on a more posterior plane.

Surfaces–

1. **Lateral surface–** lies B/w ant. and post. borders.
2. **Anterior surface–** lies B/w ant. and medial borders.
3. **Posterior surface–** lies B/w post. and medial borders.
   - Medial crest– is a prominent vertical ridge dividing upper 2/3 of this surface into two areas– medial and lateral.

(8) The lower end–

1. **Lateral malleolus–** The lower end of the fibula is called the lateral malleolus.
2. **Triangular facet–**
   - The medial surface of the malleolus bears a triangular facet.
   - The apex of the triangle being directed downwards.
   - This facet articulates with the lateral surface of the talus. And forms part of the ankle joint.
3. **Deep malleolar fossa–** Behind the triangular facet.

(9) Applied aspect–

- Fracture of the neck of fibula may be injury to common peroneal nerve.
- Fracture of the lateral malleolus.
- Fracture of shaft.
- Fibula does not take part in transmission of body weight, it is an ideal spare bone to be used for a bone grafting.

(10) Ossification centres–

- Primary centre– 1
- Secondary centres– 2

(11) The muscles attachments on the fibula–

(A) Origins–

- **Anterior (Medial) or extensor surface–**
- **Extensor digitorum longus–** Upper 3/4 of medial surface.
- **Extensor hallucis longus–** Middle 2/4 of medial surface. (medial to E.D.L.)

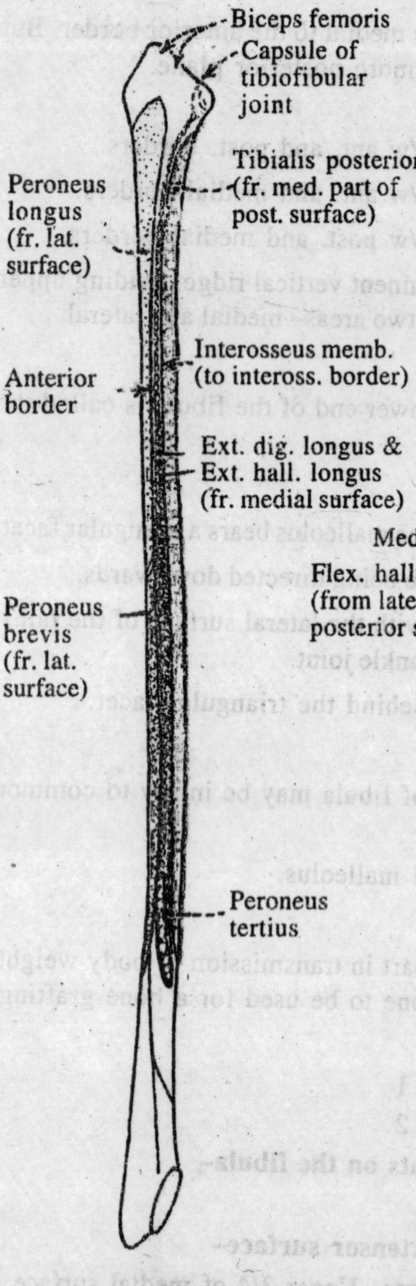

Fig. 6.44 Right Fibula-Anterior View

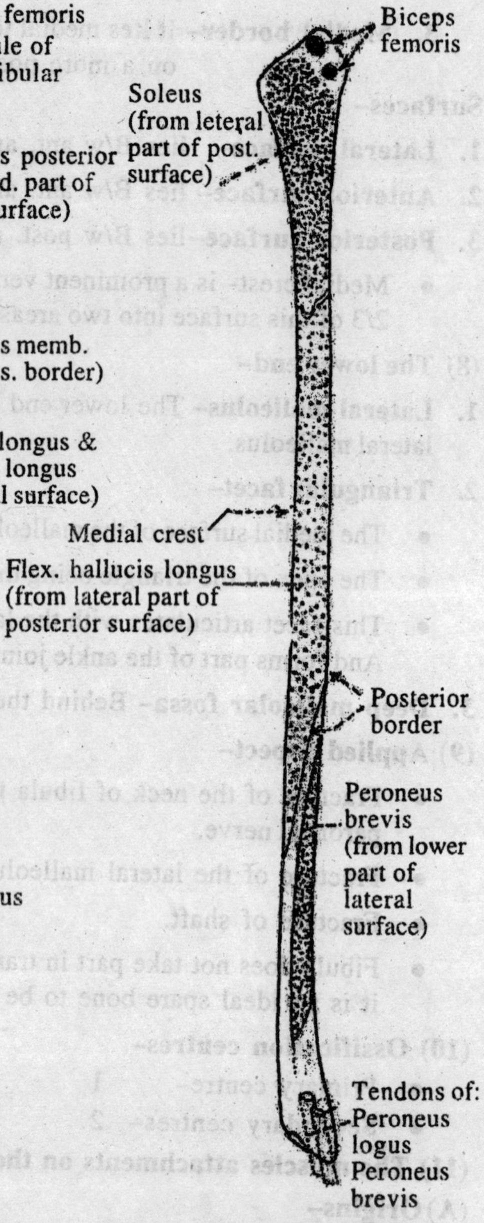

Fig. 6.45 Right Fibula-Posterior View

- Peroneus tertius– Below the extensor digitorum longus.

- **Lateral surface or peroneal surface–**
  - **Peroneus longus–** Upper part of lateral surface.
  - **Peroneus brevis–** Lower part of lateral surface.
- **Posterior surface or flexor surface–**
  - **Tibialis posterior–** Upper 2/3 of medial part of post. surface.
  - **Soleus–** • Post. aspect of head and upper 1/4 of lateral part of post. surface.
  - **Flexor hallucis longus–** Lower 2/3 of lateral part of post. surface of fibula.
- **Insertion–** Biceps femoris– Head of fibula.

The skeleton of the foot–

- The skeleton of the foot has three regions.

  1. Proximal– Tarsus 2. Intermediate– Metatarsus
  3. Distal– Phalanges

6. The Tarsal bones (पाद कूर्चास्थियाँ)

- Tarsal bones, 7 in number, form skeleton of the post. part of the foot.
- They are arranged in two row, proximal and distal.
- And on the medial side B/w the two rows, there is one bone, navicular.
- **Proximal row–** Talus Calcaneus

  कूर्चशिर पार्ष्णि

  (Above) (Below)
- **Distal row–**

(Medial to lateral) – **Medial cuneiform – Intermediate cuneiform**

↓ ↓

अन्तः कोणिक – मध्य कोणिक

– **Lateral cuneiform – Cuboid**

↓ ↓

बहिः कोणिक – घन

- **B/w proximal and distal row–** Navicular (नौनिभ)
- On the medial side, navicular lies B/w talus and three cuneiform bones.

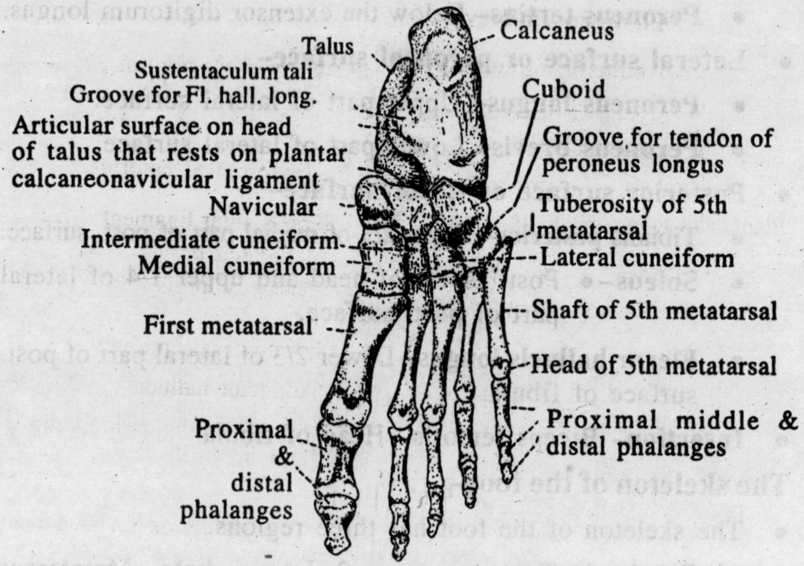

Fig. 6.46 Foot- Plantar View

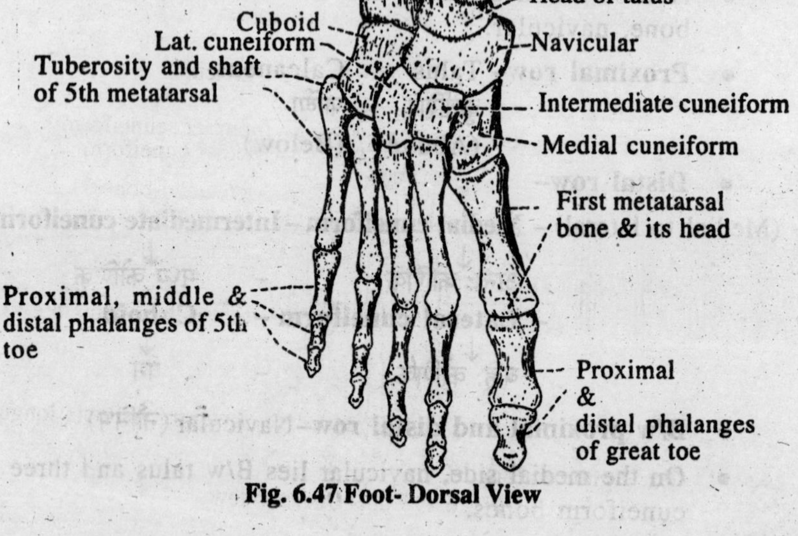

Fig. 6.47 Foot- Dorsal View

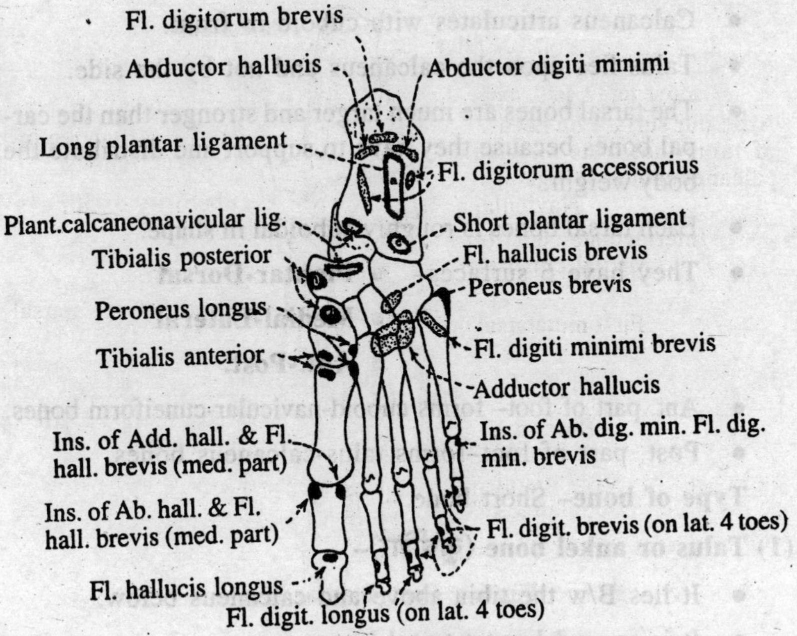

Fig. 6.48 Foot- Planter View

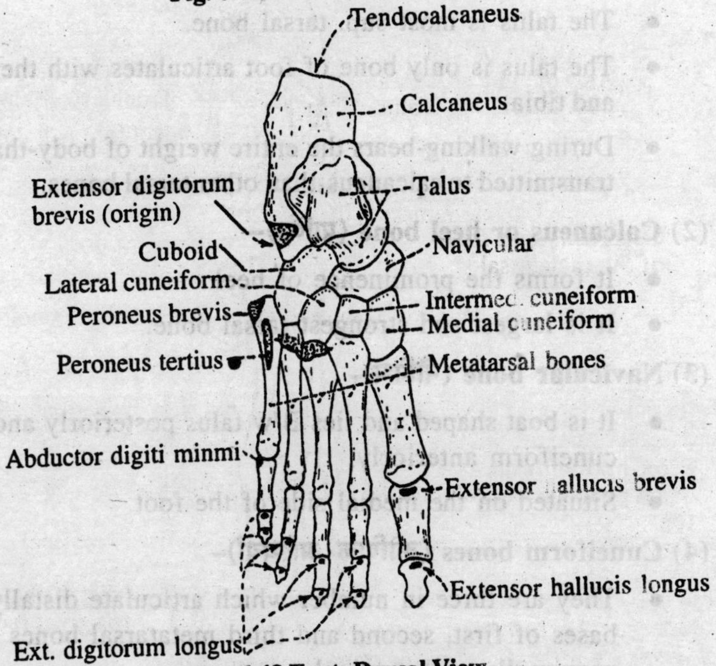

Fig. 6.49 Foot- Dorsal View

- Calcaneus articulates with cuboid in front.
- Talus lies upon the calcaneus and not by the side.
- The tarsal bones are much larger and stronger than the carpal bones because they have to support and distribute the body weight.
- Each tarsal bones is roughly cuboidal in shape.
- They have 6 surfaces–
  - **Plantar-Dorsal**
  - **Medial-Lateral**
  - **Ant.-Post.**
- Ant. part of foot– forms cuboid-navicular-cuneiform bones.
- Post. part of foot–forms talus-calcaneus bones.

Type of bone– Short bone.

(1) Talus or ankel bone (कूर्चशिर)–

- It lies B/w the tibia above and calcaneus below.
- It is second largest tarsal bones.
- The talus is most sup. tarsal bone.
- The talus is only bone of foot articulates with the fibula and tibia.
- During walking-bears the entire weight of body-than half transmitted to calcaneus-than other tarsal bones.

(2) Calcaneus or heel bone (पार्ष्णि)–

- It forms the prominence of heel.
- It is largest and strongest tarsal bone.

(3) Navicular bone (नौनिभ)–

- It is boat shaped and lies B/w talus posteriorly and three cuneiform anteriorly.
- Situated on the medial side of the foot.

(4) Cuneiform bones (कोणिक अस्थियाँ)–

- They are three in number which articulate distally with bases of first, second and third metatarsal bones and proximally with navicular.

- Medial cuneiform is largest while intermediate cuneiform is smallest.
- They are wedge shaped.

(5) Cuboid (घन)–

- Lateral bone of the distal row of tarsal bones.
- Which lies B/w calcaneus behind and fourth and fifth metatarsal bones infront.

Ossification centres–8

- Calcaneus– Primary centre = 1
  Secondary centre = 1
- Other bones each one.
- Talus and cuboid– Before birth
- Cuneiform and navicular– After birth

7. The Metatarsal Bones (पादांगुलि मूल शलाकाएँ)

(1) They are five in number.

(2) They lies B/w tarsal bones and phalanges.

(3) They are numbered from medial to lateral side.

(4) Types of bone– Short long bone or miniature long bone.

(5) Parts– It has three parts.

1. Base – Proximally
2. Shaft – Middle
3. Head – Distally

(6) **Number and name of metatarsals–**

1. First metatarsal bone– अंगुष्ठमूलश्लाका – Shortest, thickest and stoutest bone.
2. Second metatarsal bone– तर्जनी मूलश्लाका – Longest of all other metatarsal bones.
3. Third metatarsal bone– मध्यमा मूलश्लाका
4. Fourth metatarsal bone– अनामिका मूलश्लाका
5. Fifth metatarsal bone– कनिष्ठिका मूलश्लाका

(7) Metatarsals articulation–

- **Proximally–** Medial-intermediate-lateral cuneiforms-cuboid bone.
- **Distally–** Proximal row of phalanges.

(8) Ossification centres–

- Primary centres– 5 (one each bone)
- Secondary centres– 5 (one each bone)

8. Phalanges (अंगुल्यास्थियाँ या अंगुलिनलक)

(1) They are 14 phalanges in each foot. 2 in big toe (Proximal and distal) and 3 in other toe (Proximal-middle-distal)

(2) **Parts–** Each phalanx has three parts.

1. Base– lies proximally
2. Shaft– lies in the middle
3. Head– lies distally.

(3) Name and number of phalanges–

1. Proximal phalanx–	ऊर्ध्व अंगुलिनलक	–	5
2. Middle phalanx–	मध्य अंगुलिनलक	–	4
3. Distal phalanx–	अध: अंगुलिनलक	–	5
Total number of each foot		–	14

(4) Ossification centres–

- Primary centres– 14 (each one)
- Secondary centres– 14 (each one)

III. (मध्य शरीर की अस्थियाँ) Bones of the trunk

1. Vertebrae (कशेरूकाएँ)

(1) Introduction–

- Vertebral or spinal column together with the sternum and ribs; forms the skeleton of the trunk of body.
- Where as the spinal column consists of bone.
- The spinal cord consists of nerves tissue.
- The vertebral column makes up about 2/5 of the total height of the body.

- Length of vertebral column about 71 cm. in male and 61 cm. in female.
- Vertebral column is strong.
- Flexible rod bends anteriorly, posteriorly, laterally and rotates.
- It encloses and protect the spinal cord.
- Support the head and serve as a point of attachment for the ribs and muscles of the back.
- B/w vertebrae are opening called intervertebral foramina.
- Lies B/w the body and arch are called vertebral foramen.
- The nerves that connect the spinal cord to various of the body pass through these openings.
- Vertebrae–
  - Cervical –Cervix – Neck
  - Thoracic –Thorax – Chest
  - Lumbar –Lumbus – Loin
  - Sacral –Sacrod – Holy
  - Coccygeal –Kokkyx– Resembling the bill of a cuckoo

(2) Definition of vertebrae– Vertebral column consists of a number of separate irregular bones called vertebrae. Forms central axis of the body.

(3) Function of vertebrae–
- Protects spinal cord.
- Support and transmits body weight.
- Provides attachments to axial muscles.
- Provides movement of the trunk.

(4) Classification–Vertebrae (कशेरूका)			**Spinal nerves**
(A) •	Cervical vertebrae–	ग्रीवा कशेरूका–7	8
•	Thoracic " "	पृष्ठ कशेरूका–12	12
•	Lumbar " "	कटि कशेरूका– 5	5
•	Sacral " "	त्रिकास्थि– 5 (1)	5
•	Coccygeal" "	अनुत्रिकास्थि– 4 (1)	1
•	Total number of vertebrae–	33(26)	31 Pairs

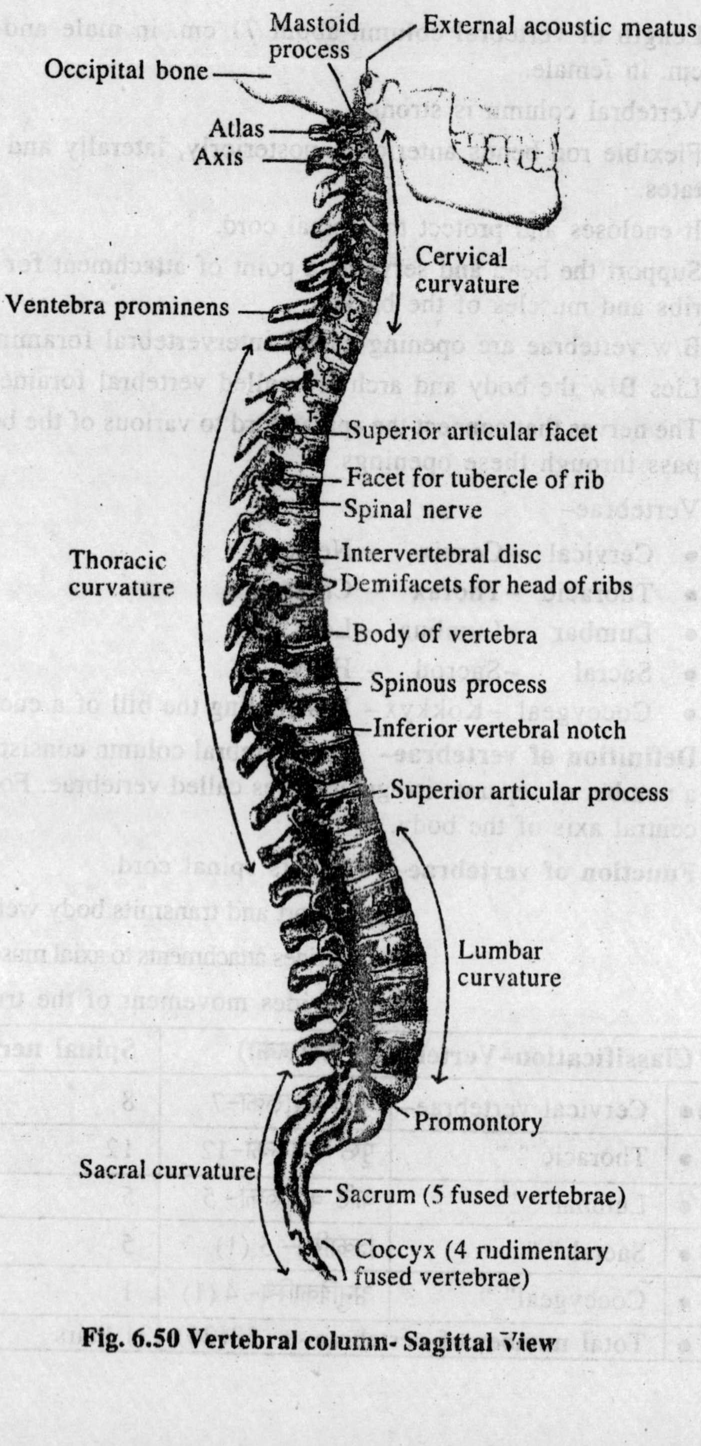

Fig. 6.50 Vertebral column- Sagittal View

- 26 vertabrae in adult.
- In adult 5 sacral fuses one and
- 4 coccygeal fuses one.

(B) • **Typical vertebrae–** The vertebrae which present common features.

- **Atypical vertebrae–** The vertebrae which present specific features.

(5) Normal curves–

- Cervical and lumbar curves are anteriorly convex.
- Thoracic and sacral curves are anteriorly concave.
- In the featus, there is only a single anterior concave curve.
- Third month after birth when in infant begin to hold its head erect cervical curve develop.
- Later child sit up, stand and walking- lumbar curve develop.
- Thus separating the thoracic and sacral curves.

(6) Structures of typical vertebrae–

- Typical vertebrae has two parts.

1. **Body–** Anterior or ventral part.
2. **Arch–** Posterior or dorsal part (also called neural arch)

1. Body–
- Cylindrical shape.
- Rounded from side to side.
- It has 6 surfaces.

1. Superior surface– Rough and provides attachments to inter vertabral discs.
2. Inferior surface– " " "
3. Anterior surface– • Convex side to side.
   • Concave from above downward.
4. Posterior surface– • Flat from above downward.
   • Concave side to side.
5. Rt. lateral surface– continuous with anterior surface.
6. Lt. lateral surface " " "

2. Vertebral arch– The vertebral arch consists of–

1. A pair of pedicles
2. A pair of lamina
3. Seven processes
   - Spinous process– 1
   - Articular processes– 4 (Sup.2, Inf.2)
   - Transverse processes–2

1. Pedicles (little feet)– Short, thick process pass backward from the junction of lateral and posteior surface of the body.

2. Lamina (Thin layer)–

- Broad plates of bone lying behind and medial to pedicles. They fuse behind in the median plane into the spinous process.
- They form posterior boundary of vertebral foramen.

3. Processes–

- **Spinous process–** Passes backwards and downwards from the junction of the two lamina.
- **Articular process–** Arises from the junction of pedicles and lamina.

  Superior articular process–
  - Project upward from the junction of lamina and pedicles.
  - Articular surface faces more or less backward.

  Inferior articular process–
  - Project downwards.
  - Articular surface faces more or less foreward.

- **Transverse process–**
  - Project laterally from the junction of pedicles and lamina.
  - In thoracic region they articulate with ribs.
- **Vertebral foramen–** Lies B/w the body and arch.
- **The most important distinguishing features of vertebra of different region–**

	Cervical V.	Thoracic V.	Lumbar V.
•	Presence of a foramen in the transverse process, called foramen transversarium.	• Presence of costal facet on the body.	• No foramen transversarium. No costal facet.
•	Body is oval shaped.	• Body is triangular and heart shaped.	• Body is oval shaped.
•	Smallest in the cervical vertebra.	• Medium in the thoracic vertebra.	• Largest in the lumbar vertebra.

Cervical vertebrae (ग्रीवा कशेरूका)

- Cervical vertebrae are seven in numbers and form axial skeleton of the neck.
- **Identification–** Presence of foramen transversarium in the transverse process.
- **Types–** • Typical cervical vertebrae – 3-4-5-6th
  • Atypical " " " – 1-2-7th
- **Structure of typical cervical v.–**
  - Typical cervical v. has two parts– 1. Body 2. Arch

1. Body– • Smallest of all vertebrae.
• It has six surfaces.

2. Arch– • A pair of pedicle
• A pair of lamina
• Seven processes

1. Spinous process– Short and bifid
2. Transverse processes– Pierced by a foramen, called foramen transversarium.
3. Articular processes– Two sup. and two inf. articular process.

- **Vertebral foramen–** • Large in proportion to size of the body.
  • Nearly triangular in shape.
- **Structure of atypical cervical v.–**

First cervical v. or atlas–

1. The first cervical v. is called the atlas.

2. It has no body.
3. It has no spinous process.
4. It is unique vertebrae.
5. It has lateral masses (Articular facet)–
    1. Two sup. lateral masses.
    2. Two inf. lateral masses.
6. It has two arches– • Ant. arch-short.
    • Post. arch–Large.

• The arches give the atlas a ring like appearance.

7. A large transverse process pierced by a foramen transversarium.
8. The superior surface of the lateral masses, called sup. articular facets. They are concave and kidney shape. And articulation with the occipital condyle of the occipital bone.
9. The inferior surface of the lateral masses, called inf. articular facets. They are rounded and flat. And articulation with the second cervical v.

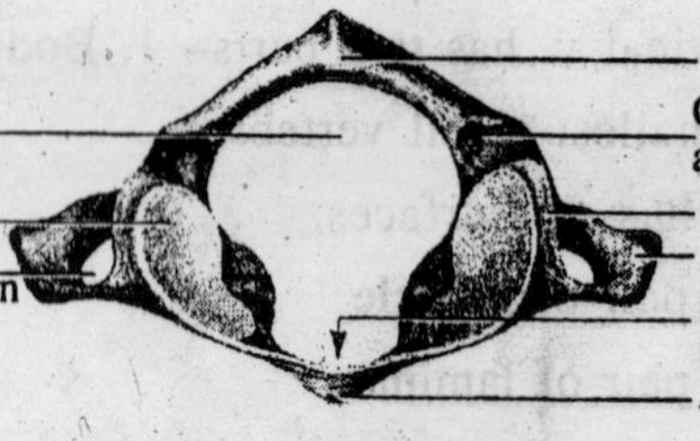

Fig. 6.51 Atlas- Superior View

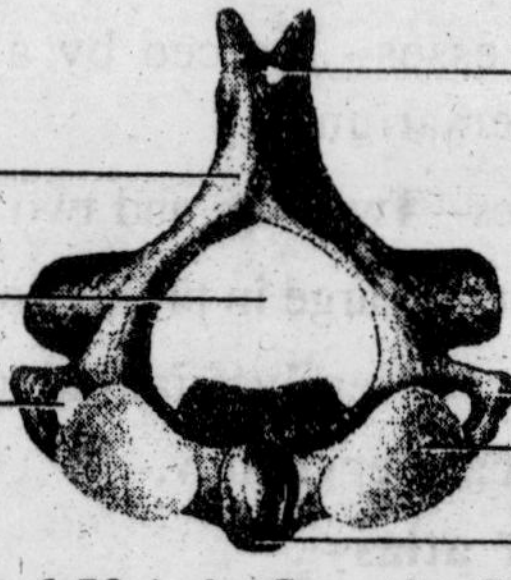

Fig. 6.52 Axis- Superior View

10. The transverse process and transverse foramina of the atlas are large.
11. The anterior part is occupied by the dens.

    Forming atlanto-occipital joint.

★ **Second cervical v. or axis–**

1. **Distinguishing point–** Presence of odontoid process.

   Odontoid process–
   - It is a strong tooth like process attached by its base to the sup. surface of the body. Its apex projects upwards and is pointed.
   - It is half inch long, represents the body of atlas v.
   - Acts as a pivot around which atlas with skull rotates.
2. It is unique vertebrae.

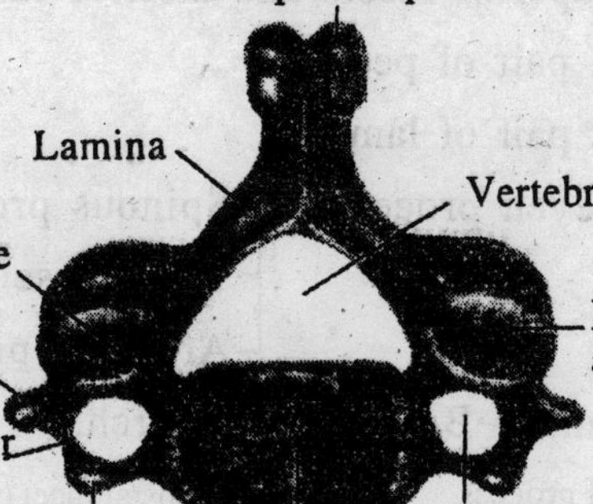

Fig. 6.53 Fifth Cervical V.- Superior View

★ **Seventh cervical v. or vertebra prominens–**

1. It is also called vertebrae prominens because of its long and thick prominent spinous process. Which end in a single tubercle.
2. **Spinous process–** Long and thick and not bifid.

Thoracic vertebrae (पृष्ठ कशेरूका)

- Thoracic vertebrae are twelve in number and lies in thoracic region of the body.

- Their size increases gradually from above downwards.

Indentification–

- Presence of costal facets on the sides of bodies.
- Presence of facets on transverse process of all vertebrae (except last two or three v.) for articulation with ribs.

Types–

- Typical thoracic v.– 2 to 8
- Atypical thoracic v.– 1-9-10-11-12

Structure of typical thoracic v. –

- Typical thoracic v. has two parts.– 1. Body 2. Arch.

1. **Body–**
   - Body is triangular and heart shaped.
   - Bears two costal facets on each side which articulates with head of ribs.
   - Superior facets and inferior facets.
2. **Arch–**
   - A pair of pedicle.
   - A pair of lamina
   - Seven processes–
     - Spinous process– 1
     - Transverse process– 2
     - Articular processes– 4

Vertebral foramen– B/w body and arch.

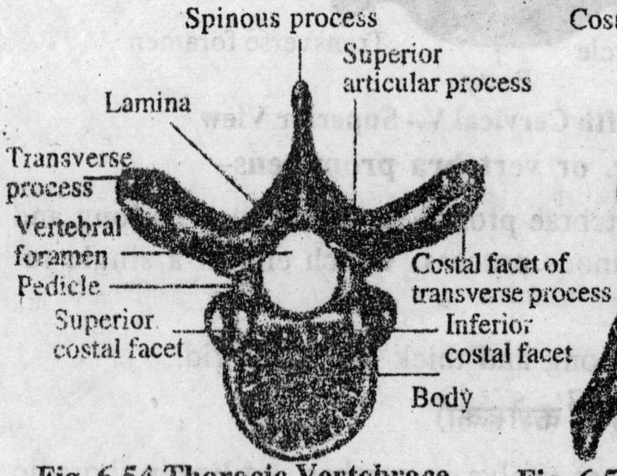

Fig. 6.54 Thoracic Vertebrace- Superior View

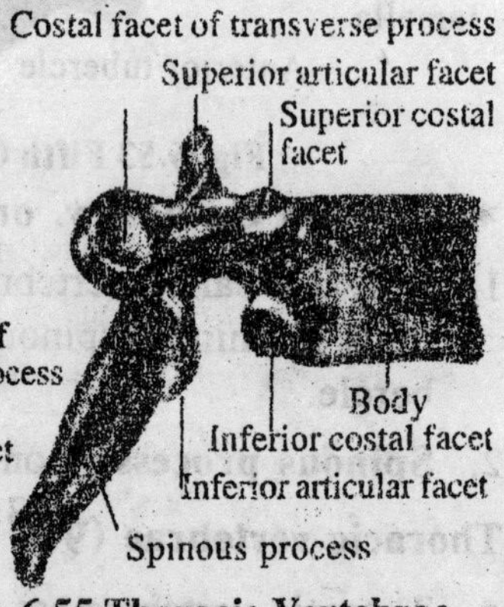

Fig. 6.55 Thoracic Vertebrae- Lateral View

Structure of atypical thoracic v. –

First thoracic v.

- The body resembles that of a cervical vertebrae.
- It is broad and not heart shaped.
- The superior costal facet on the body is complete. It articulates with the head of the first rib.
- The inferior costal facet is demifacet for the second rib.
- Spinous process is thick and long.

9th Thoracic v.–

- It resembles typical thoracic v. except that the body has only superior costal facet (Demifacet) on each sides.

10th Thoracic v.–

- It resemble typical thoracic v. except that the body has only complete superior costal facet on each sides.
- May be articular facets on transverse process.

11th Thoracic v.–

- Single complete articular costal facet on each sides of the body.
- No articular facets on transverse process.

12th Thoracic v.–

- Single complete articular costal facet on each sides of the body.
- No articular facets on transverse process.

Lumbar vertebrae (कटि कशेरूका)

- Lumbar vertebrae are five in numbers, which occupy the region of loin.
- **Identification–**
  - Absence of costal facet on body.
  - Absence of foramen transversarium.
  - Big size of body.
- **Types–**
  - Typical lumbar v.– 1-2-3-4th
  - Atypical lumbar v.– 5th

Structures of typical lumbar v.–

- Typical lumbar v. has two parts–1. Body 2. Arch

1. **Body–** Large size
2. **Arch–**
   - A pair of pedicle.
   - A pair of lamina
   - Seven processes–
     - Spinous process– Quadriangular in shape.
     - Transverse process– Thin
     - Articular processes

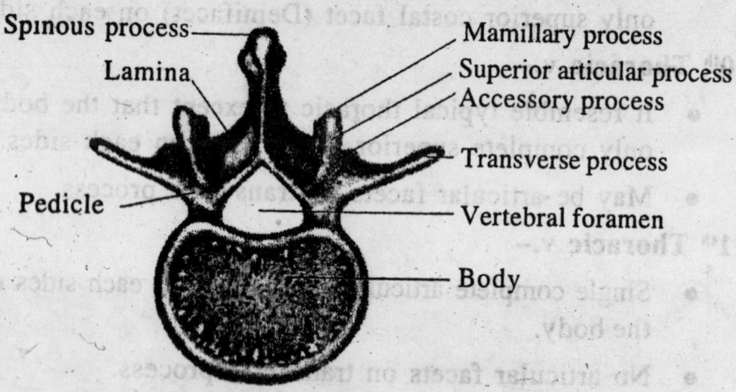

Fig. 6.56 Lumbar Vertebrae- Superior View

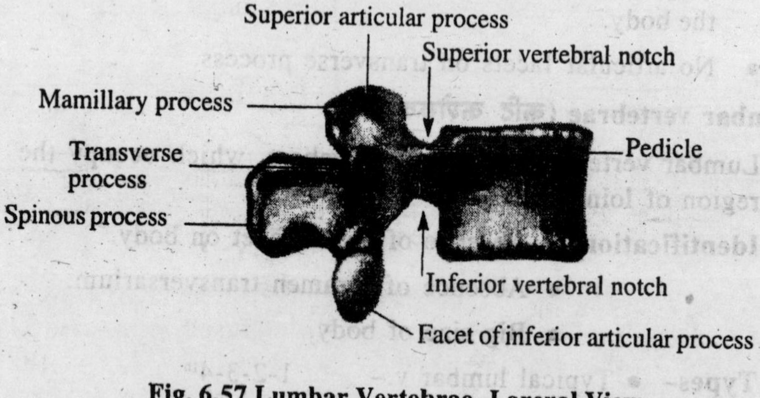

Fig. 6.57 Lumbar Vertebrae- Lareral View

Vertebral foramen– B/w body and arch.

Structures of atypical lumbar v.–

5th Lumbar v.–

- Body is very large and its ant. part is thicker than post. part.
- Spinous process is small in size.
- Transverse process is massive and stout.

Sacrum (त्रिकास्थि)

(1) Shape– Large triangular bone formed by fusion of five sacral vertebrae.

(2) Situation– It lies pelvic cavity, B/w two hip bones.

(3) Parts– 1. Apex or lower end

2. Base or upper end

3. Surfaces
- Anterior surface or pelvic surface
- Posterior surface or dorsal surface
- Rt. lateral surface
- Lt. lateral surface

1. **Apex–**
- Narrow, blunt end lying at the lower part.
- It is formed by inferior surface of the body of 5th sacral vertebrae.
- Bears an oval facet which articulates with coccyx.

2. **Base–**
- Formed by upper surface of first sacral vertebrae. Which articulate with the 5th lumbar vertebrae.
- It presents superior articular process.

- It present features of a typical v. in a modified form.

3. **Surfaces–**

1. **Pelvic surface or ant. surface–** It is concave.

Features–
- Ala (wing) of sacrum– lateral portion of superior surface.
- Anterior sacral foramina– four pairs
- Lateral part made up of fused transverse processes.
- Median part made up of fused bodies.

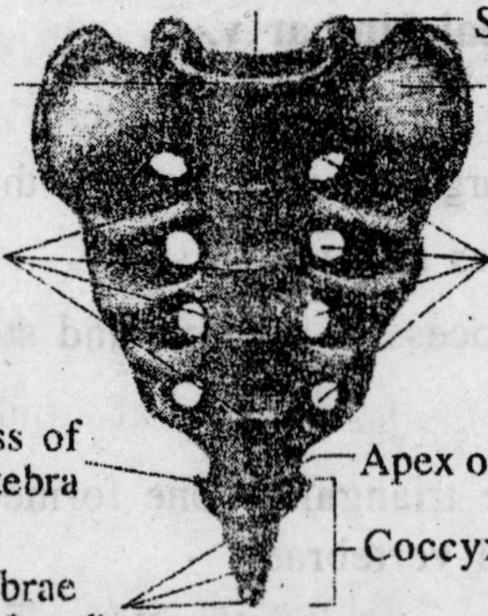

Fig. 6.58 Sacrum and Coccyx- Pelvic Surface (Anterior View)

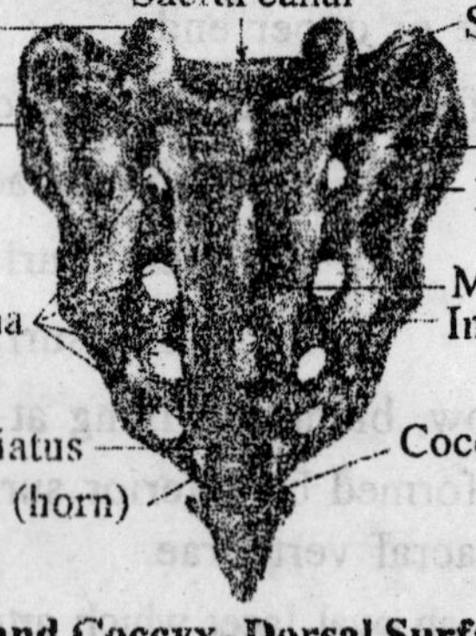

Fig. 6.59 Sacrum and Coccyx- Dorsal Surface (Posterior View)

2. Dorsal surface or post. surface– It is convex.

Features–
- Sacral canal
- Sup. articular facet.
- Post. sacral foramina– four pairs.
- Median sacral crest bearing spinous tubercles.
- Lateral crest
- Sacral hiatus
- Cornua-two

3, 4. Rt. and lt. lateral surfaces–

- The sacrum has a large auricualr surface for articulating with the ilium of each hip bones.

(4) Sex determination–

- Female sacrum is shorter, wider and more curved.
- Male sacrum is longer, narrower and less curved.

Coccyx (अनुत्रिकास्थि)

(1) • A small triangular bone which is formed by fusion of four rudimentary coccygeal vertebrae.

- Some times the last coccygeal v. may exist as a separate piece.

(2) Parts– 1. Apex– Lower end
2. Base– Upper end
3. Surface– Ant. or pelvic surface / Post. or dorsal surface

1. **Apex–** Formed by the last segment of coccyx.
2. **Base–**

   Features–
   - Coccygeal cornua – 2
   - Transverse process – 2
   - Oval facet for sacrum

3. **Surfaces–**
   1. **Pelvic surface–** Forwards
   2. **Dorsal surface–**Backwards

- **Counting of individual vertebra or surface landmark of v.–**

1. Spine of 7th cervical v. can be felt in the neck because of its prominence and is the most important landmark for counting the spines.
2. Line joining the medial ends of spines of scapula passes through 3rd thoracic spine.
3. Line joining inf. angle of scapula passes through 7th thoracic spine.
4. Line joining highest points of two iliac crests passes B/w 3rd and 4th lumbar spines.
5. Line joining post. sup. iliac spines corresponds to 2nd sacral spinous process.

C_7	–	Vertebra prominence.
T_3	–	Medial end of spine of scapula.
T_7	–	Inf. angle of scapula.
L_3-L_4	–	Highest point of iliac crest.
S_2	–	Post. sup. iliac spine.

Applied aspect of vertebral column–

- Three major types of abnormal curvatures of vertebral column.

1. **Kyphosis–** Hump back-Posterior convex curvature of spine.
2. **Scoliosis–** Twisted– Lateral curvature of the spine.
3. **Lordosis–** Bent backward–Ant. convex curvature of the spine.

2. Ribs (पर्शुकाएँ)

(1) Introduction–

- They are elastic arches of flat bones, which are twelve in number on each side.
- They are numbered from above downwards.
- They form a large part of thoracic wall and are connected behind to the vertebral column.
- Infront the upper seven pairs articulate through costal cartilage with the sternum.
- They form the anterior, posterior and lateral walls of bony thoracic cage.
- The ribs lies one above the other and the spaces B/w them are known as intercostal spaces.

(2) Classification–

(A) 1. **True ribs-Vertebro sternal ribs–** 1st to 7th – 7 ribs.

2. **False ribs-Vertebro chondral ribs–** 8th to 10th – 3 ribs

3. **Floating ribs-Vertebral ribs–** 11th, 12th– 2 ribs

(B) 1. **Typical ribs–** The ribs which present common features.– 3rd to 9th ribs.

2. **Atypical ribs–**The ribs which present specific features.– 1-2-10-11-12th ribs

(3) Characters of typical ribs–

1. **Typical ribs is–**
   - Curved (Bending)
   - Angulated (Angle)
   - Twisted (like rope)

2. **Parts–** It has three parts–
   1. Anterior end
   2. Shaft
   3. Posterior end

(1) Anterior end– Presence of a small cup shaped depression, which articulate with the lateral end of the corresponding costal cartilage.

(2) Shaft–
- Thin and flat.
- It is curved bent and twisted on itself.
- It has two surfaces and two borders.

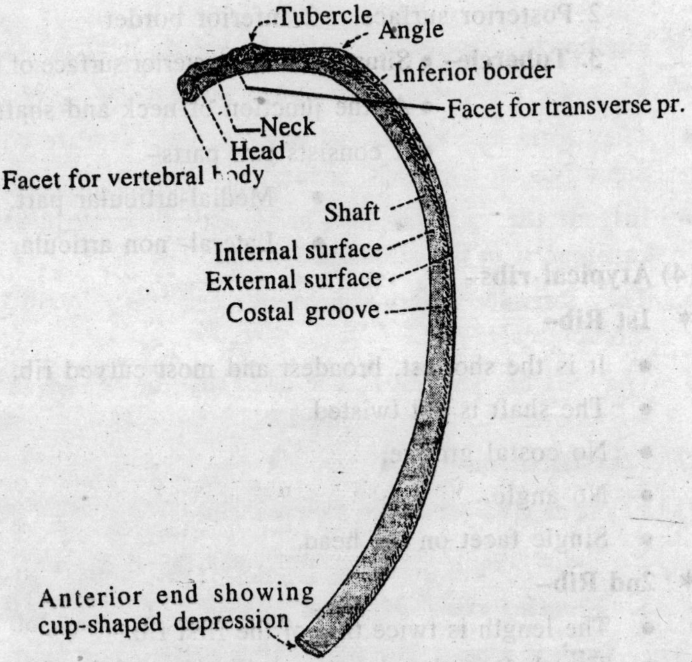

Fig. 6.60 Typical Rib- Inferior View

(A) Surfaces–

1. **External surface–** Convex and smooth.
2. **Internal surface–** • Smooth
   • It has a costal groove along its lower border.

(B) Borders–

1. **Superior border–** Rounded
2. **Inferior border–**Sharp, forms lower margin of costal groove.

(3) Posterior end– It consists of- Head, neck and tubercle.

1. **Head–** • Bears two small facets.
   • Separated by a transverse ridge.
   • Larger lower facet.
2. **Neck–** It has two surfaces and two borders.

Surfaces	Borders
1. Anterior surface	1. Superior border
2. Posterior surface	2. Inferior border

3. **Tubercle–** • Situated on the posterior surface of the ribs.
   • At the junction of neck and shaft.
   • It consists two parts–
     • Medial-articular part.
     • Lateral- non articular part.

(4) Atypical ribs–

✶ **1st Rib–**

- It is the shortest, broadest and most curved rib.
- The shaft is not twisted.
- No costal groove.
- No angle..
- Single facet on the head.

✶ **2nd Rib–**

- The length is twice that of the first rib.
- The shaft is sharply curved, like that of the first rib.

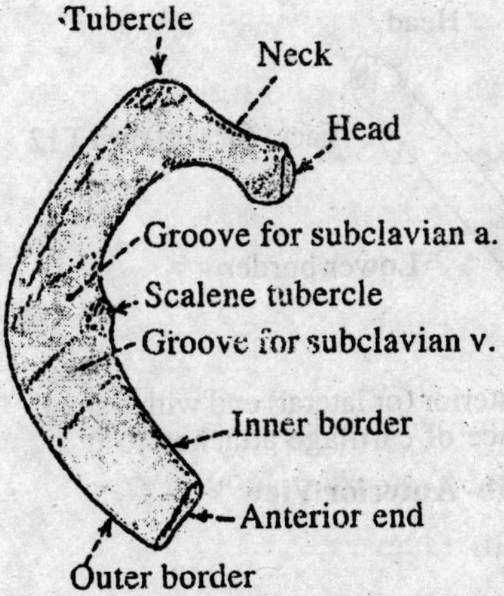

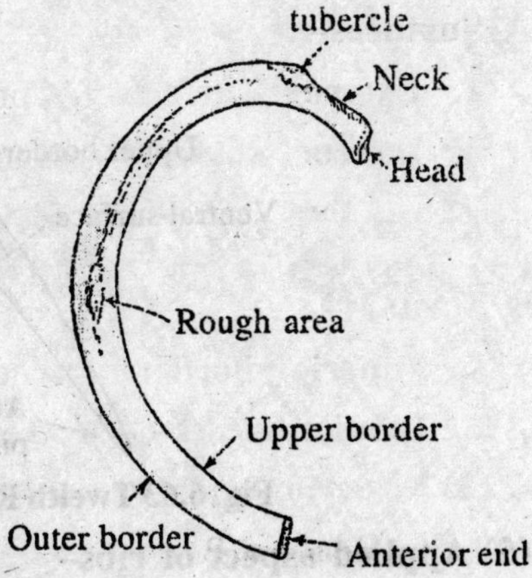

Fig. 6.61 First Rib- Superior View Fig. 6.62 Second Rib- Superior View

- It has slight angle.
- Poorly marked costal groove.
- Two facets on the head.

✶ 10th Rib–

- The head bears a single articular facet, which articulate with the facet near the upper border of the body of 10th thoracic vertebra.

✶ 11th Rib–

- The head bears only one large articular facet, which articulates with 11th thoracic vertebra.
- The neck and tubercle are absent.
- It has slight angle.
- Anterior end is pointed.
- Costal groove on the internal surface is faint and shallow.

✶ 12th Rib–

- It has a single large articular facet on the head, which articulates with 12th thoracic vertebra.
- It has no neck and no tubercle.
- It has no angle.
- Anterior end is pointed.
- No costal groove.

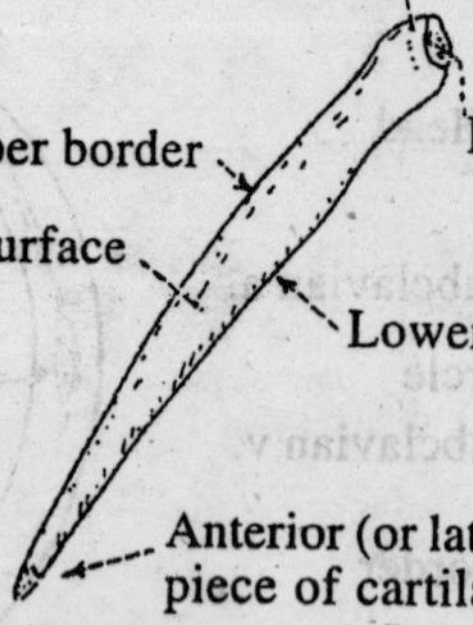

Fig. 6.63 Twelth Rib- Anterior View

(5) Applied aspect of ribs–

- Fracture of the ribs are common chest injury.
- Traumatic injury to the thorax is common, especially as a result of automobile accidents.
- 5th to 10th ribs most commonly fractured.
- Fracture point– Angle of ribs, because angle are weakest part of the ribs.
- Direct blows.

(6) Ossification centres– All ribs are in cartilagenous.

- Primary centres– One primary centres of all ribs.
- Secondary centres– • Two secondary centres of 1st to 10th ribs.
  • And one secondary centres of 11th and 12th ribs.

3. Sternum (उर:फलक)

(1) Introduction–
- It is also called breast bone or chest bone.
- It is spoken of as a single bone.
- Its upper end articulates with clavicle.
- Its margins articulates with costal cartilages of first seven pairs of ribs.

(2) Situation– It lies in the median part of anterior thoracic wall.

(3) Types of bone– Long flat bone.

(4) Length– Its average length is 17 cm. or 7 inch.

(5) Sex determination– It is longer in male than in female.

(6) Parts– It has three parts.

1. Manubrium sterni   2. Body   3. Xiphoid process

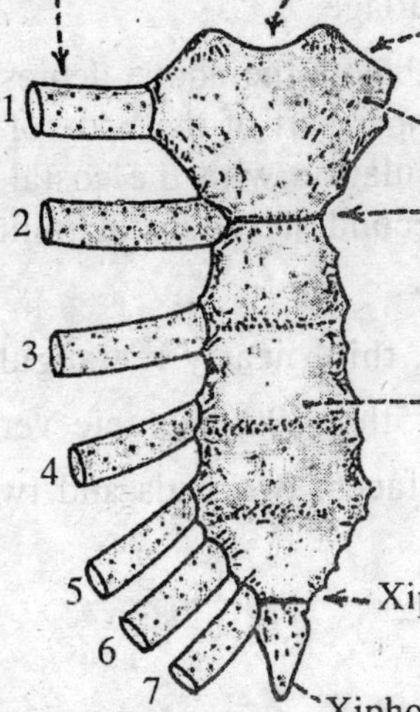

Fig. 6.64 The Sternum and Costal cartilage- Anterior View

1. Manubrium sterni–

- Nearly triangular in shape.
- Broad and thick above, narrow below at its junction with the body.
- Lies opposite the level of 3rd and 4th thoracic vertebra.
- It has two surfaces and four borders.

(A) Surfaces–

1. **Anterior surface–** Convex from side to side.
2. **Posterior surface–** Concave, smoother than anterior surface.

(B) Borders–

1. **Superior border–**
   - Suprasternal notch or jugular notch-A notch in the median part. A finger placed in this notch palpates the trachea.
   - Clavicular notch– An oval facet on either side of suprasternal notch, articulates with sternal end of clavicle to form the sternoclavicular joints.

2. **Inferior border–** Bears a small oval facet which articulates with the upper end of the body to form manubriosternal joint.

3,4 Rt. and lt. lateral borders–

- A cup shaped depression in the upper part articulates with first costal cartilage.
- A small facet below the above depression, along with the facet on the upper part of the body of sternum forms a notch for articulation with the costal cartilage of second rib to form second sternocostal joint.

2. Body of sternum–

- Long, narrow, thin, nearly rectangular.
- Lies opposite 5th to 9th thoracic vertebra.
- It has two surfaces, two ends and two lateral borders.

(A) Surfaces–

1. Anterior surface–

- It is flattened.
- It has three ill-defined transverse ridge with indicate the line of fusion of four separate segments (sternabrae)

2. Posterior surface–

- It is slightly concave.

(B) Ends–

1. Upper End–
- Oval in shape.
- Articulates with lower end of manubrium sterni at the sternal angle to form **manubriosternal joint.**

2. Lower End–
- Narrow, articulates with upper end of xiphoid process to form **xiphisternal joint.**

(C) Borders–

- It has a small facet at its upper angle, which with a similar one on the manubrium sterni forms a notch for articulation with second costal cartilage.
- Below it, there are four costal notches for articulation with costal cartilages of 3rd,4th,5th and 6th ribs that order.

- Inferior angle has a small facet, which with a facet on the upper end of xiphoid process forms a notch for articulation with the costal cartilage of 7th rib.

3. **Xiphoid process–**

- Shape and size is variable, may be bifid, broad, thin etc.
- Smallest part of sternum, which lies in epigastrium.
- Bears a facet at its upper end, which with a facet at the inferior end of the body forms a notch for articulation with the cartilage of 7th rib.
- It is cartilaginous in young persons and ossified in adults.
- Posterior surface is related to the left lobe of the liver.

Sternal angle–

- It lies at the junction of manubrium sterni and the body of sternum. It articulates on either side with 2nd costal cartilage.
- It forms an important landmark for counting the ribs, because second costal cartilage articulates with sternum at this angle.
- The arch of aorta ends into descending aorta at this level.
- Trachea bifurcates into right and left bronchi at this level.

(7) **Relations–** Posterior surface of sternum.

- **Manubrium sterni–** Arch of aorta and its branches, lt. brachiocephalic vein.
- **Body–** Lungs, pleura and pericardium.
- **Xiphoid process–** is related to the liver.

(8) **Applied aspect–**

- Funnel chest– Developmental anomaly-sternum is depressed.
- Pigeon chest– Developmental anomaly-forward projection of sternum.

(9) **Ossification centres–**Primary centres– 5
Secondary centre– 1

(10) **Muscles attachments on the sternum–**

- **Anterior aspect–**

(A) Origins–

- Sterno cleido mastoid-sternal head– Arises from upper part of manubrium.
- Pectoralis major– Arises from corresponding half side of manubrium and body of sternum.

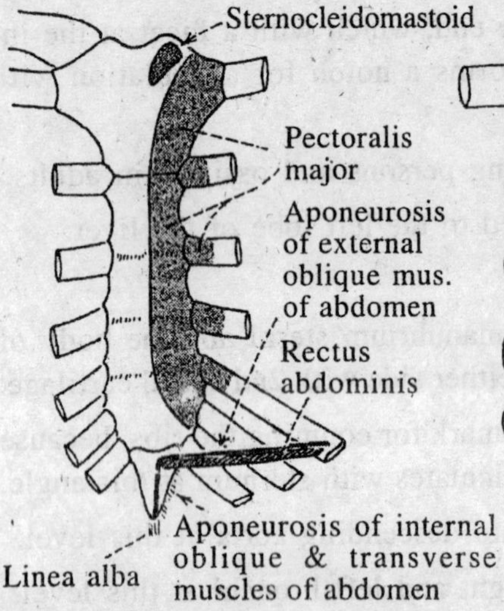

Fig. 6.65 The Sternum and Costal cartilage- Anterior View

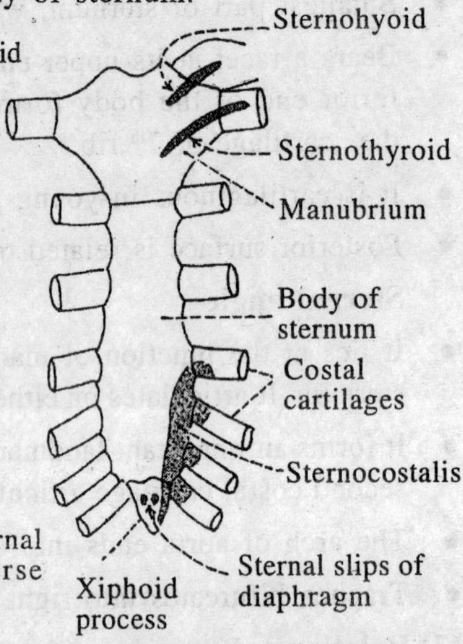

Fig. 6.66 The Sternum and Costal cartilage- Posterior View

(B) Insertions–

- Rectus abdominis–Inserted into xiphoid process.
- Aponeurosis of the external oblique muscles of abdomen- Inserted into xiphoid process.
- Aponeurosis of the internal oblique muscles of abdomen- Inserted into xiphoid process.
- Transverse abdominis-Inserted into xiphoid process.

(C) Posteior aspect–

Origins–

- Sternohyoid– Upper part of post. surface of manubrium.
- Sterno thyroid– Below the sternohyoid.

- Sterno costalis– Lower 1/3 of post. surface of body and xiphoid process.
- Sternal slip of diaphragm– Xiphoid process.

4. Hyoid bone (कण्ठिकास्थि)

(1) Situation–
- The hyoid is located in the neck.
- B/w mandible and larynx (Thyroid eminence)
- It supports the tongue and provides attachments for some of its muscles and for muscles of the neck and pharynx.

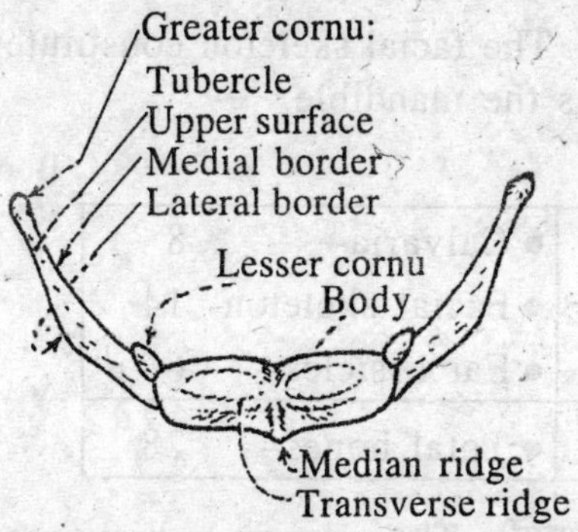

Fig. 6.67 The Hyoid Bone- Anterior View

(2) Shape– "U" Shaped.

(3) Parts–
1. Body– Horizontal body.
2. A pair of lesser horns or cornua.
3. A pair of greater horns or cornua.

(4) No bony attachments– The single hyoid bone is a unique component of the axial skeleton, because it does not articulates with any other bone. Slightly, it is suspended from the styloid process of the temporal bones by ligaments and muscles.

(5) The hyoid bone, as well as the cartilage of the larynx (voice box) and trachea (wind pipe) are often fractured during strangulation.

(6) As a result, they carefully examined in an autopsy, when strangulation is suspected.

(7) Ossification centres– Develops from cartilages. Ossification centres– 6

IV. (शिर की अस्थियाँ) Bones of the head

1. शिर की अस्थियों का परिचय–

The skull (शिर)–

- **Skull–** The skeleton of the head is called the skull. It consists of several bones, that are joined together to form the skull. (cranium)
- The skull can be divided into two main parts–

1. **The calvaria (Brain box, skull cap)–** is the upper part of the cran um. Which encloses the brain.
2. **The facial skeleton–** The facial skeleton constitutes the rest of skull and includes the mandible.

- **Bones of the skull–**

कपाल अस्थियाँ आनन अस्थियाँ कर्णास्थियाँ	• Calvaria– 8 • Facial skeleton– 14 • Ear ossicles– 6
कुल अस्थियाँ	• Total bones– 28

- **Calvaria (कपाल अस्थियाँ)–** The calvaria or brain case is composed of eight bones.

Paired– 1. Parietal (पार्श्वकपाल) 2. Temporal (शंखास्थि)

Unpaired– 1. Frontal (पुरःकपाल) 3. Sphenoid (जतुकास्थि)

2. Occipital (पश्चिमकपाल) 4. Ethmoid (झर्झरास्थि)

- **Facial skeleton (आनन अस्थियाँ)–** The facial skeleton is composed of fourteen bones.

Paired– 1. Lacrimal (अश्रुपीठास्थि) 4. Inf. nasal conchae (शुक्तिकास्थि)

2. Maxilla (ऊर्ध्वहन्वस्थि)

3. Nasal bones (नासास्थियाँ) 5. Palatine (ताल्वस्थि)

6. Zygomatic (गण्डास्थि)

Unpaired– 1. Mandible (अधोहन्वस्थि)

2. Vomer (सीरिकास्थि)

Ear ossicles (कर्णास्थियाँ)

1.	Malleus	(मुद्गरक)	2
2.	Incus	(अंकुशक)	2
3.	Stapes	(धरणक)	2
	Total		6

- **Skull joint–** The joints of the skull are immovable and fibrous in type. These are known as sutures. Except T.M.J. (Temporo-mandibular joint)- T.M.J. is movable.
- **Methods of study of the skull–** Two type–
  1. Articulated skull or skull as a whole.
  2. Disarticulated skull or individual bones.

Articulated skull or skull as a whole studied two types–

A. Out side (Exterior)

B. In side (Interior)

(A) The whole skull can be studied from the out side in different views–

1. Superior view or norma verticalis (करोटि पटल)
2. Posterior view or norma occipitalis (पश्चिमी मण्डल)
3. Lateral view or norma lateralis (करोटि पक्ष)
4. Anterior view or norma frontalis (करोटि मुखमण्डल)
5. Inferior view or norma basalis (करोटि भूमि तल)

(I) Sup. view or norma verticalis= (करोटि पटल)

(1) Shape– • Oval in shape
• It is wider post. than ant.

(2) Bone seen in sup. view–

1. Frontal bone– Anteriorly.
2. Occipital bone– Posteriorly.
3. Parietal bones– On each side.

(3) Sutures–

1. Coronal sutures– B/w frontal and two parietal bones.
2. Lambdoid suture– B/w occipital and two parietal bones.

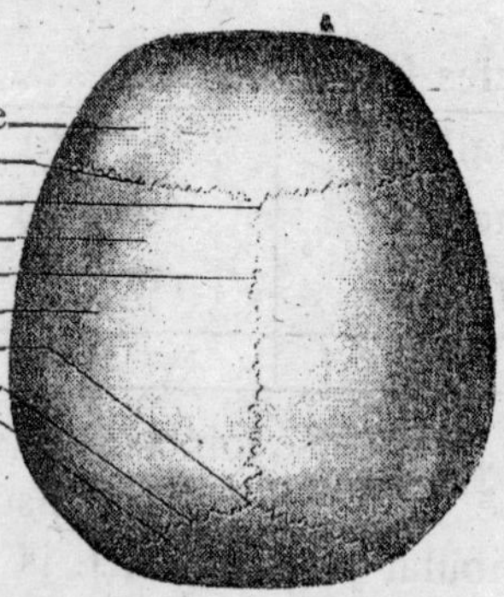

Fig. 6.68 Adult Skull- Superior View

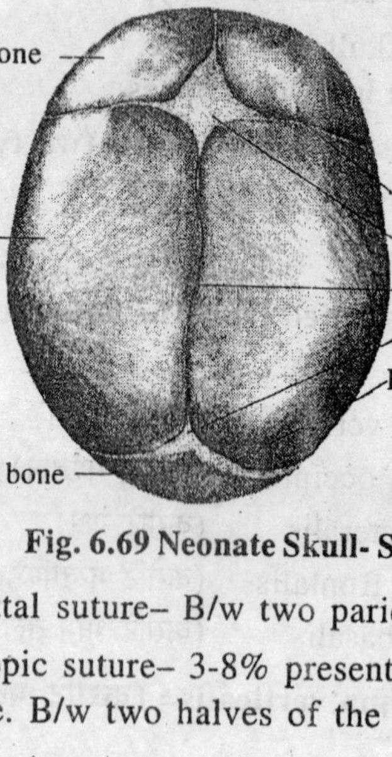

Fig. 6.69 Neonate Skull- Superior View

3. Sagittal suture– B/w two parietal bones.
4. Metopic suture– 3-8% present, it lies in the median plane. B/w two halves of the frontal bone.

(4) Other features–

1. Vertex– It is the highest point on the sagittal suture.
2. Parietal eminence– is the area of maximum convexity of the parietal bone.

   This is the common site of fracture of the skull.
3. Parietal foramen– One on each side of sagittal suture. Pierces the parietal bone near its upper border.
4. Obelion- It is the point on the sagittal suture B/w the two parietal foramen.

5. Bregma– Bregma is the meeting point B/w coronal and sagittal suture.
6. Ant. fontanelle– In the fetal skull, this is the site of a membranous gap called the ant. fontanelle. Which closes at 1½ years of age.
7. Lambda– Lambda is the meeting point B/w sagittal and Lambdoid sutures.
8. Post. fontanelle– In the fetal skull this is the site of the post. fontanelle. Which closes at two to three months of age.
9. Temporal line– Sup. and inf. temporal line.

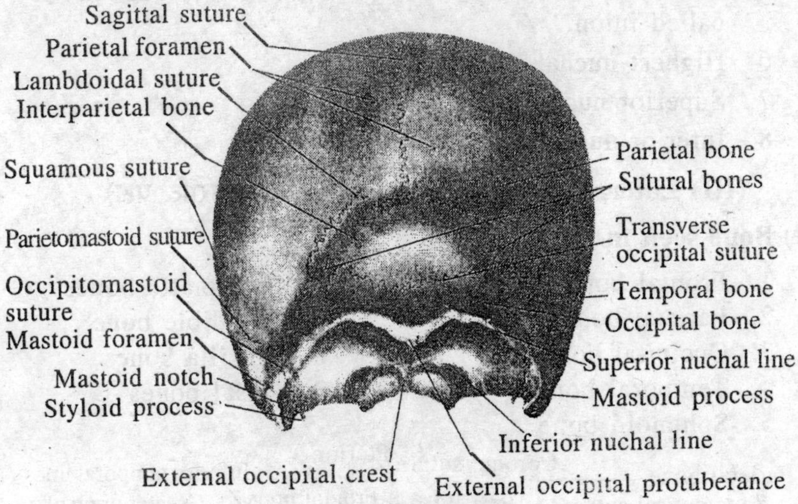

Fig. 6.70 Skull- Posterior View

(II) Post. view or norma occipitalis (पश्चिमी मण्डल)

(1) Shape– This region is convex upward and is flattened below.

(2) Bone seen in post. view–

1. Occipital bone– Posteriorly.
2. Parietal bones– On each side.
3. Temporal bones– On each side.

(3) Sutures–

1. Lambdoid suture– B/w occipital and two parietal bones.
2. Sagittal suture– B/w two parietal bones.

3. Occipito mastoid suture– B/w occipital and mastoid part of temporal bones.
4. Parieto mastoid suture– B/w parietal and mastoid part of temporal bones.

(4) Other features–

1. Lambda
2. Parietal foramina
3. Obelion
4. E.O.P. (External occipital protuberance)– E.O.P. is a median prominence in the lower part of this norma.
5. Inion–The most prominent point on the protuberance is called inion.
6. Highest nuchal line
7. Superior nuchal line
8. Inferior nuchal line.

(III) Lateral views or norma lateralis (करोटि पक्ष)

(1) Bone seen in lateral views–

1. Frontal bone
2. Parietal bone
3. Occipital bone
4. Temporal bones
5. Sphenoid bone
6. Zygomatic bones
7. Mandible bone
8. Maxilla bones
9. Nasal bones

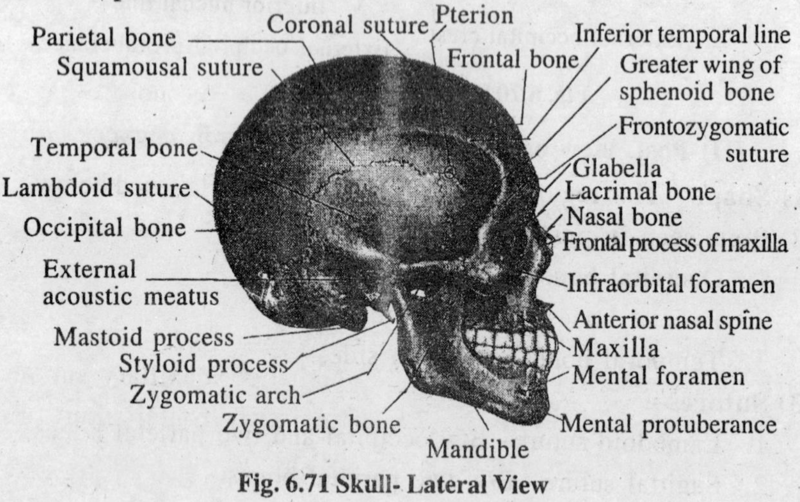

Fig. 6.71 Skull- Lateral View

(2) Sutures–

1. Zygomaticotemporal suture.

(3) Other features–

1. Temporal line– Sup. and inf. temporal line
2. Parietal eminence
3. Squamous part of temporal bones.
4. Mastoid part of temporal bones.
5. Tympanic part of temporal bones.
6. Zygomatic process of temporal bones.
7. Styloid process
8. Mastoid process
9. Supra mastoid crest of temporal bones.
10. Zygomatic arch (Zygomatico temporal suture)
11. External acoustic meatus
12. Pterion– 'H' shaped suture seen in norma lateralis formed by the frontal, parietal, sphenoid and temporal bones.
13. Asterion– The point at which parietomastoid suture and occipitomastoid suture meet.

(IV) Ant. view or norma frontalis (करोटि मुखमण्डल)

(1) Shape–
- Roughly oval in outline.
- Wider above than below.

(2) Bone seen in ant. view–

1. Frontal bone–	Forms the forehead.
2. Nasal bones–	Forms the bridge of the nose.
3. Zygomatic bones–	Forms the prominence of cheeks on each side.
4. Maxilla bones–	Forms the upper jaw.
5. Mandible bone–	Forms the lower jaw.

(3) Sutures–

1. Inter nasal suture
2. Inter maxillary suture
3. Fronto nasal suture
4. Naso maxillary suture
5. Fronto maxillary suture
6. Zygomatico maxillary suture
7. Zygomatico frontal suture

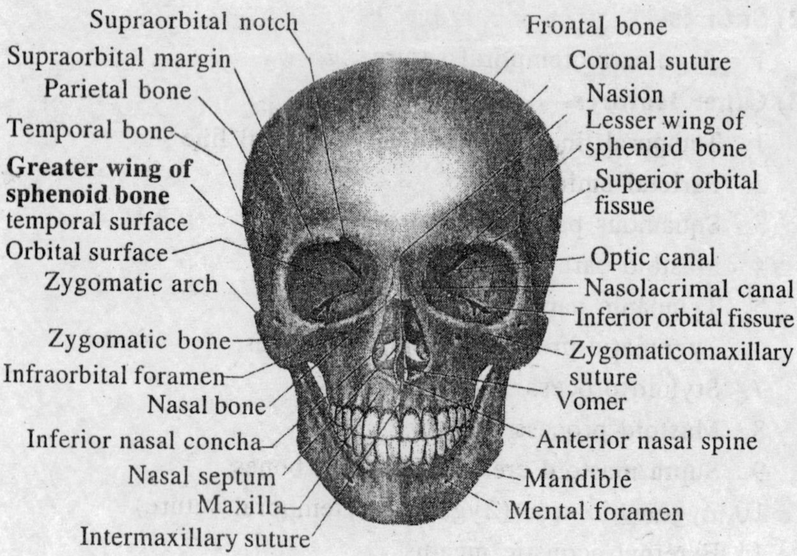

Fig. 6.72 Skull- Anterior View

(4) Other features–

1. Frontal eminences
2. Superciliary arch
3. Glabella– The meeting point of two superciliary arch in midline.
4. Nasion– • Median point at the root of nose.
   • Where inter nasal suture meets with the frontonasal suture.
5. Orbital cavities
6. Supra orbital margin
7. Infra orbital margin
8. Lateral orbital margin
9. Medial orbital margin
10. Supra orbital foramen
11. Infra orbital foramen
12. Nasal cavities
13. Ant. nasal spine
14. Canine eminence
15. Canine fossa
16. Incisive fossa
17. Zygomatico facial foramen
18. Frontal process of maxilla
19. Zygomatic process of maxilla
20. Alveolar process of maxilla
21. Body of mandible
22. Ramus of mandible
23. Mandibular symphysis or symphysis menti
24. Mental foramen

(V) **Inf. view or norma basalis (करोटि भूमि तल)**

(1) Bone seen in inf. view–

1. Occipital bone
2. Temporal bones
3. Maxilla bones
4. Palatine bones
5. Vomer bone
6. Sphenoid bone
7. Ethmoid bone
8. Zygomatic bones

(2) Sutures–

1. Lambdoid suture
2. Inter maxillary suture
3. Inter palatine suture
4. Palato maxillary suture

(3) Other features–

- Norma basalis is divided three parts–
  1. Ant. part 2. Middle part 3. Post. part
- Ant. part is formed by the hard palate and alveolar arches.
- The middle and post. parts are separated by an imaginary transverse line passing through the ant. margin of the foramen magnum.

1. Ant. part (करोटि आधार का अग्रभाग)–

1. Alveolar arch– It bears sockets for the root of upper teeth.

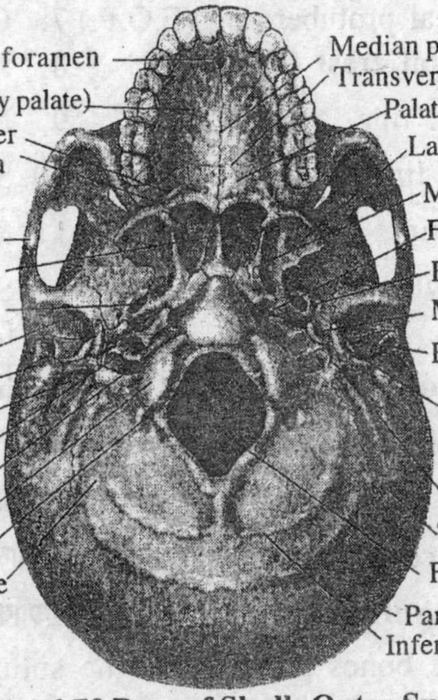

Fig. 6.73 Base of Skull- Outer Surface

2. **Hard palate–**
   - Ant. 2/3 by palatine process of maxilla bones.
   - Post. 1/3 by horizontal plate of palatine bones.

- **Features–**

1. Incisive foramen
2. Palatine process
3. Horizontal plate
4. Greater palatine foramen
5. Lesser palatine foremen

2. Middle part (करोटि आधार का मध्यभाग)–

- **Features**

1. Vomer bone
2. Pterygoid process–
   - Medial pterygoid plate
   - Lateral pterygoid plate
   - Ptery goid fossa
3. Foramen ovale
4. Foramen spinosum
5. Foramen lacerum
6. Carotid canal or carotid foramen
7. Mandibular fossa

3. Post. part (करोटि आधार का पश्चभाग)–

- **Features–**

1. External occipital protuberance (E.O.P.)
2. External occipital crest (E.O.C.)
3. Superior nuchal line
4. Inferior nuchal line
5. Foramen magnum
6. Occipital condyle
7. Condylar canal
8. Jugular foramen
9. Mastoid process
10. Styloid process
11. Mastoid notch
12. Stylomastoid foramen

(B) The whole skull can be studied from inside

After removing the roof of calvaria or skull cap–

(1) Internal surface of the cranial vault. (कपालशीर्ष का आभ्यन्तर दृश्य)

(2) Internal surface of the cranial base. (करोटि आधार का आभ्यन्तर दृश्य)

(1) Internal surface of the cranial vault (कपालशीर्ष का आभ्यन्तर दृश्य)–

- The shape, the bones present and the sutures uniting them have been described with the norma verticalis or sup. view.

1. **Shape**– Oval in shape.
2. **Bone seen**– 1. Frontal bone
   2. Occipital bone
   3. Parietal bones
3. **Sutures**– 1. Coronal suture 3. Sagittal suture
   2. Lambdoid suture 4. Metopic suture
4. **Other features**–

1. Inner table is thin and brittle.
2. Frontal crest
3. Sagittal sulcus
4. Vascular marking
5. Parietal foramina
6. Impression for cerebral gyri

(2) Internal surface of the cranial base (करोटि आधार का आभ्यन्तर दृश्य)–

- Which shows a natural subdivision into ant., middle and post. cranial fossa.

(A) Ant. cranial fossa (अग्र कपाल खात)–

1. It is highest of all fossa and forms 1/3 of the base of cranium.
2. Boundaries– 1. Anteriorly– Frontal bone
   2. Posteriorly– Sphenoid bone
   3. Laterally– Frontal bone

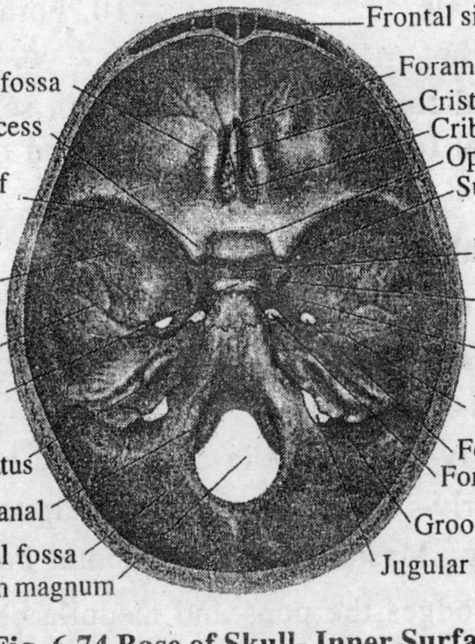

Fig. 6.74 Base of Skull- Inner Surface

3. Features–

1. Crista galli
2. Olfactory foramina
3. Cribriform plate
4. Foramen cecum
5. Ant. and post. ethmoidal foramina
6. Ethmoidal spine
7. Lesser wing of sphenoid
8. Frontal crest

(B) Middle cranial fossa (मध्य कपाल खात)–

1. Situation–

- It lies behind the ant. cranial fossa and is more deeper.
- It has a central raised area and two lateral hollows areas on each side.

2. Boundaries– 1. Anteriorly– Lesser wings of sphenoid bone.
2. Posterioly– Dorsal sella of sphenoid bone
3. Laterally– Greater wings of sphenoid bone

3. Features–

1. Optic foramen
2. Sella turcica
3. Greater wings of sphenoid bone
4. Foramen lacerum
5. Foremen ovale
6. Foramen spinosum
7. Ant. clinoid process
8. Post. clinoid process
9. Carotid groove
10. Foramen rotundum
11. Dorsum sella
12. Hypophyseal fossa– Situated middle in sella turcica. Hypophyseal fossa lies in pitutary gland or hypophysis cerebri gland.

(C) Post. cranial fossa (पश्च कपालखात)–

1. Situation–
- It is deepest and largest of all fossa.
- It forms 2/5 of the base of cranium.

2. Boundaries–

1. Anteriorly– Dorsal sella of sphenoid bone.
2. Posteriorly– Squamous part of occipital bone.
3. Laterally– Mastoid part of temporal bones.

- This fossa lodges the pons and medulla oblongata in front and cerebellum behind.

3. Features–

1. Foramen magnum
2. Jugular foramen
3. Internal acoustic meatus
4. Mastoid foramen
5. Condylar canal
6. Internal occipital protuberance (I.O.P.)
7. Internal occipital crest. (I.O.C.)
8. Clivus
9. Cerebellar fossa
10. Vermion fossa
11. Hypoglossal canal

(2) Disarticulated skull or individual bones

- Calvaria (कपाल अस्थियाँ) – 8
- Facial skeleton (आनन अस्थियाँ) – 14
- Auditory ossicles (कर्णास्थियाँ) – 6

• Calvaria–

(1) Frontal Bone (पुरःकपाल)

(1) Location– Frontal bone forms the forehead, greater part of roof of each orbit and most of floor of the anterior cranial fossa.

(2) Surfaces– 6

1. External surface or frontal surface
2. Internal surface or cerebral surface

3,4. Rt. and lt. lateral surface or temporal surface

5,6. Rt. and lt. orbital surface

1. External surface– It is smooth and convex.

Features–

1. Bregma
2. Metopic sutures– 3-9%
3. Frontal eminence
4. Supraorbital margin
5. Supraorbital foramina
6. Superciliary arch
7. Glabella
8. Nasion

2. Internal surface– It is concave and rough.

Features–
- Depression and elevation for cerebral gyri and sulci.
- Sagittal sulcus
- Frontal crest
- Foramen cecum

3,4. Rt. and lt. lateral surface–

Features– Temporal line– • Sup. temporal line
• Inf. temporal line
• Temporal surface

5,6. Rt. and lt. orbital surface– It is downwards forms roof of orbits.

(2) Parietal bone (पार्श्वकपाल)

(1) Situation– • The two parietal bones form the greater portion of the sides and roof of the cranial cavity.
• Situated B/w the frontal bone infront and occipital bone behind.

(2) Shape– Irregular quadrilateral.

(3) Parts–

(A) **2 Surfaces–** 1. External surface 2. Internal surface

(B) **4 Borders–**

1. Sup. border (Sagittal)
2. Inf. border (Squamosal)
3. Ant. border (Frontal)
4. Post. border (Occipital)

(C) **4 Angles–** 1. Frontal angle (Antero-superior)
2. Sphenoidal angle (Antero-inferior)
3. Occipital angle (Postero-superior)
4. Mastoid angle (Postero-inferior)

(A) Surfaces–

1. External surface– It is convex.

Features–
• Parietal eminence
• Sup. temporal line
• Inf. temporal line
• Parietal foramina

2. Internal surface– It is concave.

Features–
• Sagittal sulcus
• Impression for cerebral gyri

(B) Borders–

1. Sup. border– It is straight, thick and longest border. It articulate with the anteriorly coronal suture (frontal bone) and posteriorly lamboid suture. (occipital bone).

2. **Inf. border–** It articulated with three parts–
   - Anterior– Sphenoid bone.
   - Intermediate– Squamons part of temporal bone.
   - Posterior– Mastoid part of temporal bone.
3. **Ant. border–** It articulates with the frontal bone to form coronal suture.
4. **Post. border–** It articulates with the squamous part of occipital bone to form lambdoid suture.

(C) Angles–

1. **Frontal angle–** The junction of coronal and sagittal suture. Corresponds with bregma.
2. **Sphenoidal angle–** Thin and most pointed. It is formed by meeting of frontal and squamosal borders. Corresponds with pterion.
3. **Occipital angle–** Formed by meeting of sagittal and lambdoid suture. Corresponds with Lambda.
4. **Mastoid angle–** Formed by meeting of occipital and squamosal part of temporal border.

   Corresponds with asterion.

(3) Occipital bone (पश्चिम कपाल)

(1) Location–

- Occipital bone occupies the post. part of skull and plays major role in formation of post. cranial fossa.
- It encloses a large oval opening the foramen magnum. Through which the cranial cavity communicates with the vertebral canal.

(2) Shape– Trapezoid

(3) Parts– It has three parts.

A. Squamous part– Expended part above and behind the foramen magnum.

B. Basillar part– Quadrilateral, thick part infront of the foramen magnum.

C. Condylar part– Lateral part lying horizontally.
One on each side of foramen magnum bearing the occipital condyle.

(4) Foramen magnum–

- It is located in the floor of post. cranial fossa. Provides a communication B/w post. cranial fossa and vertebral canal.
- Foramen magnum is the largest cranial foramen.
- Its boundary is formed by all the three parts of occipital bone. The basillar part infront, the squamous part behind and the condylar part on each side. It is oval in shape, wider behind than in front.

(A) Squamous part– It has–

2 Surfaces– 1. External surface
2. Internal surface

3 Angles 1. Sup. angle
2,3 Lateral angle– Rt. and lt.

4 Borders– • Two lambdoid border– one on each side
• Two mastoid border– one on each side

Surfaces–

1. External surface–

- E.O.P.– External occipital protubrance
- E.O.C.– External occipital crest
- Highest nuchal line
- Superior nuchal line
- Inferior nuchal line

2. Internal surface–

- I.O.P.– Internal occipital protubrance
- I.O.C.– Internal occipital crest
- Superior sagittal sinus– Upwards
- Occipital sinus– Downwards
- Transverse sinus– Laterally

Angles–

1. **Sup. angle–** Reaches lambda.

2,3. **Lateral angles–** One on each side meets with the mastoid part of corresponding temporal bone to form asterion.

Borders–

1,2. **Lambdoid borders–** One on each side, extend from sup. angle to lateral angles and articulates with the occipital border of the parietal bones.

3,4. **Mastoid borders–** One on each side, extends from the lateral angle to the jugular process. Articulate with the mastoid part of temporal bone.

(B) **Basilar part–** It is thick part, quadrilateral in shape and extends upwards and forward from the foramen magnum. It has–

2 Surfaces– 1. Sup. surface
2. Inf. surface

2 Margins– Two lateral margins.

Surfaces–

1. **Sup. surface–** It is smooth and form clivus with the body of sphenoid. It is related to medulla-oblongata.
2. **Inf. surface–** It faces downwards.

Lateral margins– These are rough and articulate with part of the temporal bone.

(C) **Condylar part or lateral part–** Lies one on each side of the foramen magnum and connect the basillar part with the squamous part.

It has two surfaces– 1. Sup. surface 2. Inf. surface

Features–
- Occipital condyles
- Condylar canal
- Hypoglossal canal
- Jugular foramen

(4) Temporal bone (शंखास्थि)

(1) Situation– The two temporal bones form the inferior lateral aspect of the cranium and part of the cranial floor.

(2) Features–

- Squamous portion of temporal bone
- Mastoid portion of temporal bone
- Tympanic portion of temporal bone
- Zygomatic process of temporal bone
- Zygomatic arch
- Carotid foramen or carotid canal
- Jugular foremen
- Mandibular fossa
- External acoustic meatus
- Mastoid process
- Styloid process
- Stylomastoid foramen

(5) Sphenoid bone (जतुकास्थि)

(1) **Shape–** Wedge shape or bat shape.

(2) **Situation–** It lies at the middle part of the base of the skull.

(3) This bone is called the keystone of the cranial floor because it articulates with all the other cranial bones, holding them together.

(4) **Articulation–**
- Anterior– Frontal bone, ethmoid bone.
- Posterior– Occipital bone.
- Laterally– Temporal bones, parietal bones.

(5) **Parts–**

1. Body–Forms central part.
2. Greater wings } Laterally from the each side of body.
3. Lesser wings }
4. Pterygoid process– Passes downward from adjoining parts of the body and greater wings.

Body– Sphenoid is the cubelike central portion B/w ethmoid and occipital bones. It contains the sphenoidal sinuses. which drain into the nasal cavity.

- On the post. surface of the body of the sphenoid is a depression called the sella turcica, which cradles the pituitary gland.
- Optic foramen– Ant. to sella turcica.

(6) Ethmoid bone (झर्झरास्थि)

(1) **Situation–** The ethmoid (sievelike) bone is a light, spongelike bone located on the midline in the ant. part of the cranial floor medial to the orbits. It is ant. to the sphenoid and post. to the nasal cavity.

(2) It help to form– • Part of ant. portion of the cranial floor.
• Medial wall of orbits.
• Part of the septum of nose.
• Side wall of the nasal cavity.

• The ethmoid is a major supporting structure of the nasal cavity.

(3) Parts– • Lateral mass (Labyrinth)– B/w the nasal cavity and orbits. The lateral masses contains two thin scroll shaped projection on each side of the nasal septum.

These are called the– • Sup. nasal conchae or turbinate.
• Middle nasal conchae or turbinate.

• Perpendicular plate– Forms the sup. portion of the nasal septum.
• Crista galli
• Ant. and post. ethmoidal foramina
• Cribriform plate
• Olfactory foramina

Facial skeleton

(7) Mandible (अधोहन्वस्थि)

(1) Peculiarities–

• It is the largest and strongest bone of the face.
• It is also called lower facial skeleton or lower jaw bone.
• It is the only skull bone that moves.

(2) Parts– I. Body = 1
II. Rami = 2

I. Body– • Horse shoe shape or U shape.
• Horizontal and convex forward.

• **It has– Two surfaces–** 1. External surface
2. Internal surface

Two borders– 1. Superior border or alveolar
2. Inferior border or base

Surfaces–

1. **External surface–** External surface is convex in out line.

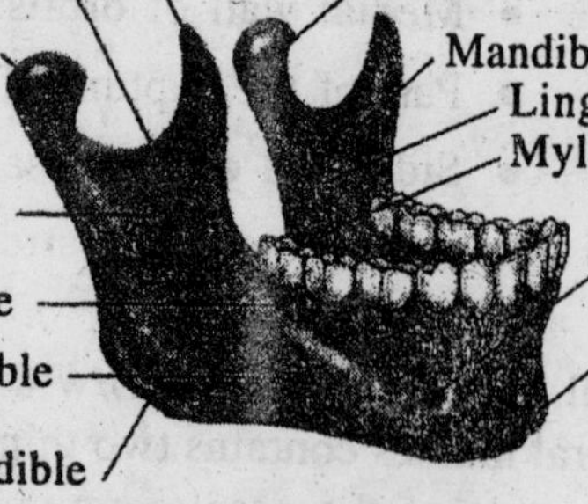

Fig. 6.75 Mandible

Features– • Mandibular symphysis or symphysis menti.
• Mental protuberance.
• Mental tubercle
• Mental foramen
• External oblique line.

2. **Internal surface–** It is concave in outline.

Features– • Internal oblique line– Mylohyoid line.
• Submandibular fossa– Below internal oblique line.
• Sublingual fossa–Above internal oblique line.

Borders–

1. **Sup. border–** Sixteen sockets for root of permanent teeth. Eight in each side.
2. **Inf. border–** Thick and rounded.

II. **Rami–** Flattened, quadrilateral part projecting upwards from the post. end of the body on each side.

Features–It has **two surfaces–** 1. External surface
2. Internal surface

Four border– 1. Ant. border 3. Sup. border
2. Post. border 4. Inf. border

Two processes– 1. Coronoid process
2. Condylar process

Surfaces–

1. **External surface–** A small post. area is related to parotid gland.
2. **Internal surface–** Mandibular foramen.

Borders–

1. **Ant. border–** Continuous above with the coronoid process and below with the upper border of body.
2. **Post. border–** Continuous above with the condyler process and below with the lower border of body.
3. **Sup. border–** It is thin. It form mandibular notch.
4. **Inf. border–** Continuous of base of mandible.

Processes–

1. **Coronoid process–** Triangular upwards projection from the anterosuperior part of ramus.
2. **Condylar process–** Upwards projection from the postero-superior part of ramus.

   Features–
   - Head– Upper part
   - Neck– Lower constricted part

   Ossification– Mandible is the second bone to ossify in the body.

(8) Maxilla (ऊर्ध्वहन्वस्थि)

(1) Location–
- The paired maxilla unite to form the major part of upper facial skeleton.
- It is also called upper jaw bone.
- And articulate with every bone of the face except the mandible bone.

2. Parts– (I) Body– 1 (II) Processes– 4

1. Frontal process
2. Alveolar process
2. Zygomatic process
4. Palatine process

(I) Body–

- **Shape–** Pyramidal shape.
- **It has four surfaces–** 1. Ant. surface 3. Sup. surface 2. Post. process 4. Medial surface

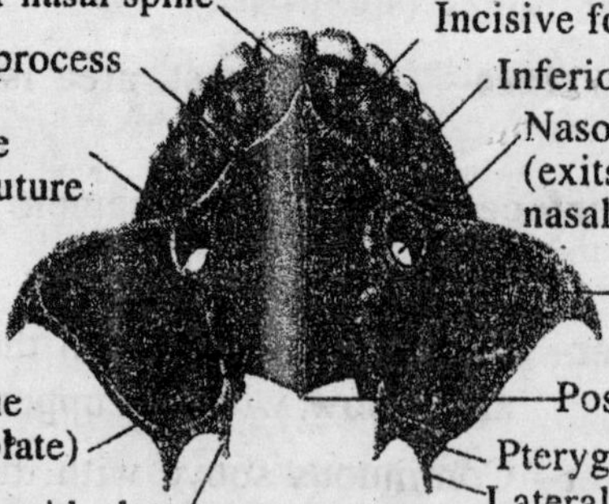

Fig. 6.76 Maxilla

1. **Ant. surface or frontal surface–** It is directed forward and laterally.

Feature–
- Canine ceinence
- Canine fossa
- Incisive fossa
- Infraorbital foramen
- Nasal notch

2. **Post. surface–** It is directed backward and laterally.
3. **Sup. surface or orbital surface–** It forms floor of orbits.
4. **Medial surface or nasal surface–** It forms the lateral wall of nasal cavity.

(II)Processes–

1. **Frontal process–** It has an upper end. Upper end is articulated with nasal notch of frontal bone, lower end is fused with body of maxilla.
2. **Zygomatic process–** A short process projecting upward and laterally.
3. **Alveolar process–**
   - It is arched lower border of body.
   - It has socket for upper teeth.
4. **Palatine process–** It is a horizontal brackets like projection from the lower part of medial surface of body.

(9) Nasal bones (नासास्थियाँ)

- The paired nasal bones meet at the midline and form part of the bridge of nose.
- The major portion of the nose consists of cartilage.

(10) Zygomatic bones (गण्डास्थियाँ)

- The two zygomatic bones, commonly called cheek bones. Form the prominence of the cheeks and part of the lateral wall and floor of each orbit.
- They articulate with the frontal, maxilla, sphenoid and temporal bones.
- The temporal process of the zygomatic bone projects post. and articulates with the zygomatic process of the temporal bone to form the zygomatic arch.

(11) Lacrimal bones (अश्रुपीठास्थियाँ)

- The paired lacrimal bones are thin and roughly resemble a finger nail in size and shape.
- They are the **smallest** bone of the face.
- These bones are post. and lateral to the nasal bones and they form a part of the medial wall of each orbit.
- The lacrimal bones each contains a lacrimal foramen through which a nasolacrimal or tearduct passes.
- They can be seen in the anterior and lateral views of the skull.

(12) Palatine bones (तात्वस्थि)

- The two palatine bones are 'L' shaped.
- They form the post. portion of the hard palate, part of the floor and lateral wall of the nasal cavity and a small portion of the floor of the orbits.
- The post. portion of the hard palate, which separates the nasal cavity from the oral cavity, is formed by the horizontal plates of the palatine bones.

(13) Inferior nasal conchae (शुक्तिकास्थि)

- The two inferior nasal conchae or turbinate are scroll like bones that form a part of the lateral wall of the nasal cavity.
- The inf. nasal conchae are separate bones and not part of ethmoid bone.

(14) Vomer (सीरिकास्थि)

- Vomer– Plough share.
- Vomer is a roughly triangular bone that forms the inf and post. part of the nasal septum.
- It is clearly seen in the ant. view of the skull.

- The vomer articulates with the septal cartilage of the nasal septum that divides the external nose into rt. and lt. sides.
- Its sup. border articulate with the perpendicular plate of the ethmoid bone.
- The structure that form the nasal septum are the perpendicular plate of the ethmoid, septal cartilage, vomer and parts of the palatine bones and maxilla.

(15) Ear ossicles (कर्णास्थियाँ)

- Auditory ossicles 6 in numbers.

1. Malleus–	Hammer–	मुद्गरक –	2
2. Incus–	Anvil–	अंकुशक –	2
3. Stapes–	Stirrup–	धरणक –	2
		Total –	6

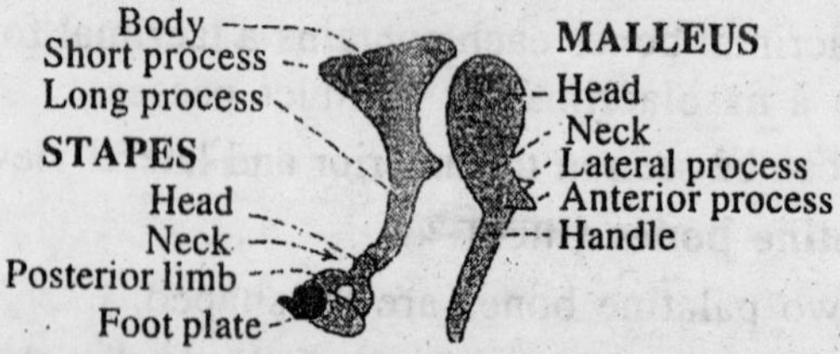

Fig. 6.77 Auditory Osicles

(A) Malleus (मुद्गरक)

1. It is largest ear bones.
2. Lateral placed ossicle.
3. **Parts**– 1. Head 2. Neck 3. Anterior process 4. Lateral process 5. Handle

(B) Incus (अंकुशक)

1. Used by blacksmith
2. It resembles a molar tooth
3. **Parts**– 1. Body 2. Long process 3. Short process

(C) Stapes (धरणक) 1. Smallest ear bone. 2. Most medially

3. **Parts**– 1. Head 2. Neck 3. Two limbs or crura – Anterior crura, Posterior crura 4. Foot plate or base

●

अध्याय- ७

सन्धि शारीर
(Arthrology)

Arthro + Logus
↓ ↓
Joint Study of

Study of joint called arthrology.

१. अस्थिसन्धियों की सामान्य रचना

सन्धि शब्द का अर्थ है– मेल या संगम।

"अस्थि संयोग स्थानम् ।"

अस्थि संयोग स्थान को सन्धि कहा जाता है।

जब दो या दो से अधिक अस्थियों के किनारे आपस में जहाँ मिलते हैं, उस मेल या संयोग को सन्धि कहते हैं।

प्राणियों का शरीर अस्थिकंकाल (Skeleton) पर आधारित है। शरीर के प्रत्येक अवयव इन्हीं की सुरक्षा में अपना स्थान बनाएँ हुए हैं। ये सभी अस्थियाँ Skeleton में सन्धियों द्वारा आपस में एक दूसरे के साथ बन्धी रहती हैं। इनके ऊपर अनेक प्रकार की मांसपेशियाँ फैली हुई हैं, जो सिराओं और धमनियों द्वारा रक्त संचार एवं पोषण करती हैं। तथा इन अस्थियों को गति देने में भी सहायता प्रदान करती हैं। ये सभी अस्थियाँ जिस-जिस स्थान पर मिली हुई हों, उन स्थानों को अस्थिसन्धि कहा जाता है।

जिस प्रकार लकड़ी के फलकों को बँधनों से बाँधकर जब नाव (Boat) तैयार की जाती है, तब वह उसमें बैठे प्राणियों का भार वहन करने में समर्थ हो जाती है। वह पानी में तैरती है, डूबती नहीं। उसी प्रकार, शरीर में जितनी सन्धियाँ हैं, वे स्नायुओं के बन्धनों से बन्धी रहने से भार वहन करने में समर्थ हो जाती हैं।

आयुर्वेद में कफ दोष का मुख्य स्थान शरीर की अस्थिसंधियों को ही बताया है। इसी से सन्धियों में विशेष रूप से श्लेष्मा रहता है।

अस्थियों के बीच में उपस्थित Mesenchyma ही सभी सन्धियों की सामान्य रचना में भाग लेती है।

२. सन्धियों की विविधता

शरीर में एक समान वस्तुओं के मेल को सन्धि कहते हैं। जैसे– अस्थियों का मेल–अस्थिसन्धि, सिराओं का मेल-सिरासन्धि, पेशियों का मेल-पेशीसन्धि आदि।

आयुर्वेद ग्रन्थों में केवल अस्थिसन्धियों के वर्णन में लिखा है, कि ये सभी अस्थिसन्धियाँ हैं,

३. सन्धियों की संख्या

आचार्य सुश्रुत ने अस्थिसन्धियों की संख्या २१० बताई है।

षडंगों के अनुसार

१. चारों शाखाओं में–	17x4=	68
२. मध्य शरीर में–		59
३. शिर और ग्रीवा–		83
कुल–		210

१. शाखाओं की संधियाँ–

• पाँव की प्रत्येक अंगुलि में–	3x4=	12
• पाँव के अंगूठे में–		2
• जानु में–		1
• गुल्फ में–		1
• वंक्षण में–		1
कुल		17x4=68

२. मध्य शरीर की संधियाँ–

कटीकपाल (श्रोणिफलक) में–	3
पृष्ठवंश में–	24
पार्श्व में–	24
उर: (वक्ष) में–	8
कुल–	59

३. ग्रीवा के ऊपर की संधियाँ–

ग्रीवा में–	8
कण्ठ में–	3
हृदय क्लोम संबद्ध नाड़ी में–	18

दन्त मूल में-	32
काकलक में-	1
नासा में-	1
नेत्राश्रित वर्त्ममण्डल में-	2
गण्ड-	1+1=2
कर्ण-	1+1=2
शंख-	1+1=2
हनु-	2
भौहों और शंखों के ऊपर-	2+2=4
शिर:कपालों में-	5
मूर्धा में-	1
कुल-	83

इस प्रकार कुल सन्धियाँ 68+59+83= 210 210 होती हैं।

४. सन्धियों के प्रकार एवं भेद

"सन्धयस्तु द्विविधाश्चेष्टावन्तः, स्थिराश्च।" (सु.शा. ५/२६)

शाखासु हन्वोः कट्यां च चेष्टावन्तस्तु सन्धयः।
शेषास्तु सन्धयः सर्वे विज्ञेया हि स्थिरा बुधैः।। (सु.शा. ५/२७)

सन्धियों के प्रकार और उनके स्थान

सन्धियाँ दो प्रकार की होती हैं- चल और स्थिर। शाखा, हनु और कटि में चेष्टायुक्त (चल) सन्धियाँ होती हैं।

शेष सन्धियाँ स्थिर होती हैं।

१. क्रिया की दृष्टि से दो प्रकार-

सन्धि (Joint)
↓
चल (चेष्टायुक्त) Movable joint or Diarthrosis | अचल (स्थिर) Im-movable joint or Synarthrosis

चल (चेष्टायुक्त) Movable joint or Diarthrosis
↓
बहुचल (बहुचेष्टायुक्त) → (शाखा और अधोहनु)
ईषत्चल (अल्पचेष्टायुक्त) → (पृष्ठवंश (कटि) Vertebral colum)

२. रचना की दृष्टि से आठ प्रकार और उनके स्थान–

"त एते सन्धयोऽष्टविधाः–

कोर-उलूखल-सामुद्ग-प्रतर-तुन्नसेवनी-वायसतुण्ड-मण्डल-शंखावर्ताः।

१ २ ३ ४ ५ ६ ७ ८

१. तेषां अंगुलि-मणिबन्ध-गुल्फ-जानु-कूर्परेषु कोराः सन्धयः,
२. कक्षा-वंक्षण-दशनेषु-उलूखलाः,
३. अंसपीठ गुदभग नितम्बेषु सामुद्गाः,
४. ग्रीवा पृष्ठवंशयोः प्रतराः,
५. शिरः कटीकपालेषु तुन्नसेवन्यः,
६. हन्वोरूभयतस्तु वायसतुण्डः,
७. कण्ठहृदय नेत्र क्लोमनाड़ीषु मण्डलाः,
८. श्रोत्र श्रृंगाटकेषु शंखावर्त्ताः।"

सन्धियों के रचनानुसार आठ भेद–

कोर-उलूखल-सामुद्ग-प्रतर-तुन्नसेवनी-वायसतुण्ड-मण्डल-शंखावर्त्त

१. कोर सन्धि (Hinge Joint)–

I परिचय– दरवाजे (Door), खिड़कियाँ (window) इनको स्थिर तथा चल रखने के लिए जो बन्धन उपयोग में लाये जाते हैं, उन्हें कोर (कब्जा-Hinge) कहते हैं। इसमें यही विशेषता होती है, कि दरवाजे या खिड़कियाँ जैसे खुलते हैं या बन्द होते हैं, वैसे ही यह कोर सन्धि गति या क्रिया करती है। इस प्रकार की क्रिया को संकोच तथा प्रसारण (Flexion and extension) कहते हैं।

II. स्थान– "तेषां अंगुलि-मणिबन्ध-गुल्फ-जानु-कूर्परेषु-कोराः।"

शाखाओं में कोर प्रकार की सन्धियाँ पायी जाती हैं। इनमें से अंगुलि (Inter phalangeal joint), मणिबन्ध (wrist joint), गुल्फ (Ankle joint), जानु (Knee joint), कूर्पर (Elbow joint) आदि सन्धियाँ हैं।

III. क्रिया की दृष्टि से प्रकार– बहुचल सन्धि है।

२. उलूखल या उदूखल सन्धि (Ball and socket joint)–

I परिचय– उखली तथा मूसल की रचना को देखते हुए, इस प्रकार की सन्धि को उदूखल सन्धि कहा गया है। इसमें एक अस्थि का गहरा गढ़े के समान भाग होता है और उसी में दूसरी अस्थि का मूसल के जैसा गोलाकार मुंड (सिर-Head) प्रविष्ट होता है। इस सन्धि में समस्त प्रकार की गतियाँ होती हैं।

II स्थान– "कक्षा-वंक्षण-दशनेषु उलूखला:।"

कक्षा (Shoulder joint), वंक्षण (Hip joint), दाँत (Teeth) इनमें उलूखल सन्धियाँ होती हैं।

III क्रिया की दृष्टि से प्रकार– बहुचल सन्धि– कक्षा, वंक्षण

स्थिर सन्धि– दाँत

३. सामुद्ग सन्धि (Saddle joint)–

I परिचय– इसका अर्थ है– सम्पुट या सन्दूक (Box)।

जिन दो अस्थियों के समतल पृष्ठ सन्धि करते हैं, उनमें से एक अस्थि का पृष्ठ (surface) थोड़ा गहरा (नतोदर-Concave) होता है। और दूसरी अस्थि का पृष्ठ उन्नतोदर (Convex-ऊपर उठा हुआ) होता है।

II स्थान– "अंसपीठ-गुद-भग-नितंबेषु सामुद्गा:।"

अंसपीठ (अंसकूट-Acromio-clavicular joint), गुद (Sacrum), भग (Pubis), नितम्ब (Ilium) में सामुद्ग सन्धियाँ होती हैं।

III क्रिया की दृष्टि से प्रकार– ईषत्चल (चल) प्रकार की सन्धि है।

४. प्रतर सन्धि (Gliding or plane joint)–

I परिचय– दोनों अस्थियों के सलंग्र पृष्ठ समतल (Smooth surface) होते हैं। अत: इनमें घर्षणवत (Rubbing or gliding) क्रिया होती है।

II स्थान– "ग्रीवा-पृष्ठवंशयो प्रतरा:।"

ग्रीवा (Cervical vertebrae) तथा पृष्ठवंश (Thoracic vertebrae) इनमें कशेरूका (Vertebrae) होते हैं। इनमें आपस में प्रतर सन्धियाँ होती हैं।

III क्रिया की दृष्टि से प्रकार– ईषत्चल (चल) प्रकार की सन्धि है।

५. तुन्नसेवनी सन्धि (Sutures)–

I परिचय– सीवन (सिलाई-Sutures) के समान आकृति वाली, इस सन्धि को तुन्नसेवनी कहते हैं। इसमें दो अस्थियों की धाराएँ आपस में फँसकर जो रेखावत् सन्धि बनाती हैं, वही तुन्नसेवनी हैं।

II स्थान– "शिर: कटीकपालेषु तुन्नसेवन्य:।"

शिर की (Skull) तथा कटि की कपालास्थियाँ (Hipbone-sacrum, coccyx) में तुन्नसेवनी सन्धि होती हैं।

III क्रिया की दृष्टि से प्रकार– स्थिर प्रकार की सन्धि है।

६. वायसतुण्ड सन्धि (Condylar Joint)–

I परिचय– वायसतुण्ड को काकमुख (कौए का मुख) भी कहा जाता है। अर्थात् कौओे (crow) की चोंच (Beak) के समान आकृति हो, उसे वायसतुण्ड सन्धि कहते हैं।

इसमें एक अस्थि का सिरा कौवे की चोंच की तरह होने से दूसरी अस्थि में जुड़ा रहता है।

II स्थान– "हन्वोरूभयतस्तु वायसतुण्डः।"

हनु (chin) के दोनों ओर वायसतुण्ड (T.M.J.) सन्धियाँ हैं।

T.M.J.– Temporo-Mandibular Joint.

इसके द्वारा मुख खोलने और बन्द करने की क्रिया होती है।

III क्रिया की दृष्टि से प्रकार– यह (ईषत्‌चल) चल प्रकार की सन्धि है।

७. मण्डल सन्धि

I परिचय– यह तरूणास्थियों की सन्धि हैं।

मण्डलवत् चक्राकार या गोलाकार होने से, इसे मण्डल सन्धि कहा जाता है।

II स्थान– "कंठ हृदय नेत्र क्लोमनाड़ीषु मण्डलाः।"

कंठ (Throat), हृदय (Heart), नेत्र (Eye), क्लोमनाड़ी (Trachea) इनमें मण्डल नाम की सन्धियाँ हैं।

III क्रिया की दृष्टि से प्रकार– स्थिर सन्धि हैं।

८. शंखावर्त्त सन्धि– यह तरूणास्थियों की सन्धि हैं।

I परिचय– शंख के समान चक्राकार रचना जिनमें होती है, वे शंखावर्त कहलाती हैं।

II स्थान– "श्रोत्र श्रृंगाटकेषु शंखावर्त्ताः।"

श्रोत्र (Ear) और श्रृंगाटक इनमें शंखावर्त्त सन्धियाँ हैं।

III क्रिया की दृष्टि से प्रकार– स्थिर सन्धि हैं।

According to modern types of joint–

Structural classification–

1. **Fibrous–** If there is no synovial cavity and the bone are held together by fibrous connective tissue.

Example– Suture of skull, teeth-jaw, lower end of tibia and fibula.

2. **Cartilaginous–**If there is no synovial cavity and the bone are held together by cartilage.

   Example– Pubic symphysis, diaphysis and epiphysis, first costal cartilage and manubrium sterni.

3. **Synovial–** If there is a synovial cavity and the bone forming the joint are united by a surrounding articular capsule and frequently by accessory ligaments.

   Example– Shoulder joint and hip joint.

Functional-classification

Joint

Synarthrosis (Im-movable)	Amphiarthrosis (Slightly-movable)	Diaarthrosis (freely-movable)
↓	↓	↓
1. Suture	1. Synchondrosis	1. Gliding-Arthrodial
		2. Hinge-Ginglymus
2. Gomphosis	2. Symphysis	3. Pivot-Trochoid
		4. Condyloid-Ellipsoidal
3. Syndesmosis		5.Saddle-Sellar
		6. Ball and socked-Spheroid

(I) Synarthrosis (Im-movable)–

1. **Suture (seem)–** Found only B/w bones of the skull; articulating bones united by a thin layer of dense fibrous connective tissue.

   Example– Coronal suture B/w frontal and pariteal bones.

2. **Gomphosis** (To bolt together)– Cone shaped peg fits into a socket; articulating bones united by periodontal ligament.

   Example– Roots of teeth in alveoli (Socket)

3. **Syndesmosis** (Bend or ligament)– Articulating bones united by dense fibrous connective tissue.

(II)Amphiarthrosis (Slightly movable)–

1. **Synchondrosis (Together-cartilage)–** Primary cartilaginous joint.

   - Connecting material is hyaline cartilage.

   Example– Temporary joint B/w the diaphysis and epiphysis of a long bone.

2. **Symphysis** (Growing-together)– Secondary cartilaginous joint.

   - Connecting material is a broad, flat disc of fibrocartilage.

   Example– Intervertebral discs and pubic symphysis.

(III) Diarthrosis (Freely movable)–

1. **Gliding** (Arthrodial joint)– Articulating surfaces usually flat.

   Example–• Intercarpal and intertarsal joint.
   • Gliding joint B/w the navicular and II, III cuneiforms of the tarsal bone.

2. **Hinge** (Ginglymus joint)– Convex surface fits into a concave surface.

   Example–• Elbow, ankle and interphalangeal joint.
   • Hinge joint B/w the trochlea of humerus and trochlear notch of ulna at the elbow.

3. **Pivot [Trochoid (wheel) joint]–** Rounded or pointed surface fits into a ring formed partly by bone and partly by a ligament.

   Example-•Joint B/w atlas and axis, joint at proximal ends of radius and ulna.
   •Pivot joint B/w head of radius and radial notch of ulna.

4. **Condyloid (Ellipsoidal joint)–** Oval shaped condyle fits into an elliptical (round) cavity of another bone.

   Example–• Joint B/w radius and carpals (scaphoid and lunate).
   • T.M.J. (Temporo-mandibular joint)
   • Knee joint.

5. **Saddle (Sellar joint)–** Articular surface of one bone is saddle shaped and the articular surface of the other bone is shaped like legs of a rider sitting in the saddle.

Example–Joint B/w trapezium of carpus and metacarpal of thumb.

6. **Ball and socket (Spheroid joint)–** Ball like surface of one bone fitted into a cuplike depression of another bone.

Example–• Shoulder joint and hip joint.

• Ball and socket joint B/w head of femur and acetabulum of the hip bone.

५. सन्धियों के कार्य–

दो या दो से अधिक अस्थियों की जो सन्धियाँ शरीर में हैं, उनसे शरीर के प्रत्यंगों में गति (Movement) कराने की क्रियाएँ होती हैं।

जिससे मनुष्य चलना, घूमना, उठना, बैठना, खड़ा होना, सोना, दौड़ना, हाथ हिलाना, भोजन करना आदि सब क्रियाएँ कर सकता है।

इनमें भी कुछ अस्थियों की सन्धियाँ स्थिर या अचल होती हैं, उनमें गति नहीं होती। जैसे– शिर:कपालों की सन्धि।

According to modern–

Movement–

1. Flexion
2. Extension
3. Adduction
4. Abduction
5. Circumduction
6. Medial rotation
7. Lateral rotation
8. Elevation
9. Depression
10. Protraction
11. Retraction
12. Dorsiflexion
13. Plantar flexion
14. Eversion
15. Inversion
16. Supination
17. Pronation

६. शल्य तन्त्र की दृष्टि से सन्धियों का महत्व

शरीर में सभी अस्थियाँ प्राय: एक दूसरे के साथ सम्बान्धित रहती हैं। जिस स्थान पर ये अस्थियाँ परस्पर मिलती हैं, उसे अस्थिसन्धि कहते हैं। अर्थात् दो या दो से अधिक अस्थियाँ, जिस स्थान पर मिलती हैं, उस स्थान को अस्थिसन्धि कहा जाता है।

शल्य चिकित्सा करते समय अस्थिसन्धियों का ज्ञान होना अत्यन्त आवश्यक है।

क्योंकि अस्थि सन्धियों के ज्ञान के बिना शल्य चिकित्सा करना सम्भव नहीं है। जब तक सन्धियों का नैदानिक (Applied aspect) ज्ञान नहीं होगा, तब तक सन्धियों का उपचार करना कठिन होता है।

Applied aspect of joints– सन्धियों का नैदानिक विषय निम्न प्रकार है–

* **Shoulder joint–** Dislocation of the shoulder joint is very common, because its socket is quite shallow. Usually the head of humerus becomes displaced inferiorly.
  - Rotator cuff injury is a common injury.
  - Shoulder tip pain.
* **Elbow joint–**
  - Dislocation of the elbow is usually posterior aspect.
  - A partial dislocation of the head of the radius present in children.
  - Tennis elbow– Transverse fracture, sprain of radius collateral ligament.
* **Wrist joint–**
  - The wrist joint is commonly involved in rheumatoid arthritis.
  - Wrist drop is indicated radial nerve injury.
* **Hip joint–**
  - Fracture of the neck of femur are common in old age also called senile degeneration.
  - Dislocation of the hip joint.

    The sciatic nerve may be damage in posterior dislocation.
  - Congenital dislocation is more common in the hip.
  - Osteoarthritis is a disease of old age.
  - Disease of the hip (like T.B.) may caused referred pain in the knee because of the common nerve supply of the joint.
* **Knee joint–**
  - Dislocation of the knee joint is rare.
  - Injury to cruciate ligament.
  - Injury to menisci.
  - Injury to collateral ligament.

* **Ankle joint–**
  - Dislocation of the ankle joint.
  - Sprains of the ankle joint.
  - Foot drop-Injury to common peroneal nerve.
  - Injury to the tibia and fibula in the region of the ankle are referred to as pott's fracture.
  - Injury to medial ligament.
  - Injury to interosseus tibio-fibular ligament.
  - Fracture of malleoli.
* **Temporo-mandibular joint (T.M.J.)–**
  - Dislocation of mandible– During excessive opening of the mouth or during a convulsion.
  - Derangement of the articular disc may result from any injury, like over closure or malocclusion.

According to ayurveda

आन्वछनैः पीडनैश्चैव सङ्क्षेपैर्बन्धनैस्तथा ।। (सु.चि. स्थान ३/१८)
सन्धीञ्छरीरे सर्वास्तु चलानप्यचलानपि ।
एतैस्तु स्थापनोपायैः स्थापयेन्मतिमान् भिषक् ।। (सु.चि. स्थान ३/१९)

बुद्धिमान चिकित्सक को इन चारों उपायों के द्वारा सभी चल और अचल सन्धियों को यथास्थान स्थापित करना चाहिए।

१. आच्छन– खींचना

२. पीडन– नीचे-ऊपर दबाना

३. संक्षेप– सिकोड़ना

४. बन्धन– बाँधना

हन्वस्थिनी समानीय हनुसन्धौ विंसहते ।। (सु.चि. स्थान ३/३९)
स्वेदयित्वा स्थिते सम्यक् पञ्चाङ्गीं वितरेद्भिषक् ।
वातघ्नमधुरैः सर्पिः सिद्धं नस्ये च पूजितम् ।। (सु.चि. स्थान ३/४०)

हनुसन्धि (T.M.J.) का विश्लेष होने पर हन्वस्थियों को आपस में मिलाकर भली-भाँति स्थित करें और स्वेदन कर्म करके पंञ्चाङ्गीं बन्धन बाँधे। इसमें वातघ्न और मधुर द्रव्यों से सिद्ध नस्य का प्रयोग उत्तम होता है।

७. स्नायु का वर्णन

स्नायु विज्ञान (Syndesmology)

The science of ligaments.

The study of ligaments.

१. परिचय

स्नायु शरीरगत श्वेत सूत्रमय (White fibrous of plexus) उपधातु हैं, जो सन्धि और माँसपेशी के बन्धन में काम आते हैं।

स्नायु क़ा स्वरूप सूत्रमय होता है, जो सन्धिबन्धन में सहायक होते हैं, एवं सीवन (Suture) के कार्य में भी काम आते हैं।

स्थान भेद से आकार के अनुसार इन्हें Tendon, fibrous tissue, ligament, aponeurosis, valvular band of muscles भी कहा जाता है।

२. स्नायु संख्या– ९००

शाखाओं में= 150x4=	600
मध्य शरीर में–	230
ग्रीवा के ऊपर–	70
कुल स्नायु–	900

(१) शाखाओं के स्नायु–

• पैर की अंगुलियों में–	6x5=	30
• पाद तल, कूर्च, गुल्फ में–		30
• जंघा में–		30
• जानु में–		10
• ऊरू में–		40
• वंक्षण में–		10
कुल स्नायु–		150x4= 600

(२) मध्य शरीर में–

• कटि में–	60
• पीठ में–	80
• पार्श्व में–	60
• उर: में–	30
कुल स्नायु–	230

(३) ऊर्ध्वजत्रुगत या ग्रीवा के ऊपर–

ग्रीवा में–	36
शिर (मूर्धा) में–	34
कुल स्नायु–	70

३. स्नायु प्रकार और उनके स्थान

स्नायूश्चतुर्विधा विद्यात्तास्तु सर्वा निबोध मे ।
प्रतानवत्यो वृत्ताश्च पृथ्व्यश्च शुषिरास्तथा ।। (सु.शा. ५/३८)
प्रतानवत्यः शाखासु सर्वसन्धिषु चाप्यथ ।
वृत्तास्तु कण्डराः सर्वा विज्ञेयाः कुशलैरिह ।। (सु.शा. ५/३९)
आमपक्वाशयान्तेषु बस्तौ च शुषिराः खलु ।
पार्श्वोरसि तथा पृष्ठे पृथुलाश्च शिरस्यथ ।। (सु.शा. ५/४०)

स्नायु प्रकार– स्नायु चार प्रकार के होते हैं–

१. प्रतानवती स्नायु
२. वृत्त स्नायु
३. पृथुल स्नायु
४. शुषिर स्नायु

स्नायु के स्थान–

१. प्रतानवती स्नायु (Ligament)– शाखाओं में तथा सन्धियों में होती हैं। प्रतान के समान लम्बी होती हैं।

२. वृत्त स्नायु (Tendon)– गोल कण्डराओं को वृत्त स्नायु कहते हैं। ये भी शाखा और सन्धियों में होती हैं।

३. पृथुल स्नायु – (Flattened or ribbon shaped tendon or aponeurosis)– पार्श्व (Side), उर: (Chest) तथा पृष्ठ (Back) और शिर (Skull) में पृथुल (चपटी) स्नायुएँ होती हैं।

४. शुषिर स्नायु (Sphinctors or valvular band of mus les or covering of peritonium)–

आमाशय (Stomach), पक्वाशय (Intestine) तथा बस्ति (Urinary bladder) में शुषिर (Hollow) स्नायु होते हैं।

४. स्नायु के कार्य

नौर्यथा फलकास्तीर्णा बन्धनैर्बहुभिर्युता ।
भारक्षमा भवेदप्सु नृयुक्ता सुसमाहिता ।। (सु.शा. ५/४१)
एवमेव शरीरेऽस्मिन् यावन्तः सन्धयः स्मृताः ।
स्नायुभिर्बहुभिर्बद्धास्तेन भारसहा नराः ।। (सु.शा. ५/४२)

जिस प्रकार बहुत से बन्धनों से युक्त, अच्छी तरह से जोड़ी हुए लकड़ी के फलकों (Wooden) की नाव (Boat), गहरे पानी में डाल देने पर अधिक भार (Heavy weight) संभालने में समर्थ होती है। उसी प्रकार इस शरीर में जितनी सन्धियाँ हैं, वे सभी बहुत से स्नायुओं द्वारा बन्धी हुई हैं, इसी से मनुष्य अधिक से अधिक भार उठाने में समर्थ होता है।

१. स्नायुओं के जाल मांसपेशियों में फैले रहते हैं, जिनसे इनकी संकोच (Flexion) एवं प्रसारण (Extension) की क्रिया में सुविधा बनी रहती है।

२. स्नायुओं को आचार्य सुश्रुत ने व्रणाध्याय में सीवन (Suture) के लिए उपयुक्त बताया है।

३. स्नायु बन्धन से ही हमारा शरीर दृढ़ (मजबूत-Strong) रहता है।

४. स्नायु के आधार पर शरीर भारी वजन (Heavy weight) उठाने में समर्थ होता है।

५. शरीर के प्रत्येक भाग को एक दूसरे से जोड़ने में स्नायु सहायक होते हैं।

६. स्थान, आकार आदि के भेद से शरीर के प्रत्येक भाग से होने वाले कार्यों में सहायक होते हैं।

५. स्नायु का महत्व

"न ह्यस्थीनि न वा पेश्यो न सिरा न च सन्धयः ।
व्यापादितास्तथा हन्युर्यथा स्नायुः शरीरिणाम् ।।" (सु.शा. ५/४३)

- पीड़ित (Injured) हुई स्नायु जितनी व्याकुलता (Severe pain) उत्पन्न करती है, उतनी पीड़ा (Pain) अस्थि, पेशियों, सिरा और सन्धियों पर आघात होने से भी नहीं होती।

१. सभी स्नायु शरीर में मांस, अस्थि और सन्धियों के बन्धन हैं।

२. ये बन्धन बहुत मजबूत होते हैं।

३. सभी सन्धियाँ स्नायुओं द्वारा बन्धी होने से भार वहन करने में समर्थ होती हैं।

४. स्नायुओं द्वारा ही अस्थि में घुमाव (Rotation) हो सकता है।

५. स्नायुओं के पीड़ित स्थान में बहुत पीड़ा (Pain) होती है। जैसे– शरीर के जिस अंग में मोच (Sprain) आ जाती है, वहाँ पर महिनों तक पीड़ा (Pain) होती है। और कभी-कभी तो वह अंग काम करना ही कम कर देता है। (Loss of function) अतः स्नायु का- अस्थि, सन्धि, पेशी आदि की अपेक्षा विशेष महत्व है।

८. मांसपेशी से सम्बन्धित चेष्टाओं का वर्णन

मांसपेशियों (Muscles) को कार्य उपयोगी बनाने के लिए इनके दोनों सिरों का फिक्स होना आवश्यक है। दोनों सिरों की फिक्सेसन एक जैसी नहीं होती। एक सिरा दूसरे सिरे की अपेक्षा स्थिर या अचल होता है। वह उद्‌गम स्थान कहलाता है। दूसरा सिरा जो स्थिर न रहकर गतिशील होता है। वह निवेश कहलाता है। गतिशील सिरा (Movable end) कहने का तात्पर्य यह है कि पेशी का संकोच इसी सिरे से शुरू होता है। और संकोच की तरंगें स्थिर सिरे की ओर स्थापित होती हैं।

मांसपेशी से सम्बन्धित चेष्टाएँ निम्न हैं–

1. Flexion	8. Pronation
2. Extension	9. Retraction
3. Abduction	10. Protraction
4. Adduction	11. Eversion
5. Circumduction	12. Inversion
6. Rotation	13. Dorsiflexion
7. Supination	14. Plantar flexion

९. प्रत्येक सन्धि का विस्तृत वर्णन

[I] The joints of the upper limbs (ऊर्ध्व शाखा की सन्धियाँ)

(1) The sterno-clavicular joint (उरोजत्रुक सन्धि)–

(1) Articular component– The joint is formed by articulation of the medial end of the clavicle and the clavicular notch of the manubrium sterni.

(2) Classification–
- Synovial joint
- Diarthrosis– Saddle joint

(3) Blood supply–
- Internal thoracic artery.
- Suprascapular artery.

(4) Nerve supply– Medial supraclavicular nerve.

(2) The acromio-clavicular joint (अंसकूट जत्रुक सन्धि)–

(1) Articular component– The joint is formed by articulation of the lateral end of the clavicle and the medial margin of the acromion process of the scapula.

(2) Classification– • Synovial joint
• Diarthrosis– plane joint

(3) Blood Supply– • Suprascapular artery
• Thoracoacromial artery

(4) Nerve supply– Lateral supra-clavicular nerve.

(3) Shoulder joint or gleno-humeral joint (अंस सन्धि या कक्षा सन्धि)–

(1) Articular component– Joint formed by the head of the humerus and the glenoid cavity of the scapula.

(2) Classification–

- **According to modern–**
  1. Structural classification– Synovial joint
  2. Functional classification– Diarthrosis (freely movable)– Ball and socket joint
- **According to ayurveda–** 1. क्रिया की दृष्टि से– बहुचल सन्धि
  2. रचना की दृष्टि से– उलूखल सन्धि

(3) Ligaments of the shoulder joint–

1. Articular capsule or capsular ligament
2. Coraco-humeral ligament
3. Gleno-humeral ligament
4. Transverse-humeral ligament
5. Glenoidal labrum
6. Bursae– Subscapular bursae
   - Subdeltoid bursae
   - Subacromial bursae
   - Subcoracoid bursae

1. Articular capsule– It is a thin, loose sac that completly envelops the joint. It extends from the glenoid cavity to the anatomical neck. The inferior part of the capsule is its weakest area.

2. Coraco-humeral ligament– It is a strong, broad ligament that strengthens the sup. part of the articular capsule and extends from the coracoid process of scapula to the greater tubercle of humerus.

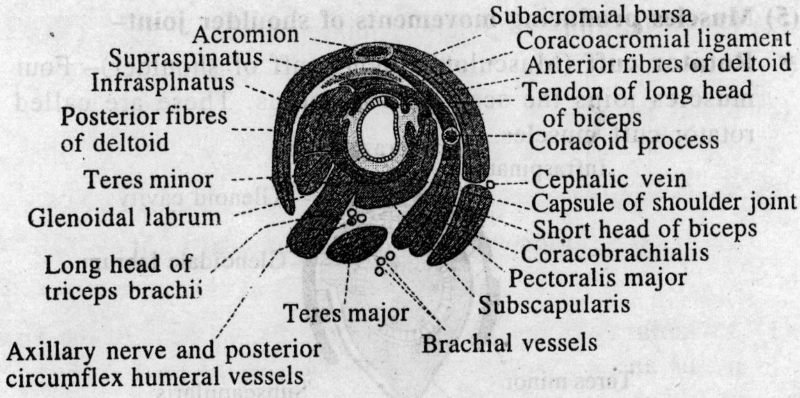

Fig: 7.1 The Shoulder Joint

3. Gleno-humeral ligament–

- They are three thickenings (sup., inf., midde) of the articular capsule over the ant. surface of the joint.
- They extend from the glenoid cavity to lesser tubercle and anatomical neck of humerus.

4. Transverse-humeral ligament– It is a narrow sheet extending from the greater tubercle to lesser tubercle of humerus.

5. Glenoidal labrum–

- It is a narrow margin of fibrocartilage around the edge of the glenoid cavity.
- It slightly deepens and enlarges the glenoid cavity.

6. Bursae–

- They are associated with the shoulder joint.
- A fluid filled sac are known bursae.

(4) Movements of the shoulder joint–

The shoulder joint has more freedom of movements than any other joint of body.

1. Flexion
2. Extension
3. Adduction
4. Abduction
5. Medial rotation
6. Lateral rotation
7. Circumduction

(5) Muscles producing movements of shoulder joint–

✱ **Rotator cuff** (Musculotendinous cuff of shoulder)– Four muscles joins the scapula to humerus. These are called rotator cuff muscles.

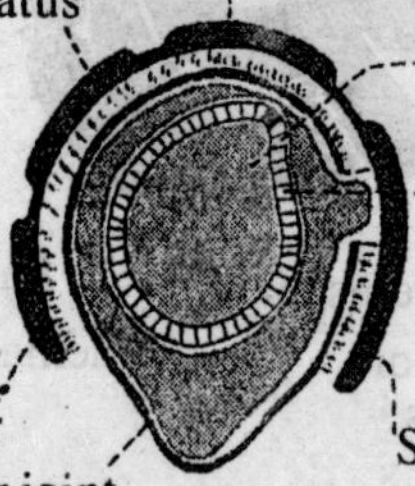

Fig: 7.2 The Musculotendinous cuff of the shoulder joint

1. Supraspinatus– Supraspinous fossa of scapula to greater tubercle of humerus.

2. Infraspinatus– Infraspinous fossa of scapula to greater tubercle of humerus.

3. Teres minor– Upper 2/3 of lateral border of dorsal surface of scapula to greater tubercle of humerus.

4. Subscapularis– Subscapular fossa of scapula to lesser tubercle of humerus.

✱ The tendon of the muscles, together called the rotator cuff incircle the joint (except for inferior portion) and fuse with the articular capsule.

- The rotator cuff muscles work as a group to hold the head of humerus in the glenoid cavity.

1. **Flexion–**	• Pectoralis major	• Coracobrachialis
	• Deltoid	• Short head of biceps
2. **Extension–**	• Deltoid	• Teres major
	• Latissimus dorsi	• Long head of triceps
3. **Adduction–**	• Pectoralis major	• Coracobrachialis
	• Latissimus dorsi	• Short head of biceps
	• Teres major	• Long head of triceps
4. **Abduction–**	• Deltoid	• Serratus anterior
	• Supraspinatus	• Trapezius

5. Medial rotation– • Pectoralis major • Teres major
• Deltoid • Subscapularis
• Latissimus dorsi

6. Lateral rotation– • Deltoid
• Infraspinatus
• Teres minor

(6) Relation of muscles–

1. Superiorly– Supraspinatus, deltoid
2. Inferiorly– Long head of triceps
3. Anteriorly– Subscapularis, coracobrachialis, short head of biceps, deltoid
4. Posteriorly– Infraspinatus, teres minor, deltoid
5. Intracapsular– Long head of biceps. (within joint)

(7) Blood supply– • Anterior circumflex humeral artery
• Posterior " " "
• Subscapular artery
• Supra scapular artery

(8) Nerve supply– • Axillary nerve
• Musculo cutaneous nerve
• Suprascapular nerve

(9) Applied aspect–

- The joint most commonly dislocation in adult is the shoulder joint, because its socket is quite shallow, usually the head of humerus becomes displaced inferiorly.
- Rotator cuff injury is a common injury.
- Shoulder tip pain.

(4) Elbow joint (कूर्पर सन्धि)–

(1) Articular component– The joint formed by the lower end of humerus and the upper end of radius and ulna.

1. Humero-radial joint– The capitulum of the humerus articulates with the concave upper surface of the head of radius.

2. Humero-ulnar joint– The trochlea of the humerus articulates with the trochlear notch at the upper end of the ulna.

3. Superior-radio-ulnar joint– The circumfrence of the head of the radius articulates with the radial notch of ulna.

4. Cubital articulation– The humero-radial, the humero-ulnar and the superior radio-ulnar joints are together known as cubital articulation.

Fig : 7.3 The Elbow Joint- The Cubital Articulation

(2) Classification–

- **According to modern–** 1. Structural classification– Synovial joint
  2. Functional classification– Diarthrosis (Freely movable)– Hinge joint
- **According to ayurveda–** 1. क्रिया की दृष्टि से– बहुचल सन्धि
  2. रचना की दृष्टि से– कोर सन्धि

(3) Ligaments of the elbow joint–

1. Capsular ligament
2. Anterior ligament
3. Posterior ligament
4. Ulnar collateral ligament
5. Radial collateral ligament

1. Capsular ligament– It is attached lower end of humerus, capitulum, trochlea, radial fossa, coronoid fossa, olecranon fossa, trochlear notch of ulna, annular ligament of superior radio-ulnar joint.

2. **Anterior ligament–** It is thickening of the capsule.
3. **Posterior ligament–** It is thickening of the capsule.
4. **Ulnar collateral ligament–** It is triangular in shape. Its apex is attached to the medial epicondyle of humerus and its base to the ulna.
5. **Radial collateral ligament–** It is attached at its upper end to the lateral epicondyle of humerus and below to the annular ligament of the superior radio ulnar joint.

Fig. : 7.4 The Elbow Joint- Ulnar collateral Ligament

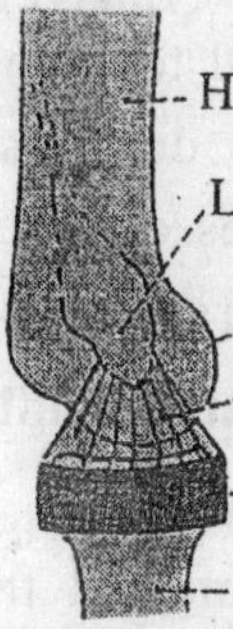

Fig. : 7.5 The Elbow Joint- Radial collateral Ligament

(4) Movements of the elbow joint–

- Flexion
- Extension

(5) Muscles producing movements–

- Flexion– Brachialis, biceps brachii, brachioradialis.
- Extension– Triceps brachii, anconeus.

(6) Relation of the elbow joint–

- Anteriorly–Brachialis, tendon of biceps brachii, brachial artery, median nerve.
- Posteriorly– Triceps brachii, anconeus.
- Medially– Flexor carpi ulnaris, common flexor muscles, ulnar nerve.
- Laterally– Supinator, extensor carpi radialis brevis, common extensor muscles.

(7) **Blood supply–** From anastomosis round the elbow joint. (Branches of brachial, radial and ulnar artery)..

(8) Nerve supply– • Ulnar nerve • Radial nerve • Median nerve • Musculocutaneous nerve.

(9) Applied aspect–

1. Dislocation of the elbow is usually posterior aspect.
2. Fracture of the coronoid process.
3. A partial dislocation of the head of the radius present in children when the forearm is suddenly pulled in pronation. The head of the radius slips out from the annular ligament.
4. Tennis elbow– Transverse fracture abrupt pronation may lead to pain and tenderness over the lateral epicondyle.

   This is possibly due to-sprain of radial collateral ligament.

   Tearing of fibres of the extensor carpi radials brevis.
5. May be ulnar nerve injury– Supracondylar fracture of humerus.

(5) Wrist joint or radio carpal joint (मणिबन्ध सन्धि)

(1) Articular component–

- The joint formed by the lower end of radius and three lateral bones of proximal row of carpus.
- Inferior surface of the lower end of radius and articular disc of the inferior radio ulnar joint articulates with the proximal surface of scaphoid, lunate and triquetral bones.

(2) Classification–

- **According to modern–**

  1. Structural classification– Synovial joint
  2. Functional " " Diarthrosis (Ellipsoid joint)

- According to ayurveda– 1. क्रिया की दृष्टि से– बहुचल सन्धि
  2. रचना की दृष्टि से– कोर सन्धि

(3) Ligaments of the wrist joint–

1. Articular capsule
2. Palmar radio carpal ligament
3. Palmar ulno carpal ligament
4. Dorsal radiocarpal ligament
5. Radial collateral ligament
6. Ulnar collateral ligament

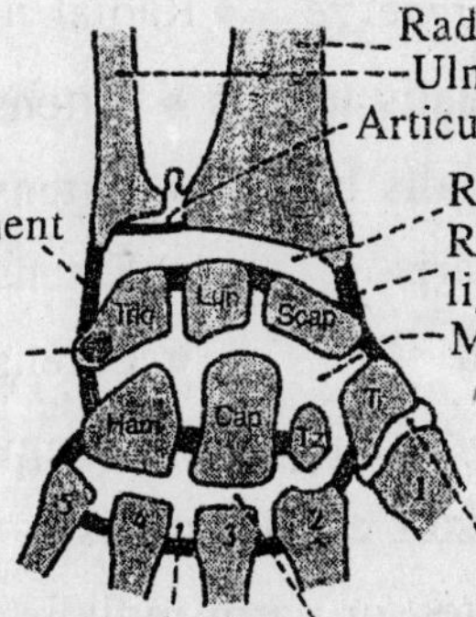

Fig. : 7.6 The Wrist Joint

1. **Articular capsule–** Surrounds the joint.
2. **Palmar radio carpal ligament–** Anterior part of capsule is thickened in its lateral part.
3. **Palmar ulno carpal ligament–** Anterior part of capsule is thickened in its medial part.
4. **Dorsal radio carpal ligament–** Posterior part of capsule is thickened in its lateral part.
5. **Radial collateral ligament–** It is attached proximally to the styloid process of radius and distally to the lateral side of scaphoid bone.
6. **Ulnar collateral ligament–** It is attached proximally to the styloid process of the ulna and distally to the medial side of the triquetral bone.

(4) Movements of the wrist joint–

- Flexion
- Extension
- Adduction
- Abduction
- Circumduction

(5) Muscles producing movements–

Flexion

- Flexor carpi radialis
- Flexor carpi ulnaris
- Palmaris longus
- Flexor digitorum profundus
- Flexor pollicis longus

Extension–

- Extensor carpi radialis longus
- Extensor carpi radialis brevis
- Extensor carpi ulnaris
- Extensor digitorum
- Extensor digiti minimi
- Extensor pollicis brevis
- Extensor pollicis longus
- Extensor indicis

Abduction–
- Abductor pollicis longus
- Flexor carpi radialis
- Extensor carpi radialis longus
- Extensor carpi radialis brevis

Abduction–
- Flexor carpi ulnaris
- Extensor carpi ulnaris

(6) Relations–

- **Anteriorly–** Long flexor tendons, median nerve
- **Posterirly–** Extensor tendons
- **Laterally–** Radial artery

(7) Blood supply– Anterior and posterior carpal arches. (Branches of radial and ulnar artery).

(8) Nerve supply– Anterior and posterior interosseous nerve. (Branches of median and radial nerves).

(9) Applied aspect–

1. The wrist joint is commonly involved in rheumatoid arthritis. (R.A.) In which collagen tissue is mostly affected.
2. The back of the wrist is the common site for a ganglion. It is a cystic swelling resulting from mucoid degeneration of connective tissue of the joint capsule.
3. Wrist drop is indicated radial nerve injury.

(6) Radio ulnar joint (प्रकोष्ठान्तरा सन्धियाँ)

1. Superior radio ulnar joint (ऊर्ध्व प्रकोष्ठान्तरासन्धि)
2. Inferior radio ulnar joint (अध: प्रकोष्ठान्तरा सन्धि)

(1) Articular components–

- **Superior radio ulnar joint–** The joint formed by the head of the radius and radial notch of ulna.
- **Inferior radio ulnar joint–** The joint formed by the head of the ulna and ulnar notch of radius.

(2) Classification– • Structural classification– Synovial joint.
• Functional classification– Diarthrosis (Pivot joint)

(3) Movements– • Pronation
• Supination

(7) Joint of the hand (हस्त की सन्धियाँ)

Mid carpal joint (पाणिकूर्चास्थियों के मध्य की सन्धियाँ)

(1) Articular component– The joint formed by the proximal row and distal row of carpal bones.

(2) Classification– • Structural classification– Synovial joint
• Functional classification– Diarthrosis (Ellipsoid joint)

Carpometacarpal joint of thumb (मणिबन्ध कूर्च एवं प्रथम पाणिशलाका के मध्य की सन्धि)

(1) Articular component– The joint formed by the trapezium and first metacarpal bone.

(2) Classification– • Structural classification– Synovial joint
• Functional classification– Diarthrosis (Saddle joint)

Intercarpal joint (मणिबन्ध कूर्चान्तरा सन्धियाँ)–Synovial→Diarthrosis → Gliding joint.

Inter metacarpal joint (पाणि शलाकान्तरा सन्धियाँ)–Synovial→Diarthrosis → Gliding joint.

Metacarpophalangeal joints (पाणिशलाका एवं अंगुल्यास्थियों के मध्य की सन्धियाँ)– Synovial→ Diarthrosis→ Ellipsoid joint.

Inter phalangeal joint (अंगुल्यास्थियों के मध्य की सन्धियाँ)–Synovial→ Diarthrosis→ Hinge Joint

[II] The joints of the lower limbs (अधोशाखा की सन्धियाँ)

(1) Hip joint or coxal joint (वंक्षण सन्धि या नितम्ब सन्धि)

(1) **Articular component**– Joint formed by the head of the femur and the acetabulum of the hip bone.

(2) **Classification**–

- **According to modern**–
  1. Structural classification– Synovial joint.
  2. Functional classification– Diarthrosis
     – Ball and socket joint
- According to ayurveda– 1. क्रिया की दृष्टि से– बहुचल सन्धि
  2. रचना की दृष्टि से– उलूखल सन्धि

(3) **Ligaments of the hip joint**–

1. Capsular ligament
2. Ilio-femoral ligament
3. Pubo femoral ligament
4. Ischio femoral ligament
5. Transverse ligament of acetabulum
6. Ligament of the head of the femur
7. Acetabular labrum

Fig. : 7.7 The Transverse Acetabular Ligament

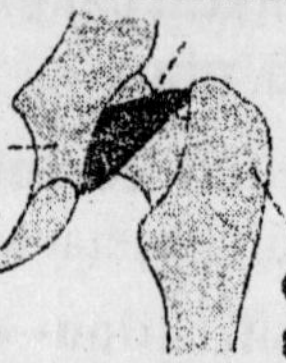

Fig. : 7.9 The Ischiofemoral Ligament

Fig. : 7.8 The Iliofemoral and pubofemoral ligament

1. **Capsular ligament**– It is strong.

   It is attached acetabulum, neck of femur, greater trochanter, lesser trochanter, trochanteric line and trochanteric crest.

- The capsule is strengthen by the presence of three ligaments.

2. **Ilio-femoral ligament–** It is "Y" shaped ligament.

It is attached by anterior inferior iliac spine to ←
- Medial band-Lower part of trochanteric line.
- Lateral band-Upper part of trochanteric line.

3. **Pubo-femoral ligament–** Superior ramus of pubis to medial band of ilio femoral ligament.
4. **Ischio femoral ligament–** Ischium to greater trochanter of femur.
5. **Transverse ligament of acetabulum–** Bridge across the acetabulur notch.
6. **Ligament of the head of the femur–** Fovea on the head of the femur to acetabular notch.
7. **Acetabular labrum–** Acetabulum is increased by the presence of rim of fibrocartilage called acetabular labrum.

(4) Movements of the hip joint–

- Flexion
- Extension
- Adduction
- Abduction
- Lateral rotation
- Medial rotation
- Circumduction

(5) Muscle Producing Movement–

- **Flexion–** • Psoas major • Iliacus
- **Extension–** • Gluteus maximus • Hamstrings muscles.
- **Adduction–** • Adductor longus • Adductor brevis • Adductor magnus
- **Abduction–** • Gluteus medius • Gluteus minimus
- **Medial rotation–** • Tensor fascia-latae • Gluteus medius • Gluteus minimus
- **Lateral rotation–**
  - Obturator internus and externus
  - Quadratus femoris
  - Superior and inferior gemellus
  - Piriformis

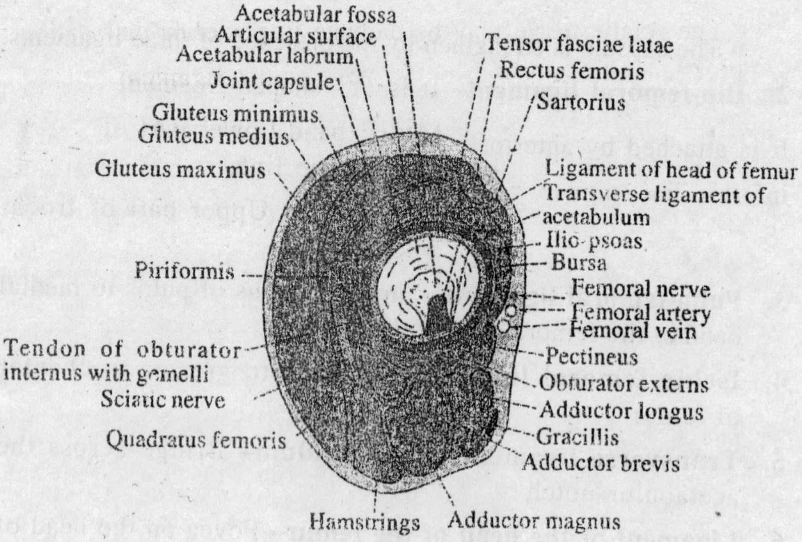

Fig. : 7.10 The Hip Joint

(6) Relations–

- Anterior– Iliacus, psoas, pectineus, rectus femoris, femoral vein, artery and nerve.
- Posterior– Obturator internus, gemelli, quadratus femoris.
- Superior– Piriformis, gluteus minimus
- Inferior– Obturator externus

(7) Blood supply–

- Obturator artery
- Medial and lateral circumflex femoral artery.
- Superior and inferior gluteal artery.

(8) Nerve supply–

- Femoral nerve– Front of thigh.
- Obturator nerve– Medial side of thigh.
- Sciatic nerve– Post. side of thigh.

(9) Applied aspect–

1. Fracture of the neck of femur are common in old age also called senile degeneration.
2. Dislocation of the hip may be posterior, (more common) anterior (Less common) and central. (Rare)

- The sciatic nerve may be damage in posterior dislocation.

3. Congenital dislocation is more common in the hip.
4. Osteoarthritis is a disease of old age– Painful movement.
5. Disease of the hip (like-T.B.) may caused referred pain in the knee because of the common nerve supply of the joint.

(2) Knee joint or tibio femoral joint (जानु सन्धि)

(1) Articular component– • The knee joint is the largest joint of the body.

• It consists of three joints.

1. Intermediate patello– femoral joint.
2. Lateral tibio-femoral joint
3. Medial tibio-femoral joint

1. **Intermediate patello-femoral joint–** B/w the patella and the patellar surface of the femur.
2. **Lateral tibio-femoral joint–** B/w the lateral condyle of tibia and lateral condyle of the femur.
3. **Medial tibio-femoral joint–** B/w the medial condyle of tibia and medial condyle of the femur.

(2) Classification–

- According to modern–

1. Structural classification– Synovial joint
2. Functional " " – Diarthrosis

- Lateral and medial tibio femoral joint– condylar joint (Modified hinge joint).
- Patello-femoral joint– Saddle joint
- According to ayurveda– 1. क्रिया की दृष्टि से– बहुचल सन्धि
  2. रचना की दृष्टि से– उलूखल सन्धि

(3) Ligaments of the knee joint–

1. Articular capsule
2. Medial and lateral patellar retina culum
3. Ligamentum patellae or patellar ligament

4. Oblique poplital ligament 5. Arcuate popliteal ligament
6. Tibial collateral ligament 7. Fibular collateral ligament
8. Anterior cruciate ligament 9. Posterior cruciate ligament
10. Articular discs or menisci 11. Bursae.

1. Articular capsule– Capsuler ligament is weak and thin.
2. Medial and lateral patellar retinaculum– are fused tendons of the quadriceps femoris muscles.
3. Ligamentum patellae– Patella to the tibial tuberosity of the tibia.
4. Oblique popliteal ligament– Lateral condyle of femur to fibrous capsule.

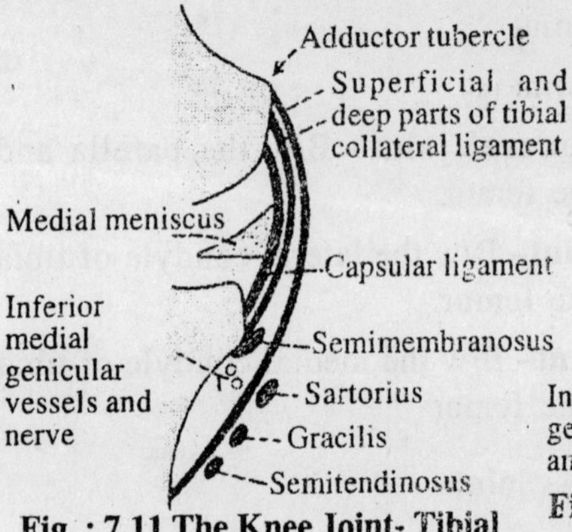

Fig. : 7.11 The Knee Joint- Tibial collateral Ligament

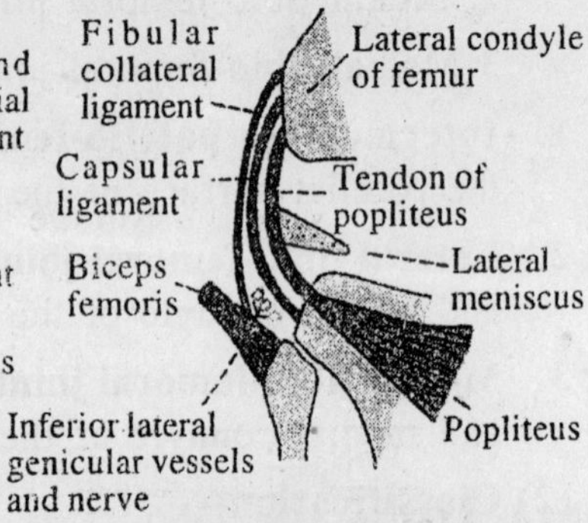

Fig. : 7.12 The Knee Joint- Fibular collateral Ligament

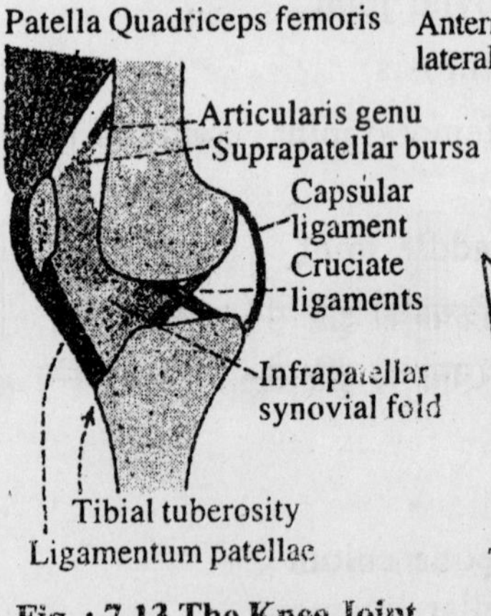

Fig. : 7.13 The Knee Joint

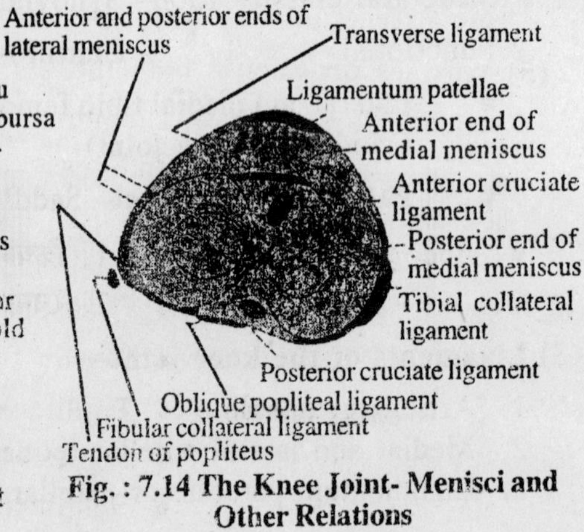

Fig. : 7.14 The Knee Joint- Menisci and Other Relations

5. Arcuate popliteal ligament– Lateral condyle of femur to styloid process of head of fibula.
6. Tibial collateral ligament– Medial condyle of femur to medial condyle of tibia.
7. Fibular collateral ligament– Lateral condyle of femur to head of febula.
8. Anterior cruciate ligament– Lateral condyle of femur to inter-condylar area of tibia.
9. Posterior cruciate ligament– Medial condyle of femur to inter-condylar area of tibia.
10. Articular discs or menisci– Menisci are two fibrocartilage discs B/w the tibial and femoral condyles.
    - Medial menisci is semicircular.
    - Lateral menisci is circular.
11. Bursae– • Around the knee
    • 13 Bursae

• Anterior–	4
• Lateral–	4
• Medial–	5
Total–	13

(4) Movements of the knee joint–

- Flexion
- Extension
- Medial rotation
- Lateral rotation

(5) Muscles producing movement–

- **Flexion–**
  - Biceps femoris
  - Semitendinosus
  - Semimembranosus
  - Gracilis
  - Sartorius
  - Popliteus
  - Gastrocnemius
- **Extension–**
  - Quadriceps femoris
  - Tensor fascia latae
- **Medial rotation–**
  - Popliteus
  - Semitendinosus
  - Semimembranosus

- **Lateral rotation–** Biceps femoris

(6) Relations–

- Anterior– Anterior bursae, ligamentum patellae.
- Posteriorly– Gastrocnemius, plantaris, semitendinosus, semimembranosus, popliteus, gracilis, popliteal vessels, tibial nerve, common-peroneal nerve.
- Medially– Sartorius, great saphenous nerve and vessels.
- Laterally– Biceps femoris.

(7) Blood supply– The knee joint is supplied by the anastomosis around it.

- Five genicular branches of the– popliteal artery.
- Descending genicular branch of the– femoral artery
- Descending branch of the lateral circumflex femoral artery.
- Two recurrent branches of the–anterior tibial artery.
- Circumflex fibular branch of the– posterior tibial artery.

(8) Nerve supply–

- Femoral nerve
- Obturator nerve
- Sciatic nerve
  - Common peroneal nerve
  - Tibial nerve

(9) Applied aspect–

- Dislocation of the knee joint is rare–Injury to cruciate ligament.
- Osteoarthritis
- Strains–
  - Injury to menisci.
  - Injury to collateral ligament.

(3) Ankle joint or talo-crural joint (गुल्फ सन्धि)

(1) Articular component–

1. Talus articulate with the lower end of tibia and fibula.
2. The distal end of the tibia including the medial malleolus. The lateral malleolus of the fibula. Inferior transverse tibio fibular ligament articulates with the upper, medial and lateral aspect of talus.

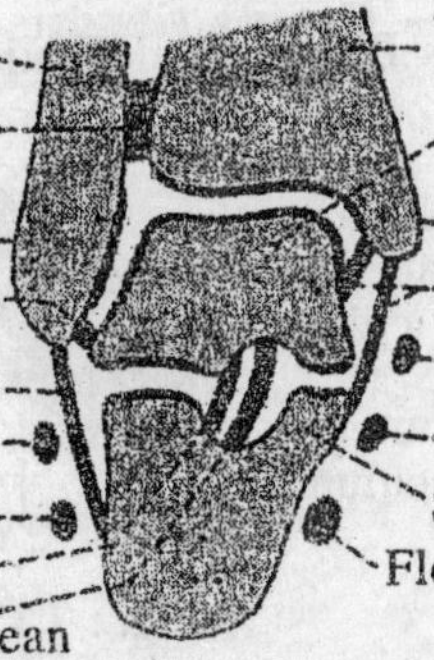

Fig. : 7.15 The Ankle Joint

(2) Classification–

- **According to modern–**
  1. Structural classification– Synovial joint
  2. Functional classification– Diarthrosis

     – Hinge joint

- **According to ayurveda–** 1. क्रिया की दृष्टि से– बहुचल सन्धि
  2. रचना की दृष्टि से– कोर सन्धि

(3) Ligaments of the ankle joint–

1. Capsular ligament
2. Deltoid (Medial) ligament
3. Lateral ligament

1. **Capsular ligament–** (Fibrous capsule)–It surrounds the joint.
2. **Deltoid ligament–** It is a very strong triangular ligament. Present on the medial side of the ankle. It is divided two parts– superficial and deep.
   - **Superficial part–**
     1. Anterior fibres– Tibio-navicular
     2. Middle fibres– Tibio-calcanean
     3. Posterior fibres– Posterior tibio talor
   - **Deep part–** 1. Anterior tibio-talar
3. **Lateral ligament–** This ligament consists of three bands.
   1. Anterior talo-fibular ligament

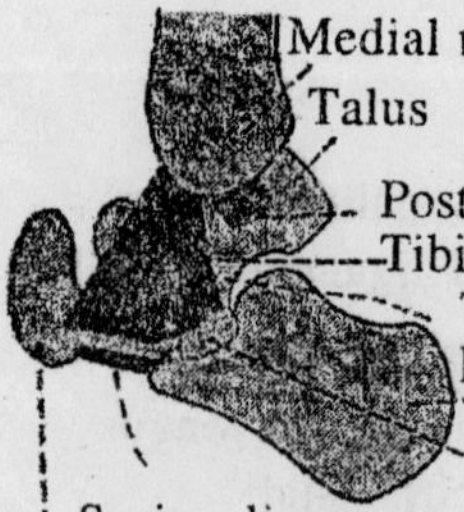

Fig. : 7.16 The Ankle Joint- Deltoid (Medial) Ligament

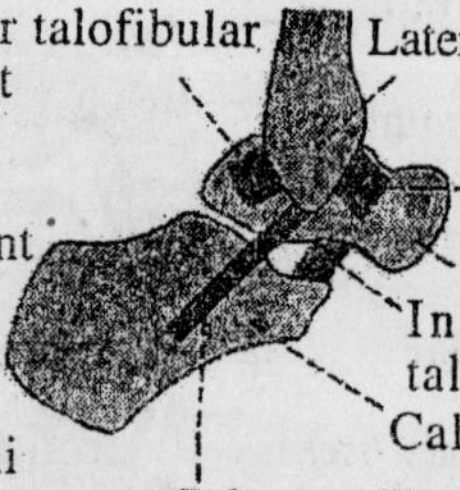

Fig. : 7.17 The Ankle Joint- Lateral Ligament

2. Posterior talo-fibular ligament
3. Calcaneo-fibular ligament

(4) Movements of the ankle joints–

- Dorsi flexion
- Plantar flexion

(5) Muscles producing movements–

- **Dorsi flexion–**
- Tibialis anterior
- Extensor hallucis longus
- Extensor digitorum longus
- Peroneus tertius
- **Plantar Flexion–**
- Gastrocnemius
- Tibialis posterior
- Soleus
- Flexor hallucis longus
- Plantaris
- Flexor digitorum longus

(6) Relations–

Anteriorly– Tibialis ant., extensor hallucis longus, extensor digitorum longus, peroneus tertius, anterior tibial vessels, deep peroneal nerve.

Posteriorly– Tibialis post., flexor digitorum longus, flexor hallucis longus, peroneus brevis, peroneus longus, posterior tibial vessels and tibial nerve.

(7) Blood supply–
- Anterior tibial artery
- Posterior tibial artery
- Peroneal artery.

(8) Nerve supply–
- Deep peroneal nerve
- Tibial nerve.

(9) Applied aspect–

- Dislocation of the ankle joint–

  May be caused by fracture of malleoli, rupture of the interosseus tibio fibular ligament.

- Sprains of the ankle joint.

- Foot drop– Injury to common peroneal nerve.
- Injury to the tibia and fibula in the region of the ankle are referred to as pott's fracture–
  - Fracture of lateral malleolus.
  - Fracture of medial malleolus.
  - Injury to medial ligament.
  - Injury to interosseus tibio-fibular ligament.

(4) Tibio-fibular joint (जंघिक सन्धियाँ)

1. Superior tibio-fibular joint (ऊर्ध्व जंघिक सन्धि)
2. Middle tibio-fibular joint (मध्य जंघिक सन्धि)
3. Inferior tibio fibular joint (अधो जंघिक सन्धि)

(1) Superior tibio fibular joint (ऊर्ध्व जंघिक सन्धि)– It is formed by the head of the fibula and on the lateral condyle of the tibia.

- **Classification–**
  - Synovial joint
  - Diarthrosis– Plane joint

(2) Middle tibio-fibular joint (मध्य जंघिक सन्धि)– This is a fibrous joint, formed by the interosseus membrane connecting the shafts of the tibia and fibula.

(3) Inferior tibio fibular joint (अधो जंघिक सन्धि)– This is a syndesmosis uniting the distal ends of the tibia and the fibula.

(5) Joints of the foot (पाद की सन्धियाँ)

1. Mid tarsal joint (पाद कूर्चास्थियों की सन्धियाँ)
2. Tarso-metatarsal joint (पादकूर्च एवं पाद शलाकाओं के मध्य की सन्धियाँ)
3. Inter-tarsal joint (पाद कूर्चास्थियों के बीच की सन्धियाँ)
4. Intermeta-tarsal joint (पादशलाकाओं के बीच की सन्धियाँ)

5. Meta tarso-phalangeal joint (पादश्लाकाओं और अंगुल्यास्थियों की सन्धियाँ)
6. Inter phalangeal joint (अंगुल्यास्थियों के बीच की सन्धियाँ)

- **Mid tarsal joint or transverse tarsal joint (पाद कूर्चास्थियों की सन्धियाँ)**

1. Calcaneo-cuboid joint (पार्ष्णि-घन सन्धि)
2. Talo-naviculer joint कूर्चशिर-नौकाभ सन्धि

- **Inter tarsal joint–**

1. Subtalar or talocalcanean joint (कूर्चशिर-पार्ष्णि सन्धि)
2. Talo calcaneo navicular joint (कूर्च शिर-पार्ष्णि नौकाभ सन्धि)
   - Spring ligament (plantar calcaneo-navicular ligament)
   - Maintaining the medial longitudinal arch of the foot.
3. Calcaneo cuboid joint (पार्ष्णि-घन सन्धि)
4. Cuneonavicular joint (कीलक-नौकाभ सन्धि)
5. Cuboido navicular joint (घन-नौकाभ सन्धि)
6. Intercuneiform joints (कीलक अस्थियों के बीच की सन्धियाँ)
7. Cuneocuboid joints (कीलक-घन सन्धि)

(1) Mid-tarsal joints (पाद कूर्चास्थियों के मध्य की सन्धियाँ)
(2) Inter-tarsal joints (पाद कूर्चास्थियों के मध्य की सन्धियाँ)
(3) Tarso-metatarsal joints (पादकूर्च एवं पाद श्लाकाओं के मध्य की सन्धियाँ)
(4) Inter-meta tarsal joints (पाद श्लाकाओं के मध्य की सन्धियाँ)

Synovial→ Diarthrosis→ Gliding joint.

(5) Meta-tarso-phalangeal joint (पाद श्लाकाओं और अंगुल्यास्थियों की सन्धियाँ)– Synovial→ Diarthrosis→ Ellipsoid joint

(6) Inter phalangeal joint (अंगुल्यास्थियों के मध्य की सन्धियाँ)– Synovial→ Diarthrosis→ Hinge joint

[III] Joints of the thorax (वक्ष की सन्धियाँ)

1. Manubrio-sternal joint– secondary cartilaginous joint
2. Costo-vertebral joints– synovial joint
3. Costo-transverse joints– synovial joint
4. Costo-chondral joints– primary cartilaginous joint

5. Chondro-sternal joints–
   - First chondro-sternal joints– primary cartilaginous joint
   - 2nd to 7th chondro-sternal joints--synovial joint
6. Inter-chondral joints-- synovial joint
7. Inter-vertebral joints– synovial joint

[IV] Joint of the skull (शिर की सन्धियाँ)

Two types. 1. Movable joint, 2. Im-movable joint

1. Movable joint–

(1) Temporo-mandibular joint– T.M.J. (अधोहनुसन्धि या हनुसन्धि)

(1) Articular component–

1. Articulation of the mandible with the temporal bone.
2. The condylar process of the mandible articulate with the mandibular fossa and articulating tubercle of the temporal bone.

- The T.M.J. is the only movable joint of the skull. All other skull joint are fibrous in type, (sutures) and therefore immovable.

(2) Classification–

- **According to modern–** 1. Structural classification– synovial joint
  2. Functional classification–Diarthrosis (Condylar joint)
- **According to ayurveda–** 1. क्रिया की दृष्टि से– बहुचल सन्धि
  2. रचना की दृष्टि से– वायसतुण्ड सन्धि

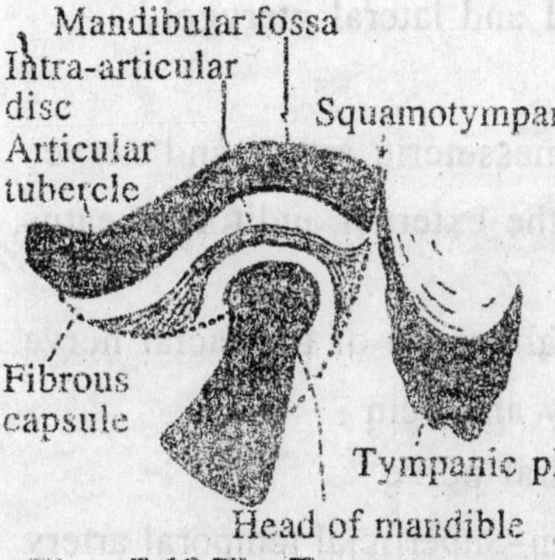

Fig. : 7.18 The Temporomandibular Joint

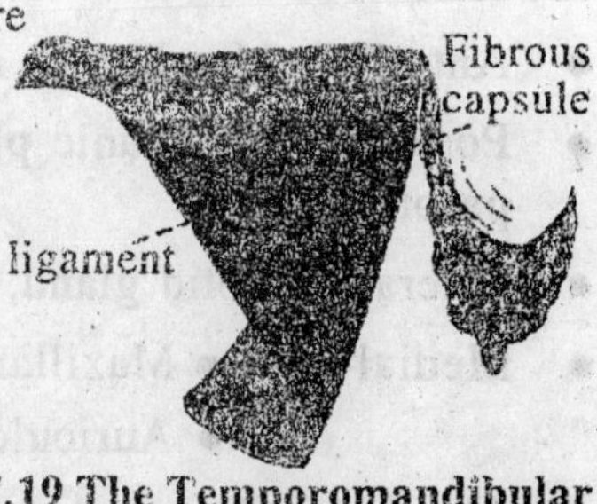

Fig. : 7.19 The Temporomandibular Joint- Lateral Ligament and Fibrous capsule

(3) Ligaments of the T.M.J.–

1. Fibrous capsule
2. Lateral (Temporo-mandi bular) ligament
3. Spheno-mandi bular ligament
4. Stylo-mandibular ligament

1. Fibrous capsule– Surrounds the joint.

2. Lateral ligament– Strength the lateral part of capsular ligament.

3. Spheno-mandibular– ligament Lies on the medial side of joint.

4. Stylo-mandibular– ligament
- Lies behind and medial to the joint.
- Styloid process of temporal bone to the angle of mandible.

(4) Movements of the T.M.J.–

- Depression
- Elevation
- Protraction
- Retraction
- Lateral or side to side

(5) Muscles producing movement–

- Depression– Digastric, genio hyoid, mylohyoid
- Elevation– Masseter, temporalis
- Protraction– Lateral and medial pterygoid
- Retraction– Temporalis, masseter, digastric, geniohyoid
- Lateral or side to side– Medial and lateral pterygoid

(6) Relations–

- Anterior– Mandibular notch, masseteric artery and nerve.
- Posterior– Tympanic plate of the external auditory meatus, parotid gland.
- Lateral– Parotid gland, temporal branch of the facial nerve.
- Medial–
  - Maxillary artery and vein
  - Auriculo temporal nerve

(7) Blood supply–
- Branches from–Superficial temporal artery.
- " " "– Maxillary artery.

(8) Nerve supply– • Auriculotemporal nerve.
• Masseteric nerve.

(9) Applied aspect–

- Dislocation of mandible– During excessive opening of the mouth or during a convulsion.
- In operations on the joint, the seventh cranial nerve should be preserved with care.
- Derangement of the articular disc may result from any injury. Like over closure or malocclusion.

  This give rise to clicking and pain during movements of the jaw.

2. Im-movable joints of the skull

• Im-movable joints are fibrous in type.

These are called sutures.

1. Sagittal suture	8. Fronto-nasal suture
2. Coronal suture	9. Naso-maxillary suture
3. Lambdoid suture	10. Lacrimo-maxillary suture
4. Metopic suture	11. Fronto-maxillary suture
5. Occipito-mastoid suture	12. Inter-maxillary suture
6. Parieto-mastoid suture	13. Zygomatico-maxillary suture.
7. Inter-nasal suture	14. Zygomatico-frontal suture.

[V] Joint of the vertebral column (पृष्ठवंश की सन्धियाँ)

✶ Atlanto-occipital joint (शीर्षधर-पश्चकपाल सन्धि)

(1) Articular component– Joint formed by the superior articular facet of the atlas and the occipital condyles of the occipital bones.

(2) Classification– • Synovial
• Diarthrosis– Condylar joint

(3) Movements– • Flexion • Extension • Lateral (side to side)

✶Inter-vertebral joints (पृष्ठवंश की सन्धियाँ)

(1) Articular components– Joints formed B/w vertebral bodies and B/w vertebral arches.

(2) Classification– • Joints B/w vertebral bodies–

• • Cartilaginous

• Amphiarthrosis - Symphysis.

• Joint B/w articular process– Synovial Diarthrosis–Gliding joint

(3) Movements– • Flexion • Extension • Lateral– side to side

***Lumbo sacral joints (कटि-त्रिक सन्धि)**

(1) Articular components– Joint formed by the body of fifth lumbar vertebrae and the superior articular facet of the first sacral vertebra of the sacrum.

(2) Classification–

• Joints B/w the fifth lumbar and first sacral vertebra–

• Cartilaginous • Amphiarthrosis– Symphysis

• Joints B/w the articular process–

• Synovial joint • Diarthrosis– Gliding joint

(3) Movements– • Flexion • Extension • Rotation

•

अध्याय- ८

सिरा-धमनी-स्त्रोतस् शारीर

(A) सिरा शारीर

१. व्याख्या– "**सरणात् सिराः।**"

- द्रव द्रव्य वहन करने के कारण, उसे सिरा कहते हैं।

- शरीर की वह सभी नालियाँ (Tubes) जो धातुओं का पोषण करके वहन करती हुई अपने केन्द्र स्थान (नाभि) हृदय तक पहुँचती हैं, उसे सिरा कहते हैं।

- जो शरीर के रक्त को हृदय की तरफ ले जाती हैं, उसे सिरा कहते हैं।

- Vein– A blood vessel that conveys blood from tissue back to the heart.

- A blood vessel carrying deoxygenated blood to the heart except pulmonary veins.

२. स्वरूप

आचार्य सुश्रुत के अनुसार जैसे जलहारिणियों द्वारा उपवन का और क्यारियों व छोटे जलमार्गों द्वारा क्षेत्र (खेत) का सिंचन और पोषण होता है। उसी प्रकार सिराओं के आकुञ्चन (Construction) और प्रसारण (Dilation) द्वारा शरीर का उपस्नेहन और परिपालन होता है।

वृक्षों के पत्तों की सीवनियों के समान सिराएँ फैली हुई होती हैं। इन सिराओं का मूल स्थान नाभि है। नाभि से ये सिराएँ ऊपर, तिरछे (आस-पास) और नीचे की ओर फैलती हैं।

३. उत्पत्ति स्थान– "**नाभिर्मूलं**" (सु.शा. ७/३)

सिराओं का मूल स्थान नाभि है।

प्राणियों के शरीर में जितनी सिराएँ उत्पन्न होती हैं, वे सभी नाभि से सम्बन्ध रखती हुई चारों ओर फैलती हैं।

प्राणियों के प्राण नाभि में स्थित होते हैं और प्राणों पर नाभि आश्रित है।

जैसे– पहिये का मध्य भाग आरों से आवृत (घिरा) रहता है, वैसे ही सिराओं से नाभि घिरी हुई रहती है।

यहाँ पर प्राण शब्द का अर्थ है– रक्त। क्योंकि नाभि के द्वारा ही रक्त का संवहन (गर्भावस्था में) हुआ करता है। इसी रक्त संवहन (Fetal circulation) पर भ्रूण (embryo) का शरीर निर्भर होता है। यदि रक्त संवहन रूक जाये तो भ्रूण नष्ट हो जाता है।

४. संख्या– **"सप्त सिरा शतानि भवन्ति।"** (सु.शा. ७/३)

सिराएँ सात सौ होती हैं।

"तासां मूल सिराश्चत्वारिंशत् ।" (सु.शा. ७/६)

इनमें मूल सिराएँ चालीस होती हैं।

५. प्रकार और भेद (शाखा-प्रशाखाओं का वर्णन)

सिराओं के चार विभाग किए गए हैं।

वातवह सिराएँ	–	10
पितवह सिराएँ	–	10
कफवह सिराएँ	–	10
रक्तवह सिराएँ	–	10
कुल मूल सिराएँ	=	40

पुनः शाखाओं में विभक्त होकर–

वातवह	–	175
पितवह	–	175
कफवह	–	175
रक्तवह	–	175
कुल सिराएँ	–	700

षडंगों के अनुसार सिराओं के विभाग–

शाखाओं में=	25x4= 100 – 100x4= 400	वातवह,	पितवह,	कफवह,	रक्तवह
मध्य शरीर में =	34 – 34x4= 136	,,	,,	,,	,,
ऊर्ध्व जत्रुगत =	41 – 41x4= 164	,,	,,	,,	,,
कुल सिराएँ =	175 – 175x4= 700				

६. सिराओं का वर्ण

वातवह	– अरूण वर्ण की	– वायु से भरी हुई होती हैं।
पितवह	– नील वर्ण की	– उष्ण होती हैं।
कफवह	– श्वेत वर्ण की	– शीत होती हैं।
रक्तवह	– रोहिणी (रक्त वर्ण की)	– न अतिउष्ण, न अतिशीत

७. सिराओं का सर्ववहत्व

देखा जाये तो वातादि प्रधान स्थानों में वातादि दोषवाहक सिराओं को वातादि का पोषण होने से वातवाहिनी, पित्तवाहिनी, कफवाहिनी और रक्तवाहिनी आदि नाम दिए हैं।

फिर भी प्रत्येक सिरा केवल वात, पित्त, कफादि का ही वहन नहीं करती है, किन्तु सिराएँ प्रत्येक दोष एवं रक्त के पोषक रस का वहन करती हैं। इसी कारण इन्हें सर्ववहा कहा जाता है।

सभी सिराएँ अपने-अपने स्थान में होती हुई कार्य करती हैं, किन्तु दोष सर्व शरीर में व्याप्त हैं। अत: जब किसी दोष का प्रकोप होता है, तब भी वह दोष प्रत्येक सिरा द्वारा वहन कर स्थान विशेष में विकार उत्पन्न करता है। इसी कारण इनका सर्ववहत्व सिद्ध होता है।

८. सिराओं के कार्य (कर्म)

१. प्राकृत कर्म, २. वैकृत कर्म

१. वातवह सिराओं के प्राकृत कर्म– शुद्ध वायु अपनी सिराओं में अच्छी तरह से संचार करे, तो समस्त क्रियाएँ यथायोग्य होती हैं।

वैकृत कर्म– कुपित वायु से अनेक प्रकार के वायु रोग उत्पन्न हो जाते हैं। जैसे– संधिशूल (Joint pain), अपचन (Indigation) आदि।

२. पित्तवह सिराओं के प्राकृत कर्म– शुद्ध पित्त अपनी सिराओं में संचार करे, तो अन्न में रूचि, जठराग्नि की प्रबलता, कान्ति और निरोगता आदि गुण होते हैं।

वैकृत कर्म– कुपित पित्त से अनेक प्रकार के पित्तजन्य रोग हो जाते हैं। जैसे– अम्लपित (Acidity), कण्डू (Itching) आदि।

३. कफवह सिराओं के प्राकृत कर्म– शुद्ध कफ अपनी सिराओं में संचार करे, तो अंगों में स्निग्धता, सन्धियों में स्थिरता, उत्साह, दृढ़ता आदि गुण उत्पन्न करता है।

वैकृत कर्म– कुपित कफ से अनेक प्रकार के कफजन्य रोग हो जाते हैं। जैसे– अरूचि (Anorexia), नींद अधिक आना आदि।

४. रक्तवह सिराओं के प्राकृत कर्म– शुद्ध रक्त सिराओं में संचार करे तो, सब धातुओं की पूर्णता और सुन्दर रूप आदि गुण होते हैं।

वैकृत कर्म– कुपित हुआ रक्त अनेक प्रकार के रक्तजन्य रोग पैदा करता है। जैसे– रक्तपित (Gout), रक्तचाप का बढ़ना (Hypertension) आदि।

९. अवेध्य सिराएँ

शरीर में कुछ ऐसी सिराएँ भी हैं, जिनके वेधन (Puncture or cut) होने से मृत्यु अथवा विकलता होती है।

अधिकतर ये सिराएँ मर्मस्थानों से सम्बन्धित होती हैं। अत: वेधन करते समय इनका ज्ञान आवश्यक है।

१०. अवेध्य सिराओं की संख्या– ९८ होती है।

षडंगों के अनुसार–	शाखाओं में–	१६
	मध्य शरीर में–	३२
	ऊर्ध्व जत्रुगत–	५०
	कुल सिराएँ–	९८

(B) धमनी शारीर

१. व्याख्या– "ध्मानात् धमन्य:।"

- जो धमन (स्पन्दन– गति का स्पर्श होना) करती हुई, इस रक्त को हृदय से सर्व शरीरगत ले जाती हैं, वह धमनी हैं।
- हृदय से निकलने वाली शुद्ध रक्तवाहिनियों को धमनियाँ कहा जाता है।
- Artery– A blood vessel that carries blood (oxygenated blood) away from the heart. Except pulmonary artery.

२. स्वरूप
- वायु से पूर्ण होना।
- धमन (स्पन्दन) युक्त होना।
- हृदय से सम्बन्धित होना।

३. उत्पत्ति स्थान– "चतुर्विंशतिर्धमन्यो नांभिप्रभवा अभिहिता:।" (सु.शा. ९/३)

नाभि से उत्पन्न होने वाली २४ धमनियाँ होती है।

नाभि–	गर्भ की स्थिति–	नाभि–	Umbilicus
	जन्म के पश्चात्–	हृदय–	Heart

४. संख्या– "**चतुर्विंशतिर्धमन्यो नाभिप्रभवा अभिहिताः।**" (सु.शा. ९/३)

नाभि से उत्पन्न होने वाली २४ धमनियाँ होती हैं।

५. प्रकार या भेद (शाखा-प्रशाखाओं का वर्णन)–

"**तासां तु नाभिप्रभवाणां धमनी नामूर्ध्वगा दश, दशचाधोगामिन्यः चतस्त्रस्तिर्यग्गाः।**"

(सु.शा. ९/४)

१. ऊर्ध्वगामी धमनियाँ–	नाभि से ऊपर जाने वाली–	10
२. अधोगामी धमनियाँ–	नाभि से नीचे जाने वाली–	10
३. तिर्यग्गामी धमनियाँ–	नाभि से तिर्यक् जानें वाली–	4

६. कार्य

१. ऊर्ध्वगामी धमनियाँ– शब्द, स्पर्श, रूप, रस, गन्ध, उच्छ्वास, जम्भाई, छींक, रोना, हँसना आदि का अभिवहन करती हुई शरीर को धारण करती हैं।

२. अधोगामी धमनियाँ– वात, मूत्र, मल, शुक्र, आर्तव आदि का अधोभाग में वहन करती हैं।

३. तिर्यग्गामी धमनियाँ– इनका शरीर में जाली की तरह जाल फैला हुआ होता है। इनके अन्तिम सिरे लोमकूपों से सम्बन्धित हैं, जिनके द्वारा यह स्वेद का वहन करती हैं।

(C) स्रोतस् शारीर

१. व्याख्या– "**स्रवणात् स्रोतांसि।**"

१. • शरीर के वे सभी भाग जहाँ स्रवण (गति) क्रिया होती है, वे स्रोतस् हैं।

• जिससे स्राव निकलता हो, वही स्रोतस हैं।

स्रोत शब्द का अर्थ एक मिट्टी के घड़े (मटके) के उदाहरण से समझा जा सकता है। जिस प्रकार घड़े के अन्दर से पानी रिसकर (Ooz out) बाहर निकलता है। उसी प्रकार हमारे शरीर में cells के अन्दर पदार्थों की स्रवण क्रिया होती है।

जिस प्रकार अंगुलि (Finger) को सूई (Niddle) द्वारा चुभाने (Prick) से रक्त बाहर निकलता है (Ooz out होता है); क्योंकि रक्त असंख्य छोटे-छोटे छिद्रों में बँटा हुआ होता है, न कि एक नदी (River) की तरह बहता है, जैसे कि सिराओं के अन्दर बहता है।

२. जो रिक्त रचनाएँ (Soft or hollow structure) शरीर में किसी वस्तु को देशान्तर में पहुँचाने के लिए वहन करती हैं, स्रोतस् कहलाती हैं।

३. ''यावन्तः पुरूषे मूर्तिमन्तो भावविशेषाः तावन्त एवास्मिन् स्रोतसां प्रकार विशेषाः।''

(च.शा. ५/३)

पुरूष में जितने ही मूर्तिमान (दृष्यमान) वाले भावविशेष (वस्तु) हैं। उतने ही इस पुरूष में स्रोतों के प्रकार भेद हैं।

४. ''स्रोतांसि खलु परिणामं आपद्यमानानां धातूनां अभिवाहीनि भवन्ति अयनार्थेन।''

(च.शा. ५/३)

स्रोत, परिणामप्राप्त धातुओं को अन्यत्र ले जाने के लिए वहन करने वाले होते हैं। शरीर में खाये हुए आहार से जो अन्नरस बनता है, उसी से क्रमश: शरीर की धातुएँ उत्पन्न होती हैं। अत: रस से उत्तरोत्तर जो भी धातु बनती हैं, उसको वहन करने वाले सूक्ष्मात्तिसूक्ष्म मार्गों को ही स्रोतस् कहा जाता है। अत: शरीर में धातुएँ जहाँ-जहाँ होती हैं, वहाँ ये स्रोतस् अवश्य होने चाहिएँ।

५. मूलात् खादन्तरं देहे प्रसृतं त्वभिवाहि यत् ।
स्रोतस्तदिति विज्ञेयं सिराधमनि वर्जितम् ।। (सु.शा. ९/१३)

आचार्य सुश्रुत के अनुसार सिरा और धमनियों को छोड़कर किसी मूलभूत छिद्र से देह (शरीर) के भीतर फैली जो भी वहन करने वाली प्रणाली विशेष हैं, उनको स्रोतस् कहते हैं।

६. आकाश महाभूत की प्रधानता वाले अर्थात् अन्दर से अवकाश युक्त उन दृश्य या अदृश्य शरीरावयवों को स्रोतस् कहते हैं।

जो उत्तरोत्तर परिवर्तनशील धातुओं, दोषों, मलों, अन्न, जल, शब्दादि विषय मन इत्यादि का अभिवहन करते हैं। अर्थात् इन्हें शरीर में एक स्थान से दूसरे स्थान में पहुँचाते हैं। इस स्रवण (गति) के कारण ही इन्हें स्रोतस् कहते हैं।

२. स्वरूप

स्वधातुसमवर्णानि वृत्तस्थूलान्यणूनि च ।
स्रोतांसि दीर्घाण्याकृत्या प्रतानसदृशानि च ।। (च.वि. ५/२५)

जिस धातु के जो स्रोत होते हैं, वे उस धातु के समान वर्ण वाले, गोल, मोटे, सूक्ष्म और आकृति में लम्बी लता के समान होते हैं। अर्थात् लतायें चारों तरफ फैलकर अपनी शाखा-प्रशाखाओं से व्याप्त रहती हैं। उसी प्रकार स्रोत भी अपनी शाखा एवं प्रशाखाओं से सारे शरीर में व्याप्त हैं।

३. स्रोतस् की उत्पत्ति एवं भौतिक संगठन

स्रोतस् की उत्पत्ति में आकाश महाभूत प्रमुख है। सृष्टि की उत्पत्ति में कारणभूत होने वाले एकाधिक भौतिक सिद्धान्त के अनुसार स्रोत या विविक्त अवयव पंचमहाभूतों से बने हैं, और उनकी उत्पत्ति के समय आकाश महाभूत का आधिक्य होता है।

इसलिए स्रोतों का संगठन आकाश (प्रमुख) तथा अन्य पृथ्वी, आप, तेज, वायु (गौण) महाभूत हैं।

४. पर्याय

"स्रोतांसि, सिराः, धमन्यः, रसायन्यः, रसवाहिन्यः, नाड्यः, पन्थानः, मार्गाः, शरीरच्छिद्राणि, संवृतासंवृतानि, स्थानानि, आशयाः, निकेताश्चेति, शरीरधात्ववकाशानां लक्ष्यालक्ष्याणां नामानि भवन्ति।" (च.वि. ५/९)

१. स्रोतांसि– Channels, openings, passage
२. सिरा– Vein
३. धमनी– Artery
४. रसायन्य– Lymphatic duct
५. रसवाहिन्य– Nutrient vessel or capillary
६. नाड्यः– Tubular, cord, canal, nerve
७. पन्थान– Channels
८. मार्गा– Passage, tract, pathway
९. शरीरच्छिद्राणि– Opening aparatures
१०. संवृतासंवृत– External and internal aparature or passage of the body
११. स्थानानि– Site
१२. आशया– Space
१३. निकेत– Resorts
१४. शरीरधात्ववकाशानां लक्ष्यालक्ष्याणां– Visible and non visible empty spaces in the tissue and their cells.

शरीर की धातुओं के अवकाशों के दिखाई पड़ने वाले अथवा नहीं दिखाई पड़ने वालों का नाम स्रोतस् है।

५. संख्या

- आचार्य चरक के अनुसार स्रोतसों की संख्या= १३ है।

- आचार्य सुश्रुत के अनुसार स्रोतसों की संख्या= ११x२= २२ है।
- आचार्य सुश्रुत के अनुसार बर्हिमुख स्रोतसों की संख्या= ९ पुरुषों में, १२ स्त्रियों में।

६. स्रोतसों के भेद या प्रकार (शाखा प्रशाखाओं का वर्णन)

- **आचार्य चरक के अनुसार**= १३ भेद हैं।

"प्राण-उदक-अन्न-रस-रूधिर-मांस-मेद-अस्थि-मज्जा-शुक्र-मूत्र-पुरीष-स्वेद"

१ २ ३ ४ ५ ६ ७ ८ ९ १० ११ १२ १३

(च.वि. ५/६)

- **आचार्य सुश्रुत के अनुसार**= ११ भेद हैं। प्रत्येक दो-दो स्रोतस हैं, अतः= ११x२= २२ हैं। इन्हें योगवाही स्रोतस् कहते हैं।

"प्राण-अन्न-उदक-रस-रक्त-मांस-मेद-मूत्र-पुरीष-शुक्र-आर्त्तव" (सु.शा. ९/१२)

१ २ ३ ४ ५ ६ ७ ८ ९ १० ११

- **आचार्य वाग्भट के अनुसार**= २ भेद हैं।

१. दृष्य (बाह्य)– जो चर्मचक्षुओं (Eyes) से देखे जाते हैं, उन्हें बाह्य या बहिः मुख स्रोतस् कहते हैं।

- पुरूषों में– ९
- स्त्रियों में– ९+३= १२

२. अदृश्य (आभ्यन्तर)– जो चर्मचक्षुओं से दिखाई नहीं देते। ये अणुवीक्ष्णयंत्र (Microscope) से दिखने वाले या न दिखने वाले होते हैं।

जिनका अस्तित्व कर्म द्वारा स्पष्ट होता है, उन्हें अदृश्य (आभ्यन्तर) स्रोतस् कहते हैं।

आभ्यन्तरस्रोतस= १३ (जो आचार्य चरक ने माने हैं)

- **आचार्य सुश्रुत के अनुसार बर्हिमुख स्रोतस्–**

श्रवण-नयन-वदन-घ्राण-गुद-मेढ्राणि नव स्रोतांसि नराणां बहिर्मुखानि। एतान्येव स्त्रीणां अपराणि च त्रीणि द्वे स्तनयोः अधस्ताद् रक्तवहं च ॥ (सु.शा. ५/१०)

- **पुरूषों में बहिःमुख स्रोतस् = ९**

"कान-आँख-मुख-नासा-गुद-मेढ्र"

२ २ १ २ १ १ = ९

- **स्त्रियों में बहि:मुख स्रोतस्** = ९+३ = १२

  दो स्तन-आर्त्तव वह (रजो वह) स्रोत''

  ९ + २ + १ = १२

  पुरूषों में– ९

  स्त्रियों में– १२

७. स्रोतसों के स्थान (मूल)

	स्रोतस् नाम	स्थान (चरक वि.५/७-८)	स्थान (सुश्रुत शा. ९/१२)
१.	प्राणवह स्रोतस्	हृदय और महास्रोतस	हृदय और रसवाहिनी धमनियाँ (प्राणवाहिनी धमनियाँ)
२.	उदकवह स्रोतस्	तालु और क्लोम	तालु और क्लोम
३.	अन्नवह स्रोतस्	आमाशय और वामपार्श्व	आमाशय, अन्नवाहिनी धमनियाँ
४.	रसवह स्रोतस्	हृदय और दश धमनियाँ	हृदय और रसवाहिनी धमनियाँ
५.	रक्तवह स्रोतस्	यकृत और प्लीहा	यकृत, प्लीहा और रक्तवाहिनी धमनियाँ
६.	मांसवह स्रोतस्	स्नायु, त्वक्	स्नायु, त्वक् और रक्तवाहिनी धमनियाँ
७.	मेदोवह स्रोतस्	वृक्कौ और वपावहन (वसा)	वृक्कौ और कटि
८.	अस्थिवह स्रोतस्	मेद और जघन	– x – x –
९.	मज्जावह स्रोतस्	अस्थि और सन्धियाँ	– x – x –
१०.	शुक्रवह स्रोतस्	वृषण और शेफ (मूत्रेन्द्रिय)	वृषणौ और स्तनौ
११.	मूत्रवह स्रोतस्	वस्ति और वंक्षण	वस्ति और मेढ्र
१२.	पुरीषवह स्रोतस्	पक्वाशय और स्थूलगुद	पक्वाशय और गुद
१३.	स्वेदवह स्रोतस्	मेद और लोमकूप (रोमकूप)	– x – x –
१४.	आर्त्तववह स्रोतस्	– x – x –	गर्भाशय और आर्त्तव वाही धमनियाँ

८. आचार्य चरक और सुश्रुत का तुलनात्मक अध्ययन– स्रोतस् संख्या–

- आचार्य चरक ने १३ प्रकार के स्रोतस् माने हैं, जिनके मूल बताए हैं। आर्त्तववह स्रोतस् के मूल नहीं बताए हैं।

- आचार्य सुश्रुत ने ११ प्रकार के स्रोतस माने हैं, इन्होंने **अस्थि, मज्जा और स्वेद** को नहीं माना है। और आर्त्तववह स्रोतस् अतिरिक्त माना है।

९. स्रोतसों के सामान्य कार्य

"स्रवणात् स्रोतांसि" के अनुसार स्रोतसों का कार्य स्रवण (गति) करना है।

१. "सर्वे हि भावा: पुरूषे नान्तरेण स्रोतांस्यभिनिर्वर्त्तन्ते" शरीर के सभी भावों की उत्पत्ति स्रोतों के द्वारा होती है।

२. स्रोतस् परिणाम प्राप्त धातुओं को एक स्थान से दूसरे स्थान तक वहन करते हैं।

३. शरीरस्थ भावों का पोषण करते हैं, जिससे वे क्षीण नहीं होते हैं।

४. स्रोतस् के प्रकृतिस्थ रहने से शरीर स्वस्थ रहता है।

५. मलों का वहन कर उन्हें शरीर से बाहर निकालते हैं।

६. स्रोतस् विषयों अर्थात् संज्ञाओं के वेगों का वहन कर शरीर को अनुग्रहीत करते हैं।

आधुनिक दृष्टि से हम इस प्रकार कह सकते हैं–

१. ग्रहण करना–	To store	२. स्रवण करना–	To secrete
३. शोषण करना–	To absorb	४. वहन करना–	To carry
५. नि:सरण करना–	To eliminate	६. पाचन करना–	To digest

१०. स्रोतसों की दुष्टि के सामान्य हेतु

आहारश्च विहारश्च यः स्याद् दोषगुणैः समः ।
धातुभिः विगुणश्चापि स्रोतसां स प्रदूषकः ।। (च.वि. ५/२३)

जो आहार-विहार दोषों के गुणों के समान हों अर्थात् उन्हें बढ़ाने वाले हों। और धातुओं के विगुण अर्थात् विरोध करने वाले हों। वे सभी आहार-विहार स्रोतों को दूषित करने वाले होते हैं।

११. स्रोतसों की दुष्टि के सामान्य लक्षण

अतिप्रवृत्तिः सङ्गो वा सिराणां ग्रन्थयोऽपि च ।
विमार्गगमनं चापि स्रोतसां दुष्टिलक्षणम् ।। (च.वि. ५/२४)

१. धातुओं का अधिक निकलना।

२. या बिल्कुल रूक जाना।

३. सिराओं में ग्रन्थि का पड़ जाना।

४. धातुओं का विमार्गगमन हो जाना। ये सभी स्रोतों की दुष्टि के लक्षण हैं।

१२. शरीर के स्रोतस् के महत्व का वर्णन या स्रोतसों का महत्व--

स्रोतसों का महत्व निम्न प्रकार से है-

१. प्राकृत शरीर में (Physiology)

२. विकृत शरीर में (Pathology)

३. चिकित्सा में (मूलस्थान के अनुसार)

४. औषध कार्य में (स्रोतसों के अनुसार अर्थात् Systems के अनुसार)

१. प्राकृत शरीर में-- स्रोतस् शरीर की वाहिनियाँ (channels) हैं। प्रत्येक धातु की प्राकृत क्षय-वृद्धि (Katabolism+Anabolism= Metabolism) इन्हीं स्रोतों द्वारा सम्पन्न होती है। यदि स्रोतों में वहन कार्य सुचारू रूप से चलता है, तो शरीर की प्राकृत वृद्धि में भाग लेने वाली रासायनिक एवं भौतिक क्रियाएँ अच्छी तरह चलती हैं। अतः शरीर की प्रकृति **(Physiology)** को समझाने में स्रोतों की अत्यधिक महत्ता है।

२. विकृत शरीर में-- कोई भी विकृति स्रोतों की दुष्टि के बिना सम्भव नहीं है। इन स्रोतों में दोष, धातु एवं मलों का वहन रूक जाने से, अत्यधिक हो जाने से, अल्प हो जाने से, विमार्गगमन से अथवा वाहिनियों में ग्रन्थि पड़ जाने से यह विकृतियाँ देखी जाती हैं।

आधुनिकों के Pathological changes जैसे- Degeneration, hypertrophy, atrophy आदि इन स्रोतों द्वारा होते हैं।

३. चिकित्सा में-- प्रत्येक स्रोत का मूलस्थान है, जिनके द्वारा उनका नियन्त्रण होता है। स्रोतों में होने वाले रोग अन्त में अपने मूल स्थान को ग्रस्त करने लगते हैं। अतः चिकित्सा करते समय इनके मूल स्थानों को ध्यान में रखा जाता है।

४. औषध कार्य-- आधुनिकों ने शरीर को भिन्न-भिन्न Systems में बाँटकर औषधियों का प्रभाव लिखा है। इसी प्रकार आयुर्वेद में भी शरीर को स्रोतों में बाँटकर औषधियों का प्रभाव (कार्य) लिखा है।

इस प्रकार यह सिद्ध है कि स्रोतस् यदि अविकृत रहें, तो दोष धातु मल की पुष्टि सम्यक् होती है और इनका साम्य बना रहता है। यदि विकृत हो जाएं तो शरीर में विभिन्न रोगों की उत्पत्ति होती है।

१३. शरीर की स्रोतोमयता की सिद्धि = ''स्रोतोमयं हि पुरूषः'' इति व्याख्या

''स्रोतोमयं हि पुरूषः।''

यह पुरूष स्रोतोमय है। अर्थात् यह पुरूष शरीर स्रोतसों का ही बना हुआ है। इसकी परिकल्पना का आचार्य चरक ने सैद्धान्तिक रूप में वर्णन किया है।

१. "स्रवणात् स्रोतांसि।"

शरीर के वे सभी भाग जहाँ स्रवण क्रिया होती है, वे स्रोतस् हैं।

२. जो रिक्त रचनाएँ शरीर में किसी वस्तु को देशान्तर में पहुँचाने के लिए वहन करती हैं, स्रोतस् कहलाती हैं।

३. शरीर में खाये हुए आहार से जो अन्नरस बनता है, उसी से क्रमश: शरीर की धातुएँ उत्पन्न होती हैं। अत: रस से उत्तरोत्तर जो भी धातु बनती है, उसको वहन करने वाले सूक्ष्मातिसूक्ष्म मार्गों को स्रोतस् कहा जाता है। अत: शरीर में धातुएँ जहाँ-जहाँ होती हैं, वहाँ ये स्रोतस् अवश्य होने चाहिए।

स्रोतस् परिणाम प्राप्त धातुओं को अन्यत्र ले जाने के लिए वहन करने वाले होते हैं।

४. पुरूष में जितने ही दृश्यमान भाव विशेष हैं, उतने ही इस पुरूष में स्रोतसों के प्रकार हैं।

५. जो उत्तरोतर परिवर्तनशील धातुओं, दोषों, मलों, अन्न, जल, शब्दादि विषय मन इत्यादि का अभिवहन करते हैं। अर्थात् उन्हें शरीर में एक स्थान से दूसरे स्थान में पहुँचाते हैं। इस गति के कारण ही इन्हें स्रोतस् कहते हैं।

६. आचार्य सुश्रुत के अनुसार सिरा और धमनियों को छोड़कर किसी मूलभूत छिद्र से शरीर के भीतर फैली जो भी वहन करने वाली प्रणाली विशेष हैं, उन्हें स्रोतस् कहते हैं।

७. शरीर में रक्त वाहिनियाँ तथा लसिका वाहिनियाँ त्वचा से लेकर कोष्ठांगों तक फैली हुई हैं। इनमें आपस में सम्बन्ध जोड़ने वाले जो मार्ग हैं, वे स्रोतस् हैं।

इसलिए इस पूरे विवरण को देखने पर हम कह सकते हैं कि "स्रोतोमयं हि पुरूष:" यह पुरूष शरीर बाहर से ठोस दिखाई देता है फिर भी अन्दर से आकाशयुक्त स्थानों से तथा मार्गों से भरा हुआ है।

पुरूष में सभी भाव बिना स्रोतों के उत्पन्न नहीं होते यह सर्वथा वैज्ञानिक सम्मत है। क्योंकि जीवन का धारण स्रोतसों के बिना सम्भव नहीं है।

इसी से स्रोतोमयता सिद्ध होती है।

१४. स्रोतसों के मूल (स्थान), स्रोतो दुष्टि के सामान्य हेतु, स्रोतोदुष्टि के विशेष हेतु,

१ २ ३

स्रोतोदुष्टि के सामान्य लक्षण, स्रोतोदुष्टि के विशेष लक्षण, स्रोतों के विद्ध होने

४ ५ ६

पर लक्षण, तथा कार्य आदि का वर्णन।

७

(१) प्राणवह स्रोतस्–

१. मूल– • **"प्राणवहानां स्रोतसां हृदयं मूलं महास्रोतश्च।"** (च.शा. ५/७)

प्राणवह स्रोतस का मूल **हृदय** और **महास्रोतस्** है।

• **"प्राणवहे द्वे, तयोर्मूलं हृदयं रसवाहिन्यश्च (प्राणवाहिन्यश्च) धमन्यः।"** (च.शा. ९/११)

प्राणवह स्रोतस् दो हैं– उनका मूल स्थान हृदय और रसवाहिनी धमनियाँ हैं।

२. स्रोतोदुष्टि के सामान्य हेतु– (च.वि. ५/२३)

३. प्राणवह स्रोतो दुष्टि के विशेष हेतु– धातुओं के क्षय से, मल-मूत्र आदि के वेगों को रोकने से, रूक्ष वस्तु के सेवन से, भूख लगने पर व्यायाम करने से और भी अन्य कठिन कार्य जो अपनी शक्ति से बाहर के हों, उन्हें करने से प्राणवाही स्रोत दुष्ट हो जाते हैं।

४. स्रोतोदुष्टि के सामान्य लक्षण– (च.वि. ५/२४)

५. प्राणवह स्रोतोदुष्टि के विशेष लक्षण– श्वास अधिक निकलना, कुपित, थोड़ा-थोड़ा, बार-बार शब्द और शूल के साथ श्वास लेते हुए मनुष्य को देखकर इस मनुष्य के प्राणवह स्रोत दुष्ट हो गए हैं, ऐसा समझना चाहिए।

६. प्राणवहस्रोतों के विद्ध होने पर लक्षण– आक्रोश (चिल्लाना), विनमन (झुकना), मोहन (मूर्च्छा), भ्रम (चक्कर), वेपन (कम्प) अथवा मरण (मृत्यु) भी प्राप्त होती है।

७. कार्य– प्राणवह स्रोतस का कार्य श्वसन करना है।

(२) उदकवह स्रोतस्–

१. मूल– • **"उदकवहानां स्रोतसां तालुमूलं क्लोम च।"** (च.शा. ५/७)

उदकवह स्रोतों का मूल तालु और क्लोम है।

• **उदकवहे द्वे, तयोर्मूलं तालु क्लोम च।"** (सु.शा. ९/११)

उदकवह स्रोत दो हैं– उनका मूलस्थान तालु और क्लोम है।

२. स्रोतोदुष्टि के सामान्य हेतु– (च०वि० ५/२३)

३. उदकवह स्रोतोदुष्टि के विशेष हेतु– उष्ण आहार-विहार से, आम दोष से, भय से, मदिरा आदि के पीने से, अधिक शुष्क अन्न के सेवन से, और प्यास के अधिक रोकने से जलवाही स्रोत दुष्ट हो जाते हैं।

४. स्रोतोदुष्टि के सामान्य लक्षण– (च०वि० ५/२४)

५. उदकवह स्रोतोदुष्टि के विशेष लक्षण– जिह्वा, तालु, ओष्ठ, कण्ठ और क्लोम नलिका का सूखना और प्यास को अत्यन्त बढ़ा हुआ देखकर, इस मनुष्य के उदकवह स्रोत दुष्ट हो गए हैं, ऐसा समझना चाहिए।

६. उदकवह स्रोतों के विद्ध होने पर लक्षण– इनके विद्ध होने पर प्यास लगती है और तत्काल मृत्यु होती है।

७. कार्य– समस्त शरीर में स्थित जलीय पदार्थों का नियन्त्रण करना।

(३) अन्नवह स्रोतस्–

१. मूल–
- **"अन्नवहानां स्रोतसां आमाशयो मूलं वामं च पार्श्वं"** (च.शा. ५/७)
  अन्नवह स्रोतों का मूल आमाशय और वाम पार्श्व है।
- **"अन्नवहे द्वे, तयोर्मूलं आमाशयो अन्नवाहिन्याश्च धमन्यः।"** (सु.शा. ९/११)
  अन्नवह स्रोत दो होते हैं– इनका मूल आमाशय और अन्नवाहिनी धमनियाँ हैं।

२. स्रोतो दुष्टि के सामान्य हेतु– (च०वि० ५/२३)

३. अन्नवह स्रोतोदुष्टि के विशेष हेतु– अकाल में अधिक भोजन करने से, अहित भोजन करने से, जठराग्नि के विकृत होने से अन्नवह स्रोत दुष्ट हो जाते हैं।

४. स्रोतो दुष्टि के सामान्य लक्षण– (च०वि० ५/२४)

५. अन्नवह स्रोतो दुष्टि के विशेष लक्षण– अन्न खाने की इच्छा न होना, अरूचि, अन्न का अच्छी तरह न पचना और वमन का होना देखकर यह समझना चाहिए कि अन्नवह स्रोत दुष्ट हो गए हैं।

६. अन्नवह स्रोतों के विद्ध होने पर लक्षण– आध्मान (पेट फुलना), शूल (पेट में दर्द), अन्नद्वेष (खाने की इच्छा का अभाव), छर्दि (वमन), पिपासा (प्यास), आन्ध्य (दृष्टि कम होना या सर्वथा नाश) और मरण (मृत्यु) भी प्राप्त होती है।

७. कार्य– अन्न या खाद्य-पेय पदार्थों को ग्रहण करना, इनको चबाना, उनका पाचन करना, उनमें से मल और प्रसाद भाग को अन्नरस के रूप में शोषण करना।

(४) रसवह स्रोतस्–

१. मूल – ● **"रसवहानां स्रोतसां हृदयं मूलं दश च धमन्यः।"** (च.शा. ५/७)

रसवह स्रोतों का मूल हृदय और दश धमनियाँ हैं।

● **"रसवहे द्वे, तयोर्मूलं हृदयं रसवाहिन्यश्च धमन्यः।"**(सु.शा.९/११)

रसवह स्रोत दो हैं– उनके मूल हृदय और रसवाहिनी धमनियाँ हैं।

२. स्रोतोदुष्टि के सामान्य हेतु– (च०वि० ५/२३)

३. रसवह स्रोतो दुष्टि के विशेष हेतु– अत्यन्त भारी, अधिक शीत, अतिस्निग्ध, अधिक मात्रा में भोजन करने से रसवह स्रोत दुष्ट हो जाते हैं।

४. स्रोतो दुष्टि के सामान्य लक्षण– (च०वि० ५/२४)

५. रसवह स्रोतो दुष्टि के विशेष लक्षण– भोजन में इच्छा न होना, अरूचि, शरीर में गुरूता, तन्द्रा, अंगमर्द, ज्वर, नेत्र के सामने अन्धकार सा प्रतीत होना, पाण्डुरोग, नपुंसकता, शरीर में शिथिलता, अंगों में कृशता, अग्नि का नाश, बिना अवस्था के ही शरीर में झुरियाँ पड़ना और बालों का पक जाना आदि।

६. रसवह स्रोतो के विद्ध होने से लक्षण– शोष (क्षय), आक्रोश (चिल्लाना), विनमन, मोहन, भ्रम, वेपन अथवा मृत्यु भी प्राप्त होती है।

७. कार्य– शरीर में रस का संवहन करना।

(५) रक्तवह स्रोतस्–

१. मूल– ● **"शोणितवहानां स्रोतसां यकृन्मूलं प्लीहा च।"** (च.वि. ५/७)

रक्तवह स्रोतों का मूल यकृत और प्लीहा है।

● **"रक्तवहे द्वे, तयोर्मूलं यकृत्प्लीहानौ रक्तवाहिन्यश्च धमन्यः।"**

(सु.शा.९/११)

रक्तवह स्रोत दो हैं– इनके मूल यकृत, प्लीहा और रक्त को वहन करने वाली धमनियाँ है।

२. स्रोतोदुष्टि के सामान्य हेतु– (च०वि० ५/२३)

३. रक्तवह स्रोतो दुष्टि के विशेष हेतु– दाह पैदा करने वाले, स्निग्ध, उष्ण और द्रव भोजन से तथा अधिक धूप एवं वायु के सेवन से रक्तवाही स्रोत दुषित होते हैं।

४. स्रोतोदुष्टि के सामान्य लक्षण– (च०वि० ५/२४)

५. रक्तवह स्रोतो दुष्टि के विशेष लक्षण– कुष्ठ, वीसर्प, पिडका, रक्तपित्त,

रक्तप्रदर, गुदपाक, मेढ्रपाक, मुखपाक, प्लीहावृद्धि, गुल्म, विद्रधि, कामला, दद्रु, चर्मदल, श्वित्र, पामा, कोठ और रक्तमण्डल आदि।

६. रक्तवह स्रोतों के विद्ध होने से लक्षण– रक्तवह स्रोतों के विद्ध होने से शरीर सफेद हो जाता है, रक्त निकलता है और आँखे लाल होती हैं।

७. कार्य– रस से रक्त बनाना। शरीर का वर्ण, आभा तथा प्रभा का निर्माण करना।

(६) मांसवह स्रोतस्–

१. मूल– ● **"मांसवहानां च स्रोतसां स्नायुर्मूलं त्वक् च।"** (च.वि. ५/७)

मांसवह स्रोतों का मूल स्नायु और त्वचा है।

● **"मांसवहे द्वे, तयोर्मूलं स्नायुत्वचं रक्तवहाश्च धमन्यः।"** (सु.शा.९/११)

मांसवह स्रोत दो हैं– उनका मूल स्नायु, त्वचा और रक्तवह धमनियाँ हैं।

२. स्रोतो दुष्टि के सामान्य हेतु– (च०वि० ५/२३)

३. मांसवह स्रोतो दुष्टि के विशेष हेतु– अभिष्यन्दि, स्थूल, गुरू भोज्य पदार्थों के सेवन से और **भोजन करने के बाद तत्काल दिन में सोने से मांसवह** स्रोत दुष्ट हो जाते हैं।

४. स्रोतो दुष्टि के सामान्य लक्षण– (च०वि० ५/२४)

५. मांसवह स्रोतो दुष्टि के विशेष लक्षण– अधिमांस, अर्बुद, मांसकील, गलशुण्डी, पूतिमांस, गण्डमाला, उपजिह्विका आदि।

६. मांसवह स्रोतों के विद्धहोने पर लक्षण– इनके विद्ध होने से सूजन, मांसशोष, सिराग्रन्थि, और मृत्यु ये लक्षण होते हैं।

७. कार्य– लेपन करना।

(७) मेदोवह स्रोतस्–

१. मूल– ● **"मेदोवहानां स्रोतसां वृक्कौमूलं वपावहनं च।"** (च.वि. ५/७)

मेदोवह स्रोतों का मूल वृक्क और वसा (वपावहन) है।

● **"मेदोवहे द्वे, तयोर्मूलं कटी वृक्कौ च।"** (सु.शा.९/११)

मेदोवह स्रोत दो हैं– उनके मूल कटि और वृक्क हैं।

२. स्रोतो दुष्टि के सामान्य हेतु– (च०वि० ५/२३)

३. मेदोवह स्रोतो दुष्टि के विशेष हेतु– व्यायाम न करने से, दिन में सोने

से, वसा वाले मांस को अधिक खाने से और अधिक मदिरा पीने से मेदोवह स्रोत दुष्ट होते हैं।

४. स्रोतो दुष्टि के सामान्य लक्षण– (च०वि० ५/२४)

५. मेदोवह स्रोतो दुष्टि के विशेष लक्षण– निन्दित रोग और प्रमेह के जितने पूर्वरूप होते हैं, वे सभी मेद की दुष्टि से होते हैं।

मुख की मधुरता, हाथ-पैरों में शून्यता और दाह, मुख, तालु और कण्ठ का सूखना, शरीर में मलों की अधिकता, शरीर पर और मूत्र में मक्खियों और चींटियों का बैठना, शरीर में मछलियों की तरह गन्ध का आना, निद्रा और तन्द्रा का आना आदि।

६. मेदोवह स्रोतों के विद्ध होने से लक्षण– स्वेद, अंगों की स्निग्धता, तालुशोष, स्थूलता, सूजन और प्यास आदि लक्षण होते हैं।

७. कार्य– स्निग्धता करना।

(८) अस्थिवह स्रोतस्–

१. मूल– ● **"अस्थिवहानां स्रोतसां मेदो मूलं जघनं च।"** (च.वि. ५/७)

अस्थिवह स्रोतसों का मूल मेद और जघन भाग हैं।

● आचार्य सुश्रुत ने अस्थिवह स्रोतस नहीं माना है।

२. स्रोतो दुष्टि के सामान्य हेतु– (च०वि० ५/२३)

३. अस्थिवह स्रोतो दुष्टि के विशेष हेतु– व्यायाम से, अधिक क्षोभ से (संक्षोभ), अस्थियों में अधिक आघात से, वातल आहार-विहार करने से, अस्थिवह स्रोत दुष्ट हो जाते हैं।

४. स्रोतो दुष्टि के सामान्य लक्षण– (च०वि० ५/२४)

५. अस्थिवह स्रोतो दुष्टि के विशेष लक्षण– अध्यस्थि- अस्थि के ऊपर अधिक अस्थियों का निकलना, अधिदन्त– दाँत पर अधिक दांत निकलना, दन्तभेद, दन्तशूल, अस्थिभेद, अस्थिशूल, अस्थि और दांतों में विवर्णता, केश, लोम, नख, श्मश्रु के दोष, ये अस्थि दुष्टि से होते हैं।

६. कार्य– धारण करना।

(९) मज्जावह स्रोतस्–

१. मूल– ● **"मज्जावहानां स्रोतसां अस्थीनि मूलं सन्धयश्च।"** (च.वि. ५/७)

मज्जावह स्रोतसों का मूल अस्थि और सन्धियाँ हैं।

● आचार्य सुश्रुत ने मज्जावह स्रोतस् नहीं माना है।

२. स्रोतो दुष्टि के सामान्य हेतु– (च०वि० ५/२३)

३. मज्जावह स्रोतो दुष्टि के विशेष हेतु– कफ के भर जाने से, चोट लग जाने से, दब जाने से, कुचल जाने से, और विरूद्ध आहार-विहार के सेवन से मज्जावाही स्रोत दूषित हो जाते हैं।

४. स्रोतो दुष्टि के सामान्य लक्षण– (च०वि० ५/२४)

५. मज्जावह स्रोतो दुष्टि के विशेष लक्षण– शरीर की ग्रन्थियों में वेदना, चक्कर आना, मूर्च्छा, आँखों के सामने अन्धकार के न रहते हुए भी अन्धकार का दिखाई पड़ना, पर्वों के स्थूल मूल वाली फुन्सियों का दिखाई पड़ना।

६. कार्य– अस्थियों का पूर्ण करना।

(१०) शुक्रवह स्रोतस्–

१. मूल– • **"शुक्रवहानां स्रोतसां वृषणौ मूलं शेफश्च।"** (च.वि. ५/७)

शुक्रवह स्रोतों का मूल दोनों अण्ड व मूत्रेन्द्रिय हैं।

• **"शुक्रवहे द्वे, तयोर्मूलं स्तनौ वृषणौ च।"** (सु.शा.९/११)

शुक्रवह स्रोत दो हैं– उनके मूल दो स्तन तथा दो वृषण हैं।

२. स्रोतो दुष्टि के सामान्य हेतु– (च०वि० ५/२३)

३. शुक्रवह स्रोतो दुष्टि के विशेष हेतु– शुक्र का वेग रोकने से, अकाल में और अयोनि में मैथुन से, अधिक मैथुन से और शुक्रवाही स्रोत पर शस्त्र, क्षार या अग्नि के लग जाने से शुक्रवाही स्रोत दुष्ट होते हैं।

४. स्रोतोदुष्टि के सामान्य लक्षण– (च०वि० ५/२४)

५. शुक्रवह स्रोतो दुष्टि के विशेष लक्षण– नपुंसकता, मैथुन में उत्साह का न होना, यदि सन्तान होती है, तो वह रोगी होती है।

६. शुक्रवह स्रोतों के विद्ध होने से लक्षण– क्लैव्य, देर से शुक्र का प्रसेक होना अर्थात् वीर्य का क्षीण होना और शुक्र का रक्तयुक्त हो जाना, ये लक्षण होते हैं।

७. कार्य– "शुक्रात् गर्भः प्रजायते।"

शरीर में शुक्र का कार्य गर्भ की उत्पत्ति करना है।

शुक्र से मनुष्य शरीर में शूरता, शीघ्रपतन, स्त्री में आसक्ति, शरीर में उत्साह, कार्य करने की प्रवृत्ति लाना, स्त्रियों के प्रति अत्यधिक इच्छा उत्पन्न करना तथा गर्भोत्पत्ति करना आदि कार्य हैं।

(११) मूत्रवह स्रोतस्–

१. मूल– • **"मूत्रवहानां स्रोतसां वस्तिर्मूलं वंक्षणौ च।"** (च.वि. ५/७)

मूत्रवह स्रोतों का मूल वस्ति और वंक्षण है।

• **"मूत्रवहे द्वे, तयोर्मूलं मेढ्रं च।"** (सु.शा.९/११)

मूत्रवह स्रोत दो हैं– उनके मूल वस्ति और मेढ़ (मूत्रेन्द्रिय) हैं।

२. स्रोतो दुष्टि के सामान्य हेतु– (च०वि० ५/२३)

३. मूत्रवह स्रोतो दुष्टि के विशेष हेतु– मूत्र के वेग को रोककर जल पीने से, भोजन करने से, मैथुन करने से, बार-बार मूत्र के वेगों को रोकने से, शरीर के अधिक क्षीण होने से और मूत्रवाही स्रोतों पर आघात लगने से मूत्रवाही स्रोत दुष्ट होते हैं।

४. स्रोतो दुष्टि के सामान्य लक्षण– (च०वि० ५/२४)

५. मूत्रवह स्रोतो दुष्टि के विशेष लक्षण– मूत्र का अधिक आना, रूक-रूक कर आना, विकृत मूत्र आना, थोड़ा-थोड़ा बार-बार शूल के साथ गाढ़ा मूत्र निकलते देखकर मूत्रवह स्रोत दुषित हो गये हैं। ऐसा समझना चाहिए।

६. मूत्र वह स्रोतों के विद्व होने से लक्षण– इनके विद्व होने से बस्ति (मूत्राशय) फूलती है, मूत्र रूकता है, और मूत्रेन्द्रिय स्तब्ध होती है।

७. कार्य– मूत्र की उत्पत्ति करना (मूत्र निर्माण करना) व संचित करना और उसे मल के रूप में शरीर से बाहर निकालना आदि कार्य हैं।

(१२) पुरीषवह (मलवह) स्रोतस्–

१. मूल– • **"पुरीषवहानां स्रोतसां पक्वाशयो मूलं स्थूलगुदं च।"** (च.वि. ५/७)

पुरीषवह स्रोतों का मूल पक्वाशय और स्थूलगुद (वृहदान्त्र) है।

• **"पुरीषवहे द्वे, तयोर्मूलं पक्वाशयो गुदं च।"** (सु.शा.९/११)

पुरीषवह स्रोत दो हैं– उनके मूल पक्वाशय और गुद हैं।

२. स्रोतो दुष्टि के सामान्य हेतु– (च०वि० ५/२३)

३. पुरीषवह स्रोतो दुष्टि के विशेष हेतु– मल के वेग को रोकने से, अधिक भोजन से, अजीर्ण होने से, भोजन के बाद शीघ्र ही पुनः भोजन करने से, अग्नि के मन्द होने से, शरीर में कृशता आने से मलवह स्रोत दुष्ट होते हैं।

४. स्रोतो दुष्टि के सामान्य लक्षण– (च०वि० ५/२४)

५. पुरीषवह स्रोतो दुष्टि के विशेष लक्षण– कठिनता से, थोड़ा-थोड़ा शब्द एवं शूल के साथ, अत्यन्त पतला, गांठदार, अत्यधिक मल त्याग करना आदि।

६. पुरीषवह स्रोतों के विद्ध होने से लक्षण– उदर का फूलना, मल में दुर्गन्ध और आंतों में ग्रन्थि होना।

७. कार्य– पुरीष का निर्माण एवं निष्कासन करना है।

(१३) स्वेदवह स्रोतस्–

१. मूल– • **"स्वेदवहानां स्रोतसां मेदो मूलं लोमकूपाश्च।"** (च.शा. ५/८)

स्वेदवह स्रोतों का मूल मेद और लोमकूप (रोमकूप) हैं।

• आचार्य सुश्रुत ने स्वेदवह स्रोतस् को नहीं माना है।

२. स्रोतो दुष्टि के सामान्य हेतु– (च०वि० ५/२३)

३. स्वेदवह स्रोतो दुष्टि के विशेष हेतु– व्यायाम से, अधिक धूप के सेवन से, अनुचित रूप में शीत और उष्ण आहार-विहार सेवन करने से, क्रोध, शोक और भय से स्वेदवह स्रोत दुष्ट हो जाते हैं।

४. स्रोतो दुष्टि के सामान्य लक्षण– (च०वि० ५/२४)

५. स्वेदवह स्रोतो दुष्टि के विशेष लक्षण– स्वेद का न आना या अधिक आना, शरीर में अधिक कठिनता, अधिक चिकनापन, त्वचा में दाह और रोमांच आदि।

६. कार्य– स्वेद का निर्माण एवं उत्सर्जन करना है।

(१४) आर्त्तवह स्रोतस्–

१. मूल– • **"आर्त्तववहे द्वे, तयोर्मूलं गर्भाशय-आर्त्तववाहिन्यश्च धमन्यः।"** (सु.शा. ९/११)

आर्त्तववह स्रोत दो हैं– उनके मूल गर्भाशय और आर्तव को वहन करने वाली धमनियाँ हैं।

• आचार्य चरक ने गर्भ-प्रकरण में आर्त्तववह स्रोतस् का वर्णन किया है, लेकिन इसके मूल नहीं बताये हैं। अतः इसकी गिनती नहीं की गई है।

२. स्रोतो दुष्टि के सामान्य हेतु– (च०वि० ५/२३)

३. स्रोतो दुष्टि के सामान्य लक्षण– (च०वि० ५/२४)

४. आर्त्तववह स्रोतों के विद्ध होने से लक्षण– नपुंसकता (Impotency), बन्ध्यापन (Sterility), मैथुन सहन करने की शक्ति न होना, आर्त्तवनाश (Amenorrhea) आदि लक्षण होते हैं।

५. कार्य– आर्तव की उत्पत्ति तथा उसका प्रत्येक महिने में ३ से ५ दिन तक शरीर से बाहर निस्सरण करना आदि कार्य हैं।

४. प्रतिहारिणी सिरा (The portal vein)

1. Introduction

- The portal vein drains venous blood from the gastrointestinal tract (Alimentary tract). Spleen, pancreas and gall bladder to the sinusoids of the liver; from here.

  The blood is conveyed to the systemic venous system by the rt. and lt. hepatic veins that drain directly in to the inferior vena cava.

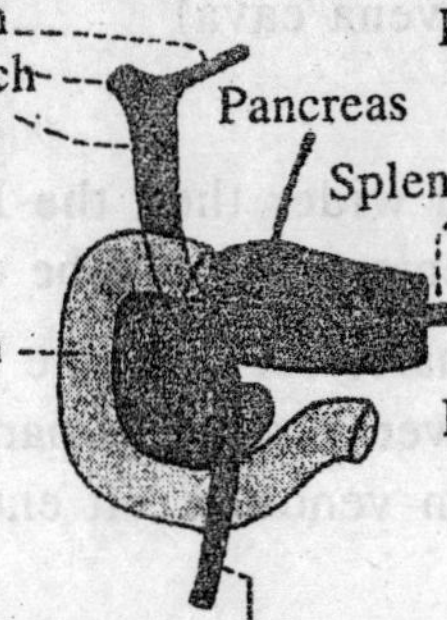

Fig. : 8.1 Course of the Portal Vein

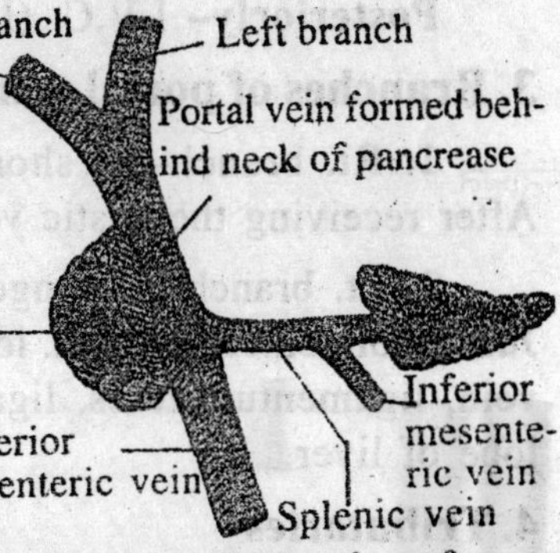

Fig. : 8.2 Formation of the Portal Vein

- It is called the portal vein because it begins in one set of capillaries (in the get) and end in another set of capillaries (in the liver).
- The portal vein is about 8 cm. long.
- It is formed by the union of the sup. mesenteric and splenic vein. Behind the neck of pancreas. (at the level of L2 vertebrae).
- Sup. mesenteric vein drain blood from the pancreaticoduodenal, jejunal, ileal, middle colic veins.
- Splenic vein drains blood from the-inf. mesenteric vein, lt. gastric, short gastric and pancreatic veins.
- .It runs upwards and to the rt.

  First behind the neck of pancreas.

  Next behind the first part of the duodenum.

  And lastely in the rt. free margin of the lesser omentum.

- The portal vein can be divided into– infraduodenal, retroduodenal and supraduodenal part.
- The portal vein ends at the porta hepatis by dividing into rt. and lt. branches which enter the liver.

2. Relations

Anteriorly– Neck of pancrease, first part of duodenum. common bile duct, gastroduodenal artery, hepatic artery.

Posteriorly– I.V.C. (Inferior vena cava)

3. Branches of portal vein

1. Rt. branch– is shortor and wider then the lt. branch. After receiving the cystic vein, it enters the rt. lobe of liver.

2. Lt. branch– is longer and narrower then the rt. branch. Just before entering the lt. lobe of liver, it receives-paraumbilical vein, ligamentum teres, ligamentum venosum., It enters the lt. lobe of liver.

4. Tributaries

It receives the following veins–

- Splenic
- Sup. mesenteric
- Lt. gastric
- Rt. gastric
- Sup. pancreatico duodenal
- Cystic
- Para umbilical veins.

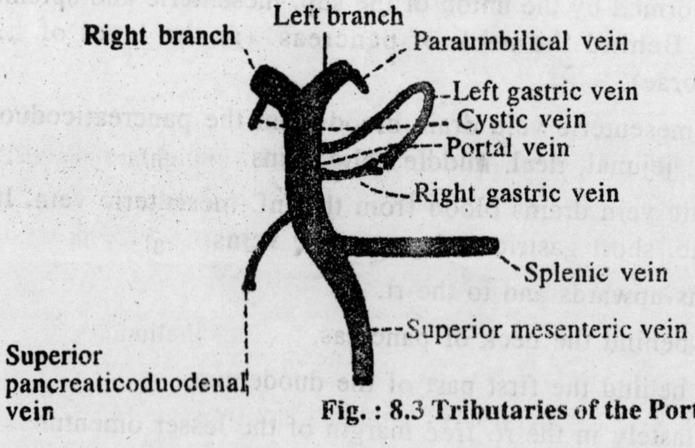

Fig. : 8.3 Tributaries of the Portal Vein

5. Applied anatomy

1. Portal pressure– Normal pressure in the portal vein is about 5-15mmhg.

2. Portal hypertension– Pressure about 40 mmhg, caused by-cirrhosis of liver, thrombosis of portal vein.

५. सिराधमनी जाल (Capillary network) की रचना

Blood vessel form a closed system of tubes that carries blood away from the heart, transports it to the tissue of the body, and then returns it to the heart.

Arteries are vessels that carry blood from the heart to the tissue. Large, elastic arteries leave the heart and divide into medium-sized, muscular arteries that branch out into the various regions of the body. Medium-sized arteries then divide into small arteries, which, in turn, divide into still smaller arteries called **arterioles**. Arteries do not have valves.

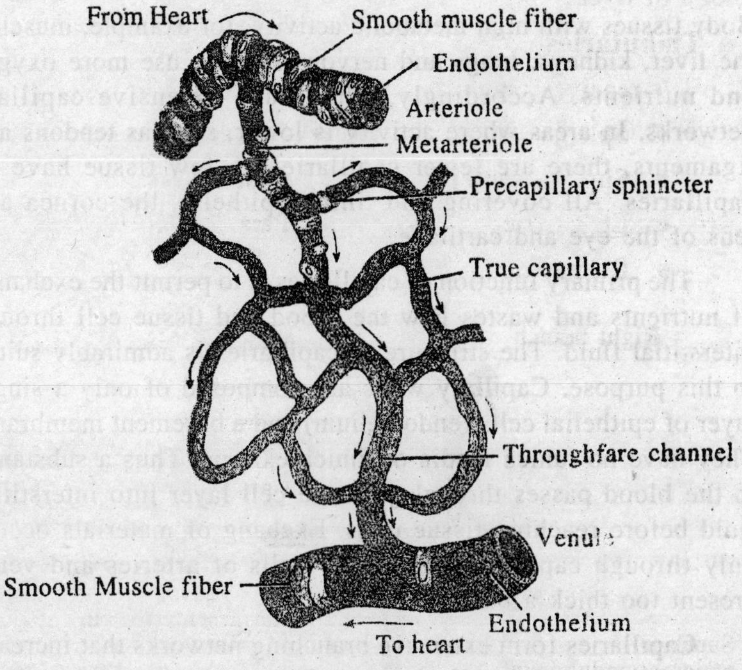

Fig. : 8.4 The Capillary Network

As the arterioles enter a tissue, they branch into countless microscopic vessels called **capillaries**. Substances are exchanged B/w the blood and body tissue through the thin walls of capillaries. Before leaving the tissue, groups of capillaries unite to form small vein called **venules**.

These, inturn, merge to form progressively larger blood vessels called **veins**. many of them possess valves. Veins then convey blood from the tissues back to the heart. Because blood vessels require oxygen and nutrients just like other tissues of the body, larger blood vessels especially also have their own blood vessels, called vasa vasorum, in their walls.

Capillaries

Capillaries (hairlike) are microscopic vessels that usually connect arterioles and venules. The flow of blood from arterioles to venules through capillaries is called the micro circulation. Capillaries are found near almost every cell in the body, but their distribution varies with the metabolic activity of the tissue. Body tissues with high metabolic activity, for example, muscles, the liver, kidneys, lungs and nervous system, use more oxygen and nutrients. Accordingly, they have extensive capillary networks. In areas where activity is lower, such as tendons and ligaments, there are fewer capillaries. A few tissue have no capillaries. All covering and lining epithelia, the cornea and lens of the eye and cartilage.

The primary function of capillaries is to permit the exchange of nutrients and wastes B/w the blood and tissue cell through interstitial fluid. The structure of capillaries is admirably suited to this purpose. Capillary walls are composed of only a single layer of epithelial cells (endothelium) and a basement membrane. They have no tunica media or tunica externa. Thus a substance in the blood passes through just one cell layer into interstitial fluid before reaching tissue cells. Exchang of materials occurs only through capillary walls, The walls of arteries and veins present too thick a barrier.

Capillaries form extensive branching networks that increase the surface area for diffusion and filtration and thereby allow rapid exchange of large quantities of materials. In most tissues, blood flows through only a small portion of the capillary network when metabolic needs are low but when a tissue is active, such as contracting muscle, the entire capillary network fills with blood. The flow of blood through capillaries is regulated by vessels with smooth muscle in their walls. A metarteriole is a vessel that emerges from an arteriole, passes through the capillary network and empties into a venule. The proximal portion of a metarteriole is surrounded by scattered smooth muscle fibers whose contraction and relaxation help regulate blood flow and pressure. The distal portion of a metarteriole, which empties into a venule, has no smooth muscle fibers and is called a through fare channel. It serves as a low-resistance path way that opens when constriction of precapillary sphincters reduces blood flow through the capillary network.

Through fare channels thus bypass the capillary bed and sustain blood flow through a region when the capillaries are not being utilized.

True capillaries emerge from arterioles or metarteriole and are not on the direct flow route from arteriole to venule. At their sites of origin, there is a ring of smooth muscle fibers called a pre capillary sphincter that controls the flow of blood entering a true capillary. Blood usually does not flow in a continous manner through capillary networks. Rather, it flows intermittenly because of contraction and relaxation of the smooth muscle of metarterioles and the precapillary sphincters of true capillaries. This intermittent contraction and relaxation may occur 5-10 times per minute and is called vasomotion. In part, vasomotion is due to certain chemicals released by the endothelium. Many capillary of the body are said to be continuous capillaries. expect for inter cellular clefts, which are gaps B/w neighboring endothelial cells, the plasma membranes of the cells form a continuous, uninterrupted ring around the capillary. Continuous capillaries are found in skeletal and smooth muscle, connective tissues, and the lungs. Other capillaries of the body are called fenestrated capillaries. They differ from continuous capillaries in that their endothelial cells have may fenestrations in the plasma membrane. Fenestrated capillaries are found in the kidneys, villi of the small intestine, choroid plexuses of the ventricles in the brain, ciliary processes of the eyes and endocrine glands. Blood capillaries in certain parts of the body, such as the liver, are termed sinusoids. They are wider than other capillaries and more winding. Instead of the usual endothelial lining, sinusoids contain spaces B/w endothelial cells, and the basement membrane is incomplete or absent, In addition, sinusoids contain specialized lining cells that are adapted to the function of the tissue. forexample, sinusoids in the liver contain hepatocytes and phagocytic cells called stellate reticuloendothelial cells that remove bacteria and other debris from the blood. Sinusoids are also present in the spleen, anterior pituitary gland, parathyoid glands and bone marrow.

अध्याय- ९

लसिका संस्थान (Lymphatic system)– लसिका प्रणाली, लसिका ग्रन्थि, लसिका वाहिनियों का वर्णन

१. धातु एवं रस

धातु

- मानव शरीर का आधार सात धातुए हैं।
- इन सात धातुओं में रस धातु प्रधान है। इसी रस धातु से अन्य सभी धातुओं का पोषण होता है। अतः इसे प्रधान बताया गया है।

रस

पांचभौतिक (आकाश, वायु, अग्नि, जल, पृथ्वी), चार प्रकार [**अशित (भक्ष्य)**, **खादित (भोज्य)**, **पीत (पेय)**, **लीढ (लेह्य)**], षडरस (मधुर-अम्ल-लवण-कटु-तिक्त-कषाय), दो प्रकार के वीर्य (शीत-उष्ण) अथवा आठ प्रकार के वीर्य (शीत-उष्ण-स्निग्ध-रूक्ष-विशद-पिच्छिल-मृदु-तीक्ष्ण) तथा अन्य बीस प्रकार के गुणों में से अनेक गुण युक्त आहार जो हम ग्रहण करते हैं, उसका पाचन जठराग्नि द्वारा होने पर उसका परिवर्तित आहार रस होता है। उसी का मलरहित जो सूक्ष्म सार है, उसे **रसधातु** कहा जाता है। इस प्रकार प्रत्येक समय गति करते हुए शरीर का तर्पण, वर्धन, पोषण आदि अनेक कार्यों में सहायक होता रहता है, अतः इसे रस कहते हैं।

रस के भेद

शरीर रचना की दृष्टि से दो भेद– १. शुद्ध रस २. भुक्त रस। भुक्त रस के दो भेद– १. सौम्य, २. आग्नेय।

१. शुद्ध रस– यह रस शरीर के विभिन्न भागों द्वारा शोधित होता हुआ हृदय (Heart) तक पहुँचता है। जैसे– यकृत (Liver) से जब गुजरता है, तो इसका निर्विषीकरण (Detoxication) हो जाता है। फुफ्फुसों (Lungs) से इसकी कार्बनडाई आक्साइड (Co_2) गैस बाहर निकल जाती है। और त्वचा (Skin) की स्वेद ग्रन्थियों से स्वेद के रूप में मल बाहर निकलता है। इस प्रक्रिया में यह रस शुद्ध हो जाता है। यह पतला स्वच्छ भाग सिरा और धमनियों के सूक्ष्म तथा अन्तिम प्रतान जालकों से समस्त

धातुओं का पोषण करता है। और धातु के पोषण से बचा हुआ रसायनी (Lymphatics) द्वारा लौटता है। आधुनिकों ने इसे Plasma, lymph, extracellular fluid, intra cellular fluid आदि के अन्तर्गत रखा है।

२. भुक्त रस– वह रस जो भोजन के परिपाक के परिणाम स्वरूप उत्पन्न होता है, भुक्त रस (Digested food) कहलाता है। जो भी आहार ग्रहण किया जाता है, उस पर पाचन प्रणाली (Digestive tract) में पाचक पित, समान वायु एवं क्लेदक कफ आदि की क्रिया से परिपक्व रस या भुक्तरस बन जाता है। जिसका सार भाग ही रक्त में शोषित होता है। भुक्त रस के दो भेद– १. सौम्य २. आग्नेय।

१. सौम्य रस– यह रस पंचमहाभूतों में से जल और पृथ्वी की प्रधानता वाले द्रव्यों के सेवन से उत्पन्न होता है। आधुनिक दृष्टि से इसे वसायुक्त द्रव्यों से उत्पन्न मानते हैं अथवा वह भाग जो गुरू, स्निग्ध, आदि स्वभाव के कारण कफ गुण प्रधान है। वही सौम्य रस कहलाता है। आधुनिक दृष्टि से मुख्यत: Fat का Digested part ही सौम्य रस है। यह अंकुर (Villi) में उपस्थित रसायनी (Lymphatics) द्वारा शोषित होता है, यहाँ इसका रंग दूध के समान होने से Lymphatics का नाम Lacteals भी है।

वह सौम्य रस लघ्वांत्र (Small intestine) से सूक्ष्म रसवाहिनियों द्वारा, पृष्ठवंश (Vertebral column) के सामने स्थित रसप्रपा (Cisterna chyli) में जाता है। वहाँ से वह वाम रसकुल्या (Thoracic duct) द्वारा वाम गलमूलिका सिरा Lt. brachiocephalic vein) में और अन्त में उत्तरा महासिरा (Superior vena-cava) द्वारा हृदय के दक्षिण आलिन्द में (Rt. atrium of heart) जाता है।

२. आग्नेय रस– वह भाग जो उष्ण, तीक्ष्ण आदि पित-गुण प्रधान, आधुनिक दृष्टि से मुख्यत: Protein का Digested part है, वही आग्नेय रस कहलाता है। आग्नेय रस में अग्नि महाभूत की प्रधानता होती है।

यह आग्नेय रस आमाशय (Stomach), पक्वाशय (Duodenum) तथा उनके चारों ओर फैली हुई सिराओं द्वारा रक्त में ले जाया जाता है।

यह Intestinal villi के द्वारा शोषित होकर प्लैहिक सिरा (Splenic vein) में से प्रतिहारिणी सिरा (Portal vein) द्वारा यकृत (Liver) में पहुँचता है।

वहाँ Liver के जालकों (Reticular endothelium) द्वारा उसे निर्विष बनाकर पाचन किया जाता है। कुछ पौष्टिक अंश यकृत में रोक लिए जाते हैं। शेष रस याकृति सिरा (Hepatic vein) द्वारा अधरा महासिरा (Inferior vena cava) में और वहाँ से अन्त में हृदय के दक्षिण आलिन्द (Rt. atrium of heart) में जाता है। इसे आग्नेय या याकृति रस संवहन कहते हैं।

इस दृष्टि से आग्नेय रस का विपाक यकृत से होकर तथा सौम्य रस का विपाक रसप्रपा तथा रसायनियों में होकर हृदय में पहुँचता है। अतः हृदय सौम्य एवं आग्नेय दोनों रसों के मिश्रण का स्थल माना गया है। इस विचार को आधुनिक एवं आयुर्वेदिक दोनों दृष्टि से स्वीकार किया गया है। इसी कारण आयुर्वेद का यह वर्णन "रसवहानां स्रोतसां हृदयं मूलं रसवाहिन्यश्च धमन्यः"। अर्थात् रसवह स्रोतस का मूल हृदय और रसवाहिनी धमनियाँ हैं। उचित है।

रसायनी– आयुर्वेदीय दृष्टि से रस का वहन करने वाली प्रणालियों को रसायनी कहा गया है। स्थान भेद से वे रसप्रपा हो या रसकुल्या या धमनियाँ, जिनके द्वारा रस का वहन होता है, वे सभी रसायनी कहलाती हैं।

२. लसिका संस्थान

लसिका तन्त्र में लसिका ऊतक (Lymphoid tissue), लसिका केशिकाएँ (Lymph capillaries), लसिका ग्रन्थियाँ (Lymph glands or lymph nodes) तथा लसिका वाहिनियाँ (Lymphatic vessels) सम्मिलित होते हैं।

लसिका वाहिनियों को ही रसायनी कहते हैं। ये लसिका ग्रन्थियाँ तथा लसिका वाहिनियाँ सम्पूर्ण शरीर में इधर-उधर फैली रहती हैं।

शरीर के विभिन्न अंग-प्रत्यंगों के सूक्ष्म कोषों (Cells) में उनके पोषणार्थ रक्त पहुँचाया जाता है। और उसका पोषण होने पर शेष रक्त तथा कोषों के त्याज्य पदार्थ वापस रक्त संवहन में चले जाते हैं। इस समय कोषों में स्थित लसिका (रस) सूक्ष्म लसिका वाहिनियों द्वारा ग्रहण की जाती है। और अन्त में हृदय की ओर रक्त ले जाने वाली सिराओं में उसे छोड़ दिया जाता है।

सूक्ष्म लसिका केशिकाओं का, ऊतक अवकाशों (Tissue-space) में एक जाल जैसा बना हुआ होता है। लसिका केशिकाओं के भीतर का अवकाश, रक्त केशिकाओं की अपेक्षा बड़ा होता है। अन्तः कला के द्वारा निर्मित लसिका केशिकाओं की भित्ति की यह विशेषता है कि यह रक्त केशिकाओं की भित्ति की अपेक्षा कहीं बड़े अणुओं के लिए पारगम्य (Permeable) होती है।

अतः लसिका केशिकाओं के द्वारा कोलाइड (लसदार पदार्थ–Semi-solid) जैसे बड़े आकार वाले अणु भी बाहर निकल जाते हैं। जो रक्त केशिकाओं की भित्तियों से होकर नहीं निकल सकते। इस प्रकार लसिका केशिकाएँ ऊतक अवकाशों से कोलायडी पदार्थों के अवशोषण के लिए प्रशस्त है। किन्तु रक्त केशिकाओं के द्वारा केवल जल में घुले हुए पदार्थों का ही अवशोषण होता है।

यदि लसिका वाहिकाएँ अवरूद्ध हो जायें, तो वहाँ की केशिकाएँ एवं ऊतक शोफयुक्त (Swelling) हो जाते हैं, तथा उनमें तरल संचित हो जाता है।

साधारण ऊतकों से लसिका वाहिनियों में प्रवाहित होने वाला लसिका स्वच्छ एवं वर्णरहित होता है।

क्षुद्रान्त्र (Small intestine) से आने वाली लसिकाओं का रंग, वसा के अवशोषण के कारण दूध के समान श्वेत होता है। यह तरल वसा लसिका (Chyle) कहलाता है। इसी कारण वहाँ की लसिका वाहिकाएँ, वसालसिका वाहिनी (Lacteals) कहलाती हैं।

शरीर के प्राय: सभी ऊतकों में लसिका केशिकाएँ उपस्थित होती हैं किन्तु वाहिकाविहिन संरचनाओं में, जैसे– त्वचा का बाह्य स्तर, रोम, केश, नख, नेत्र का स्वच्छमण्डल आदि में नहीं पायी जाती हैं।

लसिका केशिकाओं के परस्पर मिलने से लसिका वाहिकाएँ बनती हैं। जो लसिका ग्रन्थियों में पहुँचते हैं। लसिका एक या एक से अधिक ग्रन्थियों में से निकलने के पश्चात् रक्त प्रवाह में पहुँचता है।

अवटु ग्रन्थि (Thyroid gland, ग्रासनली (Esophagus), यकृत (Liver) में पायी जाने वाली कुछ लसिका वाहिकाएँ सीधे ही गलमूलिका सिरा (Brachio-cephalic vein) में प्रवेश करती हैं।

त्वकस्थ लसिका वाहिकाएँ Deep fascia में प्राय: Superficial vein के साथ रहती हैं। इसके अतिरिक्त बहुत सी वाहिकाएँ स्वतन्त्र भी रहती हैं।

अन्त में सम्पूर्ण शरीर से आया हुआ लसिका दो नलिकाओं के द्वारा एकत्रित होता है। इन्हें वामरसकुल्या (Thoracic duct or lt. lymphatic duct) और दक्षिण रसकुल्या (Rt. lymphatic duct) कहते हैं। जो क्रमश दक्षिण तथा वाम गलमूलिका सिरा (Rt. and lt. brachiocephalic veins) में खुलती हैं।

३. लसिका ग्रन्थियाँ (Lymph glands)

इनकी लम्बाई 1.25 mm. होती है। ये अण्डाकार (Oval) अथवा सेम के बीज (bean) के आकार की रचना है, जो लसिका वाहिकाओं के मार्ग में कहीं-कहीं स्थित है। जिससे लसिका उनमें से होकर जाता है।

प्रत्येक लसिका ग्रन्थि में एक ओर सूक्ष्म गर्त (गढ्ढा) पाया जाता है। जिसको मुखद्वार कहते हैं। इस छिद्र के द्वारा अभिवाही वाहिका (Afferent duct) लसिका ग्रन्थि में जाती है। और अपवाही वाहिका (Efferent duct) बाहर निकलती हैं। ये लसिका ग्रन्थियाँ Mediastinum, ingunial, iliac, intestinal, axillary, cervical.

आदि स्थानों में पर्याप्त संख्या में समूह में पायी जाती हैं।

४. लसिका तन्त्र का कार्य (Function of the lymphatic system)

1. Fagocytosis

लसिका केशिकाओं का मुख्य कार्य ऊतक अवकाशों से शोषण करना है। इनके द्वारा अवशोषित पदार्थ, लसिका वाहिनियों के द्वारा लसिका ग्रन्थियों में पहुँचते हैं। ये ग्रन्थियाँ रोगोत्पादक जीवाणुओं तथा अन्य बाहरी पदार्थों को, लसिका केशिकाओं की जीवाणु भक्षण क्रिया (Fagocytosis) के कारण, लसिका से पृथक् कर देती है और रक्त में नहीं पहुँचने देती। इस प्रकार ये ग्रन्थियाँ रक्त तथा शरीर के रक्षक की भाँति कार्य करती हैं।

2. Formation of lymph capillaries

लसिका ग्रन्थियों का एक अन्य कार्य लसिका केशिकाओं का निर्माण करना है।

५. लसिका वाहिनियाँ (Lymphatic vessels)

I. वाम रसकुल्या- Lt. lymphatic duct or thoracic duct

II. दक्षिण रसकुल्या- Rt. lymphatic duct

(I) वाम रसकुल्या (Thoracic duct or lt. lymphatic duct)

(1) Introduction– The thoracic duct is the largest lymphatic vessels in the body. It extends from the upper part of the abdomen to the lower part of neck. Crossing the post. and sup. parts of the mediastinum. It is about 15-18 inches (38-45 cm.) long. It has a beaded appearance because of the presence of many valves in its lumen.

(2) Course– It begins as a continuation of the upper end of the cisterna chyli, (Near the lower border of 12th thoracic vertebrae.) and enters the thorax through the aortic opening of the diaphragm. It then ascends through the post. mediastinum crossing from the rt. side to the lt. side at the level of 5th thoracic vertebrae. It then runs through the sup. mediastinum along the lt. edge of the oesophagus and reaches the neck. In the neck it arches laterally, (at the level of the transverse process of 7th cervical vertebrae.) finally it descends infront of the first part of the lt. subclavian vein and ends by opening into the angle of junction B/w the lt. subclavian veins and lt. internal jugular veins. (Brachiocephalic vein).

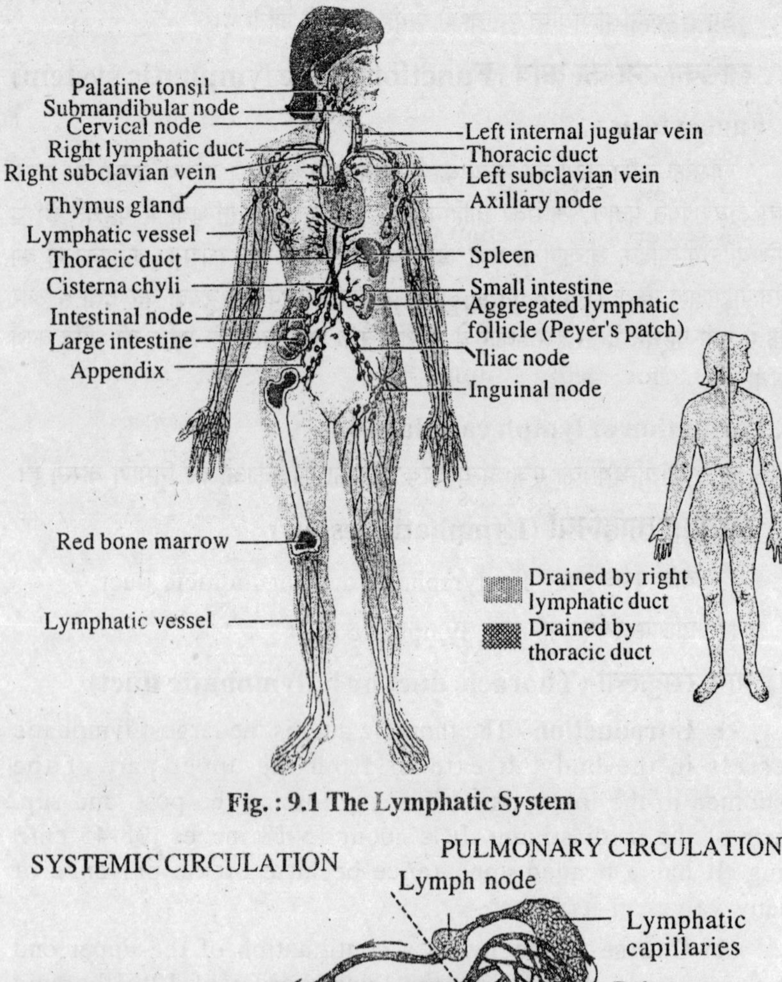

Fig. : 9.1 The Lymphatic System

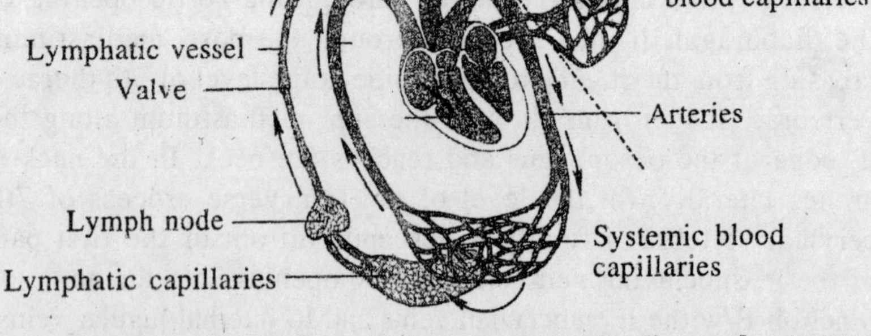

Fig. : 9.2 Relationship of the lymphatic System to the Cardiovascular System

(3) Relations–

At the aortic opening of diaphragm–

- Anterior– Diaphragm
- Posterior– Vertebral column
- To the rt.– Azygos vein
- To the lt.– Aorta

Post. mediastinum–

- Anterior– Diaphragm, esophagus
- Posterior– Vertebral column
- To the rt.– Azygos vein
- To the lt.– Descending thoracic aorta

Superior mediastinum–

- Anterior– Arch of aorta, lt. subclavian artery
- Posterior– Vertebral column
- To the rt.– Oesophagus
- To the lt.– Pleura

In the neck–

- Anterior– Lt. common carotid artery
- Posterior– Vertebral artery and vein, sympathetic trunk.

(4) Area of drainage and tributaries–

Thoracic duct–

- It receives lymph from the lt. side of the head, neck, chest, left upper limb and the entire body inferior to the ribs.
- The cisterna chyli receives lymph from the rt. and lt. lumbar trunks and from the intestinal trunk.
- The rt. and lt. lumbar trunk drains lymph from the– lower limbs, wall and viscera of the pelvic, kidneys, adrenal glands (suprarenal) and the deep lymphatic from most of the abdominal wall.
- Intestinal trunk drains lymph from the– Stomach, intestine, pancreas, spleen and part of liver.
- In the neck, the thoracic duct also receives lymph from the lt. jugular, lt. sub clavian and lt. bronchomediastinal trunks.
- The lt. jugular trunks drains lymph from– The lt. side of head and neck.
- The lt. subclavian trunks drains lymph from the upper limb.

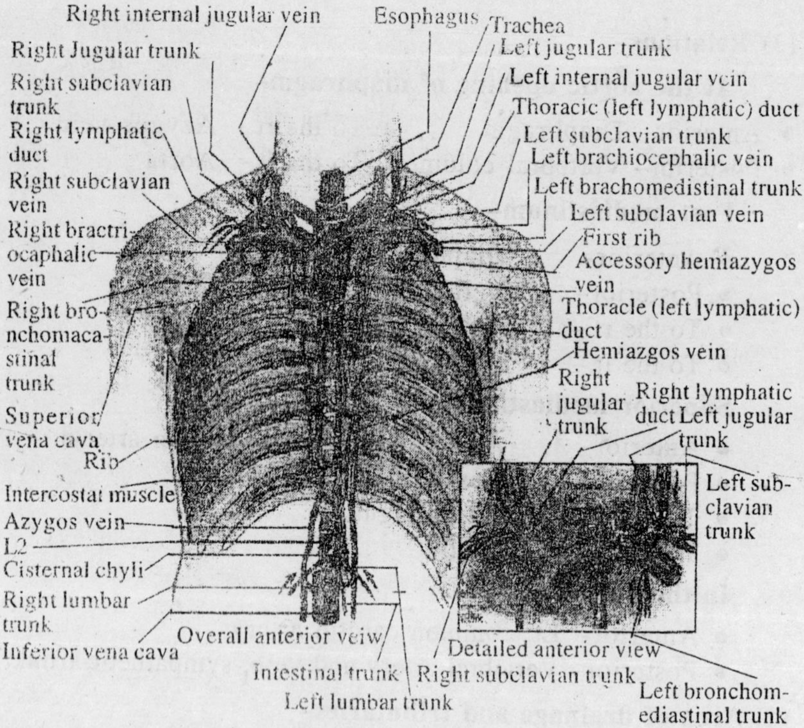

Fig. : 9.3 Drainage of lymph from Lymph trunks into left and right lymphatic ducts

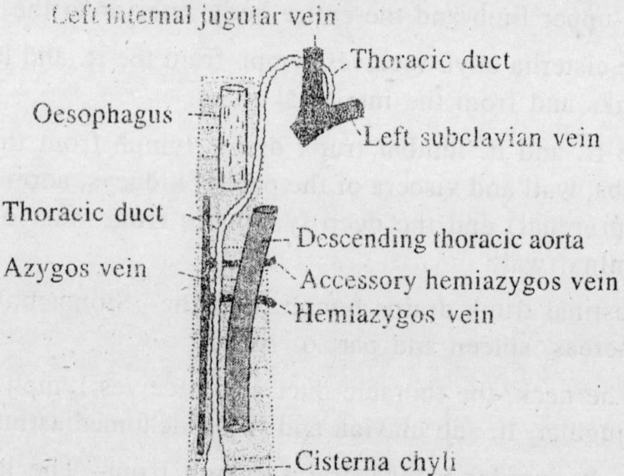

Fig. : 9.4 The Course of the Thoracic Duct

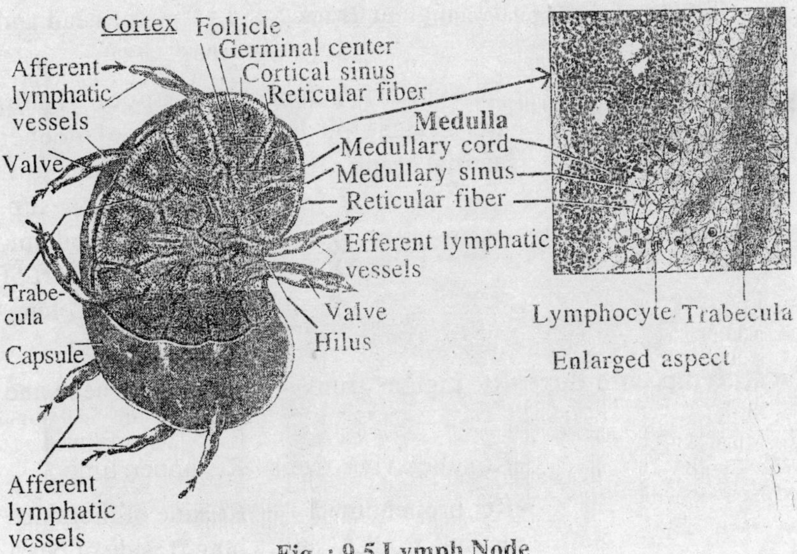

Fig. : 9.5 Lymph Node

- The lt. bronchomediastinal trunk drains lymph from the lt. side of the deeper parts of the ant. thoracic wall, sup. part of the ant. abdominal wall, ant. part of diaphragm, lt. lung and lt. side of the heart.

(II) दक्षिण रसकुल्या (Rt. lymphatic duct)

The rt. lymphatic duct is about 1.25 cm. (1/2 Inch) long and drains lymph from the upper rt. side of the body.

The rt. lymphatic duct collects lymph from–

- The rt. jugular trunk, which drains the– Rt. side of the head and neck.
- Rt. subclavian trunk, which drains the– Rt. upper limb.
- Rt. broncho mediastinal trunk, which drains the– Rt. side of the thorax, rt. lung, rt. side of the heart and part of the liver.
- **Cisterna chyli**–
  - Rt. lumbar trunk, Lt. lumbar trunk → Lower limbs, wall and viscera of pelvis, kidneys, adrenal glands, abdominal wall,
  - Intestinal trunk → Stomach, intestine, pancreas, spleen, part of liver.

- **Thoracic duct–**
  - Lt. jugular trunk → Lt. side of head and neck.
  - Lt. subclavian trunk → Lt. upper limb.
  - Lt. broncho mediastinal trunk → Lt. side of deeper part of the ant. thoracic wall, sup. part of ant. abdominal wall, ant. part of diaphragm, lt. lung, lt. side of heart.
- **Rt.lymphatic duct**
  - Rt. jugular trunk → Rt. side of head and neck.
  - Rt.subclavian trunk → Rt. upper limb
  - Rt. bronchomediastinal trunk → Rt. side of thorax,rt. lung,rt. side of heart and part of liver.

Sequence of fluid flow–

1. Arteries– Blood plasma
2. Blood capillaries– Blood plasma
3. Interstitial space– Interstitial fluid
4. Lymphatic capillaries– Lymph
5. Lymphatic vessels– Lymph
6. Lymphatic duct– Lymph
7. Subclavian vein– Blood plasma

Passage of lymph–

- Lymph capillaries

  ↓
- Lymphatic vessels

  ↓
- Lymphatic trunk

  ↓
- Thoracic duct and rt. lymphatic duct.

  ↓
- Subclavian vein

अध्याय- १०

पेशी शारीर (Myology)

१. परिचय (Introduction)

"रसासृङ्गमांसमेदोऽस्थिमज्जशुक्राणि धातवः।" (भा०प्र० प्रथम खण्ड गर्भ प्रकरण/१३३)

- रस-रक्त-मांस-मेद-अस्थि-मज्जा-शुक्र इन सात धातुओं से शरीर का निर्माण होता है।
- इनमें से तीसरी धातु मांस धातु है।
- इसका मुख्य कार्य लेपन है।
- पेशी– यह मांस धातु का ही रूप है।
- इसे मांस खण्ड भी कहते हैं।
- इसमें पृथ्वी महाभूत की प्रधानता होती है।
- शरीर का आधा वजन लगभग मांसपेशियों का ही होता है।

Muscles– Mouse like form.

Latin word– **Mus**–Mouse

Tail of the mouse– The tendon of the muscles.

इसकी कल्पना चूहे से की गई है।

२. परिभाषा

शरीर में लाल रंग की रेशेदार आंकुचन और प्रसारणशील जो धातु हैं, उसी मांस पिण्ड को पेशी कहा जाता है।

Definition of muscles

A muscle, fibre is made up of numerous muscular cells, and a bundle of such muscle fibres is called a muscle.

३. स्वरूप

(A) "यथार्थं उष्मणा युक्तो वायुः स्रोतांसि दारयेत् ।" (सु.शा. ४/२७)

"अनुप्रविष्य पिशितं पेशीः विभजते तथा ।" (सु.शा. ४/२८)

जिस प्रकार पित्त से युक्त वायु अपने प्रयोजन के अनुसार स्रोतों को खोलती है, उसी प्रकार पित्तयुक्त वायु मांस में प्रवेश करके, उसे पेशियों में विभाजित करती है।

(B) "अनुप्रविष्य पिशितं पेशी विभजतेऽनिलः।"

वायु मांस धातु में प्रविष्ट होकर उसे सूत्रों में विभाजित करता है, और पेशियों का निर्माण होता है।

(C) "तासां बहल-पेलव-स्थूल-अणु-पृथु-वृत्त-ह्रस्व-दीर्घ-स्थिर-मृदु-श्लक्ष्ण-कर्कशभावाः सन्ध्यस्थि सिरा स्नायु प्रच्छादका यथा प्रदेशं स्वभावत एव भवन्ति ।।" (सु.शा. ५/५२)

मांसपेशियाँ, शरीर की अस्थियाँ, सन्धियाँ, सिराएँ तथा स्नायु इन रचनाओं को ढककर रखती हैं। शरीर में वह स्थान भेद से विभिन्न स्वरूप या आकार की होती हैं।

१. बहल	– मोटी	– Large	७.	ह्रस्व	– छोटी	– Short
२. पेलव	– पतली	– Small	८.	दीर्घ	– लम्बी	– Long
३. स्थूल	– मोटी	– Thick	९.	स्थिर	– दृढ़	– Firm
४. अणु	– छोटी	– Thin	१०.	मृदु	– कोमल	– Soft
५. पृथु	– चौड़ी	– Flat	११.	श्लक्ष्ण	– चिकनी	– Smooth
६. वृत्त	– गोल	– Dome shape	१२.	कर्कश	– खुरदरी	– Rough

(D) १. पट्टिका कारा– ये लम्बी, फीते के समान चपटी होती हैं।

२. चतुरस्रा– ये चतुष्कोणाकार होती हैं।

३. यवाकारा– ये यव के आकार की होती हैं।

४. एक पुंखिका– पेशी की कण्डरा के एक ओर मांस सूत्र लगे रहते हैं।

५. द्वि पुंखिका– इसमें कण्डरा के दोनों ओर मांस सूत्र लगे रहते हैं।

६. बहु पुंखिका– एक ही पेशी में दो या तीन कण्डराएँ होती हैं, और उनके दोनों ओर मांससूत्र लगे रहते हैं।

७. तालवृंताकारा– यह पेशी त्रिकोणाकार होती है। इसके मांससूत्र सभी दिशाओं में फैले रहते हैं।

८. विवृता– इसमें मांससूत्र मुड़े हुए (Twisted) रहते हैं।

(E) १. कोशाकारा– वर्तुलाकारपेशी, हृदय एवं आमाशय के द्वार में स्थित पेशियाँ।

२. नलकाकारा– लम्बी नलिका के आकार की पेशी, आंत्र की पेशियाँ।

३. सूत्राकारा– ह्रस्व तथा पतली छोटी पेशियाँ, प्लीहा में स्थित पेशियाँ।

(E) According to modern– Arrangement of fascicles–

1. Parallel– Stylohyoid muscles
2. Fusiform– Digastric muscles
3. Circular– Orbicularis oculi muscles
4. Pennate–
   I. Unipennate– Extensor digitorum longus
   II. Bipennate– Rectus femoris
   III. Multipennate– Deltoid

४. स्थान

अर्थात् सम्बन्ध या Attachment– Origin– (उद्‌गम) and- Insertion (निवेश)। निम्न स्थानों पर पेशियों (Muscles) का सम्बन्ध (Attachment) होता है या पेशियाँ जुड़ी रहती हैं।

- Bones
- Cartilage
- Ligament
- Skin
- Superficial fascia
- Deep fascia
- Other muscles

५. संख्या

- आचार्य सुश्रुत के अनुसार पेशियों की संख्या– ५०० है।
- इसके अतिरिक्त आचार्य सुश्रुत स्त्रियों में पुरूषों की अपेक्षा पेशियाँ अधिक मानते हैं– २०
- आचार्य चरक के अनुसार पेशियों की संख्या– ४०० है।

पेशियों की गणना का मुख्य कारण संयोग और वियोग भेद है। कुछ स्थानों की पेशियों की गणना कई आचार्य संयुक्त रूप से करते हैं तथा कई आचार्य अलग-अलग करते हैं। इसलिए गणना में मतभेद है।

आचार्य सुश्रुत के अनुसार पेशियों की संख्या

१. शाखाओं में–	100x4	= 400
२. मध्यशरीर में–		= 66
३. शिर और ग्रीवा–		= 34
कुल पेशियाँ–		= 500

१. शाखागत पेशियाँ–

- पांव की अंगुलियों में– = 5x3 = 15
- पाँव के अग्रभाग (प्रपद में) में– = 10
- पाँव के ऊपर कूर्च में स्थित उतनी ही– = 10
- गुल्फ और पादतल में– = 10
- गुल्फ और जानु के बीच में– = 20
- जानु में– = 5
- ऊरू में– = 20
- वंक्षण में– = 10

कुल पेशियाँ–	100

इस प्रकार एक शाखा में– 100

और चारों शाखाओं में– 100x4= 400 पेशियाँ

२. मध्यशरीर की (कोष्ठगत) मांसपेशियाँ–

- गुदा में– ३
- शिश्न (मेढ्र) में– १
- सेवनी में– १
- वृषणों में– २
- स्फिकों में– ५+५= १०
- बस्ति शिर में– २
- उदर में– ५
- नाभि में– १
- पृष्ठ के ऊर्ध्व भाग में स्थित (दोनों तरफ)– दीर्घ पेशियाँ ५+५= १०
- दोनों पार्श्वों में– ६
- वक्ष– १०
- अक्षक और कन्धे के आसपास– ७
- हृदय और आमाशय में– २
- यकृत, प्लीहा, उण्डुक में– ६

कुल पेशियाँ=	६६

३. शिर और ग्रीवा की पेशियाँ–

• ग्रीवा में–	४
• हनु में–	८
• काकलक और गले में–	१+१= २
• तालु में–	२
• जिह्वा में–	१
• ओष्ठों में–	२
• नासा में–	२
• आंखों में–	२
• गण्ड (कपोल) में–	४
• कानों में–	२
• ललाट में–	४
• शिर में–	१
कुल पेशियाँ=	३४

इस प्रकार कुल पेशियाँ ४००+६६+३४= ५०० पाँच सौ होती हैं।

- **स्त्रीणां तु विंशतिरधिका। दश तासां स्तनयोरेकैकस्मिन पञ्च पञ्चेति, यौवने तासां परिवृद्धिः।** (सु.शा. ५/५०)
- **अपत्यपथे चतस्त्रः– तासां प्रसृतेऽभ्यन्तरतो द्वे, मुखाश्रिते बाह्ये च वृत्ते द्वे, गर्भच्छिद्रसंश्रितास्तिस्त्रः, शुक्रार्त्तवप्रवेशिन्यस्तिस्त्र एव।** (सु.शा. ५/५१)
- स्त्रियों में पुरूषों की अपेक्षा २० पेशियाँ अधिक होती हैं।

• दोनों स्तनों में–	५+५ = १०
• अपत्यमार्ग में–	२+२ = ४
• दो अन्दर की ओर फैली हुई होती हैं।	
• दो बाहर की ओर, गोल मुखपर आश्रित होती हैं।	
• गर्भच्छिद्र पर आश्रित–	३
• शुक्र तथा आर्त्तव को प्रविष्ट कराने वाली=	३
कुल पेशियाँ–	२०

६. प्रकार और भेद

आयुर्वेद के अनुसार

१. ऐच्छिक पेशी

२. अनैच्छिक पेशी

३. हार्दिकी पेशी

१. ऐच्छिक पेशी (Voluntary muscles)–

इन पर अनुप्रस्थ धाराएँ होती हैं। अत: उनको राजिला (Striated) कहते हैं। इनका कार्य मस्तिष्क की प्रेरणा के अनुसार होता है। अत: परतन्त्र पेशी कहते हैं। इनका कम से कम एक सिरा किसी अस्थि से सम्बद्ध रहता है । इसी से इनको Skeletal muscles भी कहते हैं।

ये विशेषतया ऊर्ध्व तथा अध: शाखाओं में पायी जाती हैं। वे प्राणियों की इच्छा से संकोचन या प्रसारण करती हैं।

२. अनैच्छिक पेशी (Involuntary muscles)–

इन पर धाराएँ नहीं होती, अत: इन्हें अराजिला (Unstriated) कहते हैं। ये अस्थियों से सम्बन्ध नहीं रहती।

ये पेशियाँ बिना किसी की इच्छा से, अपने आप ही क्रिया करती हैं, अत: इन्हें स्वतन्त्र पेशी कहते हैं।

३. हार्दिकी पेशी (Cardiac muscles)–

यह एक तीसरा प्रकार भी पाया जाता है। ये पेशियाँ हृदय में रहती हैं। क्रिया की दृष्टि से तो ये स्वतन्त्र या अनैच्छिक हैं। परन्तु रचना की दृष्टि से ये राजिला (Striated) होती हैं। इन पर अनुप्रस्थ तथा अनुलम्ब धाराएँ होती हैं। अत: दोनों प्रकारों का संयोग इस पेशी में पाया जाता है। इसी से इनका तीसरा प्रकार माना जाता है।

Classification of muscles– According to modern

(A) According to structure

1. Striated muscles– These muscles consist of fibres which are cross striated, they are both longitudinally and transversely striated. The transverse striations are well-marked and consist of alternate dark and light bands. Functionally they are voluntary muscles, their action can be controlled by will.

2. Non-striated muscles– These muscles consists of the fibers which do not present alternate dark and light striations. Functionally they are involuntary muscles. Their action are not controlled by will but their activities are regulated by the nerves system and hence non striated or involuntary muscles are often described as nerve regulated muscles. They include muscles that outline the hollow viscera such as intestines, uterus, gall-bladder, ureter, urinary bladder, bronchial trees, etc. and muscles of blood vessels.

3. Cardiac muscles– Structurally the cardiac muscles is a special variety of the muscular tissue, which is intermediate B/w striated and non-striated muscle. It is an automatic organ which contracts rhythmically and is not under the control of will, hence an involuntary muscles. Example-muscle of heart.

(B) According to functions–

1. Voluntary muscles– All voluntary muscles are striated muscles and their actions are under the control of will.

2. In-voluntary muscles– All involuntary muscles are non-striated muscles and their action are not under the control of will.

(C) According to development–

1. Somatic– All somatic muscle develop in relation to the body wall, developmentally and are derived from the somatopleural mesoderm. They are striated muscles and are mainly concerned to adapt the human body to its external enviroment and form the chief source of heat and energy.

2. Visceral– They develop in relation to the different viscera and are derived from the splanchnopleural mesoderm.

They are non-striated or plain muscles and are mainly distributed in the wall of the hollo viscera, namely stomach, intestines, gall bladder, urinary bladder, blood vessels etc.

१. ऐच्छिक पेशी– परतन्त्र पेशी–	Striated muscle-Voluntary muscle-Somatic (Skeletal)
२. अनैच्छिक पेशी– स्वतन्त्र पेशी–	Non-striated muscle-Involuntary muscle-visceral

७. पेशियों के कार्य एवं महत्व

सिरा स्नाय्वस्थिपर्वाणि सन्धयश्च शरीरिणाम् ।
पेशीभिः संवृतान्यत्र बलवन्ति भवन्त्यतः ।। (सु.शा. ५/४९)

शरीरधारियों की शिराएँ, स्नायुएँ, अस्थिपर्व और सन्धियाँ, पेशियों से आच्छादित (ढकी) रहती हैं। अत: ये बलवान व उपयोगी हैं।

शरीर के लिए जितना ही महत्व अस्थिकार्यों का है, उतना ही महत्व पेशी कार्यों का भी है। पेशी कार्यों में निम्नलिखित मुख्य हैं–

१. शरीर में स्थित अस्थि, सन्धि, सिरा और स्नायुओं को पेशियाँ ढकती हैं।
२. पेशियाँ ही शरीर के स्वरूप को दर्शाने का कार्य करती हैं।
३. संधियों को बाँधने का कार्य करती हैं।
४. शरीर के भीतरी अंगों की रक्षा करती हैं।
५. शरीर को बल प्रदान करने का कार्य करती हैं।
६. अस्थि, सन्धि आदि अंगों की अपेक्षा पेशियों में अधिक शक्ति होती है।
७. पेशियाँ रक्त संचार के कार्य में सहायक होती हैं।
८. शरीर की स्वतन्त्र और परतन्त्र दोनों प्रकार की गतियों में सहायक होती हैं।
९. हृदय का स्पन्दन आदि पेशियों द्वारा सम्पन्न होता है।
१०. शरीर का उठना, बैठना, चलना आदि क्रियाएँ स्वस्थ पेशियों द्वारा ही होती हैं।
११. अस्थि आदि को आवृत करके उनके कार्यों में सहायक हैं।
१२. पेशियाँ आकुंचन का कार्य करती हैं।
१३. पेशियाँ प्रसारण का कार्य करती हैं।
१४. पेशियों में स्प्रिंग की तरह संकोचनशीलता का विशेष गुण होता है।
१५. शरीर निर्माण में सबसे पहला आधार पेशियाँ होती हैं, जो मांसपिण्ड के रूप में दिखाई देती हैं।
१६. अपनी स्थितिस्थापकता के कारण शरीर की नियमित क्रियाओं में सहायक होती हैं।
१७. मुख संकोच तथा मुख विस्फार पेशियों के द्वारा होता है।
१८. नि:श्वास-उच्छ्वास के कार्य में पेशियाँ सहायक होती हैं।
१९. अन्न तथा अन्न रस का चालन, अन्न निगलना आदि शरीर की क्रियाएँ पेशियों द्वारा होती हैं।
२०. इन्हीं पेशियों में सिरा, स्नायु, धमनी और केशिकाओं का जाल फैला हुआ रहता है। जिसके द्वारा शरीर वृद्धि को प्राप्त होता है।

८. प्रत्येक पेशी का उद्गम, निवेश, नाड़ी प्रदान और उनके कार्यों का विवरण

1. Muscles of the upper limb (उर्ध्व शाखा की मांस पेशियाँ)

1. Muscles of the pectoral region.
2. Muscles of the back
3. Muscles of the scapular region.
4. Muscles of the anterior compartment of arm
5. Muscles of the posterior compartment of arm
6. Superficial muscles of the front of forearm (Anterior compartment of forearm)
7. Deep muscles of the front of forearm (Anterior compartment of forearm)
8. Superficial muscles of the posterior compartment of forearm.
9. Deep muscles of the posterior compartment of forearm.
10. Intrinsic muscles of the hand.
    - (A) Thenar muscles
    - (B) Hypothenar muscles
    - (C) Lumbricals
    - (D) Palmar interossei
    - (E) Dorsal interossei

(1) Muscles of the pectoral region–

1. Pectoralis major– उर:च्छदा बृहती पेशी
2. Pectoralis minor– उर:च्छदा लघ्वी पेशी
3. Subclavius– अध: जत्रुका पेशी
4. Serratus anterior– अग्र दन्तुरिका पेशी
5. Platysma– गल पार्श्वच्छदा पेशी

(2) Muscles of the back–

1. Trapezius– समलम्बिका पेशी
2. Latissimus dorsi– कटि पार्श्वच्छदा पेशी
3. Levator scapulae– अंस उन्नमनिका पेशी
4. Rhomboideus minor– समचतुर्भुजिका लघ्वी पेशी
5. Rhomboideus major– सम चतुर्भुजिका बृहती पेशी

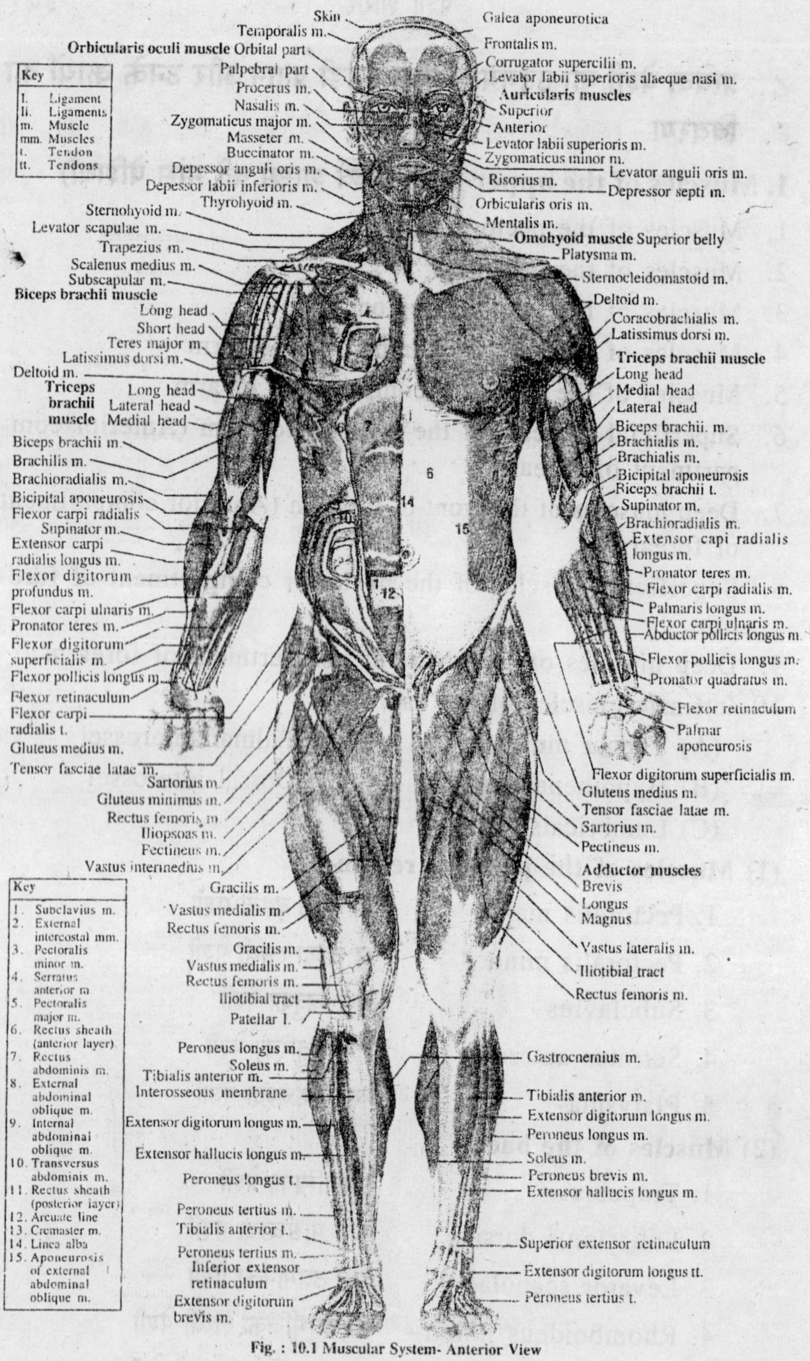

Fig. : 10.1 Muscular System- Anterior View

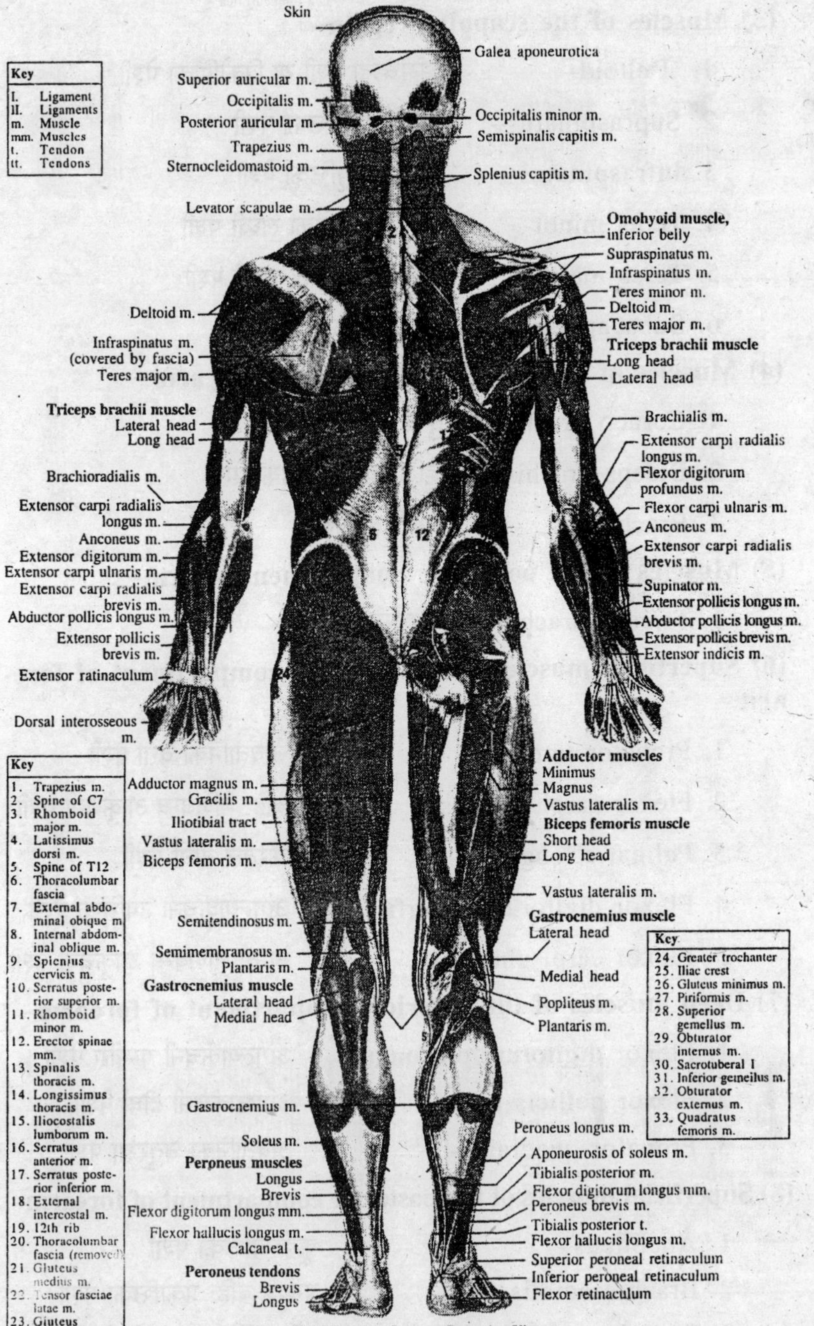

Fig. : 10.2 Muscular System- Posterior View

(3) Muscles of the scapular region–

1. Deltoid– अंसच्छदा पेशी या त्रिकोणिका पेशी
2. Supraspinatus– ऊर्ध्व अंसपृष्ठिका पेशी
3. Infraspinatus– अध: अंसपृष्ठिका पेशी
4. Teres minor– अंस अभिवर्तिका लघ्वी पेशी
5. Teres major– अंस अभिवर्तिका बृहती पेशी
6. Subscapularis– अध: अंसफलकिका पेशी

(4) Muscles of the anterior compartment of arm

1. Coraco brachialis– तुण्ड प्रगण्डिका पेशी
2. Biceps brachii– द्विशिरस्का प्रगण्डिका पेशी
3. Brachialis– प्रगण्डिका पेशी

(5) Muscles of the posterior compartment of arm–

1. Triceps brachii– त्रिशिरस्का पेशी

(6) Superficial muscles of the anterior compartment of forearm–

1. Pronator teres– अवतानिका वृत्ता पेशी
2. Flexor carpi radialis– बहि: मणिबन्ध आकुंचनी पेशी
3. Palmaris longus– करतल दीर्घा पेशी
4. Flexor digitorum superficialis– अंगुल्याकुंचनी उपरिस्था पेशी
5. Flexor carpi ulnaris– अन्त: मणिबन्ध आकुंचनी पेशी

(7) Deep muscles of the anterior compartment of forearm–

1. Flexor digitorum profundus– अंगुल्याकुंचनी गम्भीरा पेशी
2. Flexor pollicis longus– अंगुष्ठाकुंचनी दीर्घा पेशी
3. Pronator quadratus– अवतानिका चतुरस्त्रा पेशी

(8) Superficial muscles of the posterior compartment of forearm–

1. Anconeus– कूर्पर पृष्ठिका पेशी
2. Brachioradialis– प्रगण्ड बहि: प्रकोष्ठिका पेशी
3. Extensor carpi radialis longus–बहि: मणिबन्ध प्रसारिणी दीर्घापेशी

4. Extensor carpi radialis brevis– बहि: मणिबन्ध प्रसारिणी लघ्वी पेशी

5. Extensor digitorum– अंगुलि प्रसारिणी पेशी

6. Extensor digiti minimi– कनिष्ठिका प्रसारिणी पेशी

7. Extensor carpi ulnaris– अन्त: मणिबन्ध प्रसारिणी पेशी

(9) Deep muscles of the posterior compartment of forearm–

1. Supinator– करोत्तानिनी पेशी

2. Abductor pollicis longus– अंगुष्ठ अपवर्तनी दीर्घा पेशी

3. Extensor pollicis longus– अंगुष्ठ प्रसारिणी दीर्घा पेशी

4. Extensor pollicis brevis– अंगुष्ठ प्रसारिणी लघ्वी पेशी

5. Extensor indicis– तर्जनी प्रसारिणी पेशी

(10) Intrinsic muscles of the hand–

(A) Thenar muscles–

1. Abductor pollicis brevis– अंगुष्ठ अपवर्तनी लघ्वी पेशी

2. Flexor pollicis brevis– अंगुष्ठ आकुंचनी लघ्वी पेशी

3. Opponens pollicis– अंगुष्ठ व्यावर्तिका पेशी

4. Adductor pollicis– अंगुष्ठ अभिवर्तनी पेशी

(B) Hypothenar muscles–

1. Palmaris brevis– करतलिका लघ्वी पेशी

2. Abductor digiti minimi– कनिष्ठिका अपवर्तनी पेशी

3. Flexor digiti minimi– कनिष्ठिका आकुंचनी लघ्वी पेशी

4. Opponens digiti minimi– कनिष्ठिका व्यावर्तिका पेशी

● **Intermediate muscles (Mid palmar)– Lumbricals and interossei**

(C) Lumbricals– **अनुकण्डरिकायें**

1. Ist lumbrical– प्रथम अनुकण्डरिका

2. 2nd lumbrical– द्वितीय अनुकण्डरिका

3. 3rd lumbrical– तृतीय अनुकण्डरिका

4. 4th lumbrical– चतुर्थ अनुकण्डरिका

(D) Palmar interossei– **करतल-शलाकान्तरा पेशियाँ**

1. First palmar interossei– प्रथम करतल-शलाकान्तरा पेशी
2. Second " " – द्वितीय करतल-शलाकान्तरा पेशी
3. Third " " – तृतीय ,, ,, ,,
4. Fourth " " – चतुर्थ ,, ,, ,,

(E) Dorsal interossei– **करपृष्ठ-शलाकान्तरा पेशियाँ**

1. First dorsal interossei– प्रथम करपृष्ठ-शलाकान्तरा पेशी
2. Second " " – द्वितीय ,, ,, ,,
3. Third " " – तृतीय ,, ,, ,,
4. Fourth " " – चतुर्थ ,, ,, ,,

(1) Muscles of the pectoral region

(1) Pectoralis Major– (उर:च्छदा बृहती पेशी)

Pectus ↓ Thorax, chest, breast,

Major ↓ Greater

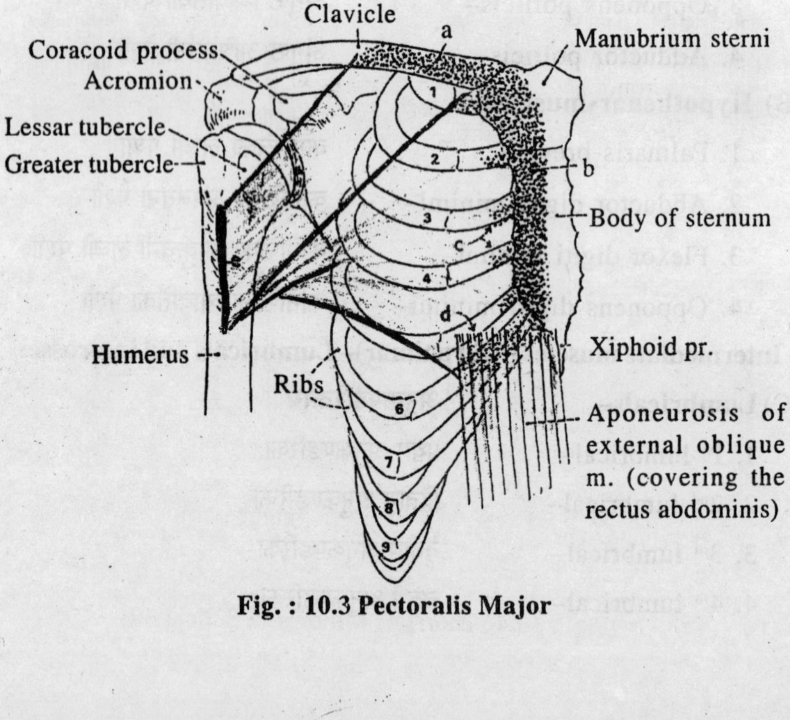

Fig. : 10.3 Pectoralis Major

1. **Origin (उद्गम)–**
   - **Clavicular part–** Ant. surface of medial 1/2 of clavicle.
   - **Sternocostal part–** Ant. surface of sternum and II to VI costal cartilage.
   - **Abdominal part–** Aponeurosis of external oblique muscles of abdomen.
2. **Insertion (निवेश)–** Lateral lip of the intertubercular sulcus (Bicipital groove) of the humerus.
3. **Nerve supply (नाड़ी प्रदान)–**
   - Medial pectoral nerve
   - Lateral pectoral nerve
4. **Action (कार्य)–** • Flexion • Adduction • Rotation

(2) Pectoralis Minor– (उर:च्छदा लघ्वी पेशी)

Pectus → Thorax, chest, breast,

Minor → Lesser

1. **Origin (उद्गम)–** 3, 4, 5th ribs, near the costochondral junction.

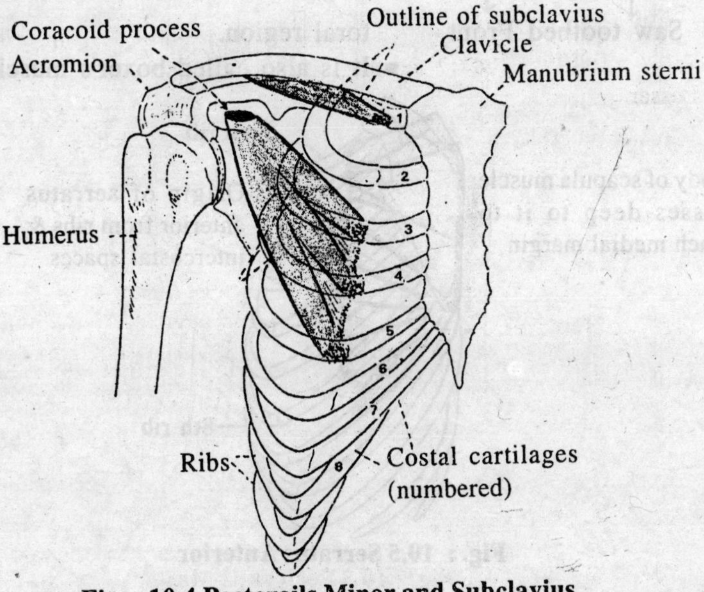

Fig. : 10.4 Pectorails Minor and Subclavius

2. **Insertion (निवेश)**– Upper surface of the coracoid process of scapula.

3. **Nerve supply (नाड़ी प्रदान)**–
   - Medial pectoral nerve
   - Lateral pectoral nerve

4. **Action (कार्य)**–
   - Depresses the point of shoulder.
   - Help in forced inspiration.

(3) Sub Clavius– (अध: जत्रुका पेशी)

Sub ↓ Under; Clavius ↓ Clavicle

1. **Origin (उद्‌गम)**– First rib at the costochondral junction.

2. **Insertion (निवेश)**– Subclavian groove in the inferior surface of middle 1/3 of the clavicle.

3. **Nerve supply (नाड़ी प्रदान)**– Nerve to subclavius.

4. **Action (कार्य)**–
   - Depresses the clavicle.
   - Movement of the shoulder joint.

(4) Serratus Anterior– (अग्र दन्तुरिका पेशी)

Serra ↓ Saw toothed; Anterior ↓ Front

- It is situated lateral part of the pectoral region.
- It is also called boxer's muscles.

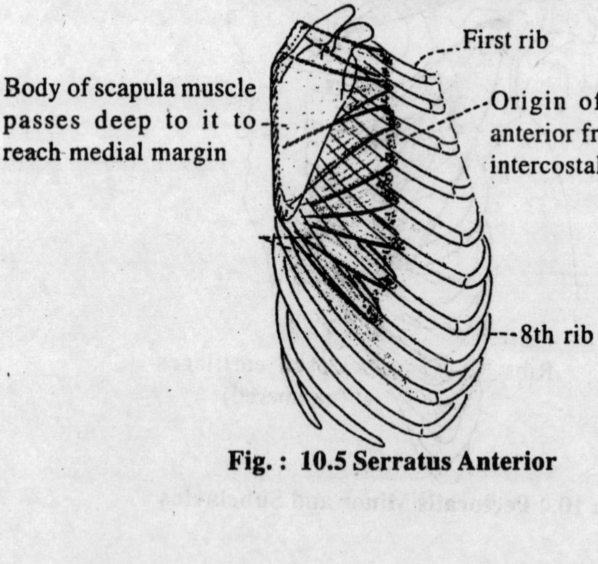

Fig. : 10.5 Serratus Anterior

1. **Origin (उद्गम)–** Eight digitation from the upper eight ribs.

2. **Insertion (निवेश)–** Costal surface of the scapula along its medial border.

- **First digitation–** Superior angle to root of spine.
- **Next two or– three digitation** Lower down on the medial border.
- **Lower four or– five digitation** Larger triangular area over the inferior angle.

3. **Nerve supply (नाड़ी प्रदान)–** Long thoracic nerve (Nerve to serratus ant.)

4. **Action (कार्य)–**
- Rotation
- Protraction
- Elevation
- Help in forced inspiration.
- Pushing
- Punching

(5) Platysma– (गलपार्श्वच्छदा पेशी)
↓
Flat, broad
- This muscle lies in superficial fascia in the upper part of pectoral region and neck.
- This is a thin, broad sheet of subcutaneous muscle.

1. **Origin (उद्गम)–**Deep fascia over the upper part of the pectoralis major and the ant. part of the deltoid.

2. **Insertion (निवेश)–** Lower border of the mandible. It merges with superficial muscle in the post. and lower part of the face.

3. **Nerve supply (नाड़ी प्रदान)–** Facial nerve. (VII cranial nerve)

4. **Action (कार्य)–**
- When the angle of the mouth is pulled down, the muscle contracts and wrinkles the skin of the neck.
- The platysma may protect the external jugular vein from external pressure.

(2) Muscles of the back

(1) Trapezius– (समलम्बिका पेशी)
↓
Trapezoid shape
- The rt. and lt. muscles together form a trapezium that covers the upper half of the back.

1. Origin (उद्गम)–

- Occipital bone→E.O.P. (External occipital protuberance)
  →Medial 1/3 of sup. nuchal line.
- Ligamentum nuchae
- C_7 spine
- T_1-T_2 spines

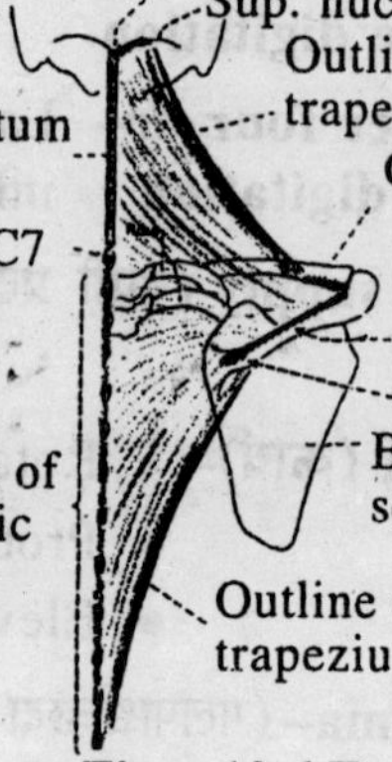

Fig. : 10.6 Trapezius

2. Insertion (निवेश)–

- Post. border of lateral 1/3 of the clavicle.
- Upper lip of the crest of spine of the scapula.
- Medial bordar of the acromian process of the scapula.

3. Nerve supply (नाड़ी प्रदान)– • Accessory nerve (XIth cranial nerve)
• Branches from the C_3 and C_4.

4. Action (कार्य)–

- Elevation
- Depression
- Extend head
- Adduction
- Rotation
- Retraction
- Steadies the scapula.

(2) Latissimus Dorsi– (कटि पार्श्वच्छदा पेशी)

Latissimus ↓ Widest ↓ Width

Dorsi ↓ Dorsum ↓ Back, post.

- It is also called climber's muscle.

1. Origin (उद्गम)–

- T_7-T_{12} spines.
- Inf. angle of scapula

- Lower three or four ribs (9,10,11,12th)
- Outer lip of the iliac crest
- Thoraco lumbar fascia

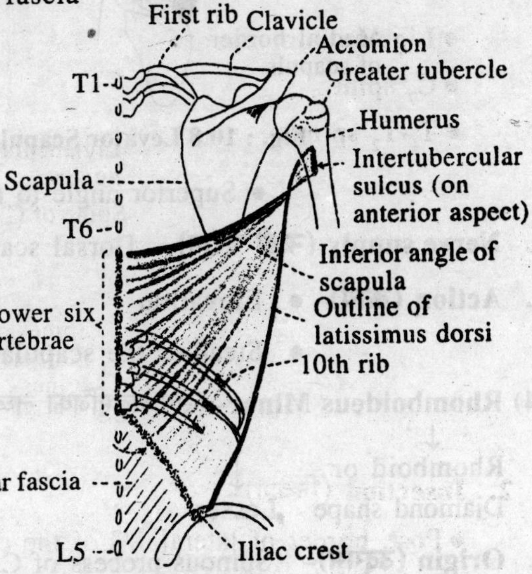

Fig.: 10.7 Latissimus Dorsi

2. **Insertion (निवेश)**– In the floor of the intertubercular sulcus (bicipital groove) of the humerus.
3. **Nerve supply (नाड़ी प्रदान)**–Thoraco dorsal nerve (Nerve to latissimus dorsi)
4. **Action (कार्य)**–

• Adduction	• Depression
• Extension	• Climbing muscle
• Medial rotation	• Helps in violent expiratory effort-coughing, sneezing.

(3) Levator Scapulae– (अंस उन्नमनिका पेशी)

Levator ↓ Raises, to elevates; Scapulae ↓ Scapula

1. **Origin (उद्गम)**–Transverse process of C_1-C_2-C_3-C_4 vertebrae.
2. **Insertion (निवेश)**– • Dorsal surface of scapula along its medial border.

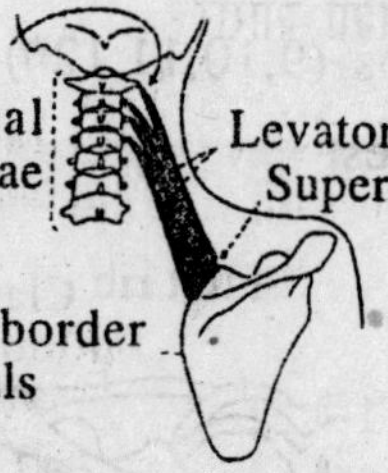

Fig. : 10.8 Levator Scapulae

- Superior angle to the root of spine.

3. **Nerve supply (नाड़ी प्रदान)–** Dorsal scapular nerve
4. **Action (कार्य)–**
   - Elevation
   - Rotation
   - Steadies the scapula.

(4) Rhomboideus Minor– (सम चतुर्भुजिका लघ्वी पेशी)

↓ Rhomboid or Diamond shape — ↓ Lesser

1. **Origin (उद्‌गम)–** Spinous process of C_7 and T_1 vertebrae.
2. **Insertion (निवेश)–**
   - Dorsal surface of scapula along its medial border.
   - Opposite the root of spine.

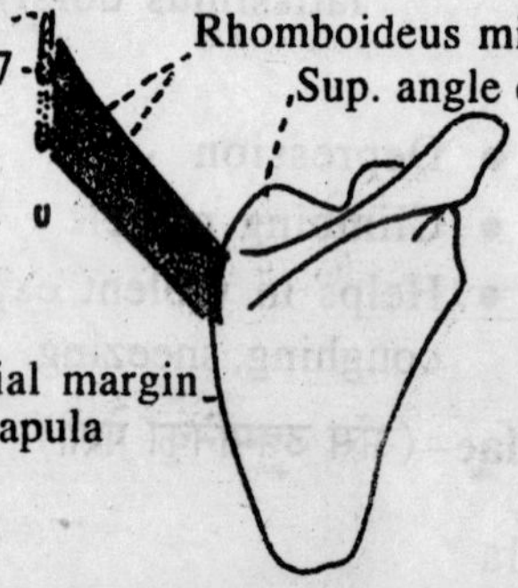

Fig. : 10.9 Rhomboideus Minor

3. **Nerve supply (नाड़ी प्रदान)–** Dorsal scapular nerve
4. **Action (कार्य)–**
   - Adduction
   - Retraction
   - Rotation
   - Steadies the scapula.

(5) **Rhomboideus Major**– (सम चतुर्भुजिका बृहती पेशी)

↓ Rhomboid or Diamond shape ↓ Greater

1. **Origin (उद्गम)**– Spinous process of T_2-T_3-T_4-T_5 Vertebrae.

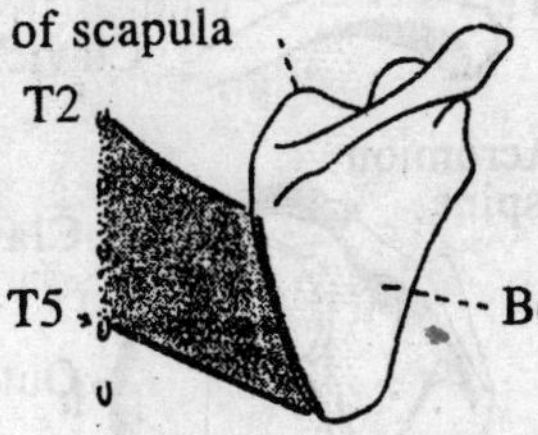

Fig. : 10.10 Rhomboideus Major

2. **Insertion (निवेश)**–
   - Dorsal surface of scapula along its medial border.
   - Root of spine to the inf. angle of scapula.

3. **Nerve supply (नाड़ी प्रदान)**– Dorsal scapular nerve

4. **Action (कार्य)**–
   - Adduction
   - Retraction
   - Rotation
   - Steadies the scapula.

(3) Muscles of the scapular region

(1) **Deltoid**– (अंसच्छदा पेशी)

↓ Triangular

Fig. : 10.11 Scapular Region

1. Origin (उद्‌गम)–

- Anterior border of the lateral 1/3 of the clavicle.
- Lower lip of the crest of the spine of the scapula.
- Lateral border of the acromion process of the scapula.

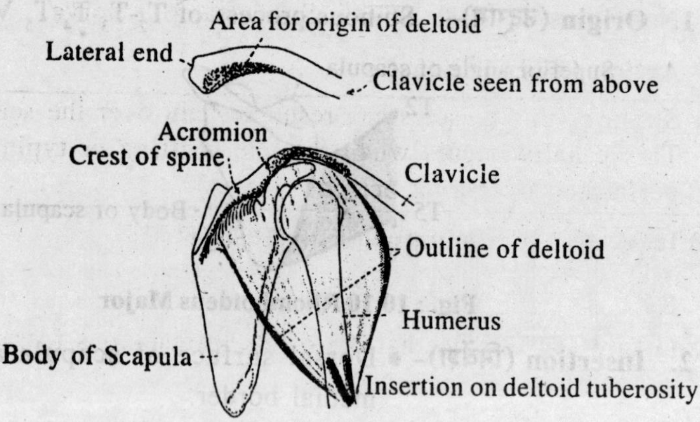

Fig. : 10.12 Deltoid

2. Insertion (निवेश)– Deltoid tuberosity of the humerus.

3. Nerve supply (नाड़ी प्रदान)– Axillary nerve.

4. Action (कार्य)– • Flexion • Abduction • Extension • Rotation

• Intra muscular (I.M.) injection are often given into the deltoid muscles.

(2) Supra Spinatus– (ऊर्ध्व अंसपृष्ठिका पेशी)

Supra ↓ Above; Spinatus ↓ Spine of scapula

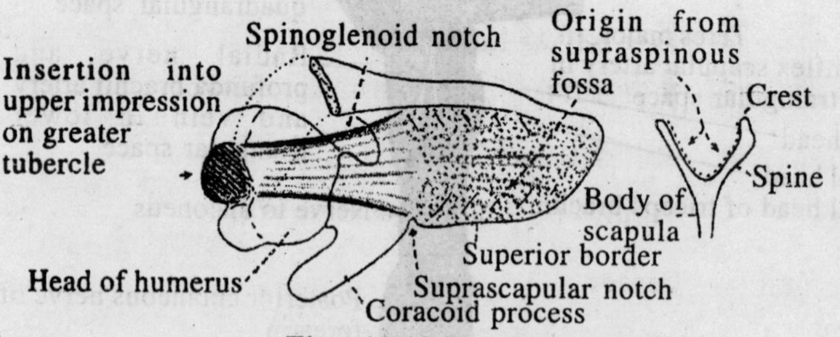

Fig. : 10.13 Supraspinatus

1. **Origin (उद्गम)**– Medial 2/3 of the supraspinous fossa of the scapula.
2. **Insertion (निवेश)**–Upper impression on the greater tubercle of the humerus.
3. **Nerve supply (नाड़ी प्रदान)**– Suprascapular nerve.
4. **Action (कार्य)**- Abduction

- Strain of this muscles can result in pain over the scapula. This usually occurs when act like writting or typing are performed over long period.

(3) Infra Spinatus–(अध: अंसपृष्ठिका पेशी)

Infra ↓ Below; Spinatus ↓ Spine of scapula

1. **Origin (उद्गम)**– Medial 2/3 of the infraspinous fossa of the scapula.
2. **Insertion (निवेश)**–Middle impression on the greater tubercle of the humerus.

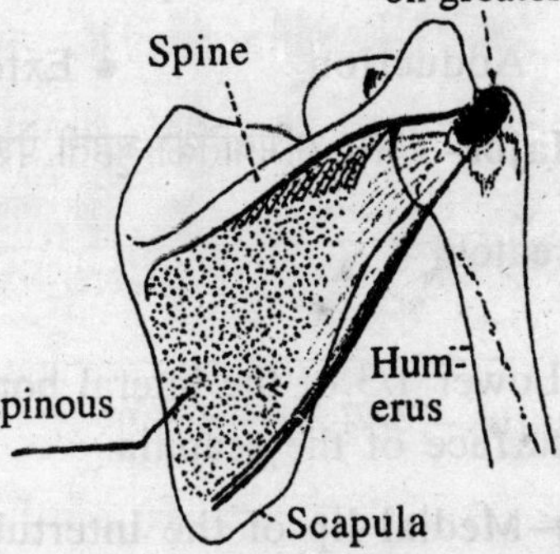

Fig. : 10.14 Infraspinatus

3. **Nerve supply (नाड़ी प्रदान)**– Suprascapular nerve.
4. **Action (कार्य)**– Adduction

(4) Teres Minor–(अंस अभिवर्तिका लघ्वी पेशी)

Teres ↓ Long and round; Minor ↓ Lesser

1. **Origin (उद्गम)**– Upper 2/3 of the lateral border of dorsal surface of the scapula.

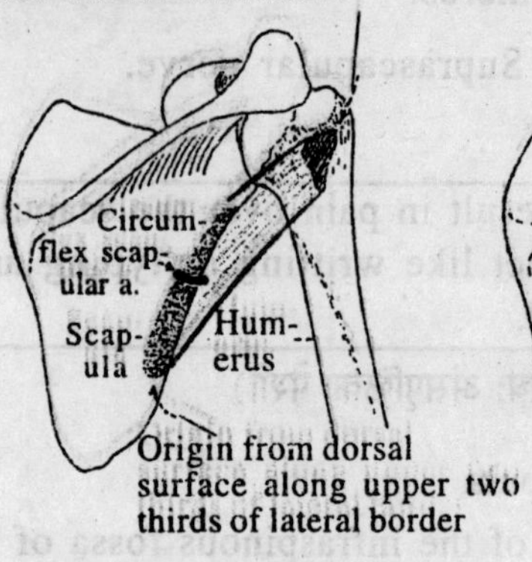

Fig. : 10.15 Teres Minor

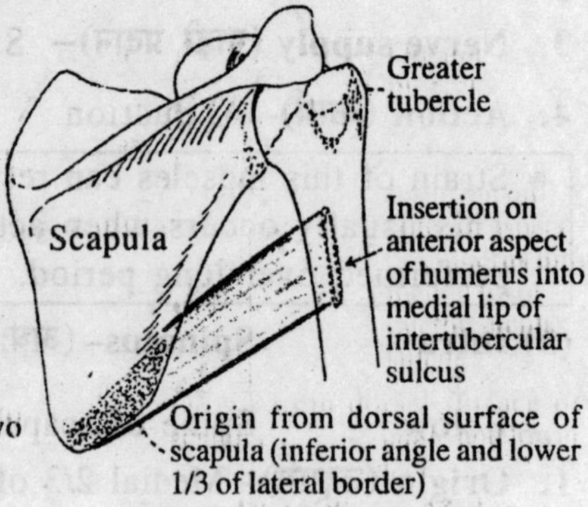

Fig. : 10.16 Teres Major

2. **Insertion (निवेश)**–Lowest impression on the greater tubercle of the humerus.
3. **Nerve supply (नाड़ी प्रदान)**– Axillary nerve.
4. **Action (कार्य)**– • Adduction • Extension

(5) Teres Major– (अंस अभिवर्तिका बृहती पेशी)

Teres ↓ Long and round; Major ↓ greater

1. **Origin (उद्गम)**– Lower 1/3 of the lateral border of dorsal surface of the scapula.
2. **Insertion (निवेश)**–Medial lip of the intertubercular sulcus (Bicipital groove) of the humerus.
3. **Nerve supply (नाड़ी प्रदान)**– Lower subscapular nerve.
4. **Action (कार्य)**– • Adduction • Medial rotation

(6) Sub scapularis– (अध: अंसफलकिका पेशी)

Sub ↓ Below; scapularis ↓ Scapula

1. **Origin (उद्गम)**– Medial 2/3 of the subscapular fossa of the scapula. (costal surface)

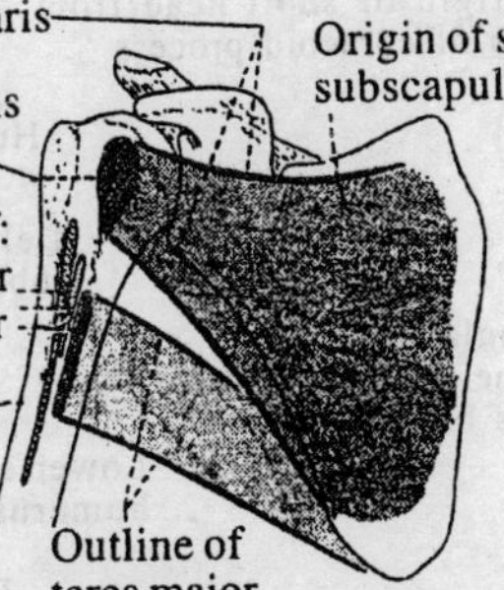

Fig. : 10.17 Subscapularis

2. **Insertion (निवेश)**–Lesser tubercle of the humerus.

3. **Nerve supply (नाड़ी प्रदान)**– • Upper subscapular nerve
 • Lower subscapular nerve

4. **Action (कार्य)**– • Adduction • Medial rotation

(4) Muscles of the anterior compartment of arm

(1) Coraco brachialis–(तुण्ड प्रगण्डिका पेशी)

Coraco ↓ Coracoid process; brachialis ↓ Brachium– Arm

1. **Origin (उद्‍गम)**– Tip of the coracoid process of the scapula.

2. **Insertion (निवेश)**–The middle of the medial border of the humerus.

3. **Nerve supply (नाड़ी प्रदान)**– Musculocutaneous nerve.

4. **Action (कार्य)**– • Flexion • Adduction

(2) Biceps brachii–(द्विशिरस्का प्रगण्डिका पेशी)

Biceps ↓ Two head origin; brachii ↓ Brachium– Arm

1. **Origin (उद्‍गम)**– It has two heads of origin–

I. Short head– The short head arises from the tip of the coracoid process of the scapula.

II. Long head– The long head arises from the supraglenoid tubercle of the scapula.

Fig. : 10.18 Biceps Brachii

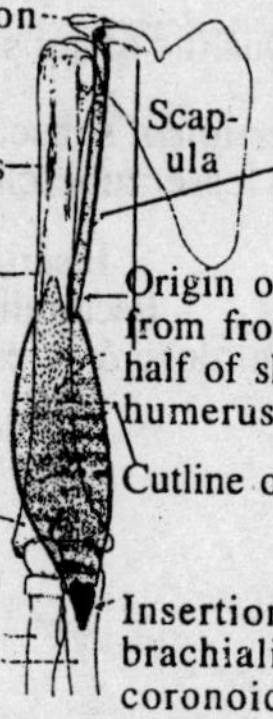

Fig. : 10.19 Coracobrachialis and Brachialis

2. **Insertion (निवेश)**– Rough part of the radial tuberosity of the radius.
3. **Nerve supply (नाड़ी प्रदान)**– Musculocutaneous nerve.
4. **Action (कार्य)**– • Flexion
   • Supination– All screwing movement.

(3) Brachialis– (प्रगण्डिका पेशी)
↓
Brachium– Arm

1. **Origin (उद्‌गम)**– Lower 1/2 of the anteromedial and anterolateral surface of the shaft of humerus.
2. **Insertion (निवेश)**– •Rough ant. surface of the coronoid process of the ulna.
   •Ulnar tuberosity.
3. **Nerve supply (नाड़ी प्रदान)**– • Musculocutaneous nerve.
4. **Action (कार्य)**– • Flexion

(5) Muscles of the postrior compartment of arm

(1) Triceps brachii– (त्रिशिरस्का पेशी)
Triceps ↓ Three head origin
brachii ↓ Arm

1. **Origin (उद्गम)**– It arises by three heads–

I. Long head–
- The long head arises from the infraglenoid tubercle of the scapula.
- It is the longest of the three heads.

II. Lateral head– The lateral head arises from an oblique ridge on the upper part of the post. surface of the humerus. above radial (spiral) groove of humerus.

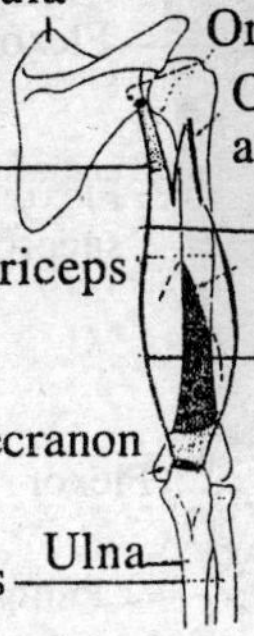

Fig. : 10.20 Triceps

III. Medial head– The medial head arises from a large triangular area on the post. surface of the humerus. Below the radial groove of the humerus.

2. **Insertion (निवेश)**–Post. part of the superior surface of the olecranon process of the ulna.
3. **Nerve supply (नाड़ी प्रदान)**– Radial nerve
4. **Action (कार्य)**– • Extension

(6) Superficial muscles of the ant. compartment of forearm–

- Superficial five muscles are common origin from the **medial epicondyle of the humerus**. This is called the **common flexor origin** (C.F.O.)

(1) Pr nator Teres– (अवतानिका वृत्ता पेशी)

Pronator → Pronation
Teres → Long and round

Fig. : 10.21 Boundaries of the Cubital Fossa

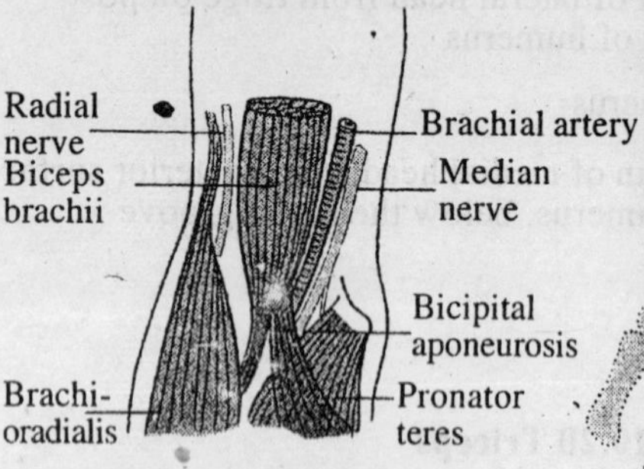

Fig. : 10.22 Contents of the Cubital Fossa

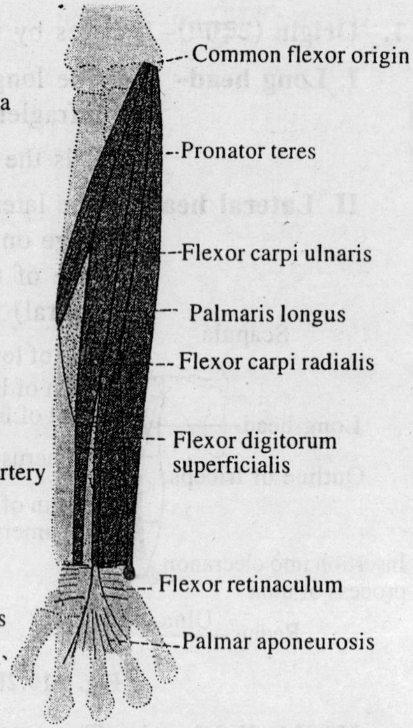

Fig. : 10.23 The Superficial Muscles of the fornt of the forearm

1. **Origin (उद्गम)**– Medial epicondyle of the humerus. (C.F.O.)
2. **Insertion (निवेश)**–Middle 1/3 of the lateral surface of the shaft of the radius.
3. **Nerve supply (नाड़ी प्रदान)**– Median nerve
4. **Action (कार्य)**– • Pronation • Weakly flexion

(2) Flexor Carpi Radialis– (बहि: मणिबन्ध आंकुचनी पेशी)

Flexor ↓ Flexion; Carpi ↓ Carpus; Radialis ↓ Radius

1. **Origin (उद्गम)**– Medial epicondyle of the humerus. (C.F.O.)
2. **Insertion (निवेश)**– Palmar surface of the base of the second and third metacarpal bones.
3. **Nerve supply (नाड़ी प्रदान)**– Median nerve

4. **Action (कार्य)**– • Flexion • Abduction

(3) Palmaris Longus– (करतल दीर्घा पेशी)

Palmaris ↓ Palm — Longus ↓ Long

1. **Origin (उद्गम)**– Medial epicondyle of the humerus. (C.F.O.)
2. **Insertion (निवेश)**– • Distal 1/2 of the flexor retinaculum.
   • Apex of the palmar aponeurosis.
3. **Nerve supply (नाड़ी प्रदान)**– Median nerve
4. **Action (कार्य)**– • Weakly flexion
   • This muscles is sometime absent.

(4) Flexor Digitorum Superficialis– (अंगुल्याकुंचनी उपरिस्था पेशी)

Flexor ↓ Flexion — Digitorum ↓ Digits — Superficialis ↓ Superficial • A layer B/w the four superficial muscles and three deep muscles.

1. **Origin (उद्गम)**– Medial epicondyle of the humerus. (C.F.O.)
2. **Insertion (निवेश)**–
   • The muscles ends in four tendons.
   • One for each digit except the thumb.
   • At the wrist the four tendons are arranged in two pairs. The superficial pair for the middle and ring fingers and the deep pair for the index and little fingers.
   • Opposite the proximal phalanx, the tendon for each digit splits into medial and lateral slip, which are inserted on the corresponding sides of the middle phalanx.

• Corresponding sides of middle phalanx for the second, third, fourth, fifth digits.

3. **Nerve supply (नाड़ी प्रदान)**– Median nerve.
4. **Action (कार्य)**– Flexion (Main flexor of the proximal inter phalangeal joints)

(5) Flexor Carpi Ulnaris– (अन्त: मणिबन्ध आकुंचनी पेशी)

Flexor ↓ Flexion — Carpi ↓ Carpus — Ulnaris ↓ Ulna

1. **Origin (उद्गम)**– Medial epicondyle of the humerus. (C.F.O.)
2. **Insertion (निवेश)**– • Pisiform • Hamate
   • Fifth metacarpal bone.
3. **Nerve supply (नाड़ी प्रदान)**– Ulnar nerve.
4. **Action (कार्य)**– • Flexion • Adduction

(7) Deep muscles of the ant. compartment of forearm–

(1) Flexor Digitorum Profundus– (अंगुल्याकुंचनी गम्भीरा पेशी)

Flexor	Digitorum	Profundus
↓	↓	↓
Flexion	Digits	Deep

1. **Origin (उद्गम)**– Upper 3/4 of the ant. and medial surface of the shaft of the ulna.
2. **Insertion (निवेश)**–
   - The muscles forms four tendons for the medial four fingers, which enter the palm by passing deep to the flexor retinaculum.
   - Opposite the proximal phalanx of the corresponding digit the tendons perforates, the tendons of the flexor digitorum superficialis.
   - Each tendons is inserted on the palmar surface of the base of the dorsal phalanx.

• Base of distal phalanx for the second, third, fourth, fifth digits.

3. **Nerve supply (नाड़ी प्रदान)**– • Medial 1/2 by ulnar nerve.
   • Lateral 1/2 by median nerve.
4. **Action (कार्य)**– Flexion

• It is chief gripping muscles.

(2) Flexor Pollicis Longus– (अंगुष्ठाकुंचनी दीर्घा पेशी)

Flexor	Pollicis	Longus
↓	↓	↓
Flexion	Pollex (Thumb)	Long

1. **Origin (उद्गम)**– Upper 2/3 of the ant. surface of the shaft of the radius.
2. **Insertion (निवेश)**–Palmar surface of the distal phalanx of thumb.

Fig. : 10.24 The Flexor Digitorum profundus and The Flexor Pollicis Longus

3. **Nerve supply (नाड़ी प्रदान)–** Median nerve.

4. **Action (कार्य)–** • Flexion of the thumb.

(3) Pronator Quadratus– (अवतानिका चतुरस्त्रा पेशी)

↓ Pronation ↓ Squared– Four sided.

1. **Origin (उद्गम)–** Distal portion of shaft of the ulna.
2. **Insertion (निवेश)–** Distal portion of shaft of the radius.
3. **Nerve supply (नाड़ी प्रदान)–** Median nerve.
4. **Action (कार्य)–** Pronation

(8) Superficial muscles of the post. compartment of forearm

- Superficial five muscles are common origin from the lateral epicondyle of the humerus. This is called the common extensor origin. (C.E.O.)

Fig. : 10.25 The Superficial and Deep Muscles on the back of the forearm

(1) Anconeus – (कूर्पर पृष्ठिका पेशी)

↓

Anconeal– Elbow

1. **Origin (उद्‌गम)**– Lateral epicondyle of the humerus. (C.E.O.)
2. **Insertion (निवेश)**– • Lateral aspect of olecranon process of the ulna.
   • Upper 1/4 of the post. surface of the ulna.
3. **Nerve supply (नाड़ी प्रदान)**– Radial nerve
4. **Action (कार्य)**– • Weakly extension.

(2) Brachio Radialis– (प्रगण्ड बहि: प्रकोष्ठिका पेशी)

↓ ↓

Arm Radius

1. **Origin (उद्‌गम)**– Upper 2/3 of the lateral supracondylar ridge of the humerus.
2. **Insertion (निवेश)**– Lateral side of the radius, just above the styloid process.
3. **Nerve supply (नाड़ी प्रदान)**– Radial nerve
4. **Action (कार्य)**– • Flexion of the forearm.

(3) Extensor Carpi Radialis Longus– (बहि: मणिबन्ध प्रसारिणी दीर्घा पेशी)

↓ ↓ ↓ ↓

Extension Carpus Radius Long

1. **Origin (उद्‌गम)**– Lower 1/3 of the lateral supracondylar ridge of the humerus.
2. **Insertion (निवेश)**– Dorsal surface of the base of second metacarpal bone.
3. **Nerve supply (नाड़ी प्रदान)**– Radial nerve
4. **Action (कार्य)**– • Extension • Abduction

(4) Extensor Carpi Radialis Brevis– (बहि: मणिबन्ध प्रसारिणी लघ्वी पेशी)

↓ ↓ ↓ ↓

Extension Carpus Radius Short

1. **Origin (उद्गम)**– Lateral epicondyle of the humerus. (C.E.O.)
2. **Insertion (निवेश)**–Dorsal aspect of the base of second and third metacarpal bones.
3. **Nerve supply (नाड़ी प्रदान)**– Radial nerve.
4. **Action (कार्य)**– • Extension • Abduction

(5) Extensor Digitorum– (अंगुलि प्रसारिणी पेशी)

Extensor ↓ Extension; Digitorum ↓ Digits

1. **Origin (उद्गम)**– Lateral epicondyle of the humerus. (C.E.O.)
2. **Insertion (निवेश)**–
   - The muscle ends in a tendon, which passes deep to the extensor retinaculum.
   - And lies behind the radius, medial to the dorsal tubercle.
   - The tendon splits into four parts, one for each digits other than the thumb.
   - Over the proximal phalanx, the tendon for each digit divides into three slips.
   - One intermediate and two callateral.
   - The intermediate slip is inserted into the dorsal aspect of base of the middle phalanx.
   - The collateral slips reunite to be inserted into the dorsal aspect of the base of the distal phalanx.

   • Second to fifth middle and distal phalanx.
3. **Nerve supply (नाड़ी प्रदान)**– • Radial nerve.
4. **Action (कार्य)**– Extension

(6) Extensor Digiti Minimi– (कनिष्ठिका प्रसारिणी पेशी)

Extensor ↓ Extension; Digiti ↓ Digit; Minimi ↓ Little

1. **Origin (उद्गम)**– Lateral epicondyle of the humerus. (C.E.O.)
2. **Insertion (निवेश)**–
   - The tendon is joined by, the tendon of the extensor digitorum for the fifth digit.

- Inserted into the dorsal aspect of the base of the middle and distal phalanx.

3. **Nerve supply (नाड़ी प्रदान)–** Radial nerve.
4. **Action (कार्य)**– Extension of the little finger.

(7) **Extensor Carpi Ulnaris**– (अन्त: मणिबन्ध प्रसारिणी पेशी)

Extensor ↓ Extension, Carpi ↓ Carpus, Ulnaris ↓ Ulna

1. **Origin (उद्गम)**– Lateral epicondyle of the humerus. (C.E.O.)
2. **Insertion (निवेश)**– Lateral side of the base of the fifth metacarpal bone.
3. **Nerve supply (नाड़ी प्रदान)**– Radial nerve.
4. **Action (कार्य)**– • Extension •Adduction

(9) Deep muscles of the post. compartment of forearm

(1) **Supinator**– (करोत्ताननी पेशी)

↓ Supination

1. **Origin (उद्गम)**– • Lateral epicondyle of the humerus.
   • Supinator crest of the ulna.
2. **Insertion (निवेश)**–• Upper 1/3 of the lateral surface of the radius.
3. **Nerve supply (नाड़ी प्रदान)**– Radial nerve.
4. **Action (कार्य)**– Supination

(2) **Abductor Pollicis Longus**– (अंगुष्ठ अपवर्तनी दीर्घा पेशी)

Abductor ↓ Abduction, Pollicis ↓ Pollex (Thumb), Longus ↓ Long

1. **Origin (उद्गम)**– Upper first part of the lateral side of post. surface of the ulna.
2. **Insertion (निवेश)**– • Lateral side of the base of the first metacarpal bone.
   • And trapezium.

3. **Nerve supply (नाड़ी प्रदान)–** Radial nerve.

4. **Action (कार्य)–** • Extension • Adduction

(3) Extensor Pollicis Longus– (अंगुष्ठ प्रसारिणी दीर्घा पेशी)

Extensor ↓ Extension; Pollicis ↓ Thumb; Longus ↓ Long

1. **Origin (उद्गम)–** Second part of the lateral side of post. surface of the ulna.

2. **Insertion (निवेश)–** Dorsal aspect of the base of distal phalanx of the thumb.

3. **Nerve supply (नाड़ी प्रदान)–** Radial nerve.

4. **Action (कार्य)–** • Extension • Abduction

(4) Extensor Pollicis Brevis– (अंगुष्ठ प्रसारिणी लघ्वी पेशी)

Extensor ↓ Extension; Pollicis ↓ Thumb; Brevis ↓ Short

1. **Origin (उद्गम)–** Post. surface of the radius.

2. **Insertion (निवेश)–** Dorsal aspect of the base of proximal phalanx of the thumb.

3. **Nerve supply (नाड़ी प्रदान)–** Radial nerve.

4. **Action (कार्य)–** • Extension • Abduction

(5) Extensor Indicis– (तर्जनी प्रसारिणी पेशी)

Extensor ↓ Extension; Indicis ↓ Index

1. **Origin (उद्गम)–** Third part of the lateral side of post. surface of the ulna.

2. **Insertion (निवेश)–** The tendon joins, the tendon of the extensor digitorum for the index finger.

3. **Nerve supply (नाड़ी प्रदान)–** Radial nerve.

4. **Action (कार्य)–** • Extension

• **Three out croopping muscles–** 1. Abductor pollicis longus
2. Extensor pollicis brevis
3. Extensor pollicis longus

- **Applied aspect of extensor muscles of the forearm**
  - Paralysis of the extensor muscles of the forearm produces wrist drop. This is usually due to injury to the radial nerve.
  - Wrist drop– Radial nerve injury.

(10) Intrinsic muscles of the hand

- The intrinsic muscles of the hand serve the function of adjusting the hand during gripping and also for carrying out fine skilled movements. There are twenty muscles in the hand.

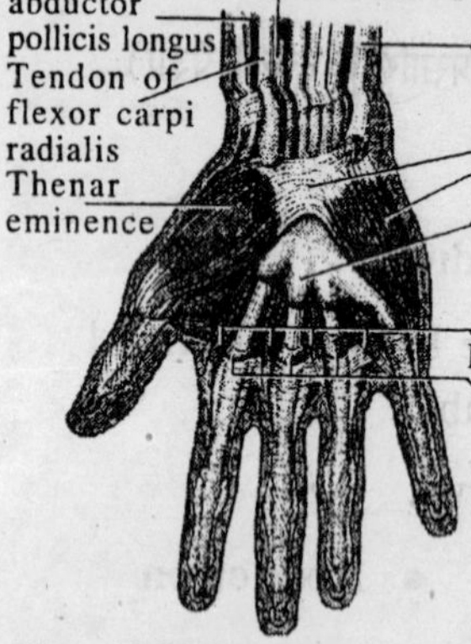

Fig. : 10.26 Muscles of the Hand- Anterior View

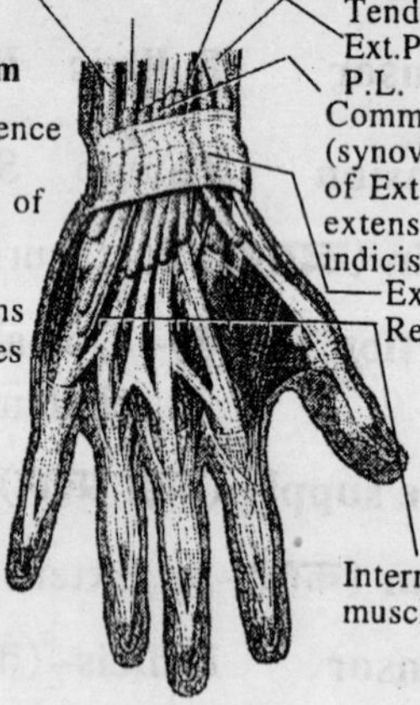

Fig. : 10.27 Muscles of the Hand- Posterior View

(A) Thenar muscles

- The flashy mass on the lateral side of the palm.
- Thenar eminence.

(1) Abductor Pollicis Brevis– (अंगुष्ठ अपवर्तनी लघ्वी पेशी)

Abductor ↓ Abduction; Pollicis ↓ Thumb; Brevis ↓ Short

1. **Origin (उद्‌गम)**– • Scaphoid • Trapezium • Flexor retinaculum
2. **Insertion (निवेश)**– Lateral side of the base of proximal phalanx of thumb.

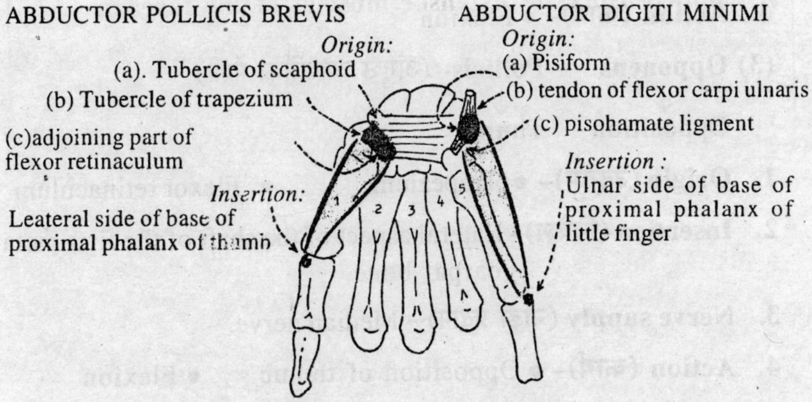

Fig. : 10.28 Abductor Pollicis brevis and Abductor Digiti Minimi

3. **Nerve supply (नाड़ी प्रदान)–** Median nerve.

4. **Action (कार्य)–** • Abduction

(2) Flexor Pollicis Brevis– (अंगुष्ठ आकुंचनी लघ्वी पेशी)

Flexor ↓ Flexion; Pollicis ↓ Thumb; Brevis ↓ Short

1. **Origin (उद्‌गम)–** • Trapezium • Capitate
   • Trapeziod • Flexor retinaculum

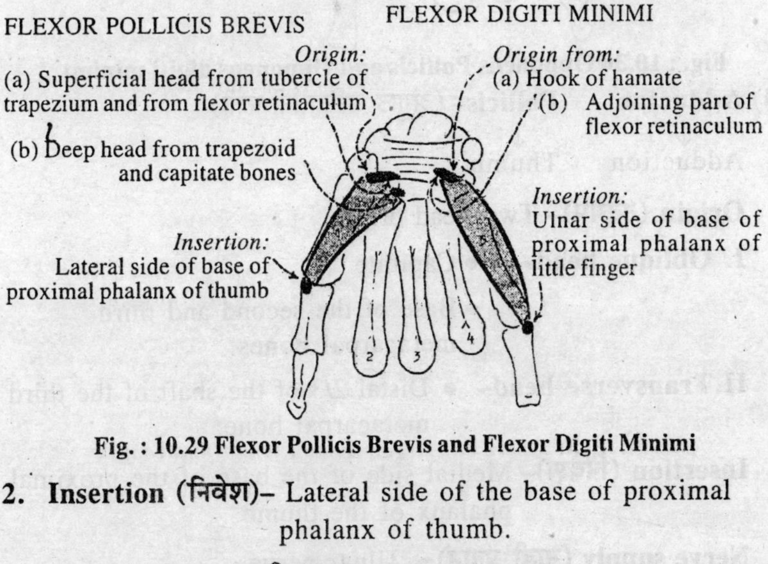

Fig. : 10.29 Flexor Pollicis Brevis and Flexor Digiti Minimi

2. **Insertion (निवेश)–** Lateral side of the base of proximal phalanx of thumb.

3. **Nerve supply (नाड़ी प्रदान)–** Median nerve.

4. **Action (कार्य)**– • Flexion

(3) Opponens Pollicis– (अंगुष्ठ व्यावर्तिका पेशी)

Opponens → Opposition; Pollicis → Thumb

1. **Origin (उद्गम)**– • Trapezium • Flexor retinaculum
2. **Insertion (निवेश)**– Lateral aspect of the shaft of the first metacarpal bone.
3. **Nerve supply (नाड़ी प्रदान)**– Median nerve.
4. **Action (कार्य)**– • Opposition of thumb • Flexion
   • Rotation

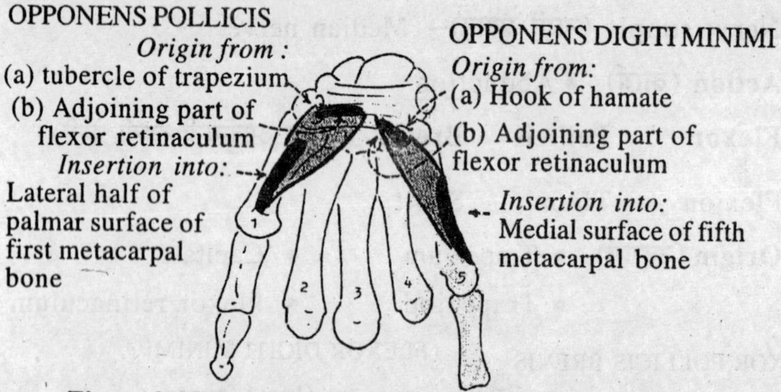

Fig. : 10.30 Opponens Pollicis and Opponens digiti minimi

(4) Adductor Pollicis– (अंगुष्ठ अभिवर्तनी पेशी)

Adductor → Adduction; Pollicis → Thumb

1. **Origin (उद्गम)**– Two head origin

   I. Oblique head– • Capitate
   • Base of the second and third metacarpal bones.

   II. Transverse head– • Distal 2/3 of the shaft of the third metacarpal bone.
2. **Insertion (निवेश)**– Medial side of the base of the proximal phalanx of the thumb.
3. **Nerve supply (नाड़ी प्रदान)**– Ulnar nerve.

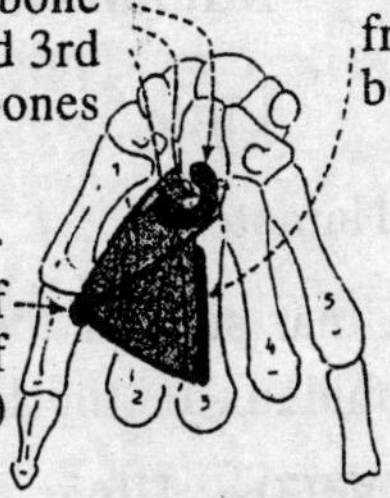

Fig. : 10.31 Adductor Pollicis

4. **Action (कार्य)**– • Adduction

(B) Hypo thenar muscles

- An eminence on the ulnar side of the palm.
- Hypothenar eminence.

(1) Palmaris Brevis– (करतलिका लघ्वी पेशी)

Palmaris ↓ Palm; Brevis ↓ Short

1. **Origin (उद्गम)**– • Flexor retinaculum
   • Palmar aponeurosis
2. **Insertion (निवेश)**– Skin along medial border of the hand.
3. **Nerve supply (नाड़ी प्रदान)**– Ulnar nerve.
4. **Action (कार्य)**– • Helps in gripping by making the hypothenar eminence more prominent. And by wrinkling the skin over it.

Subcutaneous muscles

(2) Abductor Digiti Minimi– (कनिष्ठिका अपवर्तनी लघ्वी पेशी)

Abductor ↓ Abduction; Digiti ↓ Digit; Minimi ↓ Little

1. **Origin (उद्गम)**– • Pisiform • Hamate
2. **Insertion (निवेश)**– Ulnar side of base of the proximal phalanx of the little finger.
3. **Nerve supply (नाड़ी प्रदान)**– Ulnar nerve.
4. **Action (कार्य)**– • Abduction

(3) Flexor Digiti Minimi– (कनिष्ठिका आकुंचनी लघ्वी पेशी)

Flexor ↓ Flexion; Digiti ↓ Digit; Minimi ↓ Little

1. **Origin (उद्गम)**– • Hamate • Flexor retinaculum
2. **Insertion (निवेश)**– Ulnar side of the base of the proximal phalanx of the little finger.
3. **Nerve supply (नाड़ी प्रदान)**– Ulnar nerve.
4. **Action (कार्य)**– • Flexion

(4) Opponens Digiti Minimi– (कनिष्ठिका व्यावर्तिका पेशी)

Opponens ↓ Opposition; Digiti ↓ Digit; Minimi ↓ Little

1. **Origin (उद्गम)**– • Hamate • Flexor retinaculum
2. **Insertion (निवेश)**–Medial aspect of the shaft of the fifth metacarpal bone.
3. **Nerve supply (नाड़ी प्रदान)**– Ulnar nerve
4. **Action (कार्य)**– • Flexion • Rotation

- Intermediate muscles (mid palmar)– • Lumbricals
  • Interossei
    - Palmar interossei
    - Dorsal interossei

(C) Lumbricals (अनुकण्डरिकायें)

- These are four small muscles that take origin from the **tendons of the flexor digitorum profundus.**
- They are numbered from lateral to medial side.

1. **Origin (उद्गम)**–
   - The first lumbrical arises from the radial side of the tendon for the index finger.
   - The second lumbrical arises from the radial side of the tendon for the middle finger.
   - The third lumbrical arises from the contiguous sides of the tendon for the middle and ring fingers.

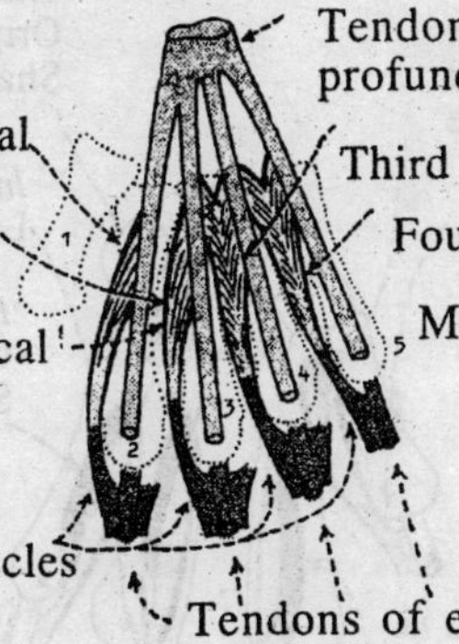

Fig. : 10.32 Lumbrical Muscles

- The fourth lumbricals arises from the contiguous sides of the tendon for the ring and little fingers.

2. **Insertion (निवेश)–**
   - The tendon of the first, second, third and fourth lumbricals pass backwards on the radial side of the second, third, fourth and fifth metacarpo-phalangeal joint.
   - They are inserted into the dorsal-digital-expansion (D.D.E.) of the corresponding digits.

3. **Nerve supply (नाड़ी प्रदान)–**
   - First and second lumbricals by the– Median nerve.
   - Third and fourth lumbricals by the– Ulnar nerve.

4. **Action (कार्य)–** • Flexion– Meta carpo-phalangeal joint.
   • Extension– Interphalangeal joint.

(D) Palmar Interossei (करतल-शलाकान्तरा पेशियाँ)

- These are four small muscles placed B/w the shaft of the metacarpal bones.
- They are numbered from lateral to medial side.
- There is one muscle each from the first, second, fourth and fifth digits, there being not for the third digit.
- Each muscles arises from one metacarpal bone.
- And is inserted on the dorsal aspect of base of the proximal phalanx of the same digits.
- Or dorsal-digital-expansion (D.D.E.) of the same digit.

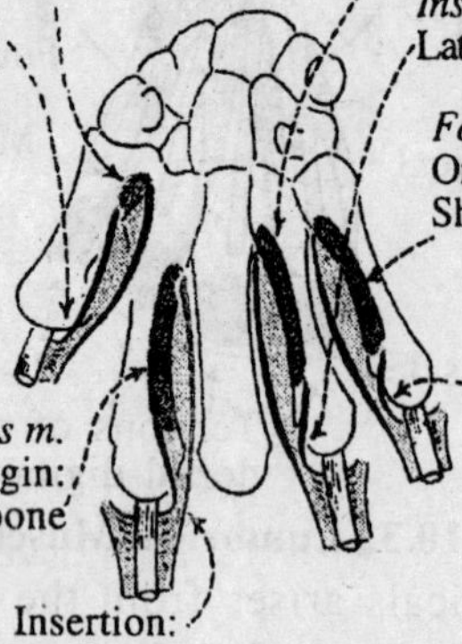

Fig. : 10.33 Palmar Interossel

(1) First Palmar Interossei– (प्रथम करतल शलाकान्तरा पेशी)

First → 1st; Palmar → Palm; Interossei → B/w two bone

1. **Origin (उद्गम)**– Medial side of base of the first metacarpal bone.
2. **Insertion (निवेश)**– Medial side of the dorsal aspect of the base of the proximal phalanx of thumb.
3. **Nerve supply (नाड़ी प्रदान)**– Ulnar nerve.
4. **Action (कार्य)**– • Adduction

(2) Second Palmar Interossei– (द्वितीय करतल शलाकान्तरा पेशी)

1. **Origin (उद्गम)**– Medial 1/2 of the palmar aspect of the shaft of the second metacarpal bone.
2. **Insertion (निवेश)**– Medial side of the dorsal aspect of the base of the proximal phalanx of index finger.
3. **Nerve supply (नाड़ी प्रदान)**– Ulnar nerve.
4. **Action (कार्य)**– • Adduction

(3) Third Palmar Interossei– (तृतीय करतल शलाकान्तरा पेशी)

1. **Origin (उद्गम)**– Lateral part of the palmar aspect of the shaft of the fourth metacarpal bone.

2. **Insertion (निवेश)**– Lateral side of the dorsal aspect of the base of the proximal phalanx of fourth digit.

3. **Nerve supply (नाड़ी प्रदान)**– Ulnar nerve.

4. **Action (कार्य)**– • Adduction

(4) Fourth Palmar Interossei– (चतुर्थ करतल शलाकान्तरा पेशी)

1. **Origin (उद्गम)**– Lateral part of the palmar aspect of the shaft of the fifth meta carpal bone.

2. **Insertion (निवेश)**– Lateral side of the dorsal aspect of the base of the proximal phalanx of fifth digit.

3. **Nerve supply (नाड़ी प्रदान)**– Ulnar nerve.

4. **Action (कार्य)**– • Adduction

(E) Dorsal Interossei (करपृष्ठ-शलाकान्तरा पेशियाँ)

- The dorsal interossei are four small muscles placed B/w the metacarpal bone.
- And numbered from the lateral to the medial side.
- Each muscles arises from the contiguous side of two meta carpal bone.
- It is inserted into one side of the base of proximal phalanx.
- Or dorsal-digital-expansion (D.D.E.)

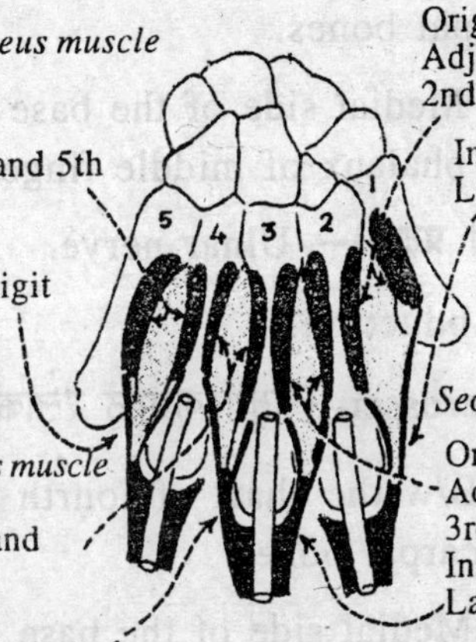

Fig. : 10.34 Dorsal Interossei

(1) First Dorsal Interossei– (प्रथम करपृष्ठ शलाकान्तरा पेशी)

First ↓ 1st; Dorsal ↓ Dorsum; Interossei ↓ B/w two bone

1. **Origin (उद्गम)**– B/w the shaft of first and second metacarpal bones.
2. **Insertion (निवेश)**– Lateral side of the base of the proximal phalanx of index finger.
3. **Nerve supply (नाड़ी प्रदान)**– Ulnar nerve.
4. **Action (कार्य)**– • Abduction.

(2) Second Dorsal Interossei– (द्वितीय करपृष्ठ शलाकान्तरा पेशी)

1. **Origin (उद्गम)**– B/w the shaft of second and third metacarpal bones.
2. **Insertion (निवेश)**– Lateral side of the base of the proximal phalanx of middle finger.
3. **Nerve supply (नाड़ी प्रदान)**– Ulnar nerve.
4. **Action (कार्य)**– • Abduction.

(3) Third Dorsal Interossei– (तृतीय करपृष्ठ शलाकान्तरा पेशी)

1. **Origin (उद्गम)**– B/w the shaft of third and fourth metacarpal bones.
2. **Insertion (निवेश)**– Medial side of the base of the proximal phalanx of middle finger.
3. **Nerve supply (नाड़ी प्रदान)**– Ulnar nerve.
4. **Action (कार्य)**– • Abduction.

(4) Fourth Dorsal Interossei– (चतुर्थ करपृष्ठ शलाकान्तरा पेशी)

1. **Origin (उद्गम)**– B/w the shaft of fourth and fifth metacarpal bone.
2. **Insertion (निवेश)**– Medial side of the base of the proximal phalanx of ring finger.
3. **Nerve supply (नाड़ी प्रदान)**– Ulnar nerve.

4. Action (कार्य)– • Abduction

- The middle finger receives one dorsal interosseus muscle on either side.
- And that the first and fifth digit do not receive any insertion.

Applied aspect of intrinsic muscles of the hand–

- Paralysis of the intrinsic muscles of the hand produces– Claw hand
- Claw Hand– Injury to the ulnar and median nerve.

2. Muscles of the lower limb (अधः शाखा की मांस पेशियाँ)

1. Muscles of the gluteal region.
2. Muscles of the anterior compartment of thigh.
3. Muscle of the medial compartment of thigh.
4. Muscle of the posterior compartment of thigh.
5. Muscles of the anterior compartment of leg.
6. Muscles of the lateral compartment of leg.
7. Superficial muscles of the posterior compartment of leg.
8. Deep muscles of the posterior compartment of leg.
9. Dorsal muscles of the foot.
10. Plantar muscles of the foot–
    A. First layer of the plantar muscles.
    B. Second layer of the plantar muscles.
    C. Third layer of the plantar muscles.
    D. Fourth layer of the plantar muscles.

(1) Muscles of the gluteal region–

1. Gluteus maximus– नितम्बिका बृहती पेशी
2. Gluteus medius– नितम्बिका मध्यमा पेशी
3. Gluteus minimus– नितम्बिका लघ्वी पेशी
4. Piriformis– शुण्डिका पेशी
5. Obturator internus– गवाक्षिका अन्तःस्थापेशी
6. Gemellus superior– ऊर्ध्व यमला पेशी

7. Gemellus inferior– अध: यमला पेशी
8. Quadratus femoris– ऊरू चतुरस्त्रिका पेशी
9. Obturator externus– गवाक्षिका बहि:स्था पेशी

(2) Muscles of the anterior compartment of thigh–

1. Psoas major– कटि लम्बिका बृहती पेशी
2. Psoas minor– कटि लम्बिका लघ्वी पेशी
3. Iliacus– जघनिका पेशी
4. Tensor fasciae latae– ऊरू प्रावरणी तानिका पेशी
5. Sartorius– दीर्घतमा पेशी
6. Quadriceps femoris– चतुरस्रा औवीं पेशी
   - Rectus femoris– ऊरू दण्डिका पेशी
   - Vastus lateralis– बृहदिका बहि:स्था पेशी
   - Vastus medialis– बृहदिका अन्त:स्था पेशी
   - Vastus intermedius– बृहदिका मध्यिका पेशी
7. Articularis genu– जानुसन्धानिका पेशी

(3) Muscles of the medial compartment of thigh–

1. Gracilis– तनु पेशी
2. Pectineus– कंकतिका पेशी
3. Adductor longus– अभिवर्तनी दीर्घा पेशी
4. Adductor brevis– अभिवर्तनी लघ्वी पेशी
5. Adductor magnus– अभिवर्तनी वृहतीपेशी

(4) Muscles of the posterior compartment of thigh–

1. Biceps femoris– द्विशिरस्का औवीं पेशी
2. Semitendinosus– कण्डरा कल्पिका पेशी
3. Semimembranosus– कला कल्पिका पेशी

(5) Muscles of the anterior compartment of leg–

1. Tibialis anterior– जंघिका– अग्रिमा पेशी
2. Extensor digitorum longus– पादांगुलि प्रसारिणी दीर्घा पेशी
3. Extensor hallucis longus– पादांगुष्ठ प्रसारिणी दीर्घा पेशी
4. Peroneus tertius– पाद विवर्त्तिका तृतीया पेशी

(6) Muscles of the lateral compartment of leg–

1. Peroneus longus– पाद विवर्तिका दीर्घा पेशी
2. Peroneus brevis– पाद विवर्तिका लघ्वी पेशी

(7) Superficial muscles of the posterior compartment of leg–

1. Gastrocnemius– जंघा पिण्डिका उपरिस्थता पेशी
2. Soleus– जंघापिण्डिका पेशी
3. Plantaris– अनुपिण्डिका पेशी

(8) Deep muscles of the posterior compartment of leg–

1. Popliteus– जानु पृष्ठिका पेशी
2. Flexor digitorum longus– पादांगुलि आकुंचनी दीर्घा पेशी
3. Flexor hallucis longus– पादांगुष्ठ आकुंचनी दीर्घा पेशी
4. Tibialis posterior– जंघिका-पश्चिमा पेशी

(9) Dorsal muscles of the foot–

1. Extensor digitorum brevis– पादांगुलि प्रसारिणी लघ्वी पेशी
2. Extensor hallucis brevis– पादांगुष्ठ प्रसारिणी लघ्वी पेशी

(10) Plantar muscles of the foot–

(A) First layer of the plantar muscles–

1. Abductor hallucis– पादांगुष्ठ अपवर्तनी पेशी
2. Abductor digiti minimi– पादकनिष्ठिका अपवर्तनी पेशी
3. Flexor digitorum brevis– पादांगुलि आकुंचनी लघ्वी पेशी

(B) Second layer of the planter muscles–

1. Flexor digitorum accessorius– पादांगुलि-सह आकुंचनी पेशी
2. Lumbricals (पाद अनुकण्डरिकायें)–
    1. First lumbrical– प्रथम पाद अनुकण्डरिका
    2. Second lumbrical– द्वितीय पाद अनुकण्डरिका
    3. Third lumbrical– तृतीय ,, ,, ,,
    4. Fourth lumbrical– चतुर्थ ,, ,, ,,

(C) Third layer of the plantar muscles–

1. Flexor hallucis brevis– पादांगुष्ठ आकुंचनी पेशी

2. Flexor digiti minimi brevis– पादकनिष्ठिका आकुंचनी लघ्वी पेशी

3. Adductor hallucis– पादांगुष्ठ अभिवर्तनी पेशी

(D) Fourth layer of the plantar muscles–

1. Interossei– पाद शलाकान्तरा पेशियाँ

- Plantar interossei (पादतल शलाकान्तरा पेशियाँ)–
  1. First plantar interosseus– प्रथम पादतल शलाकान्तरा पेशी
  2. Second plantar interosseus– द्वितीय ,, ,, ,,
  3. Third plantar interosseus– तृतीय ,, ,, ,,
- Dorsal interossei (पादपृष्ठ शलाकान्तरा पेशियाँ)–
  1. First dorsal interosseus– प्रथम पादपृष्ठ शलाकान्तरा पेशी
  2. Second dorsal interosseus- द्वितीय ,, ,, ,,
  3. Third dorsal interosseus- तृतीय ,, ,, ,,
  4. Fourth dorsal interosseus- चतुर्थ ,, ,, ,,

(1) Muscles of the gluteal region

(1) Gluteus Maximus–(नितम्बिका बृहती पेशी)

Gluteus ↓ Glutos– Buttock; Maximus ↓ Largest • Strongest single muscle in the body.

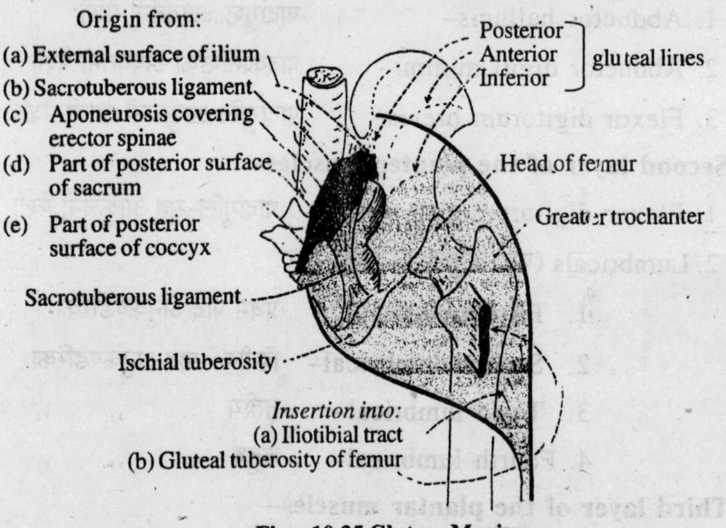

Fig. : 10.35 Gluteus Maximus

1. **Origin (उद्गम)–**
   - Lateral surface of the dorsal segment of the iliac crest of the ilium.
   - Behind post. gluteal line of the gluteal surface of the ilium.
2. **Insertion (निवेश)–** Gluteal tuberosity of the femur.
3. **Nerve supply (नाड़ी प्रदान)–** Inferior gluteal nerve.
4. **Action (कार्य)–** • Extension • Rotation

(2) Gluteus Medius– (नितम्बिका मध्यमा पेशी)

Gluteus ↓ Buttock; Medius ↓ Middle

• Intra-muscular (I.M.) injection given in this muscle.

1. **Origin (उद्गम)–** B/w ant. and post. gluteal line of the gluteal surface of the ilium.
2. **Insertion (निवेश)–** Lateral aspect of greater trochanter of the femur.
3. **Nerve supply (नाड़ी प्रदान)–** Sup. gluteal nerve.
4. **Action (कार्य)–** • Abduction • Rotation

(3) Gluteus Minimus– (नितम्बिका लघ्वी पेशी)

Gluteus ↓ Buttock; Minimus ↓ Smallest

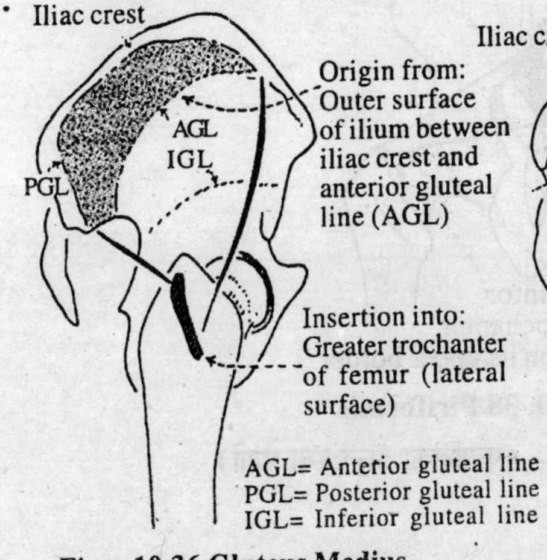

Fig. : 10.36 Gluteus Medius

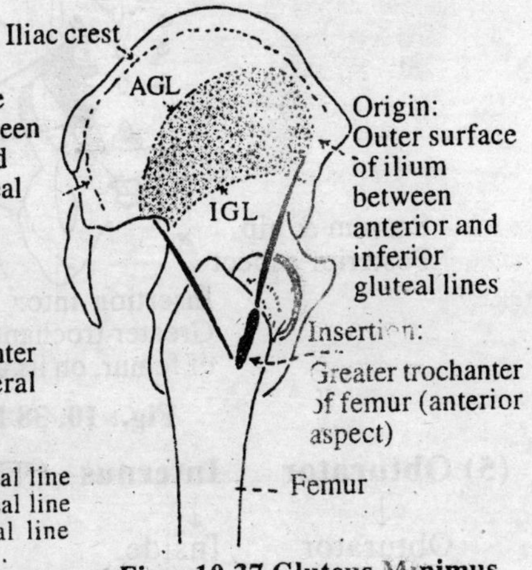

Fig. : 10.37 Gluteus Minimus

1. **Origin (उद्गम)**– B/w ant. and inf. gluteal line of the gluteal surface of the ilium.
2. **Insertion (निवेश)**– ant. aspect of greater trochanter of the femur.
3. **Nerve supply (नाड़ी प्रदान)**– Sup. gluteal nerve.
4. **Action (कार्य)**– • Abduction • Rotation

(4) Piri **Formis**– (शुण्डिका पेशी)

↓ Pear ↓ Shape

1. **Origin (उद्गम)**– • Lateral part of the pelvic aspect of the sacrum.
   • Few fibres– Post. inf. iliac spine.
2. **Insertion (निवेश)**– Upper border of greater trochanter of the femur.
3. **Nerve supply (नाड़ी प्रदान)**– Nerve to piriformis.
4. **Action (कार्य)**– • Abduction • Rotation

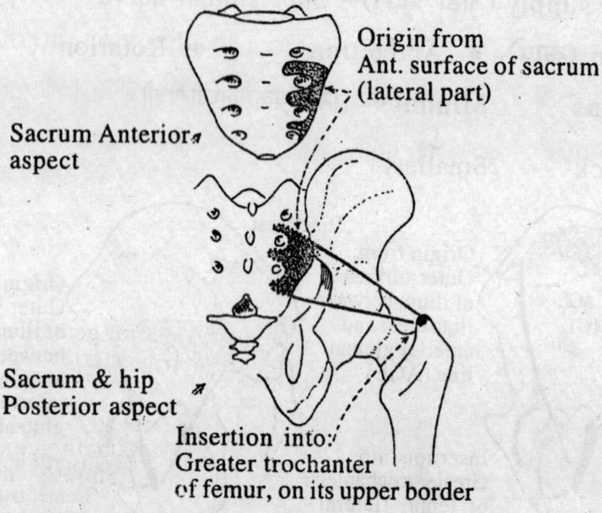

Fig.: 10. 38 Piriformis

(5) Obturator **Internus**– (गवाक्षिका अन्त:स्था पेशी)

↓ Obturator foramen ↓ Inside

1. **Origin (उद्गम)–**

- Pelvic surface of sup. and inf. ramus and body of pubis.
- Pelvic surface of inf. ramus and body of ischium.
- Pelvic surface of ilium.
- Or around obturator foramen.

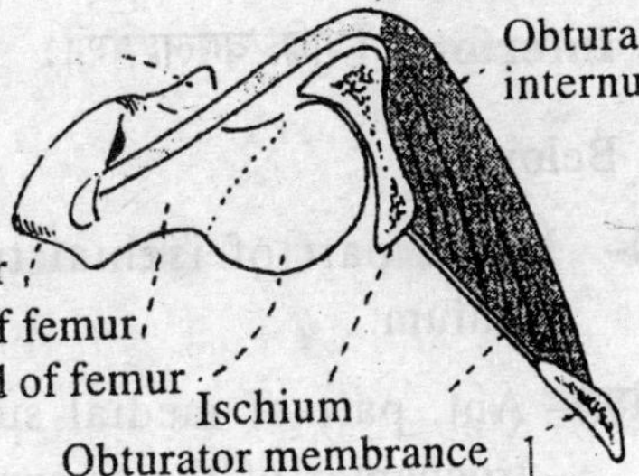

Fig. : 10.39 Obturator internus

2. **Insertion (निवेश)–** Ant. part of medial surface of greater trochanter of the femur.
3. **Nerve supply (नाड़ी प्रदान)–** Nerve to obturator internus.
4. **Action (कार्य)–** • Abduction • Rotation

(6) Gemellus **Superior–** (ऊर्ध्व यमला पेशी)
↓ ↓
Twins Above

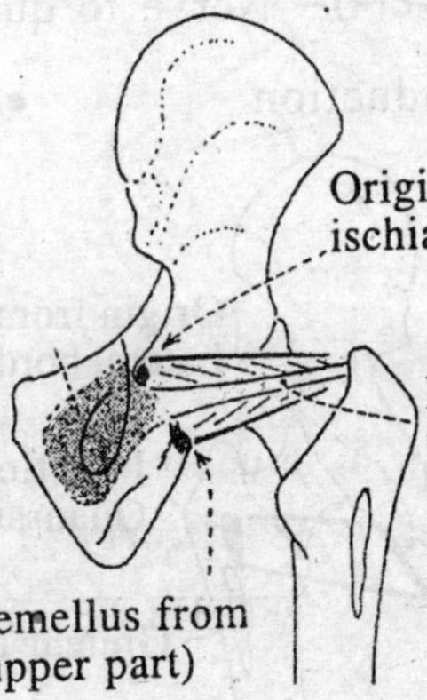

Fig. : 10.40 Gemelli

1. **Origin (उद्गम)**– Dorsal aspect of ischial spine of the ischium.
2. **Insertion (निवेश)**– Ant. part of medial surface of greater trochanter of the femur.
3. **Nerve supply (नाड़ी प्रदान)**– Nerve to obturator internus.
4. **Action (कार्य)**– • Abduction • Rotation

(7) Gemellus (↓ Twins) **Inferior**– (↓ Below) (अध: यमला पेशी)

1. **Origin (उद्गम)**– Upper part of ischial tuberosity of the ischium.
2. **Insertion (निवेश)**– Ant. part of medial surface of greater trochanter of the femur.
3. **Nerve supply (नाड़ी प्रदान)**– Nerve to quadratus femoris.
4. **Action (कार्य)**– • Abduction • Rotation

(8) Quadratus (↓ Four angle) **Femoris**– (↓ Femur) (ऊरू चतुरस्त्रिका पेशी)

1. **Origin (उद्गम)**– Femoral surface of the ischium.
2. **Insertion (निवेश)**– Quadrate tubercle of the femur.
3. **Nerve supply (नाड़ी प्रदान)**– Nerve to quadratus femoris.
4. **Action (कार्य)**– • Adduction • Rotation

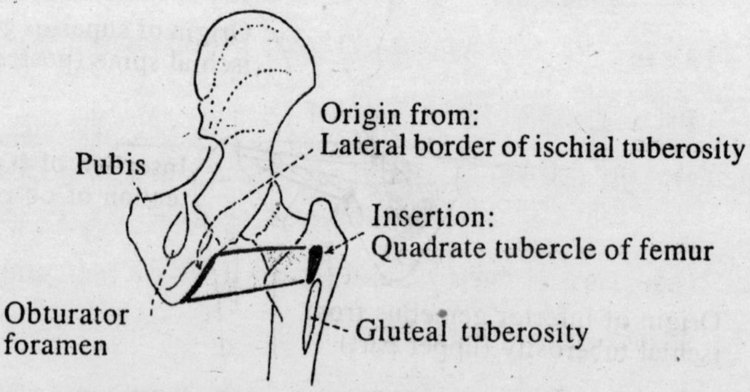

Fig. : 10.41 Quadratus Femoris

(9) Obturator Externus–(गवाक्षिका बहि:स्था पेशी)

Obturator ↓ Obturator foramen
Externus ↓ Outside

1. **Origin (उद्गम)**– • Sup. and inf. ramus of the pubis.
   • Ramus of the ischium.
   • Or around obturator foramen.
2. **Insertion (निवेश)**– Trochanteric fossa on the medial surface of the **greater trochanter** of the femur.
3. **Nerve supply (नाड़ी प्रदान)**– Obturator nerve.
4. **Action (कार्य)**– • Rotation

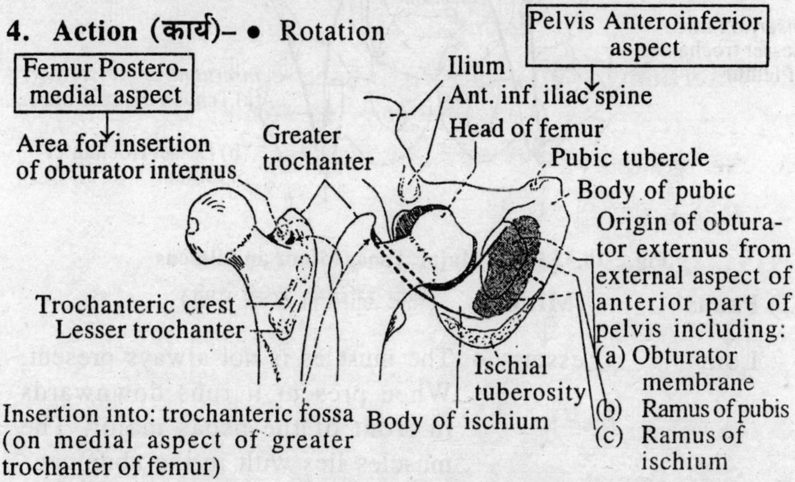

Fig. : 10.42 Obturator Externus

(2) Muscles of the ant. compartment of thigh

(1) Psoas Major– (कटि लम्बिका बृहती पेशी)

Psoas ↓ Psoa–Loin
Major ↓ Greater

1. **Origin (उद्गम)**– Transverse processes and bodies of lumbar vertebrae. (L_1–L_5)
2. **Insertion (निवेश)**– Lesser trochanter of the femur.
3. **Nerve supply (नाड़ी प्रदान)**– Branches from L_1-L_2-L_3
4. **Action (कार्य)**– • Flexion • Rotation
   • Helps to balance the trunk in sitting.

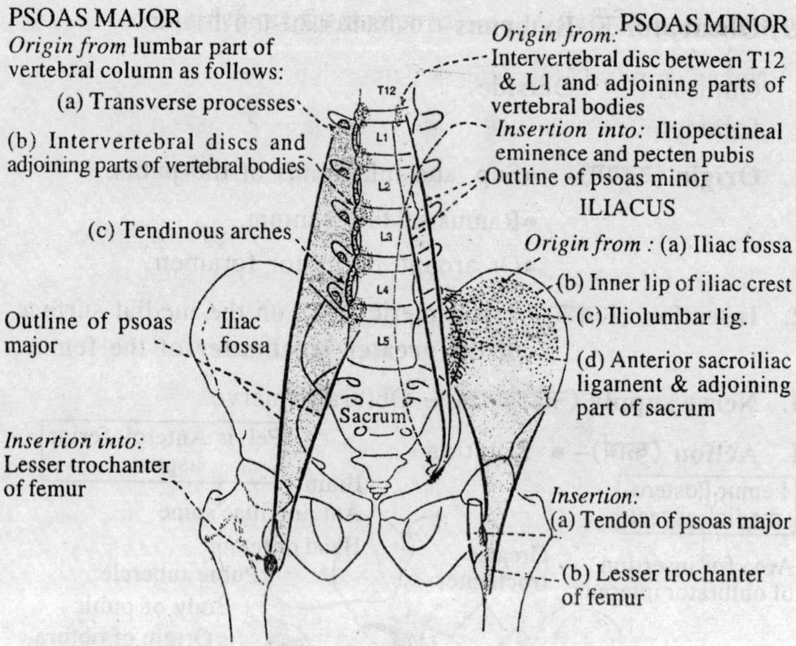

Fig. : 10.43 Psoas Major, Psoas Minor and iliacus

(2) Psoas Minor– (कटि लम्बिका लघ्वी पेशी)

Psoas ↓ Loin; Minor ↓ Lesser

- The muscles is not always present. When present it runs downwards in front of the psoas major. The muscles lies with in the abdomen.

1. **Origin (उद्गम)**– Intervertebral disc B/w T_{12}-L_1 and adjoining part of vertebral bodies.
2. **Insertion (निवेश)**– • Iliopectineal eminence.
   • Pectin pubis.
3. **Nerve supply (नाड़ी प्रदान)**– Branches from L_1
4. **Action (कार्य)**– Weak flexion

(3) Iliacus– (जघनिका पेशी)

↓
Ilium

1. **Origin (उद्गम)**– Iliac fossa of the ilium.

2. **Insertion (निवेश)–** Lesser trochanter of the femur.

3. **Nerve supply (नाड़ी प्रदान)–** Femoral nerve.

4. **Action (कार्य)–** • Flexion • Rotation

(4) Tensor Fasciae Latae– (ऊरू प्रावरणी तानिका पेशी)

Tensor ↓ Make **tense** (Hard); Fasciae ↓ Band; Latae ↓ Wide

T.F.L.– It form a structure called the iliotibial tract.

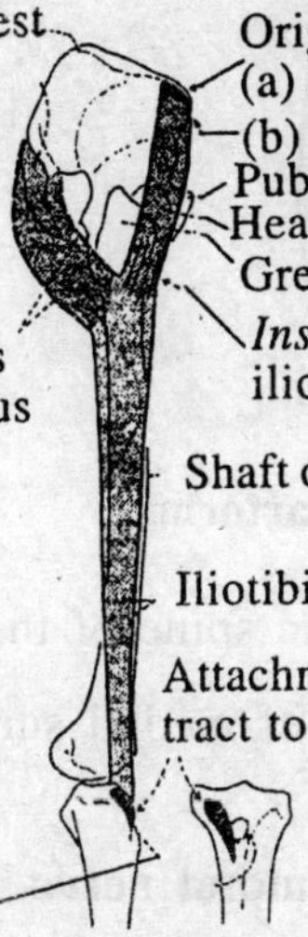

Fig. : 10.44 Tensor Fasciae latae and The iliotibial tract.

1. **Origin (उद्गम)–** Ant. part of the outer lip of the iliac crest of the ilium.

2. **Insertion (निवेश)–**
   - Upper end of the iliotibial tract.
   - The pull of muscle is transmitted through this tract to the lateral condyle of the tibia.
   - [Tibia by way of the iliotibial tract.]

3. **Nerve supply (नाड़ी प्रदान)–** Sup. gluteal nerve.

4. **Action (कार्य)–** • Flexion • Rotation
   - It help to maintain the erect posture.

(5) Sartorius– (दीर्घत्तमा पेशी)

↓

Sartor (Tailor) • Longest muscles of the body.

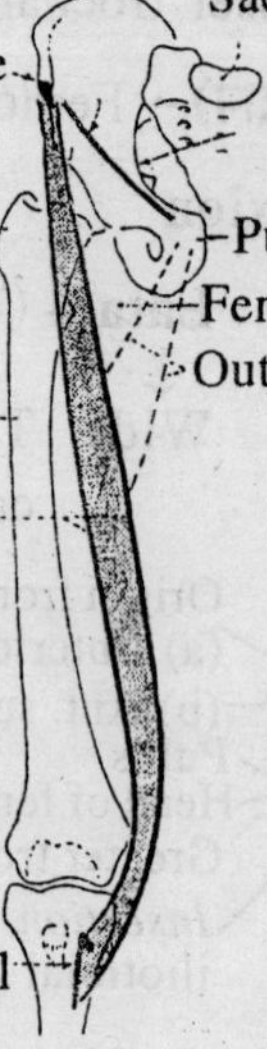

Fig. : 10.45 Sartorius

1. **Origin (उद्गम)–** Ant. sup. iliac spine of the ilium.
2. **Insertion (निवेश)–** Upper part of medial surface of shaft of the tibia.
3. **Nerve supply (नाड़ी प्रदान)–** Femoral nerve.
4. **Action (कार्य)–** • Flexion • Abduction • Rotation

(6) Quadriceps Femoris– (चतुरस्त्रा और्वी पेशी)

Quadriceps ↓ Four head of origin; Femoris ↓ Femur

• Strongest muscles of the body.

(A) Rectus Femoris– (ऊरू दण्डिका पेशी)

Rectus ↓ Fibres para-llel to midline; Femoris ↓ Femur

1. **Origin (उद्गम)–** Ant. sup. iliac spine of ilium.
2. **Insertion (निवेश)–** Upper border of patella.
3. **Nerve supply (नाड़ी प्रदान)–** Femoral nerve.
4. **Action (कार्य)–** • Extension • Flexion

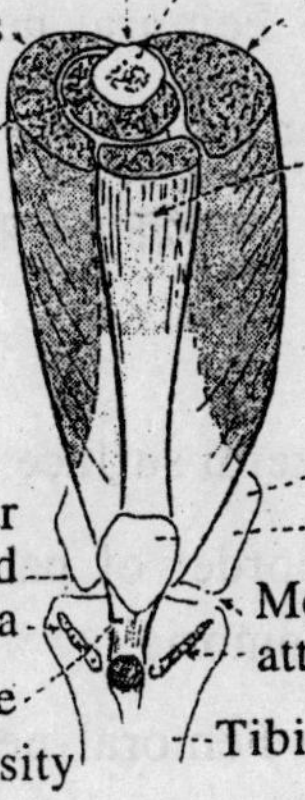

Fig. : 10.46 Quadriceps Femoris

(B) Vastus Lateralis– (बृहदिका बहि:स्था पेशी)

Vastus ↓ Large; Lateralis ↓ Lateral

- Intra muscular (I.M.) injection given in this muscle.

1. **Origin (उद्‌गम)**– Long liner origin–
   - Upper end of the intertrochanteric line.
   - Ant. and lower border of the greater trochanter.
   - Lateral margin of gluteal tuberosity.
   - Lateral lip of linea aspera.
2. **Insertion (निवेश)**– Lateral border of patella.
3. **Nerve supply (नाड़ी प्रदान)**– Femoral nerve.
4. **Action (कार्य)**– • Extension

(C) Vastus Medialis– (बृहदिका अन्त:स्था पेशी)

Vastus ↓ Large; Medialis ↓ Medial

1. **Origin (उद्‌गम)**– Long linear origin–
   - Lower part of intertrochanteric line.
   - Spiral line
   - Medial lip of linea aspera.
   - Medial supra condylar line up to adductor tubercle.

2. **Insertion (निवेश)**– Medial border of patella.

3. **Nerve supply (नाड़ी प्रदान)**– Femoral nerve.

4. **Action (कार्य)**– • Extension

(D) Vastus Intermedius– (बृहदिका मध्यिका पेशी)

↓ Large ↓ Middle

1. **Origin (उद्गम)**– Ant. and lateral surface of the shaft of femur.

2. **Insertion (निवेश)**– Upper border of patella, but deep to the rectus femoris.

3. **Nerve supply (नाड़ी प्रदान)**– Femoral nerve.

4. **Action (कार्य)**– • Extension

- **Quadriceps Femoris**–
  1. **Origin**– Four head origin
  2. **Insertion**– Patella via quadriceps tendon and than tibial tuberosity via patellar ligament.
  3. **Nerve supply**– Femoral nerve.
  4. **Action**– All four head extension leg and rectus portion also flexion thigh.

(7) Articularis Genu– (जानु सन्धानिका पेशी)

↓ Articulation ↓ Knee

1. **Origin (उद्गम)**– Ant. surface of the shaft of the femur below the origin of vastus intermedius.

2. **Insertion (निवेश)**– Synovial membrane of the knee joint.

3. **Nerve supply (नाड़ी प्रदान)**– Femoral nerve.

4. **Action (कार्य)**– • Extension

(3) Muscles of the medial compartment of thigh

(1) Gracilis – (तनुपेशी)

↓ Slender– Long and thin.

1. **Origin (उद्गम)–** • Ant. surface of body of the pubis.
   • Inf. ıamus of pubis.
   • Inf. ramus of ischium.

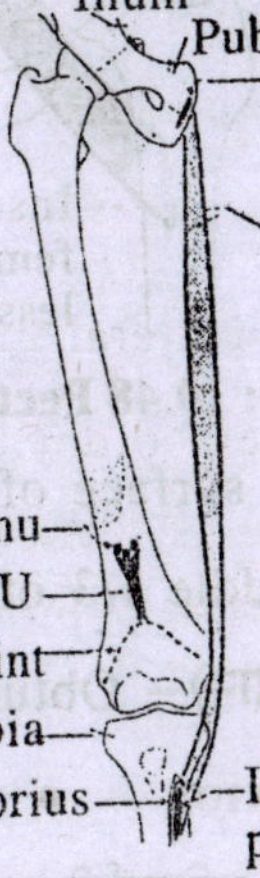

Fig. : 10.47 Gracilis

2. **Insertion (निवेश)–** Upper part of medial surface of shaft of the tibia.

3. **Nerve supply (नाड़ी प्रदान)–** Obturator nerve.

4. **Action (कार्य)–** • Flexion • Adduction
   • Rotation

(2) Pectineus – (कंकतिका पेशी)

Pectin– Comb shape

1. **Origin (उद्गम)–** Pectineal surface of sup. ramus of pubis.
2. **Insertion (निवेश)–** Root of lesser trochanter to upper end of linea aspera of femur. (B/w gluteal tuberosity and spiral line.)

3. **Nerve supply (नाड़ी प्रदान)–** Femoral nerve.

4. **Action (कार्य)–** • Flexion • Adduction
   • Rotation

(3) Adductor Longus– (अभिवर्तनी दीर्घा पेशी)
↓ Adduction ↓ Long

Fig. : 10.48 Pectineus

1. **Origin (उद्गम)–** Ant. surface of body of pubis.
2. **Insertion (निवेश)–** Middle 1/3 of linea aspera of femur.
3. **Nerve supply (नाड़ी प्रदान)–** Obturator nerve.
4. **Action (कार्य)–** • Flexion • Adduction • Rotation

(4) Adductor Brevis– (अभिवर्तनी लघ्वी पेशी)

Adductor → Adduction; Brevis → Short

1. **Origin (उद्गम)–** •Ant. surface of body of pubis.
   •Inf. ramus of pubis.

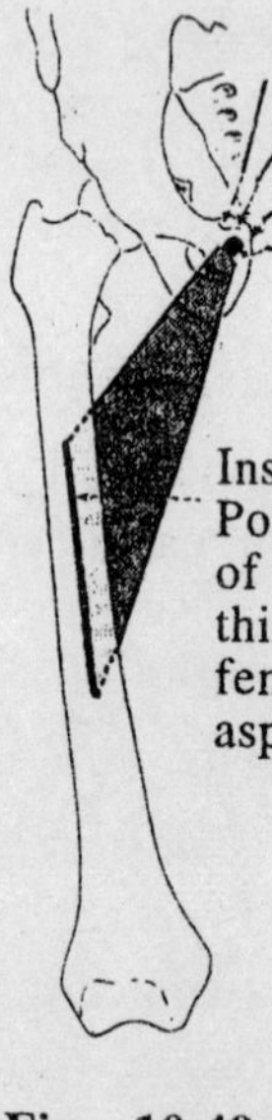

Fig. : 10.49 Adductor Longus

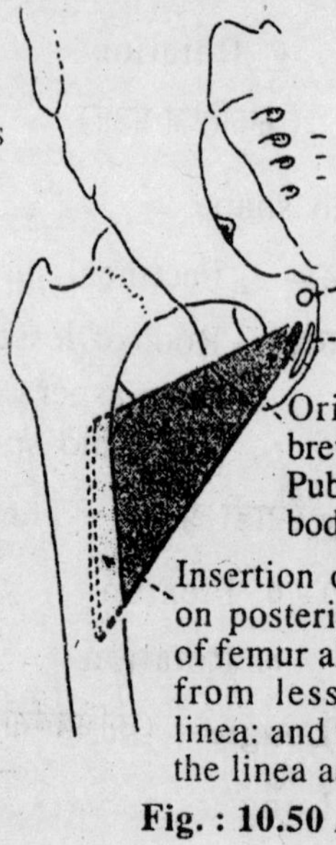

Fig. : 10.50 Adductor Brevis

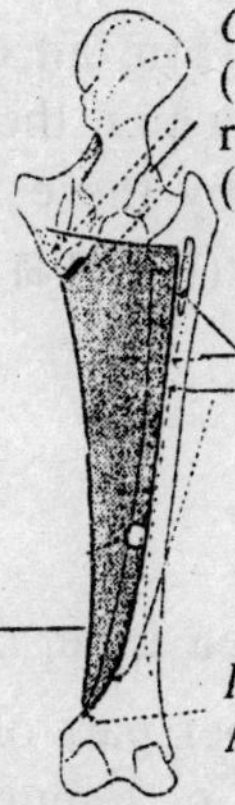

Fig. : 10.51 Adductor Magnus

2. **Insertion (निवेश)**– Lesser trochanter to upper end of linea aspera of femur.

3. **Nerve supply (नाड़ी प्रदान)**– Obturator nerve.

4. **Action (कार्य)**– • Flexion • Adduction • Rotation

(5) Adductor Magnus– (अभिवर्तनी बृहती पेशी)
↓ ↓
Adduction Large

1. **Origin (उद्‌गम)**– • Lower part of ischial tuberosity.
 • Inf. ramus of ischium.

2. **Insertion (निवेश)**– • Medial margin of gluteal tuberosity.
 • Linea aspera
 • Medial supracondylar line up to adductor tubercle of femur.

3. **Nerve supply (नाड़ी प्रदान)**– Obturator nerve.

4. **Action (कार्य)**– • Flexion • Adduction • Rotation

(4) Muscles of the post. compartment of thigh

• **Hamstrings** muscles– A collective designation for three separate muscles.
↓ ↓
Ham String– The hamstring are so named because their tendon are long and string like
↓ ↓
Thigh, Hip Cord like (cordlike) in the popliteal area and

from an old practice of butchers in which they hung hams for smoking by these long tendons.

(1) Biceps Femoris– (द्विशिरस्का और्वी पेशी)

Biceps ↓ Two head origin; Femoris ↓ Femur

1. **Origin (उद्गम)–**
   - **Short head–** • Linea aspera.
     • Upper part of the lateral supra condylar line of femur.
   - **Long head–** Upper medial part of the ischial tuberosity of ischium.
2. **Insertion (निवेश)–** Head of fibula.
3. **Nerve supply (नाड़ी प्रदान)–** Sciatic nerve.
4. **Action (कार्य)–** • Flexion– Leg
   • Extension– Thigh

(2) Semi tendinosus– (कण्डरा कल्पिका पेशी)

Semi ↓ Half; tendinosus ↓ Tendon

1. **Origin (उद्गम)–** Upper medial part of the ischial tuberosity of ischium.

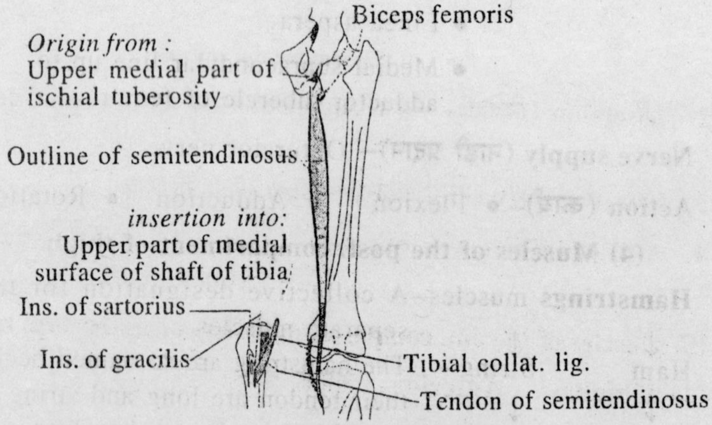

Fig. : 10.52 Semitendinosus

2. **Insertion (निवेश)**– Upper part of medial surface of shaft of the tibia.

3. **Nerve supply (नाड़ी प्रदान)**– Sciatic nerve.

4. **Action (कार्य)**– • Flexion– Leg
• Extension– Thigh

(3) Semi Membranosus– (कला कल्पिका पेशी)
Semi ↓ Half
Membranosus ↓ Membrane

1. **Origin (उद्गम)**– Upper lateral part of the ischial tuberosity of ischium.

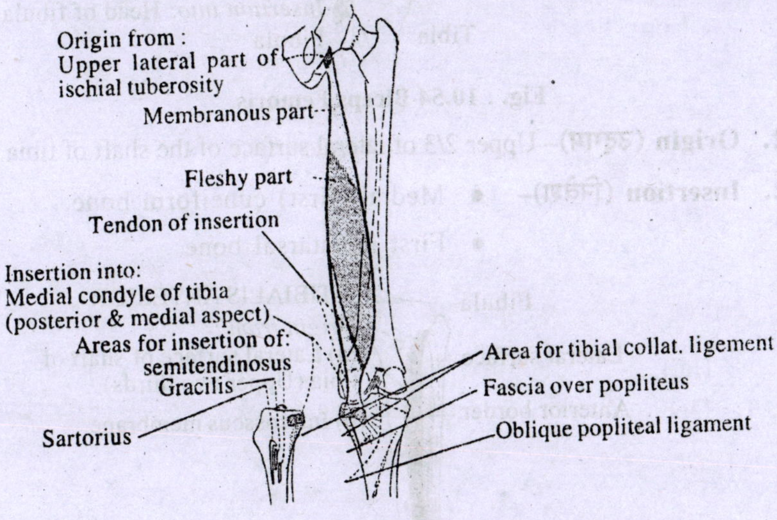

Fig. : 10.53 Semimembranosus

2. **Insertion (निवेश)**– Post. and medial aspect of medial condyle of tibia.

3. **Nerve supply (नाड़ी प्रदान)**– Sciatic nerve.

4. **Action (कार्य)**– • Flexion– Leg
• Extension– Thigh

(5) Muscles of the ant. compartment of leg or ant. crural muscles

(1) Tibialis Anterior– (जंघिका अग्रिमा पेशी)
Tibialis ↓ Tibia
Anterior ↓ Front

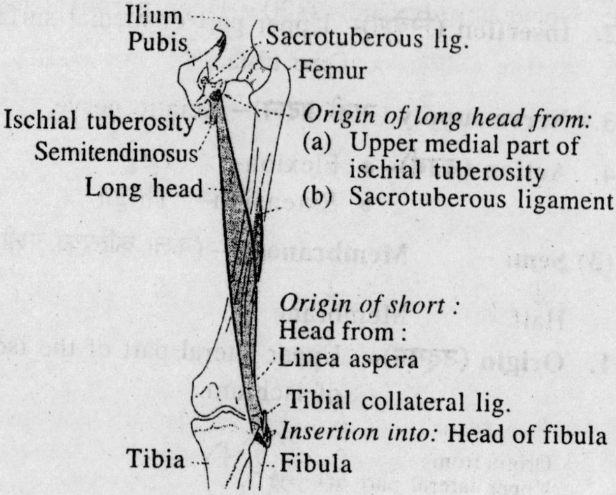

Fig. : 10.54 Biceps Femoris

1. **Origin (उद्गम)**– Upper 2/3 of lateral surface of the shaft of tibia.
2. **Insertion (निवेश)**–
   - Medial (first) cuneiform bone.
   - First metatarsal bone

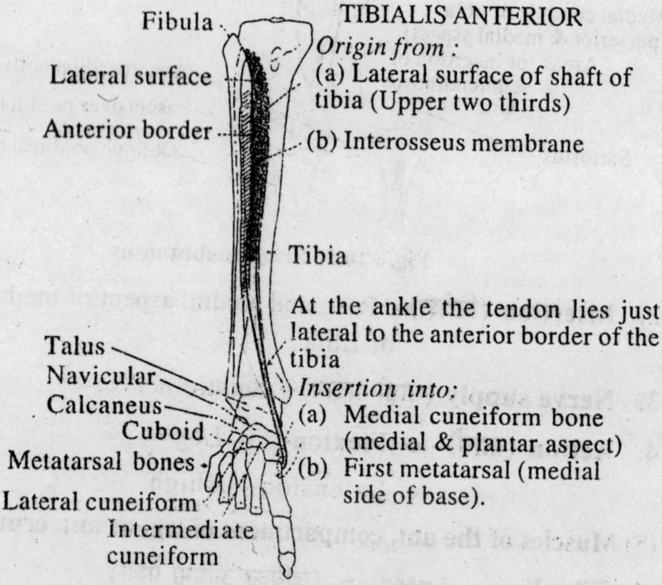

Fig. : 10.55 Tibialis Anterior

3. **Nerve supply (नाड़ी प्रदान)**– Deep peroneal nerve.

4. **Action (कार्य)**– • Dorsiflexion • Inversion

(2) Extensor Digitorum Longus– (पादांगुलि प्रसारिणी दीर्घा पेशी)

Extensor → Extension, Digitorum → Digit, Longus → Long

1. **Origin (उद्गम)**– Upper 3/4 of medial (Ant.) surface of the shaft of fibula.

2. **Insertion (निवेश)**–

1. At the ankle (Talus) the main tendon divide into four tendon, one each for the second, third, fourth and fifth digit. The tendon for the second, third, fourth digit are joint lateral side by a tendon from the extensor digitorum brevis.
2. The tendon for second, third, fourth, fifth digit is inserted into base of the middle and distal phalanx.

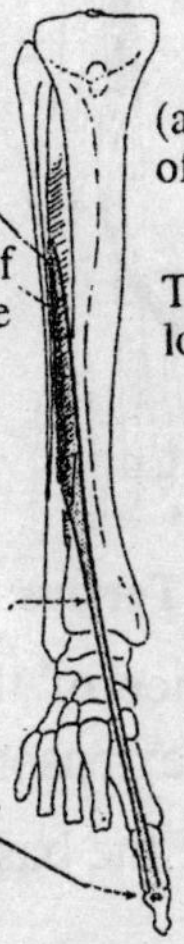

Fig. : 10. 56 Extensur Hallucis Longus

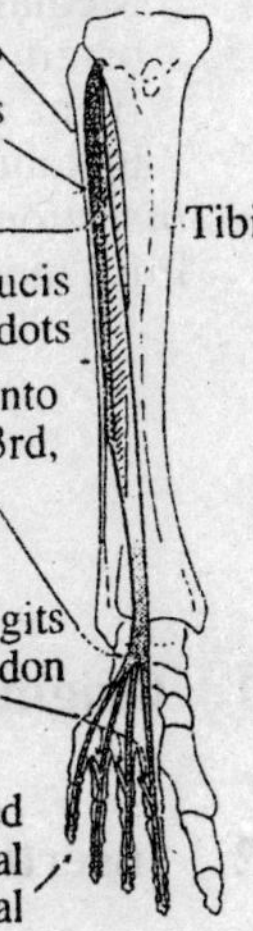

Fig. : 10.57 Extensor Digitorum Longus

3. **Nerve supply (नाड़ी प्रदान)**– Deep peroneal nerve.

4. **Action (कार्य)**– • Dorsi flexion • Inversion • Extension

(3) Extensor Hallucis Longus– (पादांगुष्ठ प्रसारिणी दीर्घा पेशी)

Extensor → Extension, Hallucis → Hallux– great toe, Longus → Long

1. **Origin (उद्गम)**– Middle 2/4 of medial (Ant.) surface of the shaft of fibula.
2. **Insertion (निवेश)**– Dorsal aspect of the base of distal phalanx of great toe.
3. **Nerve supply (नाड़ी प्रदान)**– Deep peroneal nerve.
4. **Action (कार्य)**– • Dorsiflexion • Inversion • Extension

(4) Peroneus Tertius– (पाद विवर्त्तिका तृतीया पेशी)

↓ Perone-fibula ↓ Third

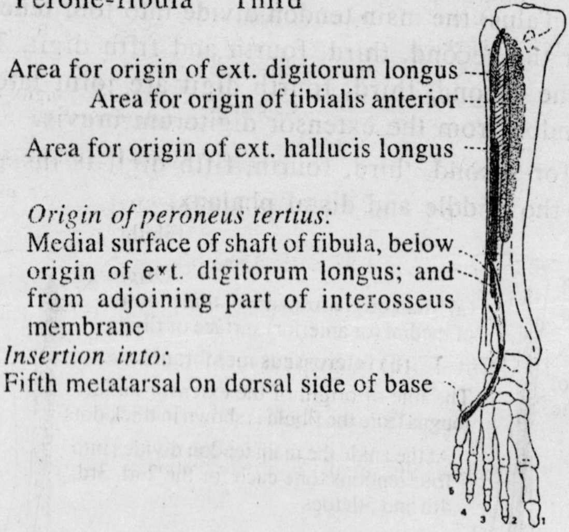

Fig. : 10.58 Peroneus Tertius

1. **Origin (उद्गम)**–Medial (Ant.) surface of the shaft of fibula, below the origin of extensor digitorum longus.
2. **Insertion (निवेश)**– Dorsal aspect of the base of fifth metatarsal bone.
3. **Nerve supply (नाड़ी प्रदान)**– Deep peroneal nerve.
4. **Action (कार्य)**– • Dorsiflexion • Inversion

(6) Muscles of the lateral compartment of leg or lateral crural muscles

(1) Peroneus Longs– (पाद विवर्त्तिका दीर्घा पेशी)

↓ Perone–Fibula ↓ Long

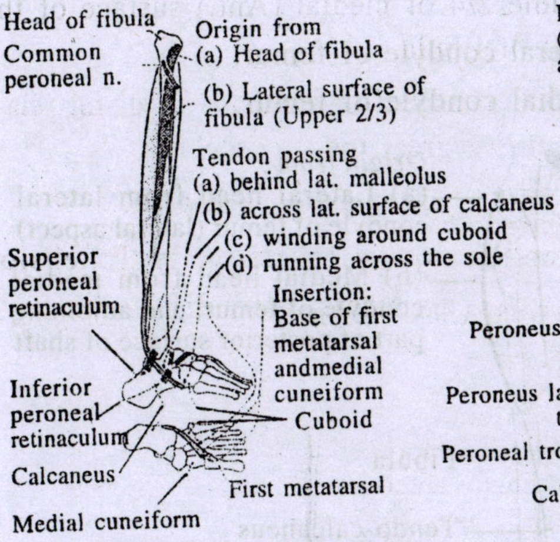

Fig. : 10.59 Peroneus longus

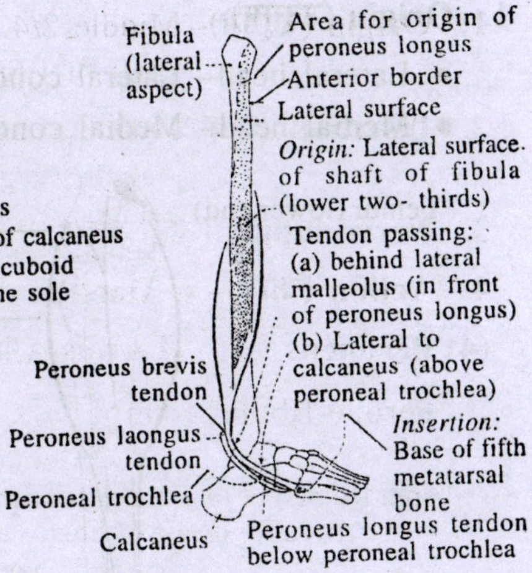

Fig. : 10.60 Peroneus Brevis

1. **Origin (उद्‌गम)**– Upper part of the lateral surface of fibula.
2. **Insertion (निवेश)**– • Medial cuneiform.
   • Base of first metatarsal bone.
3. **Nerve supply (नाड़ी प्रदान)**– Superficial peroneal nerve.
4. **Action (कार्य)**– • Plantar flexion • Eversion

(2) Peroneus Brevis– (पाद विवर्त्तिका लघ्वी पेशी)

Peroneus → Perone– Fibula
Brevis → Short

1. **Origin (उद्‌गम)**– Lower part of the lateral surface of fibula.
2. **Insertion (निवेश)**– Base of fifth metatarsal bone.
3. **Nerve supply (नाड़ी प्रदान)**– Superficial peroneal nerve.
4. **Action (कार्य)**– • Plantar flexion • Eversion

(7) Superficial muscles of the post. compartment of leg or post. crural muscles

(1) Gastro cnemius– (जंघा पिण्डिका उपरिस्था पेशी)

Gastro → Gaster → Belly
cnemius → Kneme → Leg

1. **Origin (उद्गम)–**
   - Lateral head– Lateral condyle of femur.
   - Medial head– Medial condyle of femur.

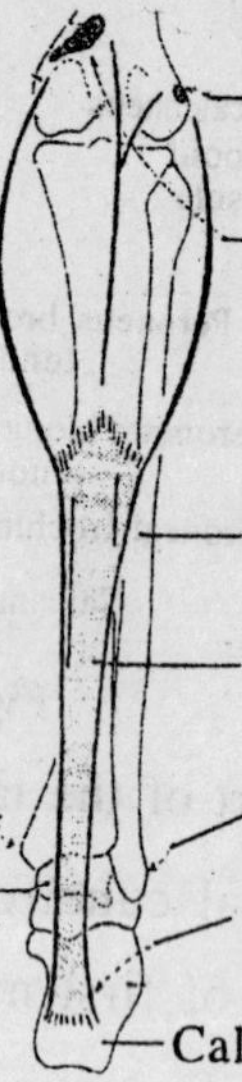

Fig. : 10.61 Gastrocnamius

2. **Insertion (निवेश)–**
   - Calcaneus
   - Tendo calcaneus– Common to gastrocnemius and soleus.
3. **Nerve supply (नाड़ी प्रदान)–** Tibial nerve.
4. **Action (कार्य)–** • Plantar flexion.

(2) Soleus – (जंघा पिण्डिका पेशी)

↓

Sole of foot

1. **Origin (उद्गम)–**
   - Post. aspect of head of fibula.
   - Upper 1/4 of post. surface of shaft of the fibula.
   - Soleal line of tibia.
   - Middle 1/3 of medial border of the tibia.
2. **Insertion (निवेश)–**
   - Calcaneus
   - By way of calcaneal tendon.

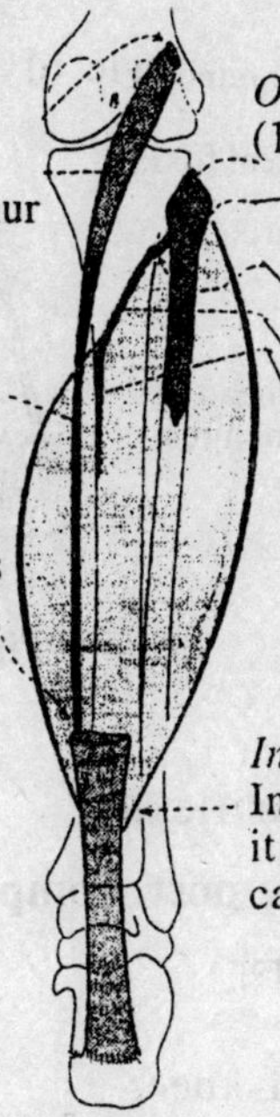

Fig. : 10.62 Soleus and Plantaris

3. **Nerve supply (नाड़ी प्रदान)–** Tibial nerve.
4. **Action (कार्य)–** • Plantar flexion

Triceps ↓ Three head	**Surae**– (त्रिशिरस्का जंघापिण्डिका पेशी) ↓ Calf of leg–	Gastrocnemius and soleus are together called triceps surae. This is the most powerful muscles of the body.

(3) **Plantaris**– (अनुपिण्डिका पेशी)
↓
Sole of foot

1. **Origin (उद्गम)–** Lower part of lateral supracondylar line of femur.
2. **Insertion (निवेश)–** • Calcaneus.
   • By way of calcaneal tendon.
3. **Nerve supply (नाड़ी प्रदान)–** Tibial nerve.

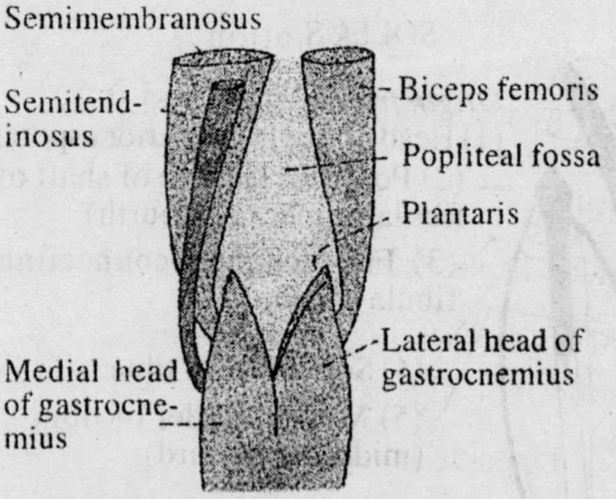

Fig. : 10.63 Boundaries of the popliteal fossa

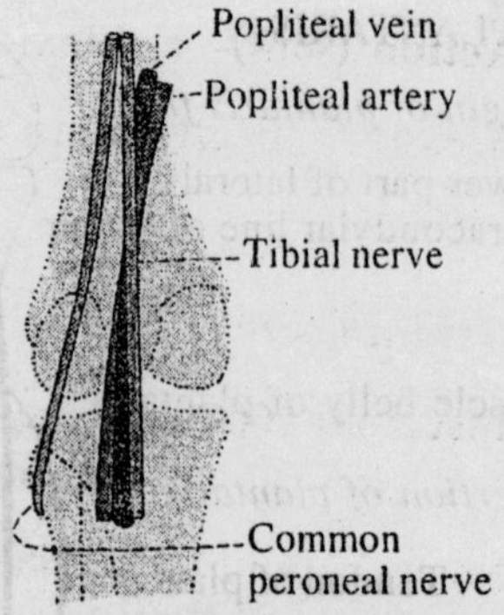

Fig. : 10.64 Contents of the popliteal Fossa

4. **Action (कार्य)–** • Plantar flexion.

(8) Deep muscles of the post. compartment of the leg

(1) Popliteus – (जानु पृष्ठिका पेशी)

↓

Poples– Post. surface of knee.

1. **Origin (उद्गम)–** Lateral condyle of femur.
2. **Insertion (निवेश)–** Triangular area on post. surface of shaft of the tibia. (Above soleal line).

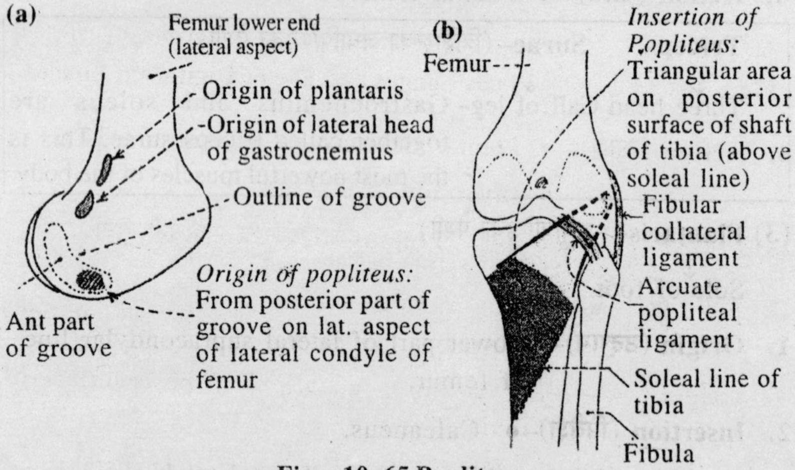

Fig. : 10. 65 Popliteus

3. **Nerve supply (नाड़ी प्रदान)–** Tibial nerve.

4. **Action (कार्य)**– • Flexion • Rotation

(2) **Flexor Digitorum Longus**– (पादांगुलि आकुंचनी दीर्घा पेशी)

Flexor	Digitorum	Longus
↓	↓	↓
Flexion	Digits	Long

1. **Origin (उद्गम)**– Post. surface of shaft of tibia.
2. **Insertion (निवेश)**– Base of distal phalanx of second, third, fourth and fifth digit (Toes).
3. **Nerve supply (नाड़ी प्रदान)**– Tibial nerve.

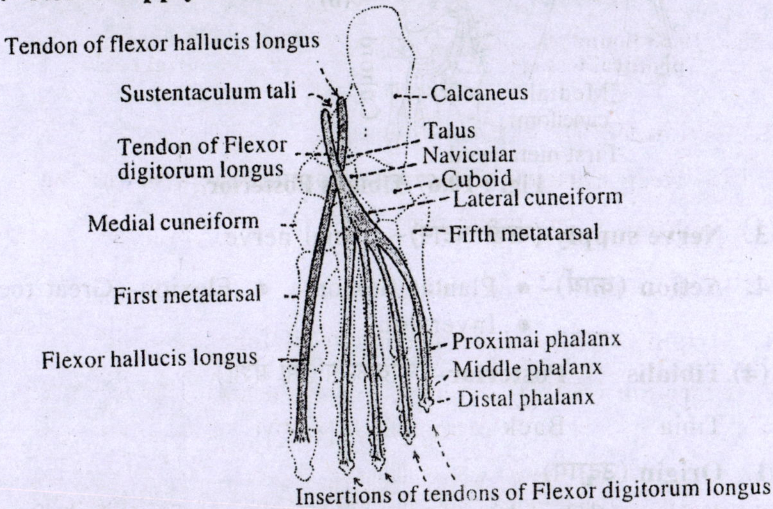

Fig. : 10.66 Flexor Hallucis Longus and Flexor Digitorum Longus

4. **Action (कार्य)**– • Plantar flexion • Flexion– Toes
   • Inversion

(3) **Flexor Hallucis Longus**– (पादांगुष्ठ आकुंचनी दीर्घा पेशी)

Flexor	Hallucis	Longus
↓	↓	↓
Flexion	Hallux (great toe)	Long

1. **Origin (उद्गम)**– Lower 2/3 of lateral part of post. surface of fibula.
2. **Insertion (निवेश)**– Plantar aspect of the base of distal phalanx of great toe.

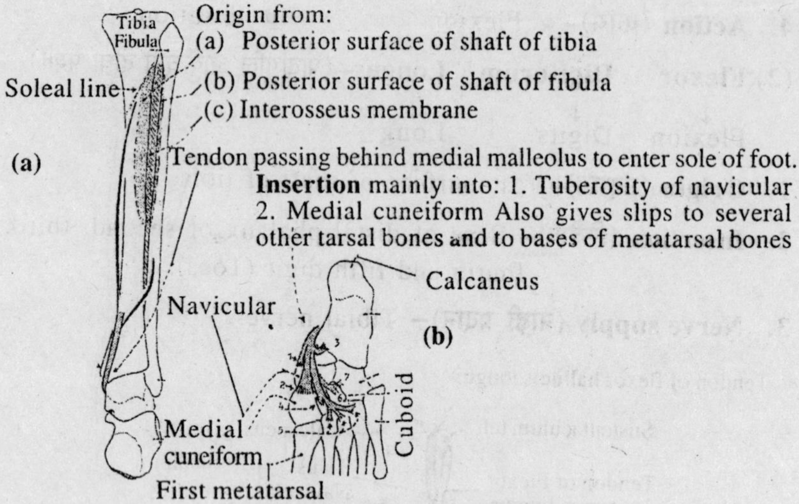

Fig. : 10.67 Tibialis Posterior

3. **Nerve supply (नाड़ी प्रदान)**– Tibial nerve.

4. **Action (कार्य)**– • Plantar flexion • Flexion– Great toes • Inversion

(4) Tibialis Posterior– (जंघिका पश्चिमा पेशी)

Tibialis ↓ Tibia, Posterior ↓ Back

1. **Origin (उद्गम)**–
   - Upper 2/3 of lateral part of the post. surface of shaft of tibia, below soleal line.
   - Upper 2/3 of medial part of the post. surface of shaft of fibula.

2. **Insertion (निवेश)**–
   - Navicular • Cuboid
   - Three cuneiform • Second, third, fourth, metatarsal bone.

3. **Nerve supply (नाड़ी प्रदान)**– Tibial nerve.

4. **Action (कार्य)**– • Plantar flexion • Inversion

(9) Dorsal muscles of the foot

(1) Extensor Digitorum Brevis– (पादांगुलि प्रसारिणी लघ्वी पेशी)

Extensor ↓ Extension, Digitorum ↓ Digits, Brevis ↓ Short

1. **Origin (उद्गम)**– Calcaneus
2. **Insertion (निवेश)**–
   - Muscles end in four tendons, that pass to the first, second, third and fourth digits.
   - The tendon for the second, third, fourth digits end by joining the corresponding of the extensor digitorum longus.
- The tendon for the first digit is inserted into proximal phalanx. This muscles called extensor hallucis brevis.

Fig. : 10.68 Extensor Digitorum Brevis

(2) Ext. **Hallucis** **Brevis**– (पादांगुष्ठ प्रसारिणी लघ्वी पेशी)

↓ Extension, ↓ Hallux ↓ Great toe, ↓ Short

3. **Nerve supply (नाड़ी प्रदान)**– Deep peroneal nerve.
4. **Action (कार्य)**– • Extension.

(10) Plantar muscles of the foot

(A) First layer of the plantar muscles

(1) Abductor **Hallucis**– (पादांगुष्ठ अपवर्तनी पेशी)

↓ Abduction, ↓ Hallux–Great toe

1. **Origin (उद्गम)**– • Calcaneus
2. **Insertion (निवेश)**– Medial side of the base of proximal phalanx of great toe. (First digit)
3. **Nerve supply (नाड़ी प्रदान)**– Medial plantar nerve.
4. **Action (कार्य)**– • Flexion • Abduction

Fig. : 10.69 Plantar Aponeurosis

(2) Abductor Digiti Minimi– (पादकनिष्ठिका अपवर्तनी पेशी)

Abductor ↓ Abduction; Digiti ↓ Digit; Minimi ↓ Little

1. **Origin (उद्गम)**– Calcaneus
2. **Insertion (निवेश)**– Lateral side of the base of proximal phalanx of little toe. (Fifth digit)
3. **Nerve supply (नाड़ी प्रदान)**– Lateral plantar nerve.
4. **Action (कार्य)**– • Flexion • Abduction

(3) Flexor Digitorum Brevis– (पादांगुलि आकुंचनी लघ्वी पेशी)

Flexor ↓ Flexion; Digitorum ↓ Digits; Brevis ↓ Short

1. **Origin (उद्गम)**– Calcaneus

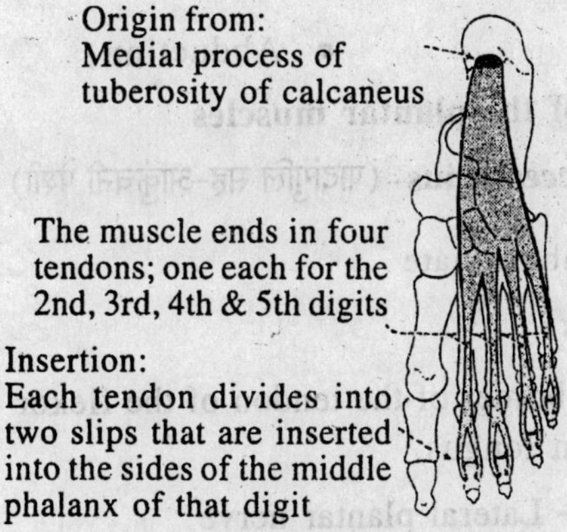

Fig. : 10.70 Flexor Digitorum Brevis

2. Insertion (निवेश)–

- The muscles ends in four tendons, one each for the second, third, fourth and fifth digits.
- Opposite the proximal phalanx, the tendon for each digits divides into two slips that are inserted into the sides of the middle phalanx of that digits.

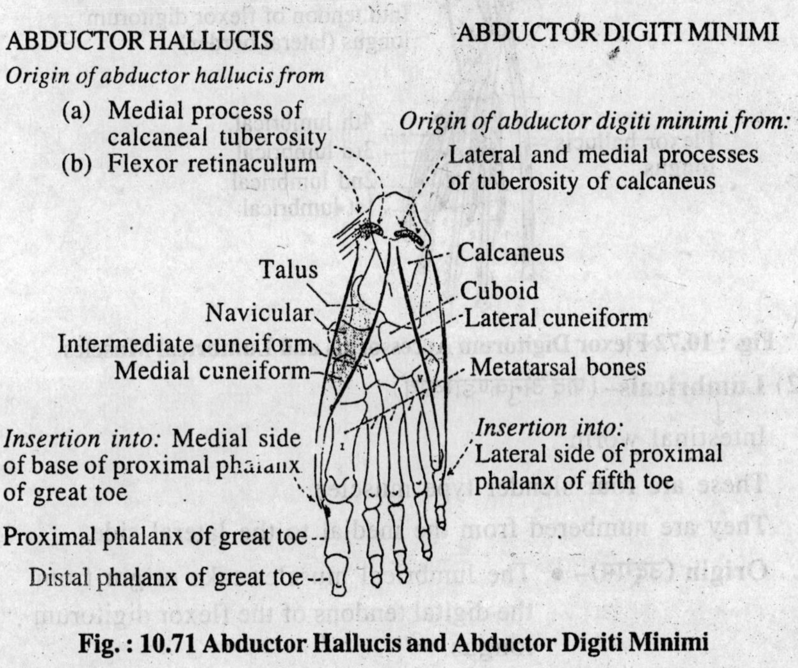

Fig. : 10.71 Abductor Hallucis and Abductor Digiti Minimi

3. **Nerve supply (नाड़ी प्रदान)**– Medial plantar nerve.

4. **Action (कार्य)**– • Flexion • Abduction

(B) Second layer of the plantar muscles

(1) Flexor Digitorum Accessorius– (पादांगुलि सह-आकुंचनी पेशी)

Flexor ↓ Flexion; Digitorum ↓ Digits; Accessorius ↓ Subordinate

1. **Origin (उद्गम)**– Calcaneus
2. **Insertion (निवेश)**– Lateral border of the tendon of the flexor digitorum longus.
3. **Nerve supply (नाड़ी प्रदान)**– Lateral plantar nerve
4. **Action (कार्य)**– Flexion

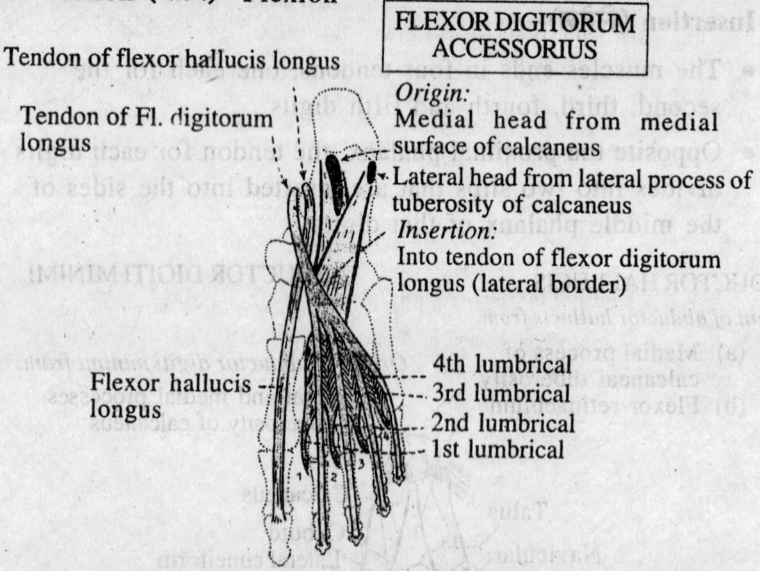

Fig. : 10.72 Flexor Digitorum Accessorius and Lumbrical Muscles

(2) Lumbricals– (पाद अनुकण्डरिकायें)

↓ Intestinal worm

- These are four slender type muscles.
- They are numbered from the medial to the lateral side.

1. **Origin (उद्गम)**– • The lumbrical muscles take origin from the digital tendons of the flexor digitorum longus.

- **First lumbrical–** The first lumbrical arises from the medial side of the tendon to the second toe.
- **Second lumbrical–**
- **Third lumbrical–**
- **Fourth lumbrical–** The second, third and fourth lumbricals arises from the contiguous sides of the four tendons. (II-III-IV-V toes)

2. Insertion (निवेश)–

- Each muscles ends in a tendon which curves round the medial side of the corresponding metatarso-phalangeal joint.
- It is inserted partly in to the base of the proximal phalanx,
- and partly into the extensor expansion.
- The insertion is similar to the lumbricals of the hand.

3. Nerve supply (नाड़ी प्रदान)–

- First lumbrical– Medial plantar nerve.
- Second, third, fourth lumbricals– Lateral plantar nerve.

4. Action (कार्य)– Extension

(C) Third layer of the plantar muscles

(1) Flexor Hallucis Brevis– (पादांगुष्ठ आकुंचनी लघ्वी पेशी)

Flexor ↓ Flexion; Hallucis ↓ Hallux; Brevis ↓ Short

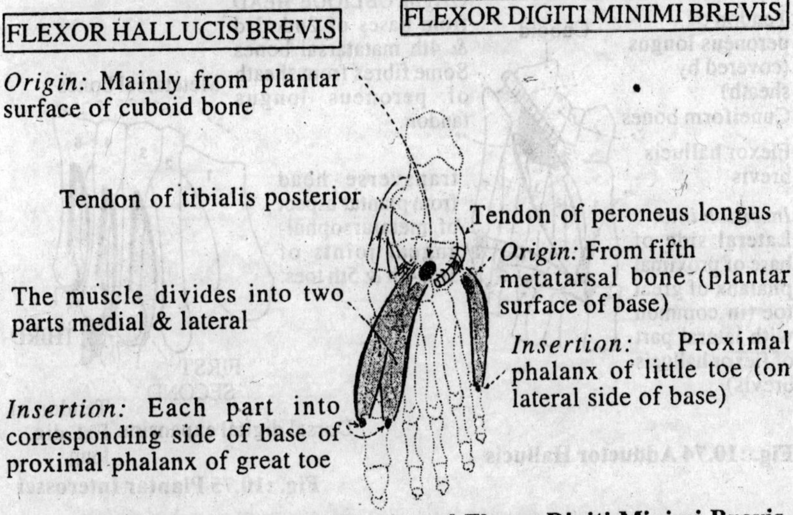

Fig. : 10.73 Flexor Hallucis Brevis and Flexor Digiti Minimi Brevis

1. **Origin (उद्गम)**– • Cuboid • Lateral cuneiform
2. **Insertion (निवेश)**–
   - The muscles divides into two parts– Medial and lateral.
   - The two tendons are inserted into the corresponding side of the base of the proximal phalanx of the great toe.
3. **Nerve supply (नाड़ी प्रदान)**– Medial plantar nerve.
4. **Action (कार्य)**– Flexion

(2) Flexor Digiti Minimi Brevis–(पाद कनिष्ठिका आकुंचनी लघ्वी पेशी)

Flexor → Flexion; Digiti → Digit; Minimi → Little; Brevis → Short

1. **Origin (उद्गम)**– Plantar surface of the base of the fifth metatarsal bone.
2. **Insertion (निवेश)**– Lateral side of the base of the proximal phalanx of the little toe.
3. **Nerve supply (नाड़ी प्रदान)**– Lateral plantar nerve.
4. **Action (कार्य)**– Flexion

(3) Adductor Hallucis– (पादांगुष्ठ अभिवर्तनी पेशी)

Adductor → Adduction; Hallucis → Hallux

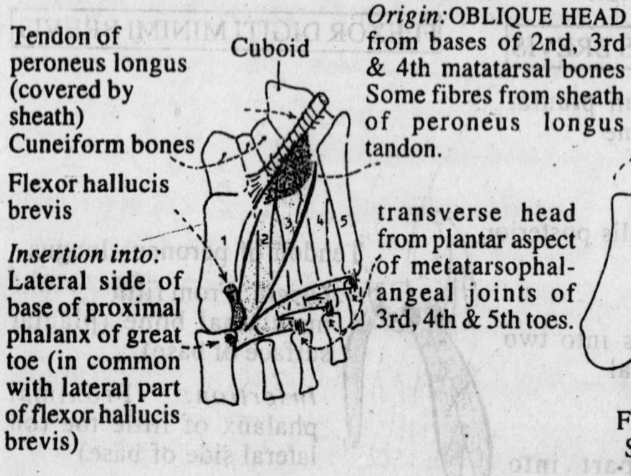

Fig. :10.74 Adductor Hallucis

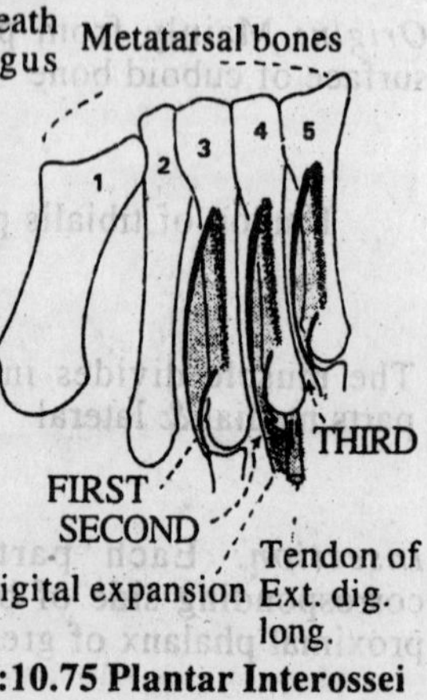

Fig. :10.75 Plantar Interossei

1. **Origin (उद्गम)**– Two head origin.
   - **Oblique head**– Base of the second, third and fourth metatarsal bones.
   - **Transverse head**– Plantar aspect of the metatarso phalangeal joints of the third, fourth, and fifth toes.
2. **Insertion (निवेश)**– Lateral side of the base of the proximal phalanx of the great toe.
3. **Nerve supply (नाड़ी प्रदान)**– Medial plantar nerve.
4. **Action (कार्य)**– • Flexion • Adduction

(D) Fourth layer of the plantar muscles

- **Interosseus** muscles of the foot– It is Divided into two parts.

↓

B/w two bones – 1. Plantar interossei
2. Dorsal interossei

- **(I) Plantar interossei**– (पादतल शलाकान्तरा पेशियाँ)
- These are three small muscles.
- Placed B/w the metatarsal bones.
- They are numbered from medial to lateral side.

★ Each plantar interosseus muscles arises from the plantar aspect of the shaft of the one metatarsal bones.

★ Each plantar interosseus muscles is inserted into the medial side of the base of the proximal phalanx of one digit.

And partly into the dorsal digital expansion (D.D.E.) of that digit.

1. **Origin (उद्गम)**– The **first, second** and **third** plantar interosseus muscles arises from the plantar aspect of the shaft of the **third, fourth** and **fifth** metatarsal bones.
2. **Insertion (निवेश)**– The first, second and third plantar interosseus muscles is inserted into the medial sides of base of the proximal phalanx of third, fourth and fifth digits.
3. **Nerve supply (नाड़ी प्रदान)**– Lateral planter nerve.
4. **Action (कार्य)**– Adduction

(II) Dorsal interossei– (पादपृष्ठ श्लाकान्तरा पेशियाँ)

- These are four small muscles.
- Placed B/w the metatarsal bones.
- They are numbered from medial to lateral side

✱ Each dorsal interosseus muscles arises from the adjacent sides of the shaft of two metatarsal bones.

✱ Each dorsal interosseus muscles is inserted into the one side of the base of the proximal phalanx.

And also into the corresponding dorsal digital expansion. (D.D.E.)

1. Origin (उद्गम)–

- **First dorsal interosseus–** B/w first and second metatarsal bones.
- **Second dorsal interosseus–** B/w second and third metatarsal bones.
- **Third dorsal inteosseus–** B/w third and fourth metatarsal bones.
- **Fourth dorsal interosseus–** B/w fourth and fifth metatarsal bones.

2. Insertion (निवेश)–

- **First dorsal interosseus–** Medial side of the base of proximal phalanx of **second** digit.
- **Second dorsal interosseus–** Lateral side of the base of proximal phalanx of second digit.

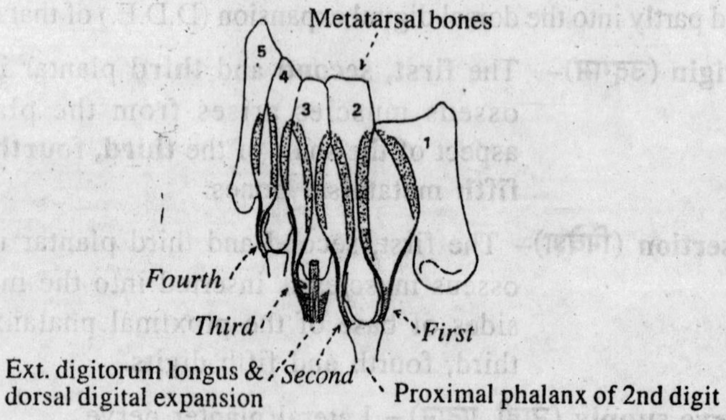

Fig. : 10.76 Dorsal Interossei

- **Third dorsal interosseus–** Lateral side of the base of proximal phalanx of third digit.
- **Fourth dorsal interosseus–** Lateral side of the base of proximal phalanx of **fourth** digit

3. **Nerve supply (नाड़ी प्रदान)–** Lateral plantar nerve.
4. **Action (कार्य)**– Adduction

3. Muscles of the abdomen (उदर की पेशियाँ)

(1) Muscles of the anterior abdominal wall

1. External oblique muscle of abdomen तिर्यक् उदरिका बहि:स्था पेशी
2. Internal oblique muscle of abdomen तिर्यक् उदरिका अन्त:स्था पेशी
3. Rectus abdominis उदर दण्डिका पेशी
4. Transversus abdominis अनुप्रस्थ उदरिका पेशी
5. Pyramidalis बस्ति चूड़िका पेशी
6. Cremaster muscle वृषण-उत्कर्षिका पेशी

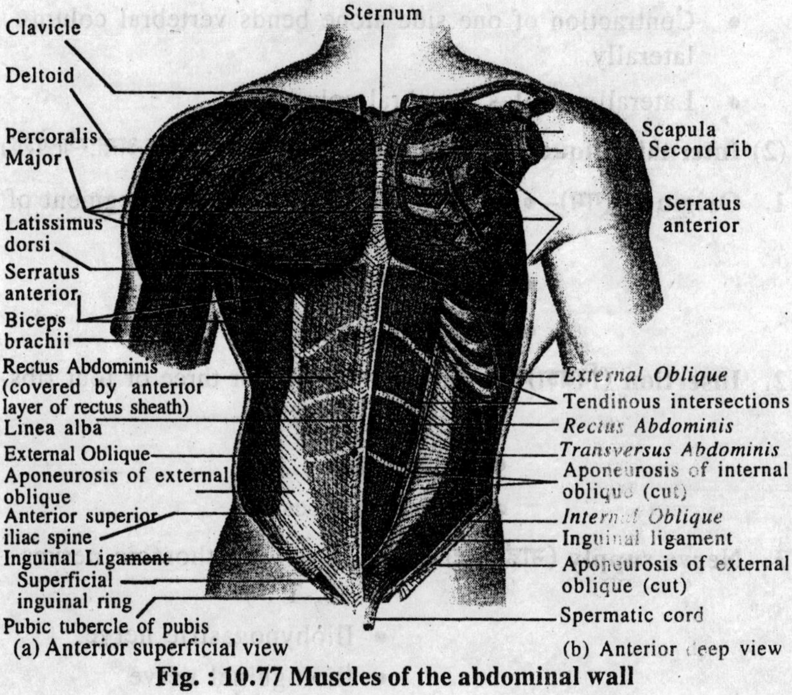

Fig. : 10.77 Muscles of the abdominal wall

(1) External oblique muscle of abdomen– (तिर्यक् उदरिका बहि:स्था पेशी)

1. **Origin (उद्गम)**– Lower eight ribs (5-6-7-8-9-10-11-12th)
2. **Insertion (निवेश)**–
   - Anterior 2/3 of the outer lip of ventral segment of the iliac crest.
   - Xiphoid process.
   - linea alba.
   - Pubic crest.
   - Pectineal line of pubis.
3. **Nerve supply (नाड़ी प्रदान)**–
   - Lower six thoracic nerves (T_7- T_{12} thoracic nerves)
   - Iliohypogastric nerve.
   - Ilioinguinal nerve.
4. **Action (कार्य)**–
   - Compresses abdominal contents.
   - Contraction of one side alone bends vertebral colum laterally.
   - Laterally rotates vertebral column.

(2) Internal oblique muscle of abdomen–(तिर्यक् उदरिका अन्त:स्था पेशी)

1. **Origin (उद्गम)**–
   - Intermediate area of ventral segment of the iliac crest.
   - Inguinal ligament.
   - Thoracolumbar fascia.
2. **Insertion (निवेश)**–
   - Cartilage of inferior three or four ribs. (9-10-11 or 12th).
   - Linea alba.
   - Xiphoid process.
3. **Nerve supply (नाड़ी प्रदान)**–
   - Lower six thoracic nerves (T_7-T_{12})
   - Iliohypogastric nerve.
   - Ilioinguinal nerve

4. **Action (कार्य)**– • Compresses abdominal contents.
• Contraction of one side alone bends vertebral column laterally.
• Laterally rotates vertebral column.

(3) Rectus Abdominis– (उदर दण्डिका पेशी)

Rectus ↓ Fibers parallel to mid line; Abdominis ↓ Abdomen

1. **Origin (उद्गम)**– • Pubic crest • Pubic symphysis

2. **Insertion (निवेश)**– • Cartilage of fifth to seventh ribs.
• Xiphoid process.

3. **Nerve supply (नाड़ी प्रदान)**– • Lower six thoracic nerves. (T_7-T_{12})

4. **Action (कार्य)**– • Flexes vertebral column.
• Compresses abdomen to aid in-Defecation, urination, forced expiration and child birth.

(4) Transversus Abdominis– (अनुप्रस्थ उदरिका पेशी)

1. **Origin (उद्गम)**– • Anterior 2/3 of the inner lip of ventral segment of the iliac crest.
• Inguinal ligament.
• Lumbar fascia.
• Cartilage of lower six ribs. (7-12th)

2. **Insertion (निवेश)**– • Xiphoid process.
• Linea alba.
• Pubis.

3. **Nerve supply (नाड़ी प्रदान)**– • Lower six thoracic nerves. (T_7-T_{12})
• Ilio hypogastric nerve.
• Ilio inguinal nerve.

4. **Action (कार्य)**– • Compresses abdomen.

(5) Pyramidalis– (बस्ति चूड़िका पेशी) • This is a small triangular muscle.
• It is rudimentary in human beings.

1. **Origin (उद्गम)**– Anterior surface of the body of the pubis.
2. **Insertion (निवेश)**– • Linea alba.
3. **Nerve supply (नाड़ी प्रदान)**– Twelth thoracic nerve or subcostal nerve. (T_{12})
4. **Action (कार्य)**– • Tenses the linea alba.

(6) Cremaster muscle (वृषण-उत्कर्षिका पेशी)–

- The muscles is fully developed only in the male.
- In the female it is represented by a few fibres only.

1, 2. Origin and insertion (उद्गम और निवेश)–

- Along with the intervening connective tissue, the muscle loops form a sac like cremasteric fascia around the spermatic cord and testis. It lies deep to the external spermatic fascia.

3. **Nerve supply (नाड़ी प्रदान)**– Genital branch of the genito-femord nerve (L_1)
4. **Action (कार्य)**– • The cremaster helps to suspend the testis and can elevate it.
   • The muscle also tends to close the superficial inguinal ring, when the intra-abdominal pressure is raised.

(2) Muscles of the posterior abdominal wall

1. Psoas muscles– कटिलम्बिका पेशी
2. Quadratus lumborum– कटिचतुस्रिका पेशी
3. Iliacus– जघनिका पेशी

(1) Psoas muscles– (कटि लम्बिका पेशी)–

(A) Psoas major– (कटि लम्बिका बृहती पेशी)–

1. **Origin (उद्गम)**– Transverse process and bodies of L_1-L_5 lumbar vertebrae.
2. **Insertion (निवेश)**– • Lesser trochanter of the femur.
3. **Nerve supply (नाड़ी प्रदान)**– Branches from L_1-L_2-L_3.

4. **Action (कार्य)**– • Flexion • Rotation

(B) Psoas minor– (कटि लम्बिका लघ्वी पेशी)–

1. **Origin (उद्गम)**– Intervertebral disc B/w T_{12}-L_1.
2. **Insertion (निवेश)**– • Pectin pubis. • Iliopectineal eminence.
3. **Nerve supply (नाड़ी प्रदान)**– Branches from L_1
4. **Action (कार्य)**– • Weak flexion

(2) Quadratus Lumborum– (कटि चतुस्त्रिका पेशी)

↓ ↓

Quad-four **Lumbo**-Lumbar-region

1. **Origin (उद्गम)**– • Posterior 1/3 of the inner lip of ventral segment of the iliac crest.
   • Iliolumbar ligament.
2. **Insertion (निवेश)**– • Twelth rib (12th)
   • Transverse processes of first four lumbar vertebrae (L_1-L_4)
3. **Nerve supply (नाड़ी प्रदान)**– • T_{12} thoracic nerve.
   • Lumbar plexus-Branches of (T_7-T_{12})
4. **Action (कार्य)**–
   • During forced expiration, it pulls inferiorly on the 12th rib.
   • During deep inspiration, it fixes the 12th rib to prevent its elevation.
   • Contraction of one side bends vertebral column laterally.

(3) Iliacus– (जघनिका पेशी)–

1. **Origin (उद्गम)**– Iliac fossa of the ilium.
2. **Insertion (निवेश)**– • Lesser trochanter of the femur.
3. **Nerve supply (नाड़ी प्रदान)**– Femoral nerve.
4. **Action (कार्य)**– • Flexion • Rotation

4. Muscles of the thorax (उर: की पेशियाँ)

(1) Inter-costal muscles– They are arranged in three layers.

1. External intercostal muscles or **external** layer or **superficial** layer= पर्शुकान्तरा बहि:स्था पेशियाँ

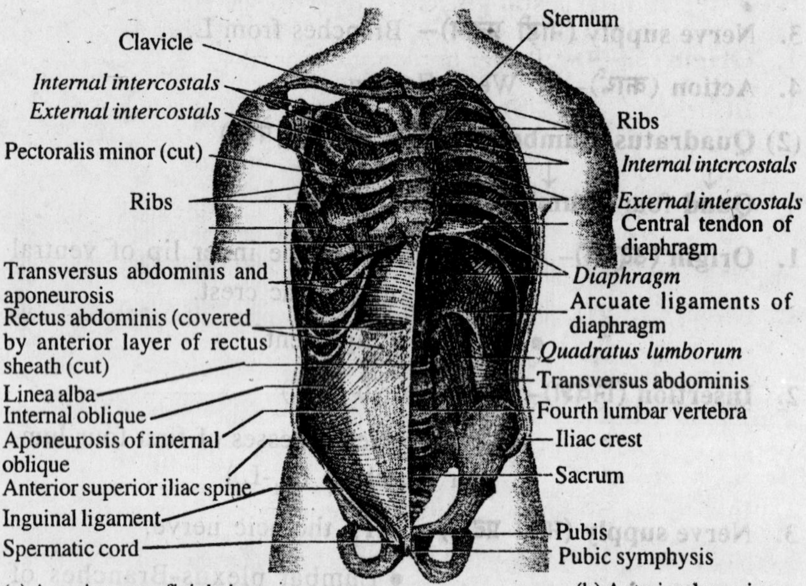

Fig. : 10.78 Muscles of the thoracic cavity (Breathing Muscles)

2. Internal intercostal muscles or **internal** layer or **intermediate** layer= पर्शुकान्तरा अन्त:स्था पेशियाँ
3. **Inner most** inter costal muscles or **innermost** layer or **deepest** layer= पर्शुकान्तरा अन्तरतमा पेशियाँ

(A) Intercostalis intimi or innermost intercostal muscles= पशुर्कान्तरा अन्तरतमा पेशियाँ

(B) Subcostalis– अध: पर्शुकीया पेशियाँ

(C) Sternocostalis– उरोऽनुप्रस्थिका पेशियाँ

(2) Muscles of thorax seen on the back–

1. Serratus posterior superior– दन्तुरिका पश्चोत्तरा पेशी
2. Serratus posterior inferior– दन्तुरिका पश्चाधरा पेशी
3. Levatores costarum– पर्शुका उन्नमनिका पेशियाँ

(3) Muscles form a partition B/w the cavities of the thorax and the abdomen

1. Diaphragm– मध्यच्छदा या वक्षोदर मध्यस्था पेशी

(1) Intercostal muscles

(1) External intercostal muscle– (पर्शुकान्तरा बहि:स्था पेशियाँ)

1. **Origin (उद्गम)**– Lower border of upper ribs.
2. **Insertion (निवेश)**– Outer lip of upper border of lower ribs.
3. **Nerve supply (नाड़ी प्रदान)**– Intercostal nerves.
4. **Action (कार्य)**– • Breathing muscles. • Elevation ribs.
5. **Extent (प्रसार)**–From tubercle of ribs to costochondral junction.
6. **Direction of fibres (तन्तुओं की दिशा)**– Antero-inferiorly, downward, forward and medially.

(2) Internal intercostal muscles– (पर्शुकान्तरा अन्त:स्था पेशियाँ)

1. **Origin (उद्गम)**– Floor of costal groove of the upper rib.
2. **Insertion (निवेश)**– Inner lip of upper border of lower rib.
3. **Nerve supply (नाड़ी प्रदान)**– Intercostal nerves.
4. **Action (कार्य)**– • Breathing muscles • Depression ribs.
5. **Extent (प्रसार)**– From lateral borders of sternum to angle of rib.
6. **Direction of fibres (तन्तुओं की दिशा)**– Postero-inferiorly, downward, backward and laterally.

(3) Innermost intercostal muscles– (पर्शुकान्तरा अन्तरतमा पेशियाँ)

(A) Intercostal intimi (Innermost intercostal muscles)– (पर्शुकान्तरा अन्तरतमा पेशियाँ)

1. **Origin (उद्गम)**– Inner surface of the upper rib.
2. **Insertion (निवेश)**– Inner surface of the lower rib.
3. **Nerve supply (नाड़ी प्रदान)**– Intercostal nerves.
4. **Action (कार्य)**– • Breathing muscles • Depression ribs.

5. **Extent (प्रसार)**–Middle 2/4 of intercostal space.

(B) Subcostalis– (अध: पर्शुकीया पेशियाँ)

1. **Origin (उद्गम)**– Inner surface of the rib near the angle.
2. **Insertion (निवेश)**– Inner surface of the 2nd or 3rd rib below.
3. **Nerve supply (नाड़ी प्रदान)**– Intercostal nerves.
4. **Action (कार्य)**– • Breathing muscles • Depression ribs.
5. **Extent (विस्तार)**– Posterior part of lower intercostal space.

(C) Sternocostalis–(Transversus thoracic) (उरोऽनुप्रस्थिका पेशियाँ)

1. **Origin (उद्गम)**–
   - Lower 1/3 of posterior surface of the body of sternum.
   - Posterior surface of xiphoid process.
   - Posterior surface of costal cartilage. (4th to 7th)
2. **Insertion (निवेश)**– Costal cartilage of second to sixth ribs.
3. **Nerve supply (नाड़ी प्रदान)**– Intercostal nerves.
4. **Action (कार्य)**– • Breathing muscles • Depression ribs.
5. **Extent (विस्तार)**– Anterior part of upper intercostal space.

(2) Muscles of thorax seen on the back

(1) Serratus posterior superior– (दन्तुरिका पश्चोत्तरा पेशी)

Deep to the trapezius and rhomboideus muscles.

1. **Origin (उद्गम)**– • Lower cervical and
   • Upper thoracic spines.
2. **Insertion (निवेश)**–Upper ribs. (2, 3, 4th)
3. **Nerve supply (नाड़ी प्रदान)**– Intercostal nerve.
4. **Action (कार्य)**– • Elevation rib. • Lateral rotation.
   • Inspiratory muscles.

(2) Serratus posterior inferior– (दन्तुरिका पश्चाधरा पेशी)

Deep to the latissimus dorsi and superficial to the thoraco-lumbar fascia.

1. **Origin (उद्गम)**– • Upper lumbar and
• Lower thoracic spines.

2. **Insertion (निवेश)**– Lower ribs. (9-10-11-12th)

3. **Nerve supply (नाड़ी प्रदान)**– Intercostal nerve.

4. **Action (कार्य)**– • Elevation rib. • Lateral rotation.
• Expiratory muscles.

(3) Levatores costarum– (पर्शुका उन्नमनिका पेशियाँ)

They are twelve small pairs placed on either side of the back of the thorax just lateral to the vertebral column.

1. **Origin (उद्गम)**– • Each muscles arises from the tip of transverse process of C_7 and T_1-T_{11} vertebrae. [The highest from C_7 and lowest from T_{11}]

2. **Insertion (निवेश)**–
   - The fibres pass downward and laterally to be inserted into **rib** next **below.**
   - [The highest muscles is inserted into the first rib and lowest into the twelth rib.
   - The attachment on the rib is on the upper border and posterior surface B/w the tubercle and the angle.]

3. **Nerve supply (नाड़ी प्रदान)**– Posterior rami of thoracic spinal nerves.

4. **Action (कार्य)**– • Elevation rib. • Lateral rotation.
• Inspiratory muscles.

(3) Muscles form a partition B/w the cavities of the thorax and abdomen

(1) Diaphragm– (मध्यच्छदा पेशी)

Dia **Phragma** • It is most important muscle of respiration.
↓ ↓
Across wall

1. **Origin (उद्गम)**– • Diaphragm has a more or less circular origin from thoracic outlet.

• Three part origin–

1. Sternal part– Xiphoid process.
2. Costal part– Lower six ribs and their costal cartilages.
3. Vertebral part– First three lumbar vertebrae (L_1-L_3)

2. Insertion (निवेश)– • Central tendon.
• Which is located just below the pericardium and heart.

3. Nerve supply (नाड़ी प्रदान)– Phrenic nerve.

4. Action (कार्य)– • Chief muscle of respiration.
• Diaphragm helps to increase intraabdominal pressure during act like urination, defaecation, vomiting, sneezing, laughing etc.
• Weight lifting.

✶ Apertures in the diaphragm–

• Many structures passing from thorax to abdomen (or vice versa)

• Three large apertures.

• One each for the– • Aorta– T_{12}
• Esophagus– T_{10}
• Inferior vena cava– T_8 (I.V.C.)

A	E	I
T_{12}	T_{10}	T_8

(5) Muscles of the pelvic region (श्रोणिगुहा की पेशियाँ)

• The muscles of the pelvic floor, together with the fasciae covering their external and internal surfaces, are referred to as the pelvic diaphragm. The diaphragm is funnel-shaped and forms the floor of the abdomino pelvic cavity. It is pierced by the canal and urethra in both sexes and also by the vagina in the female.

(I) Muscles of the pelvic floor

1. **Levator ani**– गुद उन्नमनिका पेशी
2. **Coccygeus**– अनुत्रिका पेशी
3. **External anal sphinctor**– गुद संकोचनी बहिस्था पेशी

(1) Levator Ani– (गुद उन्नमनिका पेशी) This muscle is divisible into two parts.

Levator ↓ Raises, Ani ↓ Anus

(A) The **pubococcygeus muscle.**

(B) The **iliococcygeus muscle.**

(A) Pubococcygeus– (जघन अनुत्रिकीय पेशी)

Pubococcygeus ↓ Pubis, Coccygeus ↓ Coccyx

1. **Origin (उद्‌गम)**– Pubis

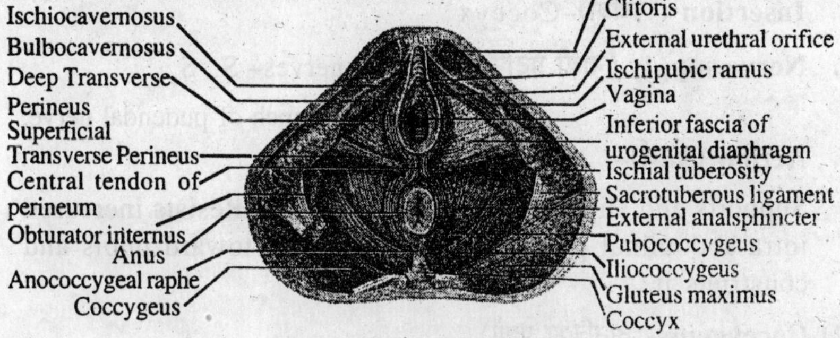

Fig. : 10.79 Muscles of the Female Perineum

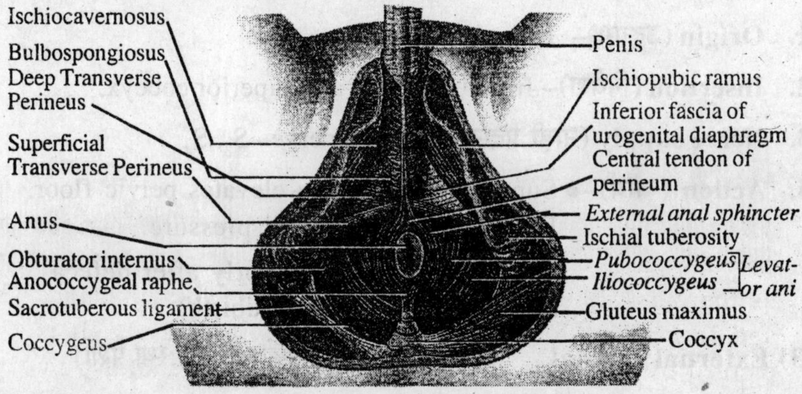

Fig. : 10.80 Muscles of the Male Perineum

2. **Insertion (निवेश)**– • Coccyx • Central tendon of perineum.
• Urethra • Ano coccygeal raphe
• Anal canal

3. **Nerve supply (नाड़ी प्रदान)**– • Sacral nerves– S3, S4
• Perineal branch of pudendal nerve.

4. **Action (कार्य)**– Supports and slightly elevates pelvic floor.
Resists increased intra-abdominal pressure.
And draws anus toward pubis and constricts it.

(B) Ilio coccygeus– (जघन अनुत्रिकीय पेशी)
↓ ↓
Ilium Coccyx

1. **Origin (उद्गम)**– Ischial spine
2. **Insertion (निवेश)**–Coccyx
3. **Nerve supply (नाड़ी प्रदान)**– • Sacral nerves– S_3, S_4
• Perineal branch of pudendal nerve.
4. **Action (कार्य)**–

- Supports and slightly elevates pelvic floor. Resists increased intra-abdominal pressure and draws anus toward pubis and constricts it.

(2) Coccygeus– (अनुत्रिका पेशी)
↓
Coccyx

1. **Origin (उद्गम)**– Ischial spine
2. **Insertion (निवेश)**– Inferior sacrum and superior coccyx.
3. **Nerve supply (नाड़ी प्रदान)**– Sacral nerve– S_3, S_4
4. **Action (कार्य)**– • Supports and slightly elevates pelvic floor.
Resists intra-abdominal pressure.
And pulls coccyx anteriorly after defeca tion or parturition. (childbirth)

(3) External Anal Sphincter– (गुद संकोचनी बहि:स्था पेशी)
↓ ↓ ↓
Outer Anus Constricts

1. **Origin (उद्गम)**– Anococcygeal raphe.

2. **Insertion (निवेश)**–Central tendon of perineum.

3. **Nerve supply (नाड़ी प्रदान)**– •Sacral nerve– S_4
   •Inferior rectal branch of pudendal nerve.

4. **Action (कार्य)**– Keeps anal canal and orifice closed.

(II) Muscles of the Perineum

- The perineum is the entire outlet of the pelvis. It is a diamond shaped area at the inferior end of the trunk B/w the thighs and buttocks.
- It is bounded – Anteriorly–by the pubic symphysis.
  – Laterally– by the ischial tuberosities.
  – Posterioly–by the coccyx.
- A transverse line drawn B/w the ischial tuberosities divides the perineum into an **anterior urogenital triangle** that contains the external genitals.
- A posterior anal triangle that contains the anus.
- The deep transverse perineus muscle, the urethral sphincter and a fibrous membrane constitute the **urogenital diaphragm.**

★ **Male and female urogenital muscles–**

1. Bulbospongiosus– कन्दीय स्पंजी पेशी
2. Ischio cavernosus– शिश्न प्रहर्षिणी या भगशिश्निका उत्तेजक पेशी
3. Sphinctor urethrae– मूत्रपथ संकोचनी पेशी
4. Superficial transverse perineal muscle– मूल अनुप्रस्थिका उपरिस्था पेशी
5. Deep transverse perineal muscle– मूल अनुप्रस्थिका गम्भीरा पेशी

(1) Bulbo Spongiosus– (कन्दीय स्पंजी पेशी)

Bulbo ↓ Bulb; Spongiosus ↓ Sponge

1. **Origin (उद्गम)**– Central tendon of perineum.

2. **Insertion (निवेश)**– ★• Inferior fascia of urogenital diaphragm.

- Corpus spongiosum of penis.
- Deep fascia on dorsum of penis in male.
- ✶ Pubic arch and root.
- Dorsum in clitoris in female.

3. **Nerve supply (नाड़ी प्रदान)**– Perineal branch of pudendal nerve.
4. **Action (कार्य)**– ✶ Compresses urethra and assists in erection of penis.
   ✶ Sphincter of vagina and assists in erection of clitoris.

(2) Ischio Cavernosus– (शिश्न प्रहर्षिणी या भगशिश्निका उत्तेजक पेशी)

Ischio ↓ Bulb; Cavernosus ↓ Hollow place

1. **Origin (उद्गम)**– Ischial tuberosity.
2. **Insertion (निवेश)**– ✶Corpus cavernosum of penis in male.
   ✶Clitoris in female.
3. **Nerve supply (नाड़ी प्रदान)**– Perineal branch of pudendal nerve.
4. **Action (कार्य)**– Maintains erection of penis in male and clitoris in female.

(3) Sphincter Urethrae– (मूत्रपथ संकोचनी पेशी)

Sphincter ↓ Circular muscle that decreases size of an opening; Urethrae ↓ Urethra

1. **Origin (उद्गम)**– Ischial and pubic rami (Pubic arch)
2. **Insertion (निवेश)**– Surrounds urethra.
3. **Nerve supply (नाड़ी प्रदान)**–Perineal branch of pudendal nerve.
4. **Action (कार्य)**– Helps expel last drops of urine and semen in male and urine in female.

(4) Superficial transverse perineal muscle– (मूल अनुप्रस्थिका उपरिस्था पेशी)

1. **Origin (उद्गम)**– Ischial tuberosity.

2. **Insertion (निवेश)**–Central tendon of perineum.
(Fibromuscular tissue in the midline B/w anus and vagina in female and anus and bulb of penis in male.)
3. **Nerve supply (नाड़ी प्रदान)**–Perineal branch of pudendal nerve.
4. **Action (कार्य)**– Helps to stabilize the central tendon of the perineum.

(5) Deep transverse perineal muscle– (मूल अनुप्रस्थिका गम्भीरा पेशी)

1. **Origin (उद्गम)**– Ischial ramus.
2. **Insertion (निवेश)**–Central tendon of perineum.
3. **Nerve supply (नाड़ी प्रदान)**–Perineal branch of pudendal nerve.
4. **Action (कार्य)**– Helps to stabilize the central tendon of the perineum.

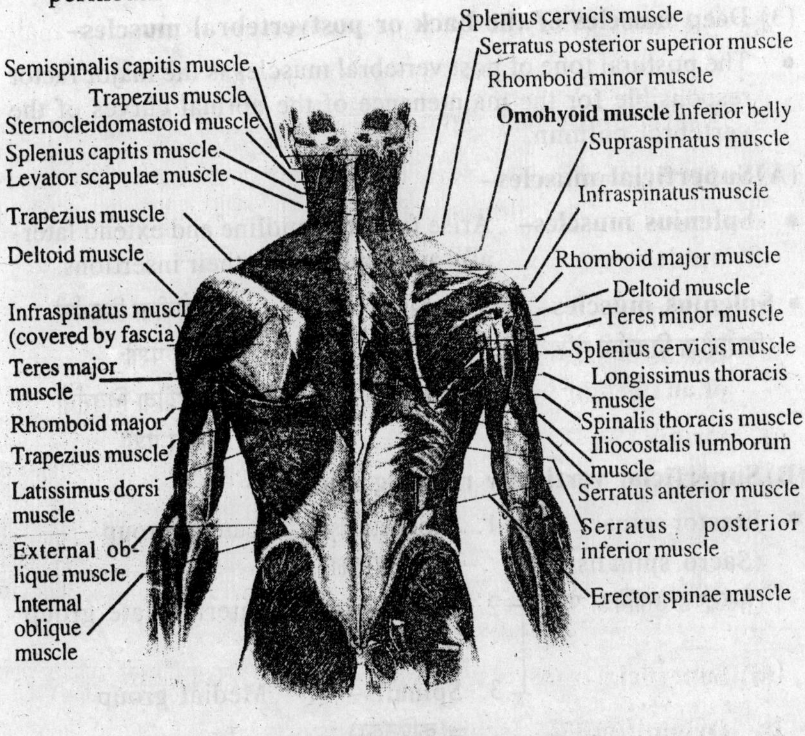

Fig. : 10.81 Muscles of the Back Region

6. Muscles of the back region (पृष्ठ की पेशियाँ)

1. The superficial muscles– Associated with the shoulder girdle.
2. The intermediate muscle– Involved with respiration.
3. The deep muscles– Belonging to the vertebral column.

(1) Superficial muscles–

- The superficial muscles belong to the upper limb and are the–
  1. Trapezius
  2. Latissimus dorsi
  3. Levator scapulae
  4. Rhomboideus minor
  5. Rhomboideus major

(2) Intermediate muscles–

- The intermediate muscles are associated with respiration and are the–
  1. Serratus posterior superior
  2. Serratus posterior inferior
  3. Levatores costarum

(3) Deep muscles of the back or postvertebral muscles–

- The postural tone of post vertebral muscles is the major factor responsible for the maintenance of the normal curves of the vertebral column.

(A) Superficial muscles–

- **Splenius muscles–** Arise from the midline and extend laterally and superioly to their insertions.

- **Splenius muscles–** (शिरोग्रीवा विवर्त्तनी पेशियाँ)
  1. Splenius capitis– शिरोग्रीवा विवर्त्तनी उत्तरा पेशी
  2. Splenius cervicis– शिरोग्रीवा विवर्त्तनी अधरा पेशी

(B) Superficial vertically running muscles–

✶ Erector spinae (Sacro spinalis) (मेरूदण्ड उत्तानिका पेशी)
1. Iliocostalis– =(जघनपर्शुका) — Lateral group
2. Longissimus– =(पृष्ठदण्डिका) — Intermediate group
3. Spinalis– =(कण्टिका) — Medial group

1. Ilio costalis– (जघनपर्शुका)–
   - 1. Iliocostalis cervicis– जघनपर्शुका ग्रैविका
   - 2. Iliocostalis thoracis– जघनपर्शुका वक्षिका
   - 3. Iliocostalis lumborum–जघनपर्शुका कटिच्छदा

2. Longissimus (पृष्ठदण्डिका)–
   - 1. Longissimus capitis– शिरोपृष्ठ दण्डिका
   - 2. Longissimus cervicis– ग्रैवपृष्ठ दण्डिका
   - 3. Longissimus thoracis–उर: पृष्ठदण्डिका

3. Spinalis (कण्टिका)–
   - 1. Spinalis capitis– शिरोकण्टिका
   - 2. Spinalis cervicis– ग्रीवा कण्टिका
   - 3. Spinalis thoracis– उर: कण्टिका

(C) Intermediate oblique running muscles–

✶ Transverso spinalis (अनुप्रस्थ कण्टिका पेशी)
   - 1. Semispinalis– अर्धकण्टिका पेशी
   - 2. Multifidus– बहुशाखिका पेशी
   - 3. Rotatores– विवर्तिका पेशी

1. Semi spinalis (अर्धकण्टिका पेशी)–
   - 1. Semispinalis capitis– शिरोपृष्ठ दण्डिका
   - 2. Semispinalis cervicis–ग्रैवपृष्ठ दण्डिका
   - 3. Semispinalis thoracis–उर: पृष्ठदण्डिका

2. Multifidus– बहुशाखिका पेशी

3. Rotatores– विवर्त्तिका पेशियाँ

(D) Deepest muscles

✶ Segmental (खण्डिय पेशी)
   - 1. Interspinalis– कण्टकान्तरिया पेशियाँ
   - 2. Inter transversarii– अनुप्रस्थकान्तरीया पेशियाँ

(E) Scalene muscles– पर्शुकाकर्षिणी पेशियाँ

1. Anterior scalene– अग्रिमा पर्शुकाकर्षिणी पेशी
2. Middle scalene– मध्यमा पर्शुकाकर्षिणी पेशी
3. Posterior scalene– पश्चिमा पर्शुकाकर्षिणी पेशी

(A) Superficial muscles

✶ Splenius muscles– (शिरोग्रीवा विवर्त्तनी पेशियाँ)

(1) Splenius Capitis– (शिरोग्रीवा विवर्त्तनी उत्तरा पेशी)

Splenius ↓ Splenium ↓ Bandage

Capitis ↓ Caput ↓ Head

1. **Origin (उद्गम)**–
   - Ligamentum nuchae.
   - Spinous processes of seventh cervical vertebra.
   - First three or four thoracic vertebrae. (T_1-T_4)
2. **Insertion (निवेश)**–
   - Occipital bone.
   - Mastoid process of temporal bone.
3. **Nerve supply (नाड़ी प्रदान)**– Dorsal rami of middle cervical nerves.
4. **Action (कार्य)**– Extension– Head and neck.

(2) Splenius Cervicis– (शिरोग्रीवा विवर्त्तनी अधरा पेशी)

Splenius ↓ Splenium ↓ Bandage

Cervicis ↓ Cervix ↓ Neck

1. **Origin (उद्गम)**– Spinous processess of third to sixth thoracic vertebrae. (T_3-T_4-T_5-T_6)
2. **Insertion (निवेश)**– Transverse processes of first two or four cervical vertebrae. (C_1-C_2 or C_1-C_2-C_3-C_4)
3. **Nerve supply (नाड़ी प्रदान)**– Dorsal rami of lower cervical nerves.
4. **Action (कार्य)**– Extends cervical region of vertebral column.

(B) Superficial vertically running muscles–

★ **Erector spinae or sacrospinalis**– (मेरूदण्ड उत्तानिका पेशी)

This is the largest mass of the back and consist of three group of muscles.

(1) Iliocostalis (Lateral group)– (जघनपर्शुका)

(A) Iliocostalis cervicis– (जघनपर्शुका ग्रैविका)

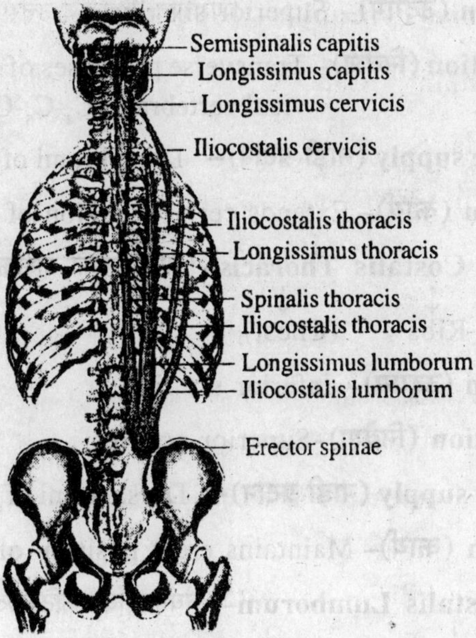

Fig. : 10.82 Muscles of the Vertebral Column- Lateral View

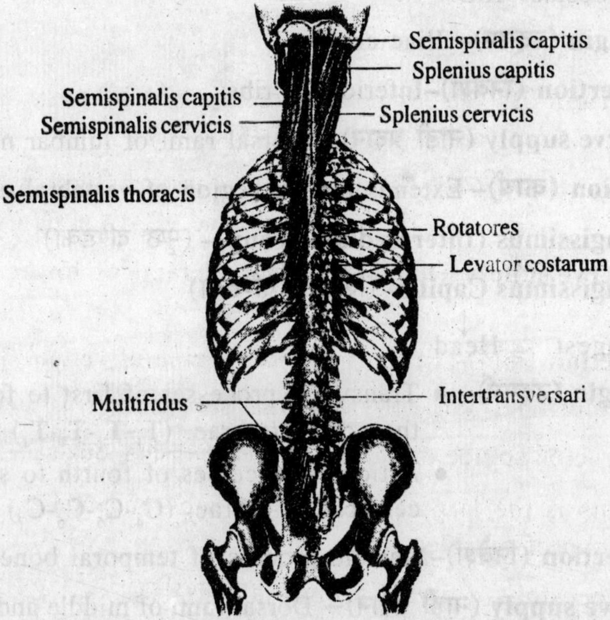

Fig. : 10.83 Muscles of the Vertebral Column- Posterior View

1. **Origin (उद्गम)**– Superior six ribs.
2. **Insertion (निवेश)**– Transverse processes of fourth to sixth cervical vertebrae. (C_4-C_5-C_6)
3. **Nerve supply (नाड़ी प्रदान)**– Dorsal rami of cervical nerves.
4. **Action (कार्य)**– Extends cervical region of vertebral column.

(B) Ilio Costalis Thoracis– (जघनपर्शुका वक्षिका)

↓ ↓ ↓

Ilium Ribs (Chest)

1. **Origin (उद्गम)**– Inferior six ribs.
2. **Insertion (निवेश)**–Superior six ribs.
3. **Nerve supply (नाड़ी प्रदान)**– Dorsal rami of thoracic nerves.
4. **Action (कार्य)**– Maintains erect position of spine.

(C) Iliocostalis Lumborum– (जघनपर्शुका कटिच्छदा)

↓ ↓

- Ilium=Flank Lumbar
- Costae= Rib

1. **Origin (उद्गम)**– Iliac crest.
2. **Insertion (निवेश)**–Inferior six ribs.
3. **Nerve supply (नाड़ी प्रदान)**– Dorsal rami of lumbar nerves.
4. **Action (कार्य)**– Extends lumbar region of vertebral column.

(2) Longissimus (Intermediate group)– (पृष्ठ दण्डिका)

(A) Longissimus Capitis– (शिरोपृष्ठ दण्डिका)

↓ ↓

Longest Head

1. **Origin (उद्गम)**–
   - Transverse processes of first to fourth thoracic vertebrae. (T_1-T_2-T_3-T_4)
   - Articular processes of fourth to seventh cervical vertebrae. (C_4-C_5-C_6-C_7)
2. **Insertion (निवेश)**–Mastoid process of temporal bone.
3. **Nerve supply (नाड़ी प्रदान)**– Dorsal rami of middle and lower cervical nerves.

4. **Action (कार्य)**– Extension–Head.

(B) Longissimus Cervicis– (ग्रैवपृष्ठ दण्डिका)
↓ ↓
Longest Neck

1. **Origin (उद्गम)**– Transverse processes of fourth and fifth thoracic vertebrae. (T_4-T_5)
2. **Insertion (निवेश)**–Transverse processes of second to sixth cervical vertebrae. (C_2-C_3-C_4-C_5-C_6)
3. **Nerve supply (नाड़ी प्रदान)**– Dorsal rami of spinal nerves.
4. **Action (कार्य)**– Extension–Cervical region of vertebral column.

(C) Longissimus Thoracis– (उर:पृष्ठ दण्डिका)
↓ ↓
Longest Chest

1. **Origin (उद्गम)**– Transverse processes of lumbar vertebrae.
2. **Insertion (निवेश)**– • Transverse processes of all thoracic vertebrae. (T_1-T_{12})
   • Upper lumbar vertebrae.
3. **Nerve supply (नाड़ी प्रदान)**– Dorsal rami of spinal nerves.
4. **Action (कार्य)**–Extension–Thoracic region of vertebral column.

(3) Spinalis (Medial group)– (कण्टिका पेशी)
↓
(Vertebral column)

(A) Spinalis Capitis– (शिरोकण्टिका)
↓ ↓
(Vertebral column) (Head)

1. **Origin (उद्गम)**– Semispinalis capitis muscles..
2. **Insertion (निवेश)**–Semispinalis capitis muscles.
3. **Nerve supply (नाड़ी प्रदान)**– Dorsal rami of spinal nerves.
4. **Action (कार्य)**– Extension–Vertebral column.

(B) Spinalis Cervicis– (ग्रीवा कण्टिका)
↓ ↓
(Vertebral column) (Head)

1. **Origin (उद्गम)–**• Ligamentum nuchae.
   • Spinous process of seventh cervical vertebra.
2. **Insertion (निवेश)–**Spinous process of second cervical vertebra (Axis-C_2).
3. **Nerve supply (नाड़ी प्रदान)–** Dorsal rami of spinal nerves.
4. **Action (कार्य)–** Extension–Vertebral column.

(C) Spinalis Thoracis– (उर:कण्टिका)
↓ (Vertebral column) ↓ (Chest)

1. **Origin (उद्गम)–**• Spinous processes of lower thoracic vertebrae.
   • Spinous processes of upper lumbar vertebrae.
2. **Insertion (निवेश)–**Spinous processes of upper thoracic vertebrae.
3. **Nerve supply (नाड़ी प्रदान)–** Dorsal rami of spinal nerves.
4. **Action (कार्य)–** Extension–Vertebral column.

(C) Intermediate oblique running muscles

★ **Transversospinalis–** (अनुप्रस्थ कण्टिका पेशी)

(1) Semispinalis– (अर्ध कण्टिका पेशी)–

(A) Semispinalis capitis– (शिरो अर्धकण्टिका पेशी)

1. **Origin (उद्गम)–** • Articular processes of fourth, fifth and sixth cervical vertebrae (C_4-C_5-C_6)
   • Transverse process of seventh cervical vertebra (C_7)
   • Transverse processes of first six or seven thoracic vertebrae. (T_1-T_2-T_3-T_4-T_5-T_6-T_7)
2. **Insertion (निवेश)–**Occipital bone.
3. **Nerve supply (नाड़ी प्रदान)–** Dorsal rami of cervical nerves.
4. **Action (कार्य)–** • Extension– Vertebral column.
   • **Rotation– Opposite side.**

(B) Semispinalis cervicis– (ग्रीवा अर्धकण्टिका पेशी)

1. **Origin (उद्गम)–** Transverse processes of upper five or six thoracic vertebrae. (T_1-T_2-T_3-T_4-T_5-T_6)
2. **Insertion (निवेश)–**Spinous processes of first to fifth cervical vertebre. (T_1-T_2-T_3-T_4-T_5)
3. **Nerve supply (नाड़ी प्रदान)–** Dorsal rami of cervical and thoracic spinal nerves.
4. **Action (कार्य)–** • Extension– Vertebral column.
   • Rotation– Opposite side.

(C) Semispinalis thoracis– (उर: अर्धकण्टिका पेशी)

1. **Origin (उद्गम)–** Transverse processes of sixth to tenth thoracic vertebrae (T_6-T_7-T_8-T_9-T_{10})
2. **Insertion (निवेश)–** • Spinous processes of sixth and seventh cervical vertebrae. (T_6-T_7)
   • Spinous processes of upper four thoracic vertebrae. (T_1-T_2-T_3-T_4)
3. **Nerve supply (नाड़ी प्रदान)–** Dorsal rami of cervical and thoracic spinal nerves.
4. **Action (कार्य)–** • Extension– Vertebral column.
   • Rotation– Opposite side.

(2) Multifidus– (बहुशाखिका पेशी)

1. **Origin (उद्गम)–** • Transverse processes of lower four cervical vertebrae. (C_4-C_5-C_6-C_7)
   • Transverse processes of thoracic vertebrae. (T_1-T_{12})
   • Transverse processes of lumbar vertebrae. (L_1-L_5)
   • Sacrum
   • Ilium
2. **Insertion (निवेश)–**Spinous processes of a more superior vertebrae.

3. **Nerve supply (नाड़ी प्रदान)–** Dorsal rami of spinal nerves.

4. **Action (कार्य)–** • Extension– Vertebral column.
 • Rotation– Opposite side.

(3) Rotatores– विवर्त्तिका पेशियाँ

1. **Origin (उद्गम)–** Transverse processes of all vertebrae.

2. **Insertion (निवेश)–**Spinous process of vertebra superior to the one of origin.

3. **Nerve supply (नाड़ी प्रदान)–** Dorsal rami of spinal nerves.

4. **Action (कार्य)–** • Extension– Vertebral column.
 • Rotation– Opposite side.

(D) Deepest muscles

✶ **Segmental–** (खण्डीय पेशी)

(1) Inerspinalis– (कण्टकान्तरिया पेशियाँ)–

1. **Origin (उद्गम)–** Superior surface of all spinous processes.

2. **Insertion (निवेश)–**Inferior surface of spinous processes of vertebrae superior to the one of origin.

3. **Nerve supply (नाड़ी प्रदान)–** Dorsal rami of spinal nerves.

4. **Action (कार्य)–** Extension– Vertebral column.

(2) Intertransversarii– (अनुप्रस्थकान्तरीया पेशियाँ)–

1. **Origin (उद्गम)–** Transverse processes of all vertebrae.

2. **Insertion (निवेश)–**Transverse processes of vertebrae superior to the one of origin.

3. **Nerve supply (नाड़ी प्रदान)–** Dorsal and ventral rami of spinal nerves.

4. **Action (कार्य)–** Lateral flexes vertebral column.

(E) Scalene muscles (पर्शुका कर्षिणी पेशियाँ)

(1) Anterior scalene– (अग्रिमा पर्शुका कर्षिणी पेशी)–

1. **Origin (उद्गम)–** Transverse processes of third to sixth cervical vertebrae. (C_3-C_4-C_5-C_6)

2. **Insertion (निवेश)**–First rib.

3. **Nerve supply (नाड़ी प्रदान)**– Ventral rami of fifth and sixth cervical nerves.

4. **Action (कार्य)**– Flexes and rotates neck and assists in inspiration.

(2) Middle scalene– (मध्यमा पर्शुका कर्षिणी पेशी)–

1. **Origin (उद्गम)**– Transverse processes of inferior six cervical vertebrae. (C_2-C_3-C_4-C_5-C_6-C_7)

2. **Insertion (निवेश)**– First rib.

3. **Nerve supply (नाड़ी प्रदान)**– Ventral rami of third to eighth cervical nerves.

4. **Action (कार्य)**–Flexes and rotates neck and assists in inspiration.

(3) Posterior scalene– (पश्चिमा पर्शुका कर्षिणी पेशी)–

1. **Origin (उद्गम)**– Transverse processes of fourth to sixth cervical vertebrae. (C_4-C_5-C_6)

2. **Insertion (निवेश)**–Second rib.

3. **Nerve supply (नाड़ी प्रदान)**– Ventral rami of sixth to eighth cervical nerves.

4. **Action (कार्य)**– Flexes and rotates neck and assists in inspiration.

7. Muscles of head and neck (शिर और ग्रीवा की पेशियाँ)

1. Muscles of facial expression.
2. Muscles of mastication or muscles that move the mandible. (Lower jaw)
3. Muscles of the eyeball and eyelids.
4. Muscles of the middle ear.
5. Muscles of the tongue.
6. Muscles of the soft palate.
7. Muscles of the pharynx.
8. Muscles of the floor of the oral cavity or suprahyoid muscles.

9. Muscles of the larynx.
10. Muscle that move the head.

1. Muscles of facial expression–

(1) Occipito frontalis– पश्चकपाल-ललाटिका पेशी

(2) Corrugator supercilli– भ्रू संकोचनी पेशी

(3) Compressor nasi– नासा सम्पीडनी पेशी

(4) Dilator naris– नासा विस्फारिका पेशी

(5) Procerus– भ्रू नमनिका पेशी

(6) Orbicularis oris– वक्त्र मण्डलिका पेशी

(7) Levator labii superioris– ऊर्ध्वोष्ठ-उन्नमनिका पेशी

(8) Zygomaticus minor– सृक्कोत्कर्षिणी लघ्वी पेशी

(9) Zygo maticus major– सृक्कोत्कर्षिणी बृहती पेशी

(10) Levator anguli oris– सृक्क-उन्नमनिका पेशी

(11) Risorius– सृक्क-अपकर्षिणी पेशी

(12) Depressor anguli oris– सृक्क नमनिका पेशी

(13) Depressor labii inferioris– अध: ओष्ठनमनिका पेशी

(14) Mentalis– अधरा-उन्नमनिका पेशी

(15) Buccinator– कपोलिका पेशी

(16) Platysma– गलपार्श्वाच्छदा पेशी

2. Muscles of mastication or muscles that move the mandible (Lower jaw)

(1) Masseter– चर्वणिका पेशी

(2) Temporalis– शंखच्छदिका पेशी

(3) Lateral pterygoid– पक्षाभिका बहि:स्था पेशी

(4) Medial pterygoid– पक्षाभिका अन्त:स्था पेशी

3. Muscles of the eyeball and eyelids

(A) Extrinsic muscles of eyeball or striated skeletal muscles -

1. Superior rectus– ऊर्ध्व समा पेशी

2. Inferior rectus– निम्न समा पेशी

3. Medial rectus– अभिमध्य समा पेशी

4. Lateral rectus– पार्श्व समा पेशी

5. Superior oblique– ऊर्ध्व तिर्यकिका पेशी

6. Inferior oblique– निम्न तिर्यकिका पेशी

(B) Intrinsic muscles of eye ball or smooth muscles–

1. Sphincter pupillae of iris– कनीनिका संकोचनी पेशी

2. Dilator pupillae of iris– कनीनिका प्रसारिणी पेशी

3. Ciliary muscle– रोमिका पेशी

(C) Muscles of eyelids–

1. Orbicularis oculi– नेत्रमण्डलिका पेशी

2. Levator palpebrae superioris– ऊर्ध्ववर्त्म उन्नमिका पेशी

4. Muscles of the middle ear

(1) Tensor tympani– मध्यकर्ण तानिका पेशी या टेन्सर टिम्पेनी पेशी

(2) Stapedius– धरणिका पेशी या स्टेपीडियस पेशी

5. Muscles of tongue

(A) Intrinsic muscles–

1. Superior longitudinal– ऊर्ध्व अनुदैर्ध्य जिह्विका पेशी

2. Inferior longitudinal– अध: अनुदैर्ध्य जिह्विका पेशी

3. Transverse– अनुप्रस्थ जिह्विका पेशी

4. Vertical– अनुलम्ब जिह्विका पेशी

(B) Extrinsic muscles–

1. Genioglossus– चिबुक जिह्विका पेशी

2. Hyoglossus– कण्ठ जिह्विका पेशी

3. Styloglossus– शर जिह्विका पेशी

4. Palatoglossus– तालु जिह्विका पेशी

6. Muscles of the soft palate

(1) Tensor palati (Tensor veli palatini)– तालु तानिका पेशी

(2) Levator palati (Levator veli palatini)– तालु उन्नमनिका पेशी

(3) Musculus uvulae– काकलिका पेशी

7. Muscles of the pharynx

(1) Superior constrictor– ग्रसनी संकीर्णिका उत्तरा पेशी

(2) Middle constrictor– ग्रसनी संकीर्णिका मध्यमा पेशी

(3) Inferior constrictor– ग्रसनी संकीर्णिका अधरा पेशी

(4) Crico pharyngeus– मुद्रिका ग्रसनिका पेशी

(5) Stylo pharyngeus– शर ग्रसनिका पेशी

(6) Salpingo pharyngeus– तूर्य ग्रसनिका पेशी

(7) Palato pharyngeus– तालु ग्रसनिका पेशी

8. Muscles of the floor of the oral cavity or suprahyoid muscles–

(1) Digastric– द्विपिण्डिका पेशी

(2) Stylohyoid– शर कण्ठिका पेशी

(3) Mylohyoid– उत्तान चिबुक कण्ठिका पेशी

(4) Geniohyoid– गम्भीर चिबुक कण्ठिका पेशी

9. Muscles of the larynx

(A) Extrinsic muscles of the larynx or infra hyoid muscles–

1. Omohyoid– अंसकण्ठिका पेशी
2. Sternohyoid– उर: कण्ठिका पेशी
3. Sternothyroid– उर: अवटुका पेशी
4. Thyrohyoid– अवटु कण्ठिका पेशी

(B) Intrinsic muscles of the larynx–

1. Crico thyroid– मुद्रिका अवटु पेशी
2. Posterior cricoarytenoid– पश्चमुद्रिका दर्वी कल्पिका पेशी
3. Lateral cricoarytenoid– पार्श्विक मुद्रिका दर्वी कल्पिका पेशी
4. Oblique arytenoid– तिर्यक् दर्वी कल्पिका पेशी
5. Transverse arytenoid– अनुप्रस्थ दर्वी कल्पिका पेशी

6. Thyro arytenoid (Vocalis)– अवटु दर्वी कल्पिका पेशी

7. Thyro epiglottic– अवटु कण्ठच्छदिका पेशी

8. Ary-epiglotticus– दर्वी कण्ठच्छदिका पेशी

10. Muscles that move the head

(1) Sternocleidomastoid– उर: जत्रुक कर्णमूलिका पेशी

(2) Semispinalis capitis– शिरो अर्धकण्टिका पेशी

(3) Splenius capitis– शिरोग्रीवा विवर्त्तनी पेशी

(4) Longissimus capitis– शिरोपृष्ठ दण्डिका

(1) Muscles of facial expression

✶ • The muscles in this group provide humans with the ability to express a wide variety of emotions, including surprise, fear and happines.

• The muscles themselves lie within the layers of superficial fascia.

• They usually **originate in the fascia or bones of the skull and insert into the skin.** Because of their insertions, the muscles of facial expression move the skin rathar than a joint when they contract.

✶ **Epi cranius**– This muscles is divisible into two portions.
↓ ↓ The frontalis over the frontal bone and the
Over Skull occipitalis over the occipital bone. The two muscles are united by a strong aponeurosis, the galea aponeurotica or epicranial aponeurosis, which covers the superior and lateral surface of the skull.

(1) Occipito frontalis– (पश्चकपाल-ललाटिका पेशी)–

(A) Occipitalis– (पश्चकपालिका पेशी)–

(B) Frontalis– (ललाटिका पेशी)–

(A) Occipitalis (पश्चकपालिका पेशी)
↓
Base of skull

1. **Origin (उद्गम)**– • Highest nuchal line of occipital bone.
• Mastoid process of temporal bone.

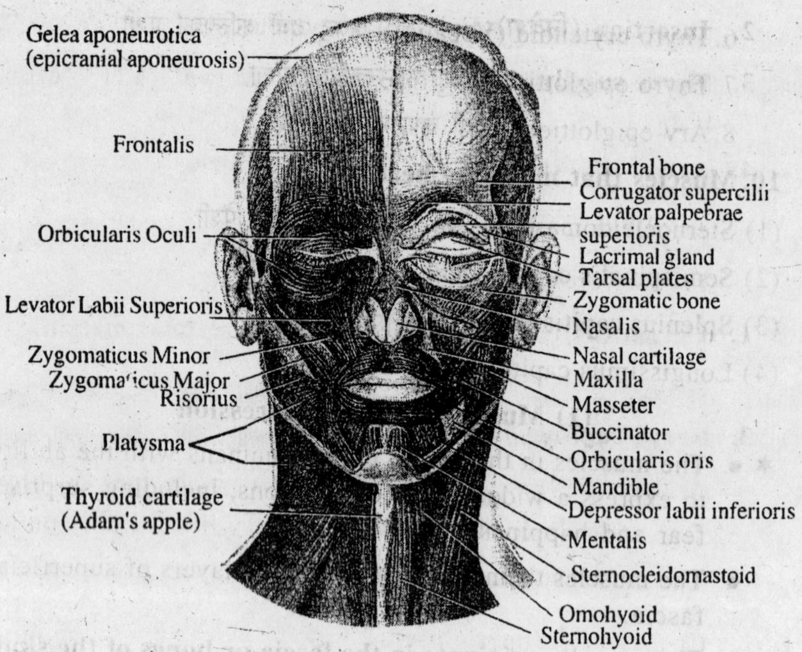

Fig. : 10.84 Muscles of the Facial Expression (Anterior Superficial and deep view)

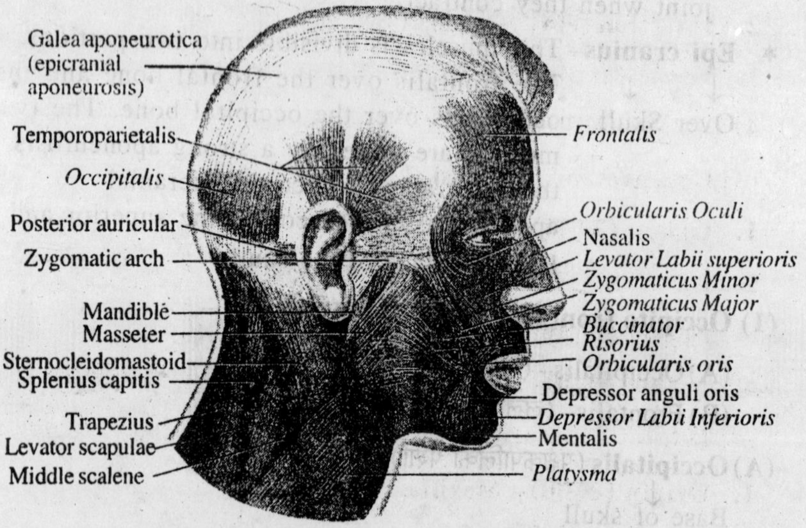

Fig. : 10.85 Muscles of the Facial Expression (Lateral Superficial view)

2. **Insertion (निवेश)**–Epicranial aponeurosis

3. **Nerve supply (नाड़ी प्रदान)**– Facial nerve (VIIth cranial nerve)

4. **Action (कार्य)**– • Draws scalp posteriorly.

(B) Frontalis (ललाटिका पेशी)

↓

Front– forehead • Muscle of surprise.

1. **Origin (उद्गम)**– Skin superior to supraorbital margin.

2. **Insertion (निवेश)**– Epicranial aponeurosis.

3. **Nerve supply (नाड़ी प्रदान)**– Facial nerve.

4. **Action (कार्य)**– • Draws scalp anteriorly, elevates eyebrows, and wrinkles skin of forehead horizontally.

(2) CorrugatorSupercilli– (भ्रू-संकोचनी पेशी)

↓ ↓

Corrugo– wrinkle Supercilium– eyebrow

1. **Origin (उद्गम)**– Superciliary arch of frontal bone.

2. **Insertion (निवेश)**– Skin of eyebrow.

3. **Nerve supply (नाड़ी प्रदान)**– Facial nerve.

4. **Action (कार्य)**– Draws eyebrow inferiorly as in frowning.

(3) Compressor nasi– (नासा सम्पीडनी पेशी)

1. **Origin (उद्गम)**– Frontal process of maxilla.

2. **Insertion (निवेश)**– Aponeurosis of bridge of nose.

3. **Nerve supply (नाड़ी प्रदान)**– Facial nerve.

4. **Action (कार्य)**– Compresses mobile nasal cartilage.

(4) Dilator naris (नासा विस्फारिका पेशी)– • Muscle of anger.

1. **Origin (उद्गम)**– Maxilla

2. **Insertion (निवेश)**–Ala of nose.

3. **Nerve supply (नाड़ी प्रदान)**– Facial nerve.

4. **Action (कार्य)**– Widens nasal aperture.

(5) Procerus– (भ्रू-नमनिका पेशी)

1. **Origin (उद्गम)**– Nasal bone.
2. **Insertion (निवेश)**– Skin B/w eyebrows.
3. **Nerve supply (नाड़ी प्रदान)**– Facial nerve.
4. **Action (कार्य)**– Wrinkles skin of nose.

(6) Orbicularis oris– (वक्त्र मण्डलिका पेशी)

Orbicularis ↓ Orb– circular; oris ↓ mouth

1. **Origin (उद्गम)**– Muscle fibres surrounding opening of mouth. (maxilla, mandible and skin).
2. **Insertion (निवेश)**–Skin at corner of mouth.
3. **Nerve supply (नाड़ी प्रदान)**– Facial nerve.
4. **Action (कार्य)**–
   - Closes lips.
   - Compresses lips against teeth.
   - Protrudes lips.
   - Shapes lips during speech.

(7) Levator Labii Superioris– (ऊर्ध्व ओष्ठ उन्नमनिका पेशी)

Levator ↓ Raises or elevates; Labii ↓ Lip; Superioris ↓ Upper • Muscle of sodness.

1. **Origin (उद्गम)**– Superior to infraorbital foramen of maxilla.
2. **Insertion (निवेश)**– Skin at angle of mouth and orbicularis oris.
3. **Nerve supply (नाड़ी प्रदान)**– Facial nerve.
4. **Action (कार्य)**– Elevates upper lip.

(8) Zygomaticus Minor– (सृक्कोत्कर्षिणी लघ्वी पेशी)

Zygomaticus ↓ Cheek bone; Minor ↓ Lesser

1. **Origin (उद्गम)**– Zygomatic bone.
2. **Insertion (निवेश)**–Orbicularis oris.

3. **Nerve supply (नाड़ी प्रदान)**– Facial nerve.

4. **Action (कार्य)**– Draws angle of mouth upward and outward as in smiling or laughing.

(9) Zygomaticus Major– (सृक्कोत्कर्षिणी बृहती पेशी)

↓ Cheek bone ↓ greater • Muscle of smiling and laughing

1. **Origin (उद्‌गम)**– Zygomatic bone.

2. **Insertion (निवेश)**– Skin at angle of mouth and orbicularis oris.

3. **Nerve supply (नाड़ी प्रदान)**– Facial nerve.

4. **Action (कार्य)**– Draws angle of mouth upward and outward as in smiling or laughing.

(10) Levator anguli oris– (सृक्क-उंन्नमनिका पेशी)

• Muscle of sodness.

1. **Origin (उद्‌गम)**– Bones and fascia around oral aperture.

2. **Insertion (निवेश)**– Substance of lips.

3. **Nerve supply (नाड़ी प्रदान)**– Facial nerve.

4. **Action (कार्य)**– Seprate lips.

(11) Risorius– (सृक्क-अपकर्षिणी पेशी)

↓ Risor– Laughter • Muscle of laughter.

1. **Origin (उद्‌गम)**– Fascia over parotid gland.

2. **Insertion (निवेश)**–Skin at angle of mouth.

3. **Nerve supply (नाड़ी प्रदान)**– Facial nerve.

4. **Action (कार्य)**– Seprate lips.

(12) Depressor anguli oris– (सृक्क-नमनिका पेशी)

• Muscle of grief.

1. **Origin (उद्‌गम)**– Bones and fascia around oral aperture.

2. **Insertion (निवेश)**–Substance of lip.

3. **Nerve supply (नाड़ी प्रदान)**– Facial nerve.

4. Action (कार्य)– Seprate lips.

(13) Depressor labil inferioris–(अध: ओष्ठ नमनिका पेशी)

↓ ↓ ↓

Depresses or lower Lip Lower

1. Origin (उद्गम)– Mandible.

2. Insertion (निवेश)–Skin of lower lip.

3. Nerve supply (नाड़ी प्रदान)– Facial nerve.

4. Action (कार्य)– Depresses lower lip.

(14) Mentalis– (अधरा उन्नमनिका पेशी)

↓

Mentum–chin • Muscle of doubt.

1. Origin (उद्गम)– Mandible.

2. Insertion (निवेश)–Skin of chin.

3. Nerve supply (नाड़ी प्रदान)– Facial nerve.

4. Action (कार्य)–Elevates and protrudes lower lip and pulls skin of chin up as in pouting.

(15) Buccinator– (कपोलिका पेशी)

↓

Bucc–Cheek • Major cheek muscles, subcutaneous muscle of cheek.

1. Origin (उद्गम)–•Alveolar processes of maxilla and mandible.

•Pterygomandibular ligament.

2. Insertion (निवेश)–Orbicularis oris.

3. Nerve supply (नाड़ी प्रदान)– Facial nerve.

4. Action (कार्य)– Compresses cheek as in blowing air out of mouth and causes cheeks to cave in, producing the action of sucking.

(16) **Platysms** (गलपार्श्वच्छदा पेशी)–•Muscle of horror, terror, fright.

1. Origin (उद्गम)–Deep fascia over the upper part of the pectoralis major and the anterior part of the deltoid.

2. **Insertion (निवेश)**–Lower border of the mandible. It merges with superficial muscle in the posterior and lower part of the face.

3. **Nerve supply (नाड़ी प्रदान)**– Facial nerve.

4. **Action (कार्य)**– When the angle of the mouth is pulled down, the muscle contracts and wrinkles the skin of the neck.

(2) Muscles of mastication or muscles that move the mandible (Lower jaw)

- Mastication muscles are involved in biting and chewing.

(1) Masseter (चर्वणिका पेशी)
↓
Chewer

1. **Origin (उद्गम)**– Zygomatic arch.

2. **Insertion (निवेश)**–Angle and ramus of mandible.

3. **Nerve supply (नाड़ी प्रदान)**– Mandibular division of trigeminal nerve.

4. **Action (कार्य)**–
   - Elevates mandible as in closing mouth.
   - Assists in side to side movement of mandible.
   - Protracts mandible.

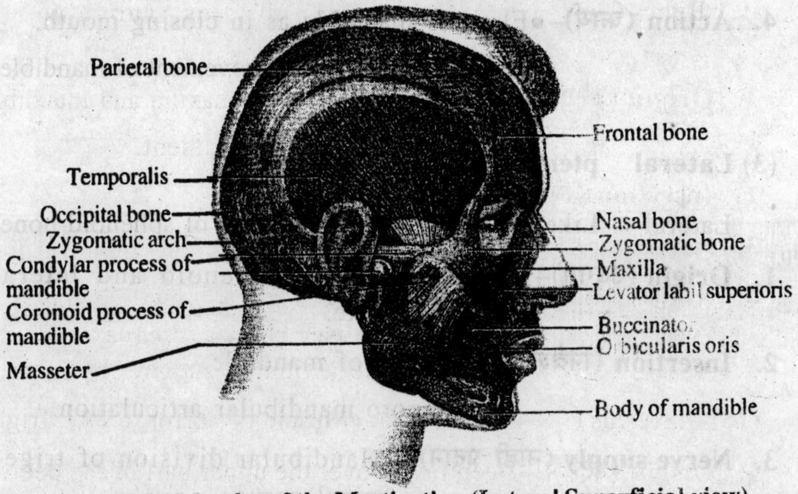

Fig. : 10.86 Muscles of the Mastication (Lateral Superficial view)

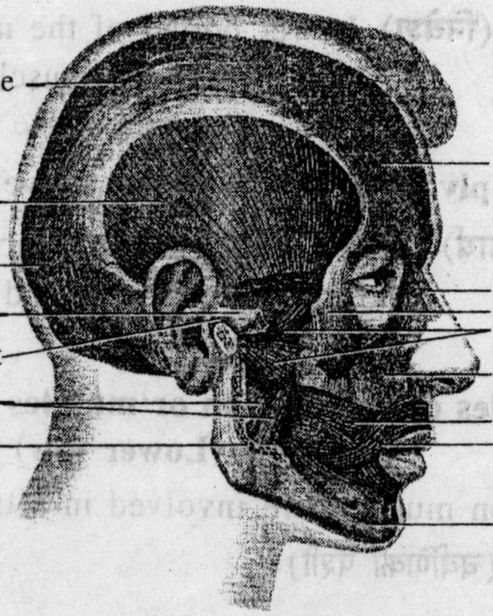

Fig. : 10.87 Muscles of the Mastication (Lateral Deep view)

(2) Temporalis (शंखच्छदिका पेशी)
↓
Temples

1. **Origin (उद्गम)**– Floor of temporal fossa.
2. **Insertion (निवेश)**– Coronoid process of mandible.
3. **Nerve supply (नाड़ी प्रदान)**– Mandibular division of trigeminal nerve.
4. **Action (कार्य)**– •Elevates mandible as in closing mouth.
   •Assists in side to side movement of mandible.
   •Protracts mandible.

(3) Lateral pterygoid– (पक्षाभिका बहि:स्था पेशी)
↓ ↓
Lateral Like a wing– Pterygoid process of sphenoid bone.

1. **Origin (उद्गम)**– Greater wing of sphenoid and lateral pterygoid plate.
2. **Insertion (निवेश)**–• Condyle of mandible.
   • Temporo-mandibular articulation.
3. **Nerve supply (नाड़ी प्रदान)**– Mandibular division of trigeminal nerve.

4. Action (कार्य)– Protracts mandible.

(4) Medial pterygoid– (पक्षाभिका अन्त:स्था पेशी)

↓ Medial ↓ Like a wing

1. Origin (उद्गम)-- • Maxilla.

• Lateral pterygoid plate.

2. Insertion (निवेश)–Angle and ramus of mandible.

3. Nerve supply (नाड़ी प्रदान)– Mandibular division of trigeminal nerve.

4. Action (कार्य)– Elevates mandible.

(3) Muscles of the eyeball and eyelids

(A) Extrinsic muscles of eye ball or striated skeletal muscles

(1) Superior Rectus (ऊर्ध्व समापेशी)

↓ Above ↓ Straight, in this case, muscle fibers running parallel to long axis of eyeball.

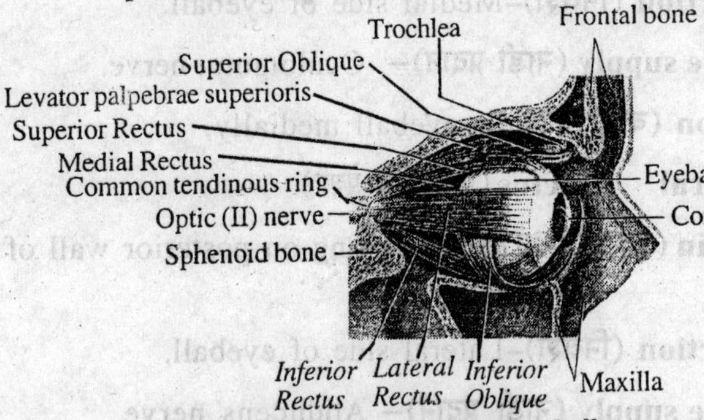

Fig. : 10.88 Extrinsic Muscles of the eyeballs

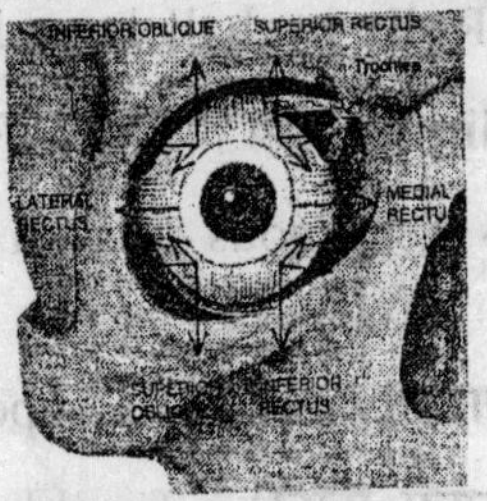

Fig. : 10.89 Extrinsic Muscles of the eyeballs

1. **Origin (उद्गम)**– Tendinous ring on posterior wall of orbital cavity.
2. **Insertion (निवेश)**–Superior and central part of eyeball.
3. **Nerve supply (नाड़ी प्रदान)**– Oculomotor nerve.
4. **Action (कार्य)**– Rolls eyeball superiorly.

(2) Inferior rectus (निम्न समा पेशी)

1. **Origin (उद्गम)**– Tendinous ring on posterior wall of orbital cavity.
2. **Insertion (निवेश)**–Inferior and central part of eye ball.
3. **Nerve supply (नाड़ी प्रदान)**– Oculomotor nerve.
4. **Action (कार्य)**– Rolls eyeball inferiorly.

(3) Medial rectus (अभिमध्य समा पेशी)

1. **Origin (उद्गम)**– Tendinous ring on posterior wall of orbital cavity.
2. **Insertion (निवेश)**–Medial side of eyeball.
3. **Nerve supply (नाड़ी प्रदान)**– Oculomotor nerve.
4. **Action (कार्य)**– Rolls eyeball medially.

(4) Lateral rectus (पार्श्व समा पेशी)

1. **Origin (उद्गम)**– Tendinous ring on posterior wall of orbital cavity.
2. **Insertion (निवेश)**–Lateral side of eyeball.
3. **Nerve supply (नाड़ी प्रदान)**– Abducens nerve.
4. **Action (कार्य)**– Rolls eyeball laterally.

(5) Superior oblique (ऊर्ध्व तिर्यकिका पेशी)

1. **Origin (उद्गम)**– Tendinous ring on posterior wall of orbital cavity.
2. **Insertion (निवेश)**–Eyeball B/w superior and lateral recti.
3. **Nerve supply (नाड़ी प्रदान)**– Trochlear nerve.

4. **Action (कार्य)**– • Rotates eyeball on its axis.
• Directs cornea inferiorly and laterally.

(6) Inferior oblique (निम्न तिर्यकिका पेशी)

1. **Origin (उद्‌गम)**– Floor of orbital cavity. (Anterior orbital cavity)
2. **Insertion (निवेश)**– Eye ball B/w inferior and lateral recti.
3. **Nerve supply (नाड़ी प्रदान)**– Oculomotor nerve.
4. **Action (कार्य)**– • Rotates eyeball on its axis.
• Directs cornea inferiorly and laterally.

(B) Intrinsic muscles of eyeball or smooth muscles–

(1) Sphincter pupillae of iris (कनीनिका संकोचनी पेशी)

1. **Nerve supply (नाड़ी प्रदान)**– Parasympathetic via oculomotor nerve.
2. **Action (कार्य)**– Constrict pupil.

(2) Dilator pupillae of iris (कनीनिका प्रसारिणी पेशी)

1. **Nerve supply (नाड़ी प्रदान)**– Sympathetic.
2. **Action (कार्य)**– Dilates pupil.

(3) Ciliary muscle (रोमिका पेशी)

1. **Nerve supply (नाड़ी प्रदान)**– Parasympathetic via oculomotor nerve.
2. **Action (कार्य)**– Controls shape of lens, in accommodation, makes lens more globular.

(C) Muscles of eyelids–

(1) Orbicularis Oculi (नेत्रमण्डलिका पेशी)

↓ ↓
Circular Eye

1. **Origin (उद्‌गम)**– Medial wall of orbit.
2. **Insertion (निवेश)**–Circular path around orbit.
3. **Nerve supply (नाड़ी प्रदान)**– Facial nerve.

4. **Action (कार्य)**– Closes eye.

(2) **Levator Palpebrae Superioris** (ऊर्ध्व वर्त्म उन्नमिका पेशी)

↓ ↓ ↓

Raises Eye lid Above

1. **Origin (उद्गम)**–Roof of orbit (Lesser wing of sphenoid bone)
2. **Insertion (निवेश)**–Skin of upper eyelid.
3. **Nerve supply (नाड़ी प्रदान)**– Oculomotor nerve.
4. **Action (कार्य)**– Elevates upper eyelid (opens eye).

(4) Muscles of the middle ear

(1) **Tensor tympani** (मध्यकर्ण तानिका पेशी)

1. **Origin (उद्गम)**– Wall of auditory tube and wall of its own canal.
2. **Insertion (निवेश)**–Handle of malleus.
3. **Nerve supply (नाड़ी प्रदान)**– Mandibular division of trigeminal nerve.
4. **Action (कार्य)**– Dampens down vibrations of tympanic membrane.

(2) **Stapedius**– (धरणिका पेशी)

1. **Origin (उद्गम)**– Internal walls of the hollow pyramid. (Bony projection on posterior wall of middle ear.)
2. **Insertion (निवेश)**–Neck of stapes.
3. **Nerve supply (नाड़ी प्रदान)**– Facial nerve.
4. **Action (कार्य)**– Dampens down vibrations of stapes.

(5) Muscles of the tongue

(A) Intrinsic muscles of the tongue–

(1) **Superior longitudinal**– (ऊर्ध्व अनुदैर्ध्य जिह्विका पेशी)

(2) **Inferior longitudinal**– (अध: अनुदैर्ध्य जिह्विका पेशी)

(3) **Transverse**– (अनुप्रस्थ जिह्विका पेशी)

(4) **Vertical**– (अनुलम्ब जिह्विका पेशी)

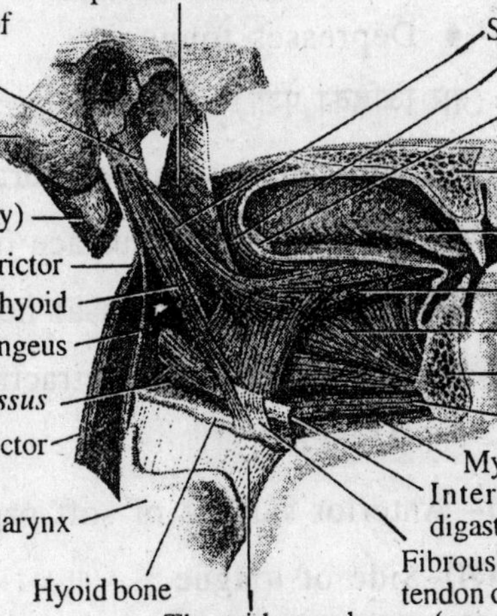

Fig. : 10.90 Muscles of the tongue

✶1. **Origin (उद्‌गम)**–Median septum and submucosa.

2. **Insertion (निवेश)**– Mucous membrane.

3. **Nerve supply (नाड़ी प्रदान)**– Hypoglossal nerve.

4. **Action (कार्य)**– Alters shape of tongue.

(B) Extrinsic muscles of the tongue–

- Extrinsic muscles originate out side the tongue and insert into it.

(1) Genio glossus (चिबुक जिह्विका पेशी)

geneion	glossus
↓	↓
Chin	Tongue

1. **Origin (उद्‌गम)**– Mandible.

2. **Insertion (निवेश)**–Under surface of tongue and hyoid bone.

3. **Nerve supply (नाड़ी प्रदान)**– Hypoglossal nerve.

4. **Action (कार्य)**– • Depression • Protraction

(2) Hyoglossus– (कण्ठ जिह्विका पेशी)

1. **Origin (उद्‌गम)**– Greater horn and body of hyoid bone.

2. **Insertion (निवेश)**– Side of tongue.

3. **Nerve supply (नाड़ी प्रदान)–** Hypoglossal nerve.

4. **Action (कार्य)–** • Depresses tongue.

(3) Styloglossus– (शर जिह्विका पेशी)

1. **Origin (उद्गम)–** Styloid process of temporal bone.
2. **Insertion (निवेश)–**Side and under surface of tongue.
3. **Nerve supply (नाड़ी प्रदान)–** Hypoglossal nerve.
4. **Action (कार्य)–** Elevates tongue and retraction.

(4) Palatoglossus– (तालु जिह्विका पेशी)

1. **Origin (उद्गम)–** Anterior surface of soft palate.
2. **Insertion (निवेश)–**Side of tongue.
3. **Nerve supply (नाड़ी प्रदान)–** Pharyngeal plexus (pharyngeal branch of vagus nerve)
4. **Action (कार्य)–** Elevates tongue.

(6) Muscles of the soft palate

(1) Tensor veli palatini (Tensor palati)– (तालु तानिका पेशी)

1. **Origin (उद्गम)–** • Spine of sphenoid.
   • Auditory tube.
2. **Insertion (निवेश)–**With muscle of other side, forms palatine aponeurosis.
3. **Nerve supply (नाड़ी प्रदान)–** Nerve to medial pterygoid from mandibular nerve.
4. **Action (कार्य)–** Tenses soft palate.

(2) Levator veli palatini (Levator palati)– (तालु उन्नमनिका पेशी)

1. **Origin (उद्गम)–** • Petrous part of temporal bone.
   • Auditory tube.
2. **Insertion (निवेश)–** palatine aponeurosis.
3. **Nerve supply (नाड़ी प्रदान)–** Pharyngeal plexus.
4. **Action (कार्य)–** Raises soft palate.

(3) **Musculus uvulae**– (काकलिका पेशी)

1. **Origin (उद्गम)**– Posterior border of hard palate.
2. **Insertion (निवेश)**–Mucous membrane of uvula.
3. **Nerve supply (नाड़ी प्रदान)**– Pharyngeal plexus.
4. **Action (कार्य)**– Elevates uvula.

(7) Muscles of the pharynx

(1) **Superior constrictor**– (ग्रसनी संकीर्णिका उत्तरा पेशी)

1. **Origin (उद्गम)**–
   - Medial pterygoid plate.
   - Pterygoid hamulus.
   - Pterygomandibular ligament.
   - Mylohyoid line of mandible.
2. **Insertion (निवेश)**–Pharyngeal tubercle of occipital bone. Raphe in midline posteriorly.
3. **Nerve supply (नाड़ी प्रदान)**– Pharyngeal plexus.
4. **Action (कार्य)**– Aids soft palate in closing of nasal pharynx, propels bolus downward.

(2) **Middle constrictor**– (ग्रसनी संकीर्णिका मध्यमा पेशी)

1. **Origin (उद्गम)**– Lower part of stylohyoid ligament, lesser and greater cornu of hyoid bone.
2. **Insertion (निवेश)**–Pharyngeal raphe.
3. **Nerve supply (नाड़ी प्रदान)**– Pharyngeal plexus.
4. **Action (कार्य)**– Propels bolus downward.

(3) **Inferior constrictor**– (ग्रसनी संकीर्णिका अधरा पेशी)

1. **Origin (उद्गम)**– Lamina of thyroid cartilage, cricoid cartilage.
2. **Insertion (निवेश)**– Pharyngeal raphe.
3. **Nerve supply (नाड़ी प्रदान)**– Pharyngeal plexus.
4. **Action (कार्य)**– Propels bolus downward.

(4) **Crico pharyngeus**– (मुद्रिका ग्रसनिका पेशी)

1. **Origin (उद्गम)**– Lowest fibers inferior constrictor muscle.
2. **Insertion (निवेश)**–Pharyngeal raphe.
3. **Nerve supply (नाड़ी प्रदान)**– Pharyngeal plexus.
4. **Action (कार्य)**– Sphincter at lower end of pharynx.

(5) Stylo pharyngeus– (शर ग्रसनिका पेशी)

1. **Origin (उद्गम)**– Styloid process of temporal bone.
2. **Insertion (निवेश)**–Posterior border of thyroid cartilage.
3. **Nerve supply (नाड़ी प्रदान)**– Glosso pharyngeal nerve.
4. **Action (कार्य)**– Elevates larynx during swallowing.

(6) Salpingo pharyngeus– (तूर्य ग्रसनिका पेशी)

1. **Origin (उद्गम)**– Auditory tube.
2. **Insertion (निवेश)**–Blends with palato pharyngeus.
3. **Nerve supply (नाड़ी प्रदान)**– Pharyngeal plexus.
4. **Action (कार्य)**– Elevates pharynx.

(7) Palato pharyngeus– (तालु ग्रसनिका पेशी)

1. **Origin (उद्गम)**– Palatine aponeurosis.
2. **Insertion (निवेश)**–Posterior border of thyroid cartilage.
3. **Nerve supply (नाड़ी प्रदान)**– Pharyngeal plexus.
4. **Action (कार्य)**– Elevates wall of pharynx, pulls palatopharyngeal arch medially.

(8) Muscles of the floor of the oral cavity or suprahyoid muscles

(1) Digastric– (द्विपिण्डिका पेशी)

↓ ↓
Two belly

1. **Origin (उद्गम)**–

• **Anterior belly**– From inner side of lower border of mandible.

• **Posterior belly**– From mastoid process of temporal bone.

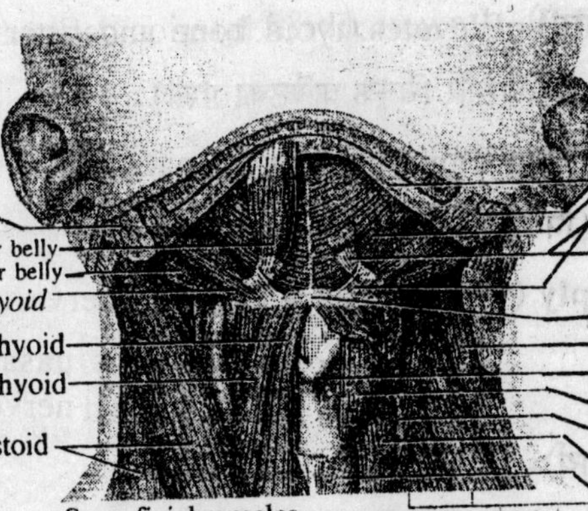

Fig. : 10.91 Muscles of the Floor of the oral cavity (Suprahyoid muscles)

2. **Insertion (निवेश)**–Body of hyoid bone via an intermediate tendon.
3. **Nerve supply (नाड़ी प्रदान)**–
   - **Anterior belly**– From mandibular division of trigeminal nerve.
   - **Posterior belly**– From facial nerve.
4. **Action (कार्य)**–
   - Elevates the hyoid bone
   - Depresses the mandible as in opening the mouth.

(2) Stylohyoid– (शर कण्ठिका पेशी)

1. **Origin (उद्गम)**– Styloid process of temporal bone.
2. **Insertion (निवेश)**– Body of hyoid bone.
3. **Nerve supply (नाड़ी प्रदान)**– Facial nerve.
4. **Action (कार्य)**– Elevates hyoid bone.

(3) Mylohyoid– (उत्तान चिबुक कण्ठिका पेशी)

1. **Origin (उद्गम)**– Inner surface of mandible.
2. **Insertion (निवेश)**–Body of hyoid bone.
3. **Nerve supply (नाड़ी प्रदान)**– Mandibular division of trigeminal nerve.

4. Action (कार्य)– Elevates hyoid bone and floor of mouth.

(4) Geniohyoid– (गम्भीर चिबुक कण्ठिका पेशी)

1. Origin (उद्गम)– Inner surface of mandible.

2. Insertion (निवेश)–Body of hyoid bone.

3. Nerve supply (नाड़ी प्रदान)– • Cervicle nerve (C1)
• The fibres pass through the hypoglossal nerve.

4. Action (कार्य)– Elevates hyoid bone.

(9) Muscles of the larynx

(A) Extrinsic muscles of the larynx or infrahyoid muscles–

(1) Omo hyoid– (अंसकण्ठिका पेशी)
↓
Omo– Relationship to the shoulder
Hyoid– Hyoid bone

1. Origin (उद्गम)– • Superior border of scapula.
• Superior transverse ligament.

2. Insertion (निवेश)–Body of hyoid bone.

3. Nerve supply (नाड़ी प्रदान)– Branches of ansa cervicalis. (C_1-C_3)

4. Action (कार्य)– Depresses hyoid bone.

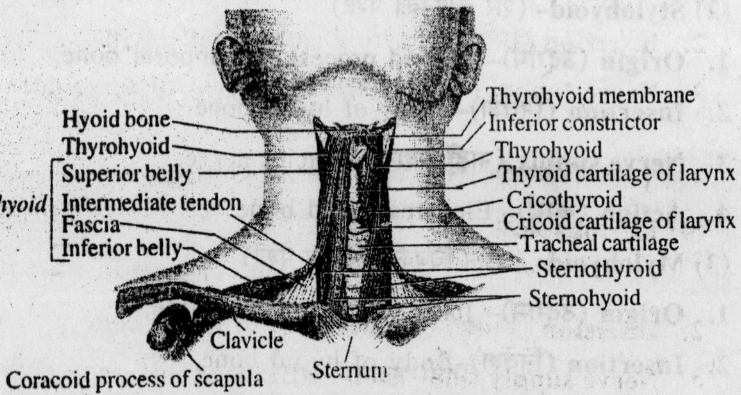

Fig. : 10.92 Muscles of the Larynx (Voicebox)
(Anterior superficial and deep view)

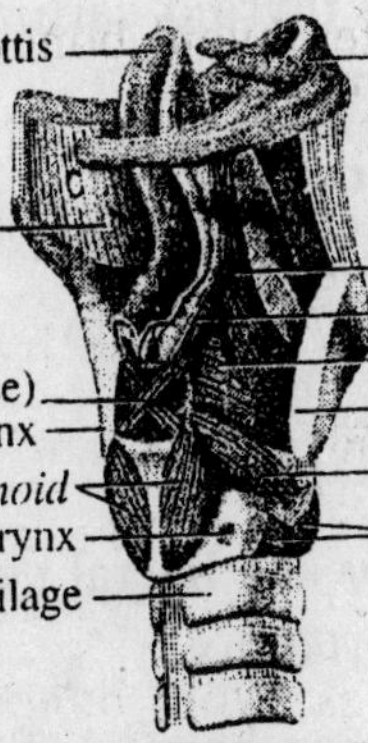

Fig. : 10.93 Muscles of the Larynx (Posterolateral View)

(2) Sternohyoid– (उर: कण्ठिका पेशी)

1. **Origin (उद्गम)–** • Lower part of the posterior surface near the sternal end.
   • Manubrium of sternum.
2. **Insertion (निवेश)–**Body of hyoid bone.
3. **Nerve supply (नाड़ी प्रदान)–** Branches of ansa cervicalis. (C_1-C_3)
4. **Action (कार्य)–** Depresses hyoid bone.

(3) Sterno thyroid– (उर: अवटुका पेशी)

Sternum ↓ Thyroid ↓ cartilage of larynx

1. **Origin (उद्गम)–** Manubrium of sternum.
2. **Insertion (निवेश)–**Thyroid cartilage of larynx.
3. **Nerve supply (नाड़ी प्रदान)–** Branches of ansa cervicalis. (C_1-C_3)
4. **Action (कार्य)–** Depresses hyoid cartilage.

(4) Thyrohyoid– (अवटु कण्ठिका पेशी)

1. **Origin (उद्गम)–** Thyroid cartilage of larynx.
2. **Insertion (निवेश)–**Greater horn of hyoid bone.
3. **Nerve supply (नाड़ी प्रदान)–** •Branches of ansa cervicalis. (C_1-C_3)
   •Descending hypoglossal nerve.

4. **Action (कार्य)**– Elevates thyroid cartilage and depresses hyoid bone.

(B) Intrinsic muscles of larynx–

(1) Cricothyroid– (मुद्रिका अवटु पेशी)

Crico– Cricoid cartilage of larynx
Thyroid– Thyroid cartilage

1. **Origin (उद्गम)**– Anterior and lateral portion of cricoid cartilage of larynx.
2. **Insertion (निवेश)**–Anterior border of thyroid cartilage of larynx and posterior part of inferior border of thyroid cartilage of larynx.
3. **Nerve supply (नाड़ी प्रदान)**– External laryngeal branch of vagus nerve.
4. **Action (कार्य)**– Elongate and places tension on vocal folds.

(2) Posterior crico arytenoid– (पश्च मुद्रिका दर्वी कल्पिका पेशी)

Posterior	crico	arytenoid
↓	↓	↓
Post.	Cricoid cartilage	Shaped like a jug

1. **Origin (उद्गम)**–Posterior surface of cricoid cartilage of larynx.
2. **Insertion (निवेश)**–Posterior surface of arytenoid cartilage of larynx.
3. **Nerve supply (नाड़ी प्रदान)**– Recurrent laryngeal branch of vagus nerve.
4. **Action (कार्य)**– Opens rima glottidis (space B/w vocal fold)

(3) Lateral crico arytenoid– (पार्श्विक मुद्रिका दर्वी कल्पिका पेशी)

1. **Origin (उद्गम)**– Superior border of cricoid cartilage of larynx.
2. **Insertion (निवेश)**–Anterior surface of arytenoid cartilage of larynx.
3. **Nerve supply (नाड़ी प्रदान)**– Recurrent laryngeal branch of vagus nerve.

4. **Action (कार्य)**– Closes rima glottidis. (space B/w vocal fold)

(4) Oblique arytenoid– (तिर्यक् दर्वी कल्पिका पेशी)

1. **Origin (उद्गम)**– Muscular process of arytenoid cartilage.
2. **Insertion (निवेश)**–Apex of opposite arytenoid cartilage.
3. **Nerve supply (नाड़ी प्रदान)**– Recurrent laryngeal nerve.
4. **Action (कार्य)**– Narrows the inlet by bringing the aryepiglottic fold together.

(5) Transverse arytenoid– (अनुप्रस्थ दर्वी कल्पिका पेशी)

1. **Origin (उद्गम)**– Back and medial surface of arytenoid cartilage.
2. **Insertion (निवेश)**–Back and medial surface of opposite arytenoid cartilage.
3. **Nerve supply (नाड़ी प्रदान)**– Recurrent laryngeal nerve.
4. **Action (कार्य)**– Closes posterior part of rima glottids.

(6) Thyro arytenoid– (vocalis)– (अवटु दर्वी कल्पिका पेशी)

1. **Origin (उद्गम)**– Inner surface of thyroid cartilage.
2. **Insertion (निवेश)**–Arytenoid cartilage of larynx.
3. **Nerve supply (नाड़ी प्रदान)**– Recurrent laryngeal nerve.
4. **Action (कार्य)**– Relaxes vocal folds.

(7) Thyro epiglottic– (अवटु कण्ठच्छदिका पेशी)

1. **Origin (उद्गम)**– Medial surface of thyroid cartilage.
2. **Insertion (निवेश)**–Lateral margin of epiglottis and aryepiglottic fold.
3. **Nerve supply (नाड़ी प्रदान)**– Recurrent laryngeal nerve.
4. **Action (कार्य)**– Widens the inlet by pulling the aryepiglottic fold apart.

(8) Ary epiglotticus– (दर्वी कण्ठच्छदिका पेशी)

This is made up of some fibres of the oblique arytenoid which are continued into the aryepiglottic fold to reach the edge of the epiglottic cartilage.

1. **Origin (उद्‌गम)**– Posterior surface and lateral border of arytenoid cartilage.
2. **Insertion (निवेश)**–Arytenoid cartilage of larynx.
3. **Nerve supply (नाड़ी प्रदान)**– Recurrent laryngeal nerve.
4. **Action (कार्य)**– Closes rima glottidis.

(10) Muscles that move the head

* The cervical region is divided by the sternocleidomastoid muscle into two principal triangles.

1. Anterior Triangle. 2. Posterior Triangle.

1. Anterior Triangle– It's boundary–

- Superiorly– Mandible
- Medially– Cervical midline
- Inferiorly– Sternum
- Laterally– Anterior border of the sterno-cleido-mastoid muscle.

2. Posterior Triangle– It's boundary–

- Inferiorly– Clavicle
- Anteriorly– Posterior border of the sternocleidomastoid muscle.
- Posteriorly– Anterior border of trapezius muscle.

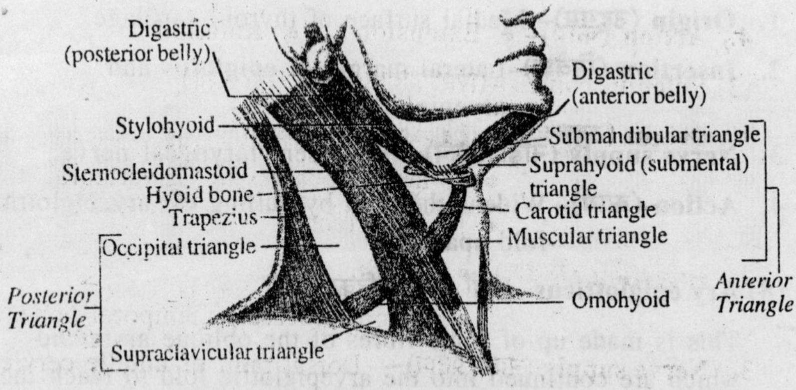

Fig. : 10.94 Muscles that move the Head (Triangles of the neck)

✱ Subsidery triangle exist within the two principal triangles.

(1) Sterno cleido mastoid–(उरः जत्रुक कर्णमूलिका पेशी)

Sternum ↓ Clavicle ↓ Mastoid process of temporal bone. ↓

1. **Origin (उद्गम)**– • Rough superior surface of the medial 2/3 of the shaft of clavicle.
   • Anterior surface of manubrium sterni of the sternum.
2. **Insertion (निवेश)**–Mastoid process of temporal bone.
3. **Nerve supply (नाड़ी प्रदान)**– Accessory nerve.
4. **Action (कार्य)**– • Contraction of both muscles flexes the cervical part of the vertebral column and draws the head forward.
   • Contraction of one muscle rotates face toward side opposite contracting muscle.

(2) Semi spinalis capitis–(शिरो अर्धकण्टिका पेशी)

1. **Origin (उद्गम)**– • Articular processes of C_4-C_5-C_6 vertebrae.
   • Transverse process of C_7 vertebra.
   • Transverse processes of T_1-T_2-T_3-T_4-T_5-T_6-T_7 vertebrae.
2. **Insertion (निवेश)**–Occipital bone.
3. **Nerve supply (नाड़ी प्रदान)**– Dorsal rami of cervical nerves.
4. **Action (कार्य)**– • Extension • Rotation

(3) Splenius capitis–(शिरो ग्रीवा विवर्त्तनी उत्तरा पेशी)

1. **Origin (उद्गम)**– • Ligamentum nuchae.
   • Spinous processes of C_7 vertebra.
   • T_1-T_4 vertebrae.
2. **Insertion (निवेश)**– • Occipital bone.
   • Mastoid process of temporal bone.
3. **Nerve supply (नाड़ी प्रदान)**– Dorsal rami of middle cervical nerves.

4. Action (कार्य)– • Extension.

(4) Longissimus capitis– (शिरो पृष्ठ दण्डिका पेशी)

1. Origin (उद्गम)– • Transverse processes of T_1-T_2-T_3-T_4 vertebrae.
• Articular processes of C_4-C_5-C_6-C_7 vertebrae.

2. Insertion (निवेश)– Mastoid process of temporal bone.

3. Nerve supply (नाड़ी प्रदान)– Dorsal rami of middle and lower cervical nerves.

4. Action (कार्य)– • Extension.

•

अध्याय- ११

परिभाषा शारीर

कण्डरा, जाल, कूर्च, मांसरज्जु, सेवनी, सीमन्त, संघात शारीर का ज्ञान। प्रस्तुत प्रकरण में अस्थि (Bone), सन्धि (Joint), सिरा (Vein), धमनी (Artery), मांसपेशी (Muscle), स्नायु (Ligament), रसायनी (Capillary) एवं लसिका वाहिनियाँ (Lymphatic vessels) आदि के साथ-साथ उन विषयों का परिभाषा के रूप में सामान्य वर्णन किया जा रहा है, जो किसी न किसी रूप में इनके साथ रहते हुए या इन्हीं का भाग होते हुए भी स्वरूप, स्थान तथा कार्य की दृष्टि से भिन्न प्रतीत होते हैं। ये सभी शरीर के प्रमुख घटकों को मजबूत बनाते हैं। जो निम्न प्रकार हैं–

१. कण्डरा (Tendon)

परिभाषा

- **"महत्यः स्नायवः प्रोक्ताः कण्डराः।**
  प्रसारणाकुञ्चनयोः दृष्टं तासां प्रयोजनम् ।।" (भा.प्र. प्रथमखण्ड गर्भ प्रकरण/२६७)

अंगों का संकोच (Flexion) विस्तार (Extension) करने वाली बड़ी स्नायुओं को कण्डरा कहते हैं।

- **"वृतास्तु कण्डराः।"** (सु.शा. ५/३९)

गोल (Round) स्नायुएँ कण्डरा कहलाती हैं। ये स्नायुएँ अधिकतर शाखाओं (Extremities) और सन्धियों (Joints) में होती हैं।

संख्या

- **"षोडश कण्डराः।"** (सु.शा. ५/११)

१. पाद-पैर-Foot – दोनों पैरों में ४
२. हस्त-हाथ-Hand – दोनों हाथों में ४
३. ग्रीवा-गर्दन-Neck – गर्दन में ४
४. पृष्ठ-पीठ-Back – पीठ में ४

पाद	हस्त	ग्रीवा	पृष्ठ	
४	४	४	४=	१६

According to modern

"Big cord like structure called tendon."

२. जाल (Plexus, network of fibres in the body)

जाल अर्थात् शरीर में तन्तुओं (fibres) का जाल।

परिभाषा

- शरीर में जहाँ पर माँस, सिराएँ, स्नायु और अस्थियाँ सम्मिलित रहती हैं या एकत्र रहती हैं, उस स्थान को जाल कहते हैं।
- ये मांस, सिराएँ, स्नायु और अस्थियाँ आपस में इस तरह अनुप्रविष्ट होती हैं कि जहाँ पर इनका संयोग होता है, वह स्थान छिद्रित (जालीदार) हो जाता है।

संख्या– सोलह होती हैं।

- प्रत्येक **मणिबन्ध** और **गुल्फ** में– मांस-सिरा-स्नायु-अस्थि, इस प्रकार चार-चार जाल होते हैं।

(Wrist)	(Ankle)
मणिबन्ध	**गुल्फ**
4+4= 8	4+4= 8
8 + 8= 16	

According to modern

- "A typical arrangement of muscles, vessels, ligaments, bones in carpals (wrist joint) and tarsals (ankle joint) region."

३. कूर्च (Brush)

परिभाषा

मांसपेशी, स्नायु, धमनी, सिरा एवं अस्थियों के सन्निपात (मिलने का स्थान) कूंची (Brush) के समान दिखाई देते हैं, उसे कूर्च कहते हैं।

संख्या– छः होती हैं।

१. हस्त-हाथ-Hand –	२	२. पाद-पैर-Foot –	२
३. ग्रीवा-गर्दन-Neck –	१	४. मेढ्र-लिंग-Penis –	१

पाद	हस्त	ग्रीवा	मेढ्र	
२	२	१	१=	६

According to modern

1. Palmar aponeurosis
2. Plantar aponeurosis
3. Ligamentum nuchi
4. Fundiform or suspensory ligament of the penis and cavernous structure of penis.

४. माँस रज्जु या रज्जु

परिभाषा

- मांसपेशियों की रस्सी (डोरी) के समान, जो रचनाएँ पृष्ठ (पीठ) में होती हैं, उन्हें मांसरज्जु कहते हैं।
- या जिनमें तन्तुओं (fibres) की रचना हो, उसे रज्जु कहते हैं।

संख्या– चार होती हैं।

पृष्ठवंश (Vertebral column) के दोनों ओर दो अन्दर और दो बाहर इस प्रकार चार बड़ी, दृढ़ और लम्बी पेशियाँ रहती हैं, उन्हें मांसरज्जु कहते हैं।

५. सेवनी (Sutures)– (Raphe, ridge)

परिभाषा

- सीवन (सिलाई) के द्वारा मिलाये हुए भाग के समान जो रचना होती है, वह सेवनी कहलाती है। अथवा
- शरीर में जो भाग परस्पर सीवन (सिलाई के समान मिले हुए) के समान जुड़े हुए होते हैं, वे सेवनी या सीवनी कहलाते हैं।

संख्या– सात होती हैं।

शिर-Skull	–५
जिह्वा-Tongue	–१
शिश्न-Penis	–१

१. शिर की सीवन अस्थियों की होती हैं।

२. जिह्वा की सीवन श्लेष्मल त्वचा की होती है।

३. शिश्न की सीवन त्वचा की होती है।

According to Modern

Skull–
1. Fronal Suture
2. Coronal Suture
3. Lambdoid Suture
4. Sagittal Suture
5. Temporal Suture

Tongue– 1. Frenulun Linguae
Penis– 1. Anococcygeal Raphe

६. संघात=अस्थिसंघात (Joint)

परिभाषा

जहाँ दो या दो से अधिक अस्थियाँ एक स्थान में रहती हैं, उस स्थान को अस्थिसंघात कहते हैं।

संख्या– संघात चौदह होते हैं।

गुल्फ-Ankle	–	१+१=	२
जानु-Knee	–	१+१=	२
वंक्षण-Hip	–	१+१=	२
मणिबन्ध-Wrist	–	१+१=	२
कूर्पर-Elbow	–	१+१=	२
कक्षा-Shoulder	–	१+१=	२
त्रिक-Sacrum	–		१
सिर-Skull	–		१
			१४

According to modern

- Particular clampus of the bones and bony process-as ankel, knee, hip, wrist, elbow, shoulder, sacrum and skull.

७. सीमन्त

परिभाषा

दो या दो से अधिक अस्थियों के किनारे (प्रान्त–end) जहाँ आकर मिलते हैं, वह सीमन्त कहलाता है। या जिन-जिन स्थानों में संघात (दो या दो से अधिक अस्थियाँ) एक साथ सीवन करके जुड़ी हुई हों, उन्हीं स्थानों को सीमन्त कहते हैं।

संख्या– सीमन्त भी संघात के समान चौदह होती हैं।

According to modern

"Lines or sutures, indicating union or articulation of particular clampus of the bones."

●

अध्याय- १२

मुख्य बिन्दु

१. गर्भ की परिभाषा

- ''शुक्र शोणितं जीव संयोगे तु खलु कुक्षिगते गर्भसंज्ञा ।'' (च.शा. ४/५)

२. शरीर की परिभाषा

- ''शुक्र शोणितं गर्भाशयस्थं आत्मप्रकृतिविकार संमूर्च्छितं 'गर्भ' इति उच्यते। तं चेतनावस्थितं वायुर्विभजति, तेज एनं पचति, आपः क्लेदयन्ति, पृथिवी संहन्ति, आकाशं विवर्धयति; एवं विवर्धितः स यदा हस्त पाद जिह्वा घ्राण कर्ण नितम्बादिभिरंगैरूपेतः तदा 'शरीरं' इति संज्ञां लभते ।'' (सु.शा. ५/२)
- ''तत्र शरीरं नाम चेतनाधिष्ठानभूतं पञ्चमहाभूत विकार समुदायात्मकं समयोगवाहि ।'' (च.शा.६/४)

३. शारीर की परिभाषा

- इत्यत्र जन्ममरणं यतः सम्यक् उदाहृतम् ।
  शरीरस्य ततः स्थानं शारीरं इदं उच्यते ।। (अ.हृ.शा. ६/७३)

४. उत्तम चिकित्सक

- शरीरे चैव शास्त्रे च दृष्टार्थः स्याद् विशारदः ।
  दृष्ट श्रुताभ्यां सन्देहमवापोह्य चरते् क्रियाः ।। (सु.शा. ५/६३)

५. षड्ंग शारीर

- ''तच्च षडङ्गं– शाखाश्चतस्रो, मध्यं पञ्चमं, षष्ठं शिर इति ।'' (सु.शा. ५/३)

६. एकधात्वात्मक पुरूष

- ''चेतना धातुरप्येकः स्मृतः पुरूष संज्ञक ।'' (च.शा. १/१६)

७. षड्धात्वात्मक पुरूष

- ''खादयश्चेतना षष्ठा धातवः पुरूषः स्मृतः ।'' (च.शा. १/१६)

८. चतुर्विंशति धात्वात्मक पुरूष

- ''पुनश्च धातुभेदेन चतुर्विंशतिकः स्मृतः ।
  मनोदशेन्द्रियाण्यर्थाः प्रकृतिश्चाष्टधातुकी ।।'' (च.शा. १/१७)

९. कर्मपुरूष या चिकित्स्य पुरूष

- पंचमहाभूत शरीरि समवायः पुरूष इति ।
  स एष कर्मपुरूषः चिकित्साधिकृतः ।।'' (सु.शा. १/१७)

१०. कर्मपुरूष के गुण

- ''तस्य सुखदुःखे इच्छाद्वेषौ प्रयत्नः प्राणापान उन्मेषनिमेषौ बुद्धिर्मनःसंकल्पो विचारणा स्मृति विज्ञानं अध्यवसायो विषयोपलब्धिश्च गुणाः ।'' (सु.शा. १/२२)

११. त्रिगुण-पञ्चमहाभूत सम्बन्ध

- ''तत्र सत्वबहुलमाकाशं, रजोबहुलोवायुः, सत्वरजो बहुलोऽग्निः, सत्व तमोबहुला आपः, तमो बहुला पृथ्वीति ।'' (सु.शा. १/२७)

१२. त्रिदोष-पंचमहाभूत सम्बन्ध

- ''वाय्वाकाशधातुभ्यां वायु, पित्तं आग्नेयं, अम्भः पृथ्वीभ्यां श्लेष्माः ।'' (अ.सं.सू.२०/३)

१३. त्रिदोष-त्रिगुण सम्बन्ध

- ''रजोगुणमयो वायुः, सत्वगुणोत्तरं पितम्, तमोगुणाधिकः कफः ।

१४. शुद्ध शुक्र के लक्षण

- ''स्फटिकाभं द्रवं स्निग्धं मधुरं मधुगन्धि च ।
  शुक्रं इच्छन्ति केचित्तु तैल क्षौद्रनिभं तथा ।। (सु.शा. २/१३)

१५. शुक्र के दोष

- ''वात-पित-श्लेष्म-शोणित-कुणपगन्धि-ग्रन्थि-पूति-पूय-क्षीण-मूत्र-पुरीष रेतसः प्रजोत्पादने न समर्थाभवन्ति ।'' (सु.शा. २/३)

१६. शुद्ध आर्त्तव के लक्षण

- ''शशासृक् प्रतिमं यत्तु यद्वा लाक्षारसोपमम् ।
  तदार्त्तवं प्रशंसन्ति यद्वासो न विरञ्जयेत् ।।'' (सु.शा. २/१९)

१७. ऋतुमती स्त्री के लक्षण

- पीन प्रसन्नवदनां प्रक्लिन्नात्ममुख द्विजाम् ।
  नरकामां प्रियकथां स्रस्तकुक्ष्यक्षिमूर्धजाम् ।।
  स्फुरद्भुज कुच श्रोणि नाभ्यूरू जघने स्फिचाम् ।
  हर्षौत्सुक्यपरां चापि विद्याद् ऋतुमतीमिति ।। (सु.शा. ३/६)

१८. सद्योगृहीतगर्भा के लक्षण

- ''श्रमो ग्लानिः पिपासा सक्थिसदनं शुक्रशोणितयोरवबन्धः स्फुरणञ्च योनेः।''
  (सु.शा. ३/११)

१९. गर्भिणी के लक्षण

- स्तनयोः कृष्णमुखता रोमराज्युद्गमस्तथा ।
  अक्षिपक्ष्माणि चाप्यस्याः संमील्यन्ते विशेषतः ।।
  अकामतश्छर्दयति गन्धादुद्विजते शुभात् ।
  प्रसेकः सदनं चापि गर्भिण्यां लिङ्गमुच्यते ।। (सु.शा. ३/१२)

२०. लिङ्गभेद

- "तत्र शुक्रबाहुल्यात् पुमान्, आर्त्तवबाहुल्यात् स्त्री, साम्यादुभयोर्नपुंसकमिति ।"
  (सु.शा. ३/४)

२१. गर्भ की मातृपरतन्त्रता

(A) गर्भ की मलोत्सर्ग क्रिया

- मलाल्पत्वादयोगाच्च वायोः पक्वाशयस्य च ।
  वातमूत्रपुरीषाणि न गर्भस्थः करोति हि ।। (सु.शा. २/५६)

(B) गर्भ रोता क्यों नहीं

- जरायुणा मुखेच्छन्ने कण्ठे च कफवेष्टिते ।
  वायोर्मार्गनिरोधाच्च न गर्भस्थः प्ररोदिति ।। (सु.शा. २/५७)

(C) गर्भ के लिए व्यवहार

- निःश्वासोच्छ्वास-सङ्क्षोभ-स्वप्नान् गर्भोऽधिगच्छति ।
  मातुः निश्वसितोच्छ्वास सङ्क्षोभ स्वप्नसम्भवान् ।। (सु.शा. २/५८)

२२. गर्भ उत्पादक सामग्री

- ध्रुवं चतुर्णां सान्निध्यात् गर्भस्यात् विधिपूर्वकः ।
  ऋतु क्षेत्राम्बुबीजानां सामग्रयाद् अंकुरो यथा ।। (सु.शा. २/३५)

२३. गर्भवृद्धिकर भाव

- "मात्रादीनां खलु गर्भकराणां भावानां सम्पदस्तथा वृतस्य सौष्ठवान्मातृतश्चैवोपस्नेहोपस्वेदाभ्यां कालपरिणामात् स्वभावसंसिद्धेश्च कुक्षौ वृद्धिं प्राप्नोति ।" (च.शा. ४/२७)
- "मातृतः पितृत आत्मतः सात्म्यतो रसतः सत्त्वत इत्येभ्यो भावेभ्यः समुदितेभ्यो गर्भः सम्भवति ।" (च.शा. ४/४)

२४. गर्भ की मासानुमासिकी वृद्धि

- 1. "तत्र प्रथमे मासि कललं जायते ।" (सु.शा. ३/१५)
- 2. "द्वितीये शीतोष्मानिलैरभिप्रपच्यमानानां महाभूतानां संघातो घनः सञ्जायते; यदि पिण्डः पुमान्, स्त्री चेत् पेशी, नपुंसकं चेदर्बुदमिति ।" (सु.शा. ३/१५)

- 3. "तृतीये हस्तपाद शिरसां पञ्च पिंडका निर्वर्तन्ते, अङ्गप्रत्यङ्ग विभागश्च सूक्ष्मो भवति।" (सु.शा. ३/१५)
- 4. "चतुर्थे सर्वाङ्ग प्रत्यङ्ग विभागः प्रव्यक्तो भवति,
  द्विहृदयां च नारीं दौहृदिनीमाचक्षते।" (सु.शा. ३/१५)
- 5. "पञ्चमे मनः प्रतिबुद्धतरं भवति।" (सु.शा. ३/२८)
- 6. "षष्ठे बुद्धिः।" (सु.शा. ३/२८)
- 7. "सप्तमे सर्वाङ्गप्रत्यङ्गविभागः प्रव्यक्ततरः।" (सु.शा. ३/२८)
- 8. "अष्टमेऽस्थिरीभवत्योजः।" (सु.शा. ३/२८)
- 9. "नवम दशमेकादशद्वादशानामन्यतमस्मिन् जायते, अतोऽन्यथा विकारी भवति।" (सु.शा. ३/२८)

२५. गर्भ की गर्भाशय में स्थिति

- आभुग्नोऽभिमुखः शेते गर्भो गर्भाशये स्त्रियाः।
  स योनिं शिरसा याति स्वभावात् प्रसवं प्रति।। (सु.शा. ५/५७)

२६. गर्भ पोषण

- "मातस्तु खलु रसवहायां नाड्यां गर्भनाभिनाड़ी प्रतिबद्धा, साऽस्य मातुराहार रसवीर्यमभिवपति।
  तेनोपस्नेहेनास्याभि वृद्धिर्भवति।" (सु.शा. ३/२९)

२७. अंगुलि प्रमाण

- "देहः स्वैरंगुलैरेष यथावदअनुकीर्तितः।" (सु.सूत्र ३५/१६)
- "केवलं पुनः शरीरं अंगुलि पर्वाणि चतुरशीतिः।" (च.वि. ८/११७)
- "सविंशमंगुलशतं पुरूषायाम इति।" (सु.सूत्र ३५/१४)
- "स्वं स्वं हस्तत्रयं सार्धं वपुः पात्रं सुखायुषोः।" (अ.हृ.शा. ३/१०६)

२८. अस्थियों के प्रकार

- "एतानि पञ्चविधानि भवन्ति; तद्यथा—
  कपाल-रूचक-तरूण-वलय-नलक संज्ञानि।
- तेषां जानु-नितम्ब-अंस-गण्ड-तालु-शंख-शिरःसु कपालानि,
  दशनास्तु रूचकानि, घ्राण-कर्ण-ग्रीवा-अक्षिकोषेषु तरूणानि,
  पार्श्व-पृष्ठ-उरःसु वलयानि, शेषाणि नलक संज्ञानि।।" (सु.शा. ५/२२)

२९. अस्थियों के कार्य

- अभ्यन्तरगतैः सारैर्यथा तिष्ठन्ति भूरूहाः।
  अस्थिसारैस्तथा देहा ध्रियन्ते देहिनां ध्रुवम्।।
- यस्मात् चिरविनष्टेषु त्वङ्मांसेषु शरीरिणाम्।
  अस्थीनि न विनश्यन्ति साराण्येतानि देहिनाम्।।

- मांसान्यत्र निबद्धानि सिराभिः स्नायुभिस्तथा ।
  अस्थीन्यालम्बनं कृत्वा न शीर्यन्ते पतन्ति वा ।। (सु.शा. ५/२३-२५)

३०. सन्धियों के प्रकार–

(A) क्रिया की दृष्टि से–

- "सन्धयस्तु द्विविधाश्चेष्टावन्तः, स्थिराश्च ।" (सु.शा. ५/२६)
- शाखासु हन्वोः कट्यां च चेष्टावन्तस्तु सन्धयः ।
  शेषास्तु सन्धयः सर्वे विज्ञेया हि स्थिरा बुधैः ।। (सु.शा. ५/२७)

(B) रचना की दृष्टि से–

- "त एते सन्धयोऽष्टविधाः–
  कोर-उलूखल-सामुद्ग-प्रतर-तुन्नसेवनी-वायसतुण्ड-मण्डल-शंखावर्त्ताः ।"
  (सु.शा. ५/३२)
- 1. "तेषां अंगुलि-मणिबन्ध-गुल्फ-जानु-कूपरेषु कोराः सन्धयः,
  2. कक्षा-वंक्षण-दशनेषू उलूखलाः,
  3. अंसपीठ गुद भग नितम्बेषु सामुद्गाः;
  4. ग्रीवा पृष्ठवंशयोः प्रतराः,
  5. शिरः कटीकपालेषु तुन्नसेवन्यः,
  6. हन्वोरूभयतस्तु वायसतुण्डः,
  7. कण्ठ हृदय नेत्र क्लोमनाड़ीषु मण्डलाः,
  8. श्रोत्र श्रृंगाटकेषु शंखावर्त्ताः ।" (सु.शा. ५/३२)

३१. स्नायु प्रकार और उनके स्थान

- स्नायूश्चतुर्विधा विद्यात्तास्तु सर्वा निबोध मे ।
  प्रतानवत्यो वृत्ताश्च पृथ्व्यश्च शुषिरास्तथा ।। (सु.शा. ५/३८)
- प्रतानवत्यः शाखासु सर्वसन्धिषु चाप्यथ ।
  वृत्तास्तु कण्डराः सर्वा विज्ञेयाः कुशलैरिह ।। (सु.शा. ५/३९)
- आम पक्वाशयान्तेषु बस्तौ च शुषिराः खलु ।
  पार्श्वोरसि तथा पृष्ठे पृथुलाश्च शिरस्यथ ।। (सु.शा. ५/४०)

३२. स्नायु का महत्व

- न ह्यस्थीनि न वा पेश्यो न सिरा न च सन्धयः ।
  व्यापादितास्तथा हन्युर्यथा स्नायुः शरीरिणाम् ।। (सु.शा. ५/४३)

३३. सिराओं का उत्पत्ति स्थान

- "नाभिर्मूलं" (सु.शा. ७/३)

३४. सिराओं की संख्या

- "सप्तसिरा शतानि भवन्ति ।" (सु.शा. ७/३)
- "तासां मूल सिरा चत्वारिंशत् ।" (सु.शा. ७/६)

३५. धमनियों की संख्या एवं उत्पत्ति स्थान

- "चतुर्विंशतिर्धमन्यो नाभिप्रभवा अभिहिताः ।" (सु.शा. ९/३)
- "तासां तु नाभिप्रभवाणां धमनीनामूर्ध्वगा दश,
दशचाधोगामिन्यः चतस्रस्तिर्यग्गाः ।" (सु.शा. ९/४)

३६. स्रोतस् की परिभाषा

(A) • "स्रवणात् स्रोतांसि ।"

(B) • "यावन्तः पुरूषे मूर्तिमन्तो भावविशेषाः तावन्तः एवास्मिन् स्रोतसां प्रकार विशेषाः।" (च.शा. ५/३)

(C) • "स्रोतांसि खलु परिणामं आपद्यमानानां धातूनां अभिवाहीनि भवन्ति अयनार्थेन ।" (च.शा. ५/३)

(D) • मूलात् खादन्तरं देहे प्रसृतं त्वभिवाहि यत् ।
स्रोतस्तदिति विज्ञेयं सिराधमनि वर्जितम् ।। (सु.शा. ९/१३)

३७. स्रोतसों का स्वरूप

- स्वधातु समवर्णानि वृत्त स्थूलान्यणूनि च ।
स्रोतांसि दीर्घाण्याकृत्या प्रतानसदृशानि च ।। (च.वि. ५/२५)

३८. स्रोतस् का पर्याय

- "स्रोतांसि सिराः धमन्यः रसायन्यः रसवाहिन्यः नाड्यः पन्थानः मार्गाः शरीरच्छिद्राणि संवृतासंवृतानि स्थानानि आशयाः निकेताश्चेति शरीरधात्ववकाशानां लक्ष्यालक्ष्याणां नामानि भवन्ति ।" (च.वि. ५/९)

३९. स्रोतसों की दुष्टि के सामान्य हेतु

- आहारश्च विहारश्च यः स्याद् दोषगुणैः समः ।
धातुभिः विगुणश्चापि स्रोतसां स प्रदूषकः ।। (च.वि. ५/२३)

४०. स्रोतसों की दुष्टि के सामान्य लक्षण

- अतिप्रवृत्तिः सङ्गो वा सिराणां ग्रन्थयोऽपि च ।
विमार्गगमनं चापि स्रोतसां दुष्टिलक्षणम् ।। (च.वि. ५/२४)

४१. पेशी स्वरूप

- "तासां बहल-पेलव-स्थूल-अणु-पृथु-वृत्त-ह्रस्व-दीर्घ-स्थिर-मृदु-श्लक्ष्ण-कर्कश भावाः। सन्ध्यस्थि सिरा स्नायु प्रच्छादका यथाप्रदेशं स्वभावत एव भवन्ति ।।" (सु.शा. ५/५२)

४२. पेशियों की संख्या

- पञ्चपेशी शतानि ।
  स्त्रीणां तु विंशतिरधिका ।
  दश तासां स्तनयोरेकैकस्मिन पञ्च पञ्चेति, यौवने तासां परिवृद्धिः । (सु.शा. ५/५०)
- अपत्यपथे चतस्त्रः– तासां प्रसृतेऽभ्यन्तरतो द्वे, मुखाश्रिते बाह्ये च वृत्ते द्वे, गर्भच्छिद्र-संश्रितास्त्रिस्त्रः, शुक्रार्त्तवप्रवेशिन्यस्तिस्त्र एव । (सु.शा. ५/५१)

४३. पेशियों के कार्य एवं महत्व

- सिरा स्नाय्वस्थिपर्वाणि सन्धयश्च शरीरिणाम् ।
  पेशीभिः संवृतान्यत्र बलवन्ति भवन्त्यतः ।। (सु.शा. ५/४९)

४४. आयुर्वेद का प्रयोजन

- "प्रयोजनं चास्य स्वस्थस्य स्वास्थ्य रक्षणं आतुरस्य विकार प्रशमनं च ।"(च.सू.३०/२६)

४५. धातु– ७

रस-रक्त-मांस-मेद-अस्थि-मज्जा-शुक्र

४६. दोष प्रकार– २

१. शारीरिक दोष–	वात	- पित्त	- कफ
२. मानसिक दोष–	रज	- तम	

४७. मल– ३

मूत्र - पुरीष - स्वेद

४८. स्त्रोतस् (अंर्त्तमुख)– १३ (चरक)

- प्राण - उदक - अन्न
- रस - रक्त - मांस - मेद - अस्थि - मज्जा - शुक्र
- पुरीष - मूत्र - स्वेद

- **योगवाही स्त्रोतस्– ११x२= २२ (सुश्रुत)**

प्राण-अन्न-उदक-रस-रक्त-मांस-मेद-मूत्र-पुरीष-शुक्र-आर्त्तव

- **बर्हिमुख स्त्रोतस्–** ९ (पुरूषों में)

  ९+३= १२ (स्त्रियों में)

९= दो कान- दो आँखे- एक मुख- दो नासिका छिद्र- एक गुद- एक मेढ्र
९+३= १२= ९+दो स्तनों के छिद्र एक रजोवह स्त्रोतस्

(सु.शा. ५/१०)

४९. कण्डरा– १६

पाद	हस्त	ग्रीवा	पृष्ठ
४	४	४	४

५०. जाल– १६

मणिबन्ध	गुल्फ
४+४	४+४

५१. कूर्च– ६

हस्त	पाद	ग्रीवा	मेढ्र
२	२	१	१

५२. रज्जु– ४

पृष्ठवंश में–	दो अन्दर	दो बाहर

५३. सीवनी– ७

शिर	जिह्वा	शिश्न
५	१	१

५४. संघात– १४ और **सीमन्त**– १४

गुल्फ	जानु	वंक्षण	मणिबन्ध	कूर्पर	कक्षा	त्रिक	शिर
२	२	२	२	२	२	१	१

५५. इन्द्रिय अधिष्ठान– ५

त्वचा	जिह्वा	नासिका	चक्षु	श्रोत्र

५६. बुद्धीन्द्रियाँ या ज्ञानेन्द्रियाँ– ५

स्पर्शनेन्द्रिय	रसनेन्द्रिय	घ्राणेन्द्रिय	दर्शनेन्द्रिय	श्रोत्रेन्द्रिय

५७. कर्मेन्द्रियाँ– ५

वाक्	हस्त	उपस्थ	गुद	पाद

५८. अस्थियाँ– ३०० (सुश्रुत)
३६० (चरक)

५९. सन्धियाँ– २१० (सुश्रुत)
२०० (चरक)

६०. पेशियाँ– ५०० (सुश्रुत)
or
५२० (सुश्रुत)
४०० (चरक)

६१. स्नायु– ९०० (सुश्रुत)
९०० (चरक)

६२. सिराएँ– ७०० (सुश्रुत)
४० मूलसिराएँ
७०० (चरक)

६३. धमनियाँ– २४ (सुश्रुत)

६४. सिरा और धमनियों के सूक्ष्म विभाग– २९, ९५६ (चरक)

६५. केश, श्मश्रु, लोम– २९, ९५६ (चरक)

६६. सिराओं का सर्ववहत्व–

न हि वातं सिराः केचिन्न पित्तं केवलं तथा।
श्लेष्माणं वा वहन्त्येता अतः सर्ववहाः स्मृताः ।। (सु.शा. ७/१७)
प्रदुष्टानां हि दोषाणां मूर्च्छितानां प्रधावताम्।
ध्रुवमुन्मार्गगमनमतः सर्ववहाः स्मृताः ।। (सु.शा. ७/१८)

६७. चतुर्विध सिराओं के लक्षण

- तत्रारुणा वातवहाः पूर्यन्ते वायुना सिराः।
पित्तादुष्णाश्च नीलाश्च शीता गौर्यः स्थिराः कफात्।
असृग्वहास्तु रोहिण्यः सिराः नात्युष्णशीतलाः ।। (सु.शा. ७/१९)

६८. सिरावेध चिकित्सार्ध है–

- सिराव्यधश्चिकित्सार्धं शल्यतन्त्रे प्रकीर्त्तितः।
यथा प्रणिहितः सम्यग्बस्तिः कायचिकित्सिते ।। (सु.शा. ८/२३)

६९. धमनियों की उत्पत्ति, कार्य और लय–

- पञ्चाभिभूतास्त्वथ पञ्चकृतः, पञ्चेन्द्रियं पञ्चसु भावयन्ति।
पञ्चेन्द्रियं पञ्चसु भावयित्वा, पञ्चत्वमायान्ति विनाशकाले ।। (सु.शा. ९/११)

७०. शिरावेधन काल

- व्यभ्रे वर्षासु विध्येत ग्रीष्मकाले तु शीतले।
हेमन्तकाले मध्याह्ने शस्त्रकालास्त्रयः स्मृताः ।। (सु.शा. ८/१०)

Points to remember

(1) Smallest bone of the body– Stapes
(2) Longest bone of the body– Femur
(3) Largest carpal bone– Capitate
(4) Largest tarsal bone– Calcaneus
(5) Largest sesamoid bone– Patella
(6) Largest bone of the leg– Tibia
(7) Strongest bone of the body– Femur
(8) Longest metacarpal bone– Second metacarpal bone
(9) Shortest and thickest metacarpal bone– First meta carpal bone
(10) Largest and strongest bone of the face– Mandible
(11) Smallest bone of the face– Lacrimal
(12) Shin bone– Tibia
(13) Knee cap– Patella
(14) Beauty bone in female– Clavicle
(15) Collar bone in male– Clavicle
(16) Shoulder blade– Scapula
(17) Stabilizing bone of forearm– Ulna
(18) Ist bone ossify– Clavicle
(19) Number of carpal bone– 8
(20) Number of tarsal bone– 7
(21) Bone located within the tendon are called– Sesamoid
(22) Colle's fracture– Radius
(23) Supracondylar fracture– Humerus
(24) Two primary centre– Clavicle
(25) Only Long bone that lies horizontally– Clavicle
(26) • Head-distally
• Base-proximally } → Metacarpal, metatarsal, phalanges
(27) Head-distally– Ulna
(28) Head-proximally– Radius
(29) Inter tubercular sulcus
or → Humerus
Bicipittal groove
(30) Spiral line– femur
(31) Spiral groove or radial groove– Humerus
(32) Soleal line– Tibia
(33) Heel bone– Calcaneus
(34) Ankle bone– Talus
(35) Bone grafting– Fibula
(36) Breast bone or chest bone– Sternum

(37) No articulation with any other bone– Hyoid bone
(38) Typical ribs– 3-4-5-6-7-8-9th (3 to 9th)
(39) Atypical ribs– 1-2-10-11-12th
(40) Typical thoracic vertebrae– T_2-T_3-T_4-T_5-T_6-T_7-T_{8th} (T_2 to T_8)
(41) Atypical thoracic vertebrae– T_1-T_9-T_{10}-T_{11}-T_{12}
(42) Typical cervical vertebrae– C_3-C_4- C_5-C_6 (C_3 to C_6)
(43) Atypical cervical vertebrae– C_1-C_2-C_7
(44) C_1– Atlas
(45) C_2– Axis
(46) C_7– Vertebra prominence
(47) Typical lumbar vertebra– L_1-L_2-L_3-L_4
(48) Atypical Lumbar vertebra– L_5
(49) Surface landmark–
- C_7 vertebrae– Vertebra prominence in neck.
- T_3 vertebrae– Medial end of spine of scapula.
- T_7 vertebrae– Inferior angle of scapula.
- L_3-L_4 vertebrae– Highest point of iliac crest.
- S_2 vertebrae– Posterior superior iliac spine.

(50)
- Kyphosis– Backward bending
- Scoliosis– Lateral bending
- Lordosis– Forward bending

(51) Calvaria– 8 bone
(52) Facial skeleton– 14 bone
(53) Auditory ossicles– 6 bone
(54) Strongest ligament– Ileofemoral ligament
(55) Spring ligament– Plantar calcaneo navicular ligament
(56) Spiral fracture– Femur (Below 16 years)
(57) Pott's fracture– Femur (B/w 40-60 years)
(58) Fracture of neck– Femur (Above 60 years)
(59) Strongest muscles of the body–Quadriceps femoris
(60) Strongest single muscles of the body– Gluteus maximus
(61) Longest muscles of the body– Sartorius
(62) Smallest muscles of the body– Stapedius
(63) Most powerful muscle of the body– Triceps surae
(64) Longest muscles of back– Longissimus thoracic
(65) Triceps surae muscle– Gastrocnemus two head
+
Soleus
are together called T.S.

(66) Tailor's muscle– Sartorius
(67) Boxer's muscles– Serratus anterior
(68) Climber's muscle– Latissimus dorsi
(69) Subcutaneus muscles–
- Platysma
- Palmaris brevis

(70) Chief greeping muscle– Flexor digitorum profundus
(71) Locking muscles of the knee– Quadriceps femoris
(72) Unlocking muscles of the knee– Popliteus
(73) Sprain of shoulder– Supraspinatus muscles
or
Pain of shoulder
(74) Outcrooping muscles– 3
1. Abductor pollicis longus
2. Extensor pollicis brevis
3. Extensor pollicis longus

(75) Thenar muscles– 4
1. Abductor pollicis brevis
2. Flexor pollicis brevis
3. Opponens pollicis
4. Adductor pollicis

(76) Hypothenar muscles– 4
1. Palmaris brevis
2. Abductor digiti minimi
3. Flexor digiti minimi
4. Opponens digiti minimi

(77) Palmar interossei in hand– 4
(78) Palmar interossei in foot– 3
(79) Dorsal interossei in hand– 4
(80) Dorsal interossei in foot– 4
(81) Intrinsic muscles of the hand or Total muscles of the hand — 20
(82) Total muscles of the foot– 20
(83) Total muscles of forearm– 20
(84) Total muscles of leg– 13
(85) (I.M.) Intra-muscular injection are given–
- Buttock– Gluteus medius muscles
- Lateral side of thigh– Vastus lateralis muscles
- Deltoid region– Deltoid muscles

(86) Muscles of surprise– Frontalis

(87) Muscles of anger– Dilator naris

(88) Muscles of sodness– • Levator labii superioris
• Levator anguli oris

(89) Muscle of smiling and laughing– Zygomaticus major

(90) Muscles of laughter– Risorius

(91) Muscle of grief– Depressor anguli oris

(92) Muscle of doubt– Mentalis

(93) Major cheek muscle–
or
Subcutaneous muscle of check– Buccinator

(94) Muscle of horror, terror and fright– platysma

(95) Closes eyes– Orbicularis oculi

(96) Opens eyes– Levator palpebrae superioris

(97) Constricts pupil– Sphincter pupillae of iris

(98) Dilates pupil– Dilator pupillae of iris

(99) Three large openings or apertures in the diaphragm–
- Aotra– T_{12}
- Esophagus– T_{10}
- Inf. vena cava– T_8

(100) Chief muscle of respiration– Diaphragm

(101) Hamstrings muscles–
1. Biceps femoris
2. Semi tendinosus
3. Semi membranosus

(102) Shoulder joint– Ball and socket joint

(103) Elbow joint– Hinge joint

(104) Wrist joint– Ellipsoid joint

(105) Hip joint– Ball and socket joint

(106) Knee joint– It consist of three joint
- Lateral tibio femoral joint } Condylar joint
- Medial tibio-femoral joint } Condylar joint
- Patello-femoral joint– Saddle joint

(107) Ankle joint– Hinge joint

(108) T.M.J. (Temporo mandibulr joint)– Condylar joint

(109) Rotator cuff
or
Musculotendinous cuff of shoulder– Four muscles join the scapula to the humerus.
These are called rotator cuff muscles.
1. Supraspinatus 2. Infraspinatus
3. Teres minor 4. Subscapularis

(110)Blood pressure recording– Brachial artery

(111)Pulse recording– Radial artery

(112)Anatomical snuff box–

* ✱ It is a depression which appears on the lateral side of the wrist when the thumb is extended.
* ✱ Boundaries–
    * Anterior– • Abductor pollicis longus
      • Extensor pollicis brevis
    * Posterior– • Extensor pollicis longus
* ✱ Contents– Radial artery

(113)Vein of choice for intravenous (I.V.) injuction–
= Median cubital vein

(114)Peripheral heart– Soleus muscle

(115)Largest joint of the body– Knee joint

(116)Embryology– Embryology is the study of the development of an individual before birth.

(117)Embryo– Fertilized egg to 8 weeks.

(118)Fetus– 8 weeks to 8 months.

(119)The testis is the male sex organ or male gonad.
The ovary is the female sex ogan or gonad. They produce gametes.

(120)Male gametes produced by the testis are called spermatozoa. The process is called spermatogenesis.

(121)Female gametes produced by the ovary are called ova. The process is called Oogenesis.

* Spermatogenesis and Oogenesis are together called gametogenesis.

(122)A spermatozoon has a head, a neck, a middle piece and a principal piece or tail.

(123)Fertilization of the ovum takes place in the ampulla of the uterine tube.

(124)A developing embryo gets attached to the uterine endometrium. This is called implantation.

(125)The placenta is formed partly from embryonic structures and partly from the decidua. It is responsible for transport of nutrients and oxygen to the fetus, and for removal of waste products.

(126)Longest cells of the body– Neurone.

(127)Largest cells of the body– Ovum.

(128)Femoral triangle–

(A) Situation–

- It is a triangular depression on the front of the upper 1/3 of the thigh below the inguinal ligament.

(B) Boundaries–

- Laterally– Medial border of sartorius.
- Medially– Medial border of adductor longus.
- Base– Inguinal ligament.
- Apex– Downwards, it is formed by the point where the medial and lateral boundaries meet.

(C) Contents–
- Femoral vein and its tributaries.
- Femoral artery and its branches.
- Femoral nerve and its branches.

✶ Medial to lateral– Vein-Artery-Nerve V A N

(129)Femoral canal–

Femoral canal is the medial compartment of the femoral sheath. It is conical in shape.

(130)Femoral sheath–

This is a funnel-shaped sleeve of fascia enclosing the upper 3 to 4 cm. of the femoral vessels.

(131)Popliteal fossa–

(A) Situation–

The popliteal fossa is a diamond shaped depression lying behind the knee joint.

(B) Boundaries–

- Superomedially– The semitendinosus and the semimembranosus.
- Superolaterally– The biceps femoris.
- Inferomedially– Medial head of gastrocnemius.
- Inferolaterally– Lateral head of gastrocnemius and plantaris.

(C) Contents–
- The popliteal artery and its branches.
- The popliteal vein and its tributaries.
- The tibial nerve and its branches.

(132)Blood pressure in the lower limb is recorded from– The popliteal artery.

(133)**Guyropes–** Three muscles inserted into the upper part of the medial surface of tibia.

1. Sartorius 2. Gracilis 3. Semitendinosus

(134) Axilla–

(A) Situation– The axilla or armpit is a pyramidal space situated B/w the upper part of the arm and the chest wall.

(B) Boundaries–

1. **Apex–** Upwards
2. **Base–** Downwards
3. **Wall–**

I. Anterior wall– Pectoralis major

II. Posterior wall– • Subscapularis– above
• Teres major and latissimus dorsi–below

III. Medial wall– Upper four ribs with their inter-costal muscles.
Upper part of the serratus anterior muscles.

IV. Lateral wall– Shaft of humerus, coracobrachialis and short head of biceps.

(C) Contents of axilla–

- Axillary artery and its branches.
- Axillary vein and its tributaries.
- Lower part of brachial plexus.
- Axillary lymph nodes.

(135) Cubital fossa–

(A) Situation– Cubital fossa is a triangular hollow situated on the front of the elbow.

(B) Boundaries–

- Medially– Lateral border of the pronator teres.
- Laterally– Medial border of the brachioradialis.
- Base– Upwards
  It is represented by an imaginary line joining the front of two epicondyles of the humerus.
- Apex– Downwards.
  It is formed by the meeting point of the lateral and medial boundaries.

(C) Contents–

Medial to lateral side–

Median nerve– Brachial artery–Tendon of biceps brachii

•

Multiple Choice Questions

(1) First cervical vertebra is known as–

(A) Vertebra prominence (B) Axis

(C) Typical (D) Atlas (D)

(2) Talus bone is–

(A) Tarsal bone (B) Skull bone

(C) Carpal bone (D) Metatarsal bone (A)

(3) Largest sesamoid bone is–

(A) Pisiform (B) Mandible

(C) Ribs (D) Patella (D)

(4) Serratus anterior muscle is–

(A) Climber's muscle (B) Chief greeping muscle

(C) Boxer's muscle (D) Subcutaneus muscle (C)

(5) Femoral artery is a branch of–

(A) External iliac artery (B) Common iliac artery

(C) Internal iliac artery (D) Popliteal artery (A)

(6) Total number of facial skeleton–

(A) 8 (B) 6

(C) 14 (D) 3 (C)

(7) Ball and socket types of joint is–

(A) Shoulder joint (B) Hip joint

(C) Wrist joint (D) A and B both (D)

(8) Largest lymphatic vessels in the body–

(A) Thoracic duct (B) Rt. lymphatic duct

(C) Lt. lymphatic duct (D) A and C both (D)

(9) For dead body preservation preservative fluid is inserted through–

(A) Femoral vein (B) Femoral artery

(C) Brachial vein (D) Brachial artery (B)

(10) Nerve supply of sartorius muscle–

(A) Femoral nerve (B) Obturator nerve

(C) Sciatic nerve (D) Tibial nerve (A)

महत्वपूर्ण लघु प्रश्न

(१) आचार्य सुश्रुत के अनुसार अस्थियों के प्रकार– ५

(२) आचार्य सुश्रुत के अनुसार अस्थियों की संख्या– ३००

(३) आचार्य चरक के अनुसार शरीर का विभाजन– ६ अंग

(४) आचार्य सुश्रुत के अनुसार स्त्रियों में पुरूषों से कितनी पेशियाँ अधिक पाई जाती हैं– २०

(५) अस्थि मर्मों की कुल संख्या है– ८

(६) गर्भ में ओज अस्थिर रहता है– अष्टम मास में

(७) आचार्य चरक के अनुसार सम्पूर्ण शरीर का कुल अंगुल प्रमाण है– ८४ अंगुल

(८) स्त्रियों में बहि:मुख स्रोतसों की अतिरिक्त संख्या है– ३

(९) जान्वस्थि (Patella) उदाहरण है– कपाल अस्थि का

(१०) आचार्य सुश्रुत के अनुसार सन्धियों की संख्या है– २१०

(११) निकेत किसका पर्याय है– स्रोतस् का

(१२) पर ओज का प्रमाण होता है– आठ बूँद

(१३) गर्भ में सभी अंग-प्रत्यंग एक साथ उत्पन्न होते हैं, यह किसका मत है– धन्वन्तरि का

(१४) चतु:विंशतिपुरूष कहलाता है– राशि पुरूष

(१५) षड्धातुज पुरूष कहलाता है– चिकित्स्य पुरूष

(१६) आचार्य सुश्रुत के अनुसार रसवह स्रोतस् का मूल है– हृदय और रसवाहिनी धमनियाँ

(१७) गर्भ के नहीं रोने में कारण है– गर्भमुख का जरायु से आवृत होना एवं कण्ठ का कफ व वायु से अवरोध होना।

(१८) दो स्त्रियों के मैथुन से किस प्रकार के गर्भ की उत्पत्ति होती है– अनस्थि गर्भ

(१९) स्नायु के प्रकार होते हैं– ४

(२०) वंक्षण सन्धि किस प्रकार की सन्धि है– उलूखल सन्धि

(२१) विटप मर्म पर आघात होने से लक्षण– नपुंसकता

(२२) विधुर मर्म पर आघात होने से लक्षण– बधिरता

(२३) सद्यः प्राणहर मर्मों का मारक काल– तुरन्त या सात दिन तक

(२४) विशल्यघ्न मर्मों की संख्या होती है– ३

(२५) आचार्य सुश्रुत के अनुसार ऋतुकाल– १२ दिन (मासिक स्राव के अन्तिम दिन से गणना करते हैं)

(१) रक्त का अञ्जलि प्रमाण है–
(क) ६ अञ्जलि (ग) ८ अञ्जलि
(ख) ५ अञ्जलि (घ) ७ अञ्जलि (ग)

(२) आचार्य सुश्रुत के अनुसार सद्यः प्राणहर मर्मों की संख्या है–
(क) ४४ (ग) ३३
(ख) ३ (घ) १९ (घ)

(३) अस्थिवह, मज्जावह और स्वेदवह स्रोतस् निम्न में से किस आचार्य ने नहीं माने हैं–
(क) चरक (ग) वाग्भट
(ख) सुश्रुत (घ) शार्ङ्गधर (ख)

(४) भ्रूण में बुद्धि का विकास किस महिने में होता है–
(क) ६वें मास में (ग) ४वें मास में
(ख) ५वें मास में (घ) ७वें मास में (क)

(५) पितवाहिनी सिरा का वर्ण होता है–
(क) अरूण वर्ण (ग) शुक्ल वर्ण
(ख) नील वर्ण (घ) गौर वर्ण (ख)

(६) आचार्य सुश्रुत के अनुसार दौहृदिनी स्त्री माना है–
(क) तीसरे मास में (ग) पाँचवे मास में
(ख) चौथे मास में (घ) छठे मास में (ख)

(७) कौन सी संहिता के विमान स्थान में स्रोतस् वर्णित हैं–
(क) चरक संहिता (ग) अष्टांग संग्रह
(ख) सुश्रुत संहिता (घ) अष्टांग हृदय (क)

(८) किस स्रोतस की दुष्टि से वात कुपित हो जाता है–
(क) मेदोवह (ग) मांसवह
(ख) मज्जावह (घ) अस्थिवह (घ)

(९) बस्ति, आमाशय और पक्वाशय में पाये जाने वाले स्नायु हैं–

(क) वृत स्नायु (ग) सुषिर स्नायु

(ख) पृथु स्नायु (घ) प्रतानवती स्नायु (ग)

(१०) क्षिप्र मर्म के ऊपर कौन सा मर्म स्थित है–

(क) कूर्च (ग) कूर्चशिर

(ख) फण (घ) तलहृदय (क)

(११) संघात की संख्या होती है–

(क) १४ (ग) ८

(ख) ६ (घ) ४ (क)

(१२) निम्न में पितृज भाव है–

(क) सिरा (ग) रक्त

(ख) त्वचा (घ) यकृत (क)

(१३) अंगुलियों में किस प्रकार की सन्धियाँ पाई जाती है–

(क) कोर (ग) सामुद्ग

(ख) उलूखल (घ) प्रतर (क)

(१४) पृथ्वी महाभूत से कौन से गुण का सम्बन्ध है–

(क) तम (ग) सत्व तम

(ख) सत्व रज (घ) रज (क)

(१५) वाम रसकुल्या है–

(क) सिरा (ग) नाड़ी

(ख) धमनी (घ) लसिका वाहिनी (घ)

परीक्षोपयोगी प्रश्न

(१) षडङ्ग शारीर का वर्णन कीजिए?

(२) चिकित्स्य पुरूष किसे कहते हैं?

(३) शारीर ज्ञान का प्रयोजन बताते हुए, मृतसंशोधन का वर्णन कीजिए?

(४) शरीर और शारीर की व्याख्या करते हुए, शारीर शास्त्र के विभाग लिखिए?

(५) धातु भेद से पुरूष संगठन का वर्णन कीजिए?

(६) शरीर की दोष धातु मलमूलकता सिद्ध कीजिए?

(७) गर्भ की परिभाषा लिखते हुए, अपरा निर्माण (Formation of placenta) का वर्णन करो?

(८) गर्भाधान का वर्णन करते हुए, आनुवंशिकी सिद्धान्त लिखिये?

(९) प्रमाण शारीर पर संक्षिप्त टिप्पणी लिखो?

(१०) अस्थियों के प्रकार और कार्यों का वर्णन करते हुए, श्रोणिफलक (Hip bone) का सचित्र वर्णन कीजिए?

(११) निम्न अस्थियों का सचित्र वर्णन कीजिए?

(A) Shaft of humerus

(B) Upper end of femur

(C) Lower end of tibia

(१२) सन्धियों (Joints) के प्रकार बताते हुए, शल्य तन्त्र की दृष्टि से सन्धियों का क्या महत्व है?

(१३) जानु सन्धि (Knee Joint) का सचित्र वर्णन कीजिए?

(१४) अंस सन्धि (Shoulder Joint) का सचित्र वर्णन कीजिए?

(१५) अधोहन्वस्थि (Mandible) का सचित्र वर्णन करो?

(१६) वाम रसकुल्या (Thoracic duct) का सचित्र वर्णन कीजिए?

(१७) लसिका संस्थान पर संक्षिप्त टिप्पणी लिखिए?

(१८) निम्न की परिभाषा लिखो–

१. कूर्च और कण्डरा

२. जाल और रज्जु

३. सीमन्त और संघात

४. सेवनी और स्नायु

(१९) पेशियों का स्वरूप लिखते हुए, इनके प्रकार और महत्व लिखो?

(२०) निम्न पेशियों (Muscles) के उद्‌गम (Origin), निवेश (Insertion), नाड़ीप्रदान (Nerve supply), और कार्य (Action) लिखो–

(A) कपोलिका पेशी– Buccinator

(B) अंसकण्ठिका पेशी– Omohyoid

(C) पर्शुकार्षिणी पश्चिमा पेशी– Scalenus posterior

(D) अनुप्रस्थ उदरिका पेशी– Transversus abdominis

(E) कटिपार्श्वाच्छदा पेशी– Latissimus dorsi

(F) उरःच्छदा बृहती पेशी– Pectoralis major

(G) अंसच्छदा पेशी– Deltoid

(H) अंगुल्याकुंचनी गम्भीरा पेशी– Flexor digitorum profundus

(२१) सिरा-धमनी-स्रोतसों की व्याख्या कीजिए ?

(२२) निम्न धमनियों (Arteries) का सचित्र वर्णन कीजिए ?

(A) Femoral artery = और्वी धमनी

(B) Brachial artery = प्रगण्डिका धमनी

B.A.M.S. [1st Prof.] प्रश्न पत्र १

BF/2005/11

M.M: 90 Time : 3 Hours

Rachna Sharir– A

नोट– सभी प्रश्न करें एवं उपयुक्त रंगीन चित्रों सहित उत्तर दें।

Attempt all question and answer with suitable coloured diagrams.

भाग– क (Part– A)

प्र०(१) निम्न का संक्षेप में वर्णन करें।

Describe briefly the followings. $7\frac{1}{2}$x2= 15

(a) शरीर रचना ज्ञान की उपयोगिता।

Importance of knowledge of sharir rachna.

(b) चिकित्स्य पुरूष (Chikitsya purush)

प्र०(२) अपरा निर्माण (Placenta formation) का आयुर्वेद एवं आधुनिक मत से वर्णन करें। 15

Describe the apara nirman (Placenta formation) according to ayurveda & modern.

प्र०(३) निम्नलिखित का वर्णन करें।

Describe the following. $7\frac{1}{2}$x2= 15

(a) ऊर्वस्थि का अधोभाग (Lower end of femur bone)

(b) प्रगण्डास्थि का अधोभाग (Lower end of humerus bone)

भाग– ख (Part– B)

प्र०(४) गुल्फ सन्धि (Ankle joint) का निम्न लिखित बिन्दुओं में वर्णन करें।

Describe the gulf sandhi (Ankle joint) in following heading 3+4+4+4= 15

(a) भाग लेने वाली अस्थियाँ एवं उनके तल

Articulating bones with their surfaces.

(b) स्नायु (Ligaments)

(c) सन्धि की गतियाँ एवं उनको उत्पन्न करने वाली मांसपेशियाँ

Movements of the joint and muscles producing movements.

(d) व्यवहारिक शरीर रचना– Applied anatomy.

प्र०(५) निम्न मांसपेशियों के उद्गम, निवेश, नाड़ी प्रदान एवं कार्यों का वर्णन करें– Describe the origin, insertion, nerve supply and actions of the following muscles. 3x5= 15

(a) अंसच्छदा पेशी– Deltoid (b) करोत्ताननी– Supinator
(c) कपोलिका पेशी– Buccinator (d) दीर्घायामा– Sartorius
(e) जंघापिण्डिका– Gastrocnimius

प्र०(६) टिप्पणी लिखो– Describe short notes. 5x3= 15

(a) सिरा, धमनी एवं स्रोतस् में अन्तर–
Difference B/w sira, dhamani and srotas.

(b) ऊर्वी धमनी की शाखाएँ
Branches of femoral artery.

(c) शिरः सेवनी
Cranial sutures.

●

B.A.M.S. [1st Prof.] प्रश्न पत्र २

B.F.U.&H.S/2006/11

M.M: 90 Time : 3 Hours

Rachna Sharir– A

Note: Attempt all questions.

१. सांख्य मतानुसार पुरूष संगठन का वर्णन करें। 15

२. डिम्ब कोष की संरचना का सचित्र वर्णन कर आर्त्तवजनन (Oogenesis) का वर्णन करें। 15

३. अंगुलि एवं अञ्जलि प्रमाण का विस्तार पूर्वक वर्णन करें। 15

४. जानुसन्धि (Knee joint) का सचित्र वर्णन करें। 15

५. ऊर्वी धमनी (Femoral artery) का सचित्र वर्णन करें। 15

६. उदर दण्डिका पेशी (Rectus abdominis) का सचित्र वर्णन करें। 15

●

B.A.M.S. [1st Prof.] प्रश्न पत्र ३

M.M: 90 · Time : 3 Hours

Rachna Sharir– A

नोट– Attempt all questions.

(१) शरीर एवं शारीर की व्याख्या करते हुए, शरीर की त्रिगुणात्मकता का वर्णन कीजिए। 15

(२) टिप्पणी लिखें– 5x3= 15

(A) अन्तः पुष्प

(B) स्तर निर्माण

(C) गर्भवृद्धिकर भाव

(३) गर्भ की मासानुमासिकी वृद्धि का वर्णन करते हुए, लिंग भेद लिखिए। 15

(४) अस्थि की परिभाषा एवं संख्या लिखते हुए, प्रथम एवं द्वितीय ग्रीवा कशेरूका (First and second cervical vertebrae) का सचित्र वर्णन कीजिए। 15

(५) सन्धियों की सामान्य रचना का वर्णन करते हुए, गुल्फ सन्धि (Ankle joint) का सचित्र वर्णन कीजिए। 15

(६) टिप्पणी लिखो–

(A) स्रोतसों के मूल 5x3= 15

(B) कण्डरा

(C) अंगुलि प्रसारणी पेशी (Extensor digitorum)

(D) वक्त्रमण्डलिका पेशी (Orbicularis oris)

(E) चर्वणिका पेशी (Masseter)

●

B.A.M.S. [1st Prof.] प्रश्न पत्र ४

M.M: 90 Time : 3 Hours

Rachna Sharir– A

नोट– सभी प्रश्न करें।

(१) निम्न का संक्षिप्त वर्णन करें– 5x3= 15

(A) षडंग शारीर

(B) शारीर शास्त्र के विभाग

(C) शरीर की पांचभौतिकता

(२) निम्न पर टिप्पणी लिखें– 5x3= 15

(A) शुक्रजनन क्रिया (Spermatogenesis)

(B) अपरा निर्माण (Formation of placenta)

(C) लिंग भेद (Sex determination)

(३) निम्न पर संक्षिप्त टिप्पणी लिखो– 5x3= 15

(A) प्रमाण शारीर

(B) भूत व्यापार

(C) शरीरि की व्याख्या

(४) निम्नलिखित का वर्णन करें– 5x3= 15

(A) जान्वस्थि (Patella)

(B) पाणिकूर्चास्थियाँ (Carpal bones)

(C) उर: फलक (Sternum)

(५) निम्न का वर्णन करें– 7½x2= 15

(A) जानु सन्धि (Knee Joint)

(A) हनु सन्धि (T.M.J.)

(६) निम्न मांसपेशियों के उद्गम (Origin), निवेश (Insertion), नाड़ी प्रदान (Nerve supply) एवं कार्यों (Actions) का वर्णन करें– 3x5= 15

(A) शंखाच्छदिका पेशी (Temporalis)

(B) गलपार्श्वच्छदा पेशी (Platysma)

(C) वक्षोदर मध्यस्था पेशी (Diaphragm)

(D) कटि पार्श्वच्छदा पेशी (Latissimus dorsi)

(E) त्रिशिरस्का पेशी (Triceps)